喻园新闻传播学者论丛

重思新闻评论
和评论特色教育

RETHINKING NEWS COMMENT
AND CHARACTERISTIC EDUCATION OF COMMENT

赵振宇　著

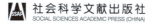

社会科学文献出版社
SOCIAL SCIENCES ACADEMIC PRESS (CHINA)

总　序

　　置身于全球化、媒介化的当下，我们深刻感受与体验着时时刻刻被潮水般的信息所包围、裹挟和影响的日常。这是一个新兴的信息技术快速变革和全面应用的时代，媒介技术持续地、全方位地形塑着人类社会信息传播实践的样貌。可以说，新闻传播的形态、业态和生态，在相当程度上被信息技术所决定和塑造。"物换星移几度秋"，信息技术的迭代如此之快，我们甚至已经难以想象，明天的媒体将呈现什么样的面貌，未来的人们将如何进行相互交流。

　　华中科技大学的新闻传播学科，就是在全球科技革命浪潮高涨的背景下开设的，也是在学校所拥有的以信息科学为代表的众多理工类优势学科的滋养下发展和繁荣起来的。诚然，华中科技大学新闻与信息传播学院还是一个相对年轻的学院。1983 年 3 月，在学院的前身新闻系筹建之时，学校派秘书长姚启和教授参加全国新闻教育工作座谈会。会上，姚启和教授提出，时代的发展，尤其是科学技术的日新月异，将对新闻从业者的媒介技术思维、素养和技能提出比以往任何时代都高的要求。当年 9 月，我们的新闻系成立并开始招生。成立后，即确立了"文工交叉，应用见长"的发展思路，强调培养学生的动手能力和应用能力，强调在科学研究和人才培养中，充分与学校的优势理工类专业交叉渗透。

　　1998 年 4 月，新闻系升格为学院。和其他新闻传播学院的命名有所不同，我们的院名定为"新闻与信息传播学院"，增添了"信息"二字。这是由当时华中科技大学的前身华中理工大学的在任校长，也是教育部原部长周济院士所加的。他认为，要从更为广阔的视域来审视新闻与传播活动的过程和规律，尤其要注重从信息科学和技术的角度来透视人类传播现象，考察传播过程中信息技术与人和社会的关系。"日拱一卒，功不唐捐"。长期以来，这种思路被充分贯彻和落实到我院的学科规划、科学研究、人才培养、社会服务等各项工作中。

因此，华中科技大学新闻与信息传播学院的最大特色，就是我们自创立以来，一直秉承文工交叉融合发展的思路，在传统的人文学科和"人文学科+社会科学"新闻传播学科发展模式之外，倡导、创新和践行了一种全新的范式。在这种学科范式下，我们以"多研究些问题"的学术追求，开拓了以信息技术为起点来观察人类新闻传播现象的视界，建构了以媒介技术为坐标的新闻传播学科建设框架，确立了以"全能型""高素质""复合型""创新型"为指向的人才培养目标，建立了跨越人文社会科学、科学技术和新闻传播学的课程体系和师资队伍，营造了适合提升学生实践技能和科技素质的教学环境。

就学科方向而论，30多年来，学院在长期的学科凝练和规划实践中，形成了相对稳定的三大支柱性学科方向：新闻传播史论、新媒体和战略传播。在本学科于1983年创办之时，新闻传播史论即是明确的战略方向。该方向下的教学和研究工作主要包括：马克思主义新闻观与思想体系、新闻基础理论、新闻事业改革、中外新闻史、传播思想史、传播理论、新闻传播学研究方法等领域；在建制上则包括新闻学系和新闻学专业（2001年增设新闻评论方向），此后又设立了广播电视学系和广播电视学专业（另有播音与主持艺术专业）、新闻评论研究中心、马克思主义新闻观教研平台等系所平台。30多年来，在新闻传播史论方向下，学院尤为重视新闻事业和思想史的研究，特别是吴廷俊教授关于中国新闻事业史、张昆教授关于外国新闻事业史的研究，以及刘洁教授和唐海江教授关于新闻传播思想史、观念史和媒介史的研究，各成一家，卓然而立。

如果说新闻传播史论方向是本学科的立足之本，那么积极规划新媒体方向，则是本学科凸显自身特色的战略行动。20世纪90年代中期，互联网进入中国，"新媒体时代"正式开启。"不畏浮云遮望眼"，我们积极回应这一趋势，成功申报并获批国家社科基金重点项目"多媒体技术与新闻传播"（主持人系吴廷俊教授），在新闻学专业下开设网络新闻传播特色方向班，建立传播科技教研室和电子出版研究所，成立新闻与信息传播学院并聘请电子与信息工程系主任朱光喜教授为副院长。此后,学院不断推进和电子与信息工程系、计算机学院等工科院系的深度合作,并逐步向业界拓展。学院先后成立了传播学系,建设了广播电视与新媒体研究院、媒介技术与传播发展研究中心、华彩新媒体联合实验室、智能媒体与传播科学研究中心等面向未来的研究平台,以钟瑛教授、郭小平教授、余红教授和笔者为代表的学者,不断推进信息传播新技术、新媒体内容生产与文化、新媒体管理、现代传播体系建设、广播电视与数字媒体、新媒体广告与品牌传播等领域的研究和教学工作,引领我国新媒体教育教学和科学研究风气之先。

2005 年前后,依托于品牌传播研究所、广告学系、公共传播研究所等系所平台,学院逐步凝练和培育了一个新的战略性方向:战略传播。围绕这个方向,我们开始在政治传播、对外传播与公共外交、国家公共关系、国家传播战略、中国特色网络文化建设等诸领域发力,陆续获批系列国家课题,发表系列高水平论文,出版系列学术专著,对人才培养起到了积极支撑作用,促进了学院的社会服务工作,提升了本学科的影响力。可以说,战略传播方向是基于新媒体方向而成形和建设的。无论是关于政治传播、现代传播体系、对外传播与公共外交、国家传播战略方面的教学工作还是研究工作,皆立足于新媒体发展和广泛应用的现实背景和演变趋势。在具体工作中,对于战略传播方向的深入推进,则是充分融入了学校在公共管理、外国语言文学、社会学、中国语言文学、哲学等学科领域的学科资源,尤其注重与政府管理部门和业界机构的联合,最大限度整合资源,发挥协同优势。"既滋兰之九畹兮,又树蕙之百亩"。近年来,学院先后组建成立了国家传播战略研究院和中国故事创意传播研究院,张昆教授、陈先红教授等领衔的研究团队在提升本学科的社会影响力方面,起到了非常积极的作用。

"却顾所来径,苍苍横翠微。"本学科诞生于 20 世纪 80 年代初信息科技革命高涨的时代背景之下,其成长则依托于华中科技大学(1988~2000 年为华中理工大学)信息科学和人文社会科学的优势学科资源,规划了新闻传播史论、新媒体和战略传播三大支柱性学科方向,发展的基本思路是学科交叉融合。30 多年来,本学科的学者们前赴后继、薪火相传,从历史的、技术的、人文的、政策与应用的角度，观察、思考、研究和解读人类的新闻与传播实践活动，丰富了中外学界关于媒介传播的理论阐释，启发了转型中的中国新闻传播业关于媒介改革的思路，留下了极为丰厚和充满洞见的思想资源。

现在，摆在读者诸君面前的"喻园新闻传播学者论丛"，即是近十多年来，我院学者群体在这三大学科版图中留下的知识贡献。这套论丛，包括二十余位教授的自选集及相关著述。其中，有吴廷俊、张昆、申凡、赵振宇、石长顺、舒咏平、钟瑛、陈先红、刘洁、何志武、孙发友、欧阳明、余红、王溥、唐海江、郭小平、袁艳、李卫东、邓秀军、牛静等诸位教授的著述，共计30余部，涉及新闻传播史、媒介思想史、新闻理论、传播理论、新闻传播教育、政治传播、新媒体传播、品牌研究、公共关系理论、风险传播、媒体伦理与法规等诸多方向。可以说，这套丛书是华中科技大学新闻传播学者最近十年来，为新闻传播学术研究所做的知识贡献的集中展示。我们希望以这套丛书为媒介，在更广的学科领域和更大知识范畴的学者、学人之间进行交流探讨，为当代中国的新闻传播学术研究提供华中科技大学学者的智慧结晶和思想。

当今是一个新闻业和传播业大变革、大转折的时代，新闻传播业正在经历人类历史上"百年未有之大变局"。首先是信息科技革命的决定性影响。对当前和未来的新闻传播业来说，技术无疑是第一推动力。大数据、云计算、区块链、物联网、人工智能等技术，持续带来翻天覆地的变革，不断颠覆、刷新和重构人们的生活与想象。其次是国际化浪潮。当前的中国越来越走近世界舞台中央，"讲好中国故事""传播好中国声音"，中国文化"走出去"和提升文化软实力，是国家层面的重大战略，这些理应是新闻传播学者需要面对和研究的关键课题。最后是媒体业跨界发展。在当前"万物皆媒"的时代，媒体的概念在放大，越来越体现出网络化、数据化、移动化、智能化趋势。媒体行业的边界得到了极大拓展，正在进一步与金融、服务、政务、娱乐、财经、电商等行业建立更紧密的联系。在这个泛传播、泛媒体、泛内容的时代，新闻传播研究本身也需要加速蝶变、持续迭代，以介入和影响行业实践的能力彰显学术研究的价值。

　　由是观之，新闻传播学的理论预设、核心知识可能需要重新思考和建构。在此背景下，华中科技大学新闻传播学科正在深化"文工交叉，应用见长"的学科建设思路，倡导"面向未来、学科融合、主流意识、国际视野"的发展理念，积极推进多学科融合。所谓"多学科融合"，是紧密依托华中科技大学强大的信息学科、医科和人文社科优势，在新的时代条件下，以面向未来、多元包容和开放创新的姿态，通过内在逻辑和行动路径的重构，全方位、深度有机融合多学科的思维、理论和技术，促进学科建设和科学研究的效能提升和知识创新。

　　为学，如水上撑船，不可须臾放缓。展望未来，我们力图在传统的新闻传播史论、新媒体和战略传播三大支柱性学科方向架构的学术版图中，在积极回应信息科技革命、全球化发展和媒体行业跨界融合的过程中，进一步凝练、丰富、充实、拓展既有的学科优势与学术方向。具体来说，有如下三方面的思考。

　　其一，在新闻传播史论和新媒体两大方向之间，以更为宏大和开阔的思路，跨越学科壁垒，贯通科技与人文，在新闻传播的基础理论、历史和方法研究中融入政治学、社会学、语言学、公共管理学、经济学等学科的思维方式和理论资源，在更广阔的学科视域中观照人类新闻传播活动，丰富学科内涵。特别的，在"媒介与文明"的理论想象和阐释空间中，赋予这两大学术方向更大的活力和可能性，以推进基础研究的理论创新。

　　其二，在新媒体方向之下，及时敏锐地关注5G、人工智能、云计算、区块链等新兴技术日新月异的发展演变，以学校支持的重大学科平台建设计划"智能媒体与传播科学研究中心"为基础，聚焦当今和未来的信息传播新技术对人类传播实践和媒体行业的冲击、影响和塑造。在此过程中，一方面，充分发挥学校的计算机科学与技术、电子信息与通信、人工智能与自动化、光学与电子信息、网络空间安全等优势学科的力量，大力推进学科深度融合发展，拓展本学科的研究领域，充实科研力量，提高学术产能；另一方面，持续关注和追踪技术进步，积极保持与业界的对话和互动，通过学术研究的系列成果不断影响业界的思维与实践。

　　其三，在新媒体与战略传播两大方向之间，对接健康中国、生态保护、科技创新等重大战略，以健康传播、环境传播和科技传播等系列关联领域为纽带，充分借助学校在基础医学、临床医学、公共卫生、医药卫生管理、生命科学与技术、环境科学与工程、能源与动力工程等学科领域的优势，在多学科知识的有机融合中突破既有的学科边界，发掘培育新的学术增长点，产出标志性的学术成果，彰显成果的社会影响力和政策影响力。

1983~2019 年，本学科已走过 36 年艰辛探索和开拓奋进的峥嵘岁月，为人类的知识创造和中国新闻事业的改革发展贡献了难能可贵的思想与智慧。在人类的历史长河中，36 年的时间只是短短一瞬，但对于以学术为志业的学者们而言，则已然是毕生心智与心血的凝聚。对此，学院谨以这套丛书的出版为契机，向前辈学人们致以最崇高的敬意！同时，也以此来激励年轻的后辈学者与学生，要不忘初心，继续发扬先辈们优良的学术传统，在当今和未来的时代奋力书写更为辉煌的历史篇章！

"潮平两岸阔，风正一帆悬。"在技术进步、全球化发展和行业变革的当前，人类的新闻传播实践正处于革命性的转折点上，对于从事新闻传播学术研究的我们而言，这是令人激动的时代机遇。华中科技大学新闻传播学科将秉持"面向未来、学科融合、主流意识、国际视野"的思路，勇立科技革命和传播变革潮头，积极推进多学科融合，以融合思维促进学术研究和知识创新，彰显特色，矢志一流，为建设中国特色、世界一流的新闻传播学科，为我国新闻传播事业的改革发展，为人类社会的知识创造，为传承和创新中华文化做出应有的贡献！

张明新

华中科技大学新闻与信息传播学院教授、博士生导师、院长

2019 年 12 月于武昌喻园

目　录
CONTENTS

下篇　特色教育：着力塑造学生名片

附　录

上篇　新闻评论：公民意见的有效表达

新闻评论是传播者借用大众传播工具或者载体，对正在、新近发生或发现的有价值新闻事实、问题、现象直接表达自己意愿的一种有理性有思想有知识的论说形式。新闻评论在报刊、广播、电视和网络等媒体上有不同的表现方式，或文字，或声音，或音像结合，或图文并茂，并在新闻传播中发挥着重要作用。

　　我们已经进入一个新时代，如何在满足人们物质文化生活的需求的同时，不断满足人们日益增长的民主、法治、公平、正义等方面的要求，是一个重大而紧迫的现实问题。对于作为民意表达的新闻评论，如何认识它、怎样做好它，是本书研究的一个课题。

新闻评论的时代特征及属性

一　新闻评论的时代特征

当今世界正在经历百年未有之大变局。在世界多极化、经济全球化、社会信息化、文化多样化的新形势下，新闻评论形成了自己的时代特征和发展走势，了解这一现状对于我们正确认识和发挥新闻评论的作用是十分有益的。

重视评论成为媒体自觉。目前的中国，正处于信息大爆炸的时代。传统媒体与新媒体异彩纷呈、交相辉映，尤其是微博等社交媒体的强势崛起，令我们置身一个万花筒似的信息世界。在这样人手一个麦克风、多元信息以惊涛拍岸之势冲击人们的视听与头脑的时代，传统主流媒体在设置议程、引导舆论、塑造核心价值观方面，面临前所未有的巨大挑战。开放的时代，必然会出现多元的信息与观点，这是社会进步的表征。然而，信息的流荡、观点的芜杂，亦会给社会造成价值观、是非观的摇摆。此时，主流媒体必须适时站出来，以权威、理性、建设性的意见与观点，为迷惘的时代指明前进的方向。

新闻评论一直受到媒体的重视，报纸更把社论誉为"灵魂"和"旗帜"。虽然有的报纸在改版中一度出现过取消或减轻新闻评论的现象，但是，对于大多数报纸来说，它们都以不同的方式加强了对评论的重视。这种重视不仅表现在纸媒方面，同时也表现在广播、电视、网络和新媒体方面。

《人民日报》一直以它的社论和评论员文章取胜，在全国新闻媒体中处于领先的地位。它的"今日谈""人民论坛"等专栏多次获得中国新闻奖"新闻名专栏"奖。2013 年 1 月 4 日，《人民日报》开辟了评论版，每周刊发 5 期。评论版着力打造干部论政的平台、学者争鸣的空间和大众舆论的广场，在交流、交融、交锋中谋求最大公约数。1 月 4 日，评论版首期刊出头条言论《改革，回应人民的强烈期待——深化改革方法论之一》，评论触及异地高考、"黄灯困境"等热点话题，文笔犀利，思想性和启迪性强，中央电视台等媒体对此予以摘播。除了上述评论文章外，在经济版、社会版、法制版、军事版、国际版、体育版、文艺版等众多版面上还有不少专业评论。如文化版的"新语"，国际版的"大千絮语""国际论坛"等栏目都刊载了大量的评论文章。

"新华时评"专栏是新华社着力打造的首个时事新闻评论专栏，由新华社国内部于 2001 年 2 月创办。专栏创办以来，以评说热点新闻、准确阐释中央精神、敢为民众利益鼓与呼的特色，成为媒体和受众欢迎的新华社权威言论栏目。"新华时评"专栏的宗旨是，及时跟进重要新闻事件，紧紧抓住中央工作的重点、实际工作的难点、群众关心的热点问题，运用新华社社评、新华社评论员文章、新华社特约评论员文章、新华社记者署名评论等形式，本着"缘事而发、寓理于事、目光四射、扣人心弦、反应敏捷、针对性强"和"生动犀利、深入浅出、平等交流、以理服人"的原则，对新闻事实深度剖析，解疑释惑，弘扬正气，针砭时弊，以维护人民利益，推动实际工作的开展。

1993 年底，中央电视台把《东方时空》栏目组、《观察思考》栏目组和《今日世界》栏目组合并，将评论组扩建为新闻评论部。从此，中国电视新闻评论节目进入了一个快速发展期，电视评论节目逐渐成为中国最"通用"的节目形态，释放最有力量的声音。2011 年 8 月 1 日起，新闻频道《新闻 1+1》栏目全新改版。节目在形态上改为由主持人承担评论员职能，对新闻热点展开个性化的评论与报道。在报道风格上，新版栏目强化"丰富的信息量"、"明快的报道节奏"与"鲜明的主题性"的融合；在关注题材上，栏目进一步强化热点新闻的跟进，依托各地应急报道点资源，第一时间采访新闻当事人，突出热点新闻的即时延展。

2010 年，《光明日报》逐步完成改版扩版，确立了差异化竞争策略，在定位上回到了"知识分子的精神家园"和"权威的思想理论文化传播平台"的正确定位。改版后的《光明日报》关注社会生活的热点问题，而且善于在报道中体现理性、建设性。《光明日报》的"评论·观点"专版，从样态来看，不失大气雍容，符合人们对大报主媒的潜在期许；从形式上看，评论栏目丰富而多样。"文化评析"继承了《光明日报》一以贯之的知识精英传统，关切国家文化、思想、文明的赓续与上升，成为该版一个特色；"光明时评"合为时而著，犀利点评当下国家大事；"光明论坛"久负盛名，在新的平台上更是显出勃勃生命力；"时事图说"小栏目别致生动，诙谐中见锋芒，更有一番韵味。从内容上看，《光明日报》的评论锐利中有审慎、激情中有冷静，勇于且善于触碰社会热点，以温和的建设性独树一帜；从表达上看，其文往往短小精悍，文风清新隽永，回味悠长；从写作主体来看，不仅有本报评论员文章，还有政府官员及各个方面的社会人士的来稿，体现了"开门办评论"的旨趣，这在党报的历史上，其实是不多见的。

《中国青年报》一直重视新闻评论，该报不仅刊发大量本报评论员文章，还开辟了不少发表评论文章的专版和专栏。该报"青年话题"自 1999 年 11 月 1 日创办以来，就是一个广泛受到好评的名牌专栏。"青年话题"谈论的话题相当广泛，对政治、经济、文化均有所涉及，既有社会各界的"热点"，也有其他媒体未曾察觉或虽有察觉却未曾敢言的"冰点"。作为国内报业较早出现的言论版，"青年话题"带动了"时评"这一新的评论写作方式的兴起与繁荣。它所秉承的"公民发言"的办刊理念，被受众和业界广泛认可。时至今日，这一原则依然是该版坚持的方向。

《北京日报》评论版"七日谈"于 2008 年 3 月正式创刊，版面头条评论栏目"长安观察"获第二十七届中国新闻奖"新闻名专栏"一等奖。"七日谈"评论版选题涉猎广泛，从治国理政、国际时局，到文化世象、经济法治，对各方面、各领域新闻热点均有关注。该版设有"长安观察""学者观潮""城事小议""世象杂谈""社会广角"等栏目，文章追求观点理性独到、视角宏大独特、论述深入透彻、文字清新大气。经过十多年发展，"七日谈"已经成为《北京日报》的拳头产品，成为首都党报唱响主旋律、打好主动仗，引导社会舆论、参与舆论斗争的重要平台。

《河南日报》秉持"一盘棋"理念，于 2021 年 3 月打破部门壁垒，整合集团内《河南日报》、《河南日报农村版》、《大河报》、大河网、《河南商报》、《河南法制报》、大河财立方等媒体评论员队伍，按照"形散神不散，拧成一股绳，术业有专攻"的原则，通过人员、选题的统筹协调和一视同仁的考核机制，有效避免各媒体评论内容的重复建设，充分发挥各媒体评论员的业务专长和个人兴趣，不断提高评论内容的专业化、细分化水平，集中优势兵力做大做强党报集团评论品牌。

《江西日报》理论评论部结合本部门女评论员多的实际，在原有栏目的基础上，从 2020 年 5 月 7 日起开设以女性视角为主体的言论栏目——"妍论"，打造《江西日报》评论新品牌。该栏目以"她眼"观时事热点，以"她说"发独到之言，充分发挥女性更加感性、细腻的特点，在评论写作上注重使用通俗的语言，让评论更接地气，更具可读性，做到正能量暖评、暖文热评，进一步弘扬社会主义核心价值观。在报纸刊发之前，按照网络传播的特点，女评论员们对稿件进行二次创作，增加评论相关的图片或视频，在江西新闻客户端先期推出，再于报纸刊发时加注稿件相关的二维码，实现报端共振，提高评论的传播力、影响力。该栏目自开办以来，保持每周一期的发稿频率，已经刊发近 40 期，受到广泛关注，多篇稿件阅读量突破 10 万+。

时效性日益增强。现代社会，网络媒体迅速发展，人们获取信息的渠道越来越通畅，越来越快捷。在一个新闻事件发生后，人们对此的认识和评价是不一样的。谁能在众多意见中提出新见或真知灼见，谁就能在众多的媒体中显示自己的力量；谁能在众说纷纭、莫衷一是的议论中阐明真理、廓清大义，谁就能起到引导舆论的作用。这对一家主流媒体来说尤其必需，特别是在突发事件爆发后更显得尤为重要。正因如此，现在不少的媒体都开辟了"今日时评""新闻时评""时评"一类的评论专栏或专版，以强调评论的时效性。21 世纪来临前夕，我国政治民主的进步、新闻竞争的加剧、个人意识的觉醒等因素，促使时评回到媒体，并迅速成为媒体宠儿。时评之兴盛，一是因为它代表个人发言，写法随意自由，是人们实现自我表达的最佳方式；二是因为时评强调时效性和针对性，紧跟社会热点问题，及时发表意见、进行解读，能满足受众议论热门事件、把握社会发展的需要。时评兴盛的背后，是快节奏的现代生活，人们需要更新、更快、更多的观点性信息。党的十九大报告指出，中国特色社会主义进入新时代，我国社会主要矛盾已经转化为人民日益增长的美好生活需要和不平衡不充分的发展之间的矛盾。在新时代，人们不仅对物质文化生活提出新的更高的要求，对美好生活的内容和层次的需求日益广泛，而且在民主政治等方面的要求也日益增长和提高。"人们对美好生活的向往就是我们奋斗的目标"，这里就包括人们对民主政治生活新的更高的要求，要在参与政治生活中更好地体现人民意志、保障人民权益、激发人民创造活力，用制度体系保证人民当家作主。在这里，评论是公民表达自己意愿的一种有效方式。

所以说，是时代选择了"时评"。评论版应运而生，促进和推动了时评的兴盛。

自然，凡事都不能一概而论，对新闻评论的时效性来说也是如此。有的新闻事实反映的问题比较明确，而且写作者又能很好地把握问题的实质，这样的评论当然宜快；但是，有的新闻事实在报道后还不是很明了，或该事件还涉及许多我们一时无法弄清的问题，或写作者还不能准确地把握事物的本质，此刻就不宜迅速配发评论；有的新闻在报道后还需要观察各方面的动态、听取各方面的意见，这样的报道也不宜及时配发评论。

根据现实生活中我们常遇到的情况，一般来说，新闻评论讲究及时性是不错的，凡是能做到的尽量争取做到；同时，新闻评论还需要讲究时宜性，即把握新闻评论发表时间上的度，这是一个"该不该发，该何时发"的问题，写作者和组织者对此都要因时因地因问题制宜。

内容、形式多元化。随着改革开放和现代化建设的发展，人们关注和评论的话题也越来越丰富了，这里不仅有经济建设方面的话题，还有经济生活和政治、文化、社会、生态文明以及军事、法律、国际等方面的话题。人们评论的内容也比以前丰富得多。有说好的，也有说坏的，同时还包括分析研究探索一类的评论。

随着思想的交流、信息的沟通，人们对复杂多变的社会有着不同的看法和认识，这是十分正常的事。人们需要知道外面的世界，需要了解各种不同的意见，需要通过相互的比较自己抉择。新闻评论指向的多元化正好适应了民众的这种要求。

新闻评论指向的多元化，不仅包括指向不同的对象和内容，还包括对同一事件、同一现象、同一问题有不同的评论。对于政府部门的决定有意见不同的评论，对于日常工作中的问题也有不同的意见发表在新闻传媒上。为了满足人们发表不同意见的需求，不少的媒体还专辟"正方"与"反方"、"不同观点"、"不敢苟同"、"有此一说"、"相关评论"等栏目。

1980 年，联合国教科文组织国际交流问题研究委员会在其报告中指出："负责管理交流工具的人应该鼓励他们的读者、听众和观众在信息传播中发挥更加积极的作用，办法是拨出更多的报纸篇幅和更多的广播时间，供公众或有组织的社会集团的个别成员发表意见和看法。"① 新闻评论指向的多元化，是我们时代发展进步的一个象征，各种媒体要根据自身的特点各有侧重，争取做得更好。与此同时，我们也必须注意，这种指向的多元化必须有利于社会的稳定，有利于配合党和政府的中心工作。人们的思想越是解放、活跃，我们的编辑在处理稿件时就越要谨慎从事，该发则发，该舍则舍，一切从全局出发，一切从有利于社会发展出发。

笔者曾对全国 36 家报纸评论版的发刊词做过调查，从调查结果可以看出，现在的评论氛围更加宽容，评论取向趋于多元和开放。这从"不同""多元""宽容"这些词语的使用频率可以看出来。在这 36 篇发刊词中，"不同"出现了 11 次，"多元"出现了 8 次，"宽容"出现了 8 次。

对"不同"的肯定，1999 年首次振聋发聩地出现在《中国青年报》"青年话题"发刊词中："'不同'的价值在于，它不仅包含着思想解放和论争的正当秩序，包含着新闻媒介求新求异的运作规律和读者求新求异的阅读规律，更重要的意义是：思想进步可能就孕育在'不同'之中，而相同只能使我们停在原地。"

倾听"不同"，能带来思想的激荡、对民主的反思。正如《新京报》评论版发刊词所说："只有一种声音、一个主张的世界是危险的……宽容

---

① 胡正荣：《传播学总论》，北京广播学院出版社，1997，第 289 页。

异见是社会成熟的标志。"

对"不同"的尊重，也是对"多元"的尊重，是"宽容"的一种体现。《燕赵都市报》评论版发刊词的标题是《零度　情怀　宽容　建设》，对于宽容，他们有更深的感触："宽容，以温和态度容纳不同群体不同意见。审视时代，任何人都承认，我们正处在告别一元，进入多元的阶段。不同的价值观都应得到同等的尊重，不同的声音都应得到平等的表达。好与不好、消或长，只有在碰撞和深入之中才能彰显其意义。"

从这些表述可以看出，21世纪的新闻评论具有了全新的品格——独立、尊重、宽容。评论版对"不同"的鼓励，促使新闻评论成为独立思考、勇敢发声的结晶，赋予新闻评论以独立品格。评论版对"多元""宽容"的追求，意味着拒绝"一言堂"，反对一元价值观，告别非黑即白、非左即右的简单粗暴判断；意味着对不同意见、对人们表达权利的真正尊重，意味着更具包容精神，这些都赋予21世纪新闻评论以宽容品格。

在追求"和而不同"的文化交往中，坚持"各美其美，美人之美，美美与共，天下大同"的原则是十分重要的。"各美其美"是承认文化皆有其美，而且应该保持其独特性；"美人之美"是承认别人的文化也有优点，并能欣赏和接受；"美美与共"是大家能共有共荣，并不以消灭对方为目的，唯其如此，方能实现"天下大同"。[①]

在新闻评论中，既有尖锐的批评，也有热情的讴歌，更有理性的研究和建议。只有宽容才能促进社会和谐、可持续发展，这才是新闻评论的根本目的所在。

作者队伍专业化和学者化。新闻评论的发展离不开新闻评论队伍的繁荣。从我国新闻评论作者队伍的发展来看，大体可以表述为以下两个方面的特点：一是新闻评论作者队伍专业化倾向在加强；二是新闻评论作者队伍学者化的倾向已经开始凸显。

新闻评论作者队伍的学者化是近些年特别是网络媒体发展和中国加入世界贸易组织后出现的一种新景象。参加新闻评论写作的学者中，既有从事新闻教学和新闻研究的专家学者，也有从事人文社会科学研究的专家学

---

① 赵振宇：《新闻评论通论》，清华大学出版社，2014，第1页。

者，还有从事自然科学研究的专家学者。他们涵盖了大部分的科学领域，涉及的问题关系到人们的方方面面，他们的知识功底深厚，他们的评论方式也因各人的学科和专业背景而不同。拜读他们的大作，就好像与大师晤面，聆听了大师的一堂课，受益匪浅。他们的文章不仅发表在一些专业性、学术性较强的媒体，同时，他们也开始为发行量大、收视率高的大众媒体撰稿。

媒体融合，促使评论生产之变。进入移动互联时代，我国网络人口、网民的阅读习惯等发生了重大改变，门户网站也越来越成为移动互联时代的传统媒体。微博上"意见领袖"即"大 V"群体的活跃度明显下降，并出现逐步向微信公众号迁移的现象。而随着微信公众号影响力的增强，"自媒体人"正逐渐取代微博"大 V"并被赋予新的民间舆论场话语权。①

在这样的背景之下，国内新闻评论界也发生了一些重要而深刻的变化，包括评论布局从微博向微信及客户端的延伸，评论员个人微信公众号的开设，传统媒体评论版面及评论队伍的调整等。2015 年 1~2 月，来自中山大学的陈敏教授带领学术团队通过电话、邮件、微信、QQ 等方式，访谈了国内 17 家主要纸媒及网站评论部的负责人及评论员，梳理新闻评论生产发生的变化，把握新闻评论未来的发展趋势。②

纸媒空间受限，自媒体言论勃兴。新媒体时代，对评论的需求不是少了而是多了，但现在纸媒的评论很难适应网络传播的要求。无论议题设置，还是话语尺度，都受到太多限制。在这样的环境之下，很多评论员认为纸媒已经很难吸引到高水平的评论文章，纸媒在告别评论，评论在告别批评。

与纸媒评论空间收紧、版面萧条的情况形成鲜明对比的是自媒体言论的勃兴，很多评论员都注意到了过去一年发生的这一变化。自媒体言论的勃兴也从多个方面对新闻评论界产生了深刻的影响，比如，在表达效率和言论尺度方面，一方面，新媒体从整体上冲击了传统媒体评论；另一方

---

① 李未柠：《中国开始进入互联网"新常态"——2014 中国网络舆论生态环境分析报告》，网易，2014 年 12 月 25 日，http://news.163.com/14/1225/20/AEBBSCD200014JB5_all.html。

② 陈敏：《媒体融合背景下中国新闻评论之变——以 17 家媒体评论人访谈为基础的研究》，《新闻记者》2015 年第 5 期，第 36~42 页。

面，新媒体中的中央媒体又对地方媒体形成进一步的冲击。

当然，自媒体言论在尺度方面相对于传统媒体的宽松并不意味着它会失控，有评论员注意到相关的管理措施正在向新媒体平台延伸，转型应该是一种折中式的，因为舆论环境是没有变化的，不可能让你像一匹脱缰的野马，不受任何约束。在新媒体和传统媒体之间，在新媒体形态之下的评论和管制之间需要取得一种平衡，这种平衡最终可能是一种折中的。

在上述研究的基础上，陈敏认为，未来对中国新闻评论的研究，可在进一步分析传统媒体评论部和评论员转型的基础上，增加对有影响力的自媒体的访谈，思考新媒体环境下评论主体、话语表达、言论尺度等方面发生的变化如何共同作用于舆论的形成，以及深入研究言论表达与线上社会动员、线下网民行动之间的关系。

二　新闻评论的定义及属性

1. 新闻评论的定义

时代的不断发展，推动着新闻评论的实践和研究。

什么是新闻评论，是我们学习新闻报道后遇到的又一个课题。如同什么是新闻，什么是报道一样，它也是一个仁者见仁、智者见智的课题。为了说清楚"评论"是什么，我们有必要对"新闻"做一番新的探究。

根据科技进步和媒体发展的情况，本书认为，新闻是对正在、新近发生或发现有价值事实及意义的信息传播。它通过报纸、广播、电视、互联网和新兴媒体，运用对事实过程的描述和对该事实性质判断、价值意义的评论（含深度报道）让大众更深切地感受和领悟该事实。此定义前一句是对新闻的性质判断，后一句是对其外延的描述。

新闻在传播的过程中有两种信息，一是传播事实信息，一是传播观点信息，两者合一才是新闻真正完整的含义。人们接收信息，不仅需要及时了解该事实的发生过程，同时也想知道该事实发生的性质和意义。随着信息传播越来越广泛和及时，一般来说，在短时间里掌握某一事实并不是什么困难的事情。但是，如何评判这一事实，这一事实的性质、意义如何，却如同天底下没有两片相同的树叶一样，必定是因人而异、千差万别的。

而且，人们通过对这些"不一样的树叶"的识别，不仅可增强自己的观念意识和主动参与、表达意识，同时也有利于帮助自己更深切地感知和认识该事实。同时，一家媒体评论的水平，也是人们鉴别或偏爱某一媒体的重要尺度。媒体的评论水准如何，已成为人们选择或购买某一媒介的重要因素。正因为如此，当下，不少媒体都在重视和加强新闻评论，推出了大量的评论专栏、专版和专刊，不仅吸引了大批精英人士加盟，而且，大众评论、公民评论的趋势已日渐高涨。媒体的竞争，从某种意义上说，更是思想的竞争。精心打造评论，扩大评论队伍，提高评论素质，扩充评论版面或时间，改革评论生产方式，等等，已经成为媒体新一轮改革和发展的重要内容。我们完全有理由相信，随着对新闻定义的全面认识，在新的时期，中国的新闻业界和学界都会有新的亮点和增长点。

时代是在发展的，特别是当网络媒体迅速发展之后，我们是否可对新闻评论做一番新的定义（"定义"实为不定之义，作为"表述"可能更准确）：所谓的新闻评论是传者借用大众传播工具或载体，对正在、新近发生或发现的有价值新闻事实、问题、现象直接表达自己意愿的一种有理性、有思想、有知识的论说形式。新闻评论在报纸、广播、电视和网络等媒体上有不同的表现方式，或文字，或声音，或音像结合，或图文并茂，并在新闻传播中发挥着重要作用。

在这个定义中，有几个词需要解读。

"正在"——正在，说的是我们需要评论的事实在以运动的方式进行中或持续中，它是一个事实的过程和延续，而不是它的终结。以前的评论都是在事实发生后再进行，现在由于传播工具的更新和传播渠道的畅通，好多评论都是评论员（或称评论记者）在现场将报道与评论同时进行和完成的。如广播、电视、网络等媒体的评论就有这样的特性。

"发生或发现"——发生，说的是原来没有的东西现在有了；而发现，则是经过研究、探索和挖掘，看到或找到前人没有看到的事物或规律。由于新闻定义的拓展，新闻评论的范围也随之扩大：新闻评论的对象不仅仅是针对某一具体的事件，也可能是一类事实所反映的问题，还可能是经过探索和挖掘而发现的新的潜藏的问题。由此而进行的评论在新闻评论的选题中所占的比例不少，这也是近年来媒体评论策划的一个重要方面。

除此，提出这样的定义还基于如下考虑。

第一，如今的新闻评论大多是借助大众传媒来实现的，这里的作者不仅仅是一个写作者，更是一位传播者。传播者与写作者是有很大区别的。作为一位现代传播者，他不可能"两耳不闻天下事，一心只读圣贤书"，在家"闭门造车"；而是需要"眼观六路，耳听八方"，学习和接受广博的知识与信息，同时他还需要掌握和了解大众传播的一般规律。只有这样他生产的产品才能做到"适销对路"。这和旧时的文人已经截然不同了。本定义中特别提到"借用大众传播工具"，这是因为，人们随时随地都可以发表意见，但这些私下议论不是我们新闻学研究的对象；只有那些在大众传媒上公开发表的意见（通过一定的文字、声音、音像等信息符号表现）才算得上是我们所研究的新闻评论。这是当今传媒时代的新要求。

第二，新闻评论是一种传者意愿的直接表达，或代表传媒单位，或代表传者个人，他的所写所言所行，都是一种有形意见的表达：反对什么、批评什么，赞成什么、表扬什么，都是主观反映于客观的一种直接的真实的思想表白。它比消息报道更深刻、更理性，因而也能更好地揭示事物的本质和属性，从而更能打动人说服人和给人以启迪。这是新闻评论的本质属性使然。

第三，新闻评论必须依赖于正在、新近发生或发现的事实、问题或现象，它有别于小说家的创作和理论家的演绎。新近发生或发现的事实、问题和现象是第一性的，新闻评论是第二性的，后者是对前者的一种思想反映。新闻评论的生产不能等同于文学艺术的创作，它不能杜撰事实，也不能夸大或缩小事实。丁是丁，卯是卯。新闻评论在依赖的事实上来不得半点虚假。同时，它也不是理论家纯粹的逻辑演绎和推理，仅仅研究和传播一种理论。新闻评论需要理论作为支撑，但是，它必须反映事实、反映时代，以活生生的社会生活为依托，具有强烈的时代性和针对性。这是新闻评论有别于文学创作和理论研究的根本所在。

第四，新闻评论是一种说理的传播知识的表现形式，在现代传媒发展的形势下，它的表现形式也日趋丰富多彩、生动活泼了。新闻评论早先是从报纸上的政论文开始的，所以很多的教科书都把新闻评论称作"政论文"，它是一种文字的书面表达形式。一般来说，这种认识是不错的。但是，时代发生了变化，现代科学技术的发展，已经使新闻评论走出了报纸的版面。广播里有它的声音，电视里有它的音像，网络里更是有众多的网民发议论、跟帖子、画漫画，新闻评论已经成为一种传者和受众相互交流思想、传播知识、沟通有无的论说形式了。这种形式的广泛多样化，对从事新闻评论事业的工作者和工作部门提出了更多更高的要求，我们应该在内容和形式、设备和技术上做相应的调整，以适应形势发展的需要。这是时代对新闻评论发展提出的要求。

第五，新闻评论要有作者深入独到的见解和观点。当下新闻评论之所以越来越受到媒体和大众的重视，就在于其不仅要求评论者有敏锐的观察力和对事物的理解力，更要求评论者能有独家的或有新意的见解。新闻评论的发展越来越要求人们特别是职业评论者更注重深入采访，在采访中发现问题、提出问题，从而更好地发掘选题和阐释论题。这是广大受众的希望，更是媒体差异化竞争的必需。

2. 新闻评论的属性

如何认识新闻评论的属性，也是因人而异的。从新闻评论涉及的政治、经济、社会、文化、教育、生活等国内、国外广泛内容上看，从新闻评论传播的报纸、广播、电视和网络等媒体的多种形式上看，我以为，新闻评论的属性大致有以下几点，即新闻评论依赖事实的新闻性，新闻评论传播的时效性，新闻评论论说的理论性，新闻评论内涵的思想性和新闻评论传播知识的有益性。

新闻评论依赖事实的新闻性。新闻评论，顾名思义就是评论文章中所涉及的事实具有新闻性，这也是其区别于文学创作和理论研究的根本属性。

新闻评论所选用的事实除了要有新闻性，还需要有典型性，只有这样才有针对性，才有说服力。选择有典型意义的新闻事实，是写好一篇评论文章必不可少的基本前提。

不论正在、新近发生的事实还是新近发现的事实，我们在确定选题时都要从读者市场的需求来判断。一般来说，有以下五个方面的因素可予以考虑。第一，受到这一事件影响的人数。不论自然事件还是社会事件，都会或多或少地影响一部分人或大多数人。那么，我们在选择评论的事件时，涉及的人数越多的事件，越是评论者要首先考虑的选题。如火灾、水灾对一个城市来说，都会涉及不少人，选择这样的话题做文章，就会受到读者的欢迎。第二，关心这一事件的人数。有些事件影响的人数可能并不多，但由于事件的恶劣或特殊，关心它的人很多，这样的事件也应予以考虑。如恶性车祸事故、多胞胎平安降临人间等。第三，与大众利害关系的密切程度。生死存亡是这种关系的最高表现，其他涉及人们生活、享受和发展的事件也是人们普遍关心的。如环境污染问题、售假打假问题、吸毒贩毒问题、社会治安问题等。这些问题与人民群众的生活、利益关系密切，是评论的好选题。第四，促进社会进步的作用。新闻评论作为一种社会舆论，总要对社会的发展和进步起到一定的积极作用。这种作用越大，它的价值就越大，这种评论就越有意义。对于那些预示着一种社会方向，代表着一种时代进步趋势的事物，新闻评论应予以关注。第五，在决定对某一事实是否予以评论时，还必须考虑它的宣传效果。这是由新闻传媒的性质所决定的。

这里讲的大多是新闻工作的一般规律，凡是新闻人都不能例外，做新闻评论也该遵守这些法则。

新闻评论传播的时效性。新闻评论传播的时效性包含以下两个方面。

一是新闻事实与新闻评论生产（写作或制作）之间的时间最短，也就是说，当新闻事实出现后，评论者要在最短的时间里完成评论生产。大千世界，社会现象纷纭复杂、变幻多端，其中有很多事件、现象和问题是可以和需要评论的。但是，只有那些最近发生或发现的事实才是新闻评论需要关注的对象。只要条件允许，新闻评论都要追求这种最快的新闻事实。

二是新闻评论生产与传播之间的时间最短，也就是说，评论者写出（或制作）的作品能够用最短的时间传播出去。随着信息传播速度的加快，现在不少的著作都能在十天或一周内抢印出来成为畅销书。新闻传媒更需要在时效性上大做文章，如不少的报纸开辟了"新闻热线"等直接与读者联系的栏目，以尽快将新闻发布出去；广播、电视更是开辟了现场直播等节目，将正在发生的事实告知大众。

新闻评论论说的理论性。新闻评论的重要性在于它是根据现实中反映的问题，运用一定的理论知识，采取论理、分析的方法来反映作者的有形意见（即通过对事实的分析、说明、论证，揭示事物的本质，解决现实所提出的问题，直接表达作者的思想观点，提出希望、意见和要求），达到明辨是非，释疑解惑，相互交流，为受众服务之目的。而消息报道，则是依靠事实，运用感性叙述的方法，来反映作者的无形意见（即思想观点包含在事实的叙述之中）。相比之下，新闻评论的理论性和深刻性要强于一般的消息报道。

新闻评论告知大众的有的是改造社会的具体方法，但更多的是一种理念、一种思维、一种思想、一种观念。新闻评论为人们提供辨别是非、善恶、美丑的思想准则，激励人们追求高尚的理想和情操，既影响现实生活中人们的行为和整个社会的风尚，又会以潜移默化的方式提高整个民族的思想道德素质。它可以使人精神充实、视野开阔、情操净化，进入新的境界。新闻评论主要靠理性的力量、真理的力量说服人们。一种理论要能说服人，就必须讲出道理，使人信服，它不像法制和行政命令，可以强迫人们接受。为了说服人，就要使理论符合实际，使理论自身更加科学、更加完善。

新闻评论论说的理论性包括两个方面：一是它的论说要有科学性，即符合历史唯物主义和辩证唯物主义的观点，在论述时遵守论说的一般规律；二是它的论说要有理论根据，而这种理论也是经过历史检验的，是科学的。新闻评论说的理论，不仅包括革命导师、经典著作里的科学理论，同时也包括经过人类社会的实践检验被认为是正确的自然科学理论、社会科学理论和人类思维科学理论。新闻评论论说的理论性，不仅是对党报新闻评论的要求，对其他的新闻评论也该有这样的要求。

新闻评论内涵的思想性。思想性，是在一篇文章、一个版面、一个媒体中起主导地位、起决定作用的东西。一篇新闻评论，即使它的新闻性很强，它的时效性很快，也很有文采，但是，若空洞无物，没有思想或思想观念错误，干瘪无味，也是没有益处甚至有害的。干新闻工作的，时常想抓一些有深度的报道。什么叫有深度，说白了就是有思想，有见地，能够一语中的，能够技高一筹。在新闻评论中就是要敢说别人不敢说的话，会说别人不会说的话，善于说别人说不好的话。评论的力量不在于它在版面上的位置高低和篇幅大小，而在于它字里行间所体现的思想性和思想的深刻性。

新闻评论传播知识的有益性。当今是一个信息骤增的时代，各种信息、知识扑面而来。这是一种机遇，同时也是一种挑战。新闻传媒有责任有义务将一些现代的或过去的、自然的或社会的、人类的或思维的知识信息有选择地传播给大众。

新闻评论在运用知识时，也一定要慎重，不可将那些已被实践检验是错误的东西误传给大家，也不要将道听途说未经认可的东西论说给大家。知识的力量是巨大的，巨大的力量是有方向的。新闻评论一定要选择那些有益于大众、有益于社会、有益于长远的知识作为自己的论据。精心选择，有效使用，同时加强自身的知识修养。这是时代对新闻评论的新要求。

怎样认识和做好新闻评论

一　一项需要普及和提高的公民素质[*]

新闻评论作为一种观点信息越来越受到人们的关注，自然也更加得到媒体的重视；新闻评论作为舆论环境建设的一个重要组成部分，在促进民主政治建设中越来越发挥着积极作用；新闻评论作为一种理性认识的表现形式，有助于人们更全面更科学地认识世界。

1. 从新闻学视野解读新闻评论——新闻评论传播的是一种观点信息

在新闻传播中，新闻评论和消息报道一起，向受众提供最新最快最多的观点新闻。它的对象是传播受众，它的作用是满足对象获取观点信息的欲望。

新闻评论是一种依赖于事实的观点信息。当今时代，在知识经济的大背景下，在传媒速度越来越快捷的形势下，读者已更加理智，深入了解事实成因及后果的欲求，正在逐渐取代对情绪宣泄和消遣的欲望。简单化报道和发表意见已难以激发人们的阅读欲，而视角独特、见解独到、说理透彻、思维方式新颖、富有知识张力的言论，才会受到读者青睐。

为什么近年来评论呈现一番昌盛的局面呢？主要有三个方面的原因。

第一，从经济上看，这是增强媒体竞争力的一种考虑。

由于信息传播技术的运用，媒介层次变得模糊起来，大家都有获得独

---

[*]　参阅赵振宇《一项需要普及和提高的公民素质——关于新闻评论的三点理性思考》，《新闻大学》2007 年冬季号。

家新闻的权利和方便；同时，传播手段的更新使得采访地域相对缩小，于是，发现独家新闻也越来越困难了。开办评论专栏或专版，从某种意义上来说，弥补了这种不足，同时也节约了记者外出采访的经费。对于电视台来说，更是有利可图。有人做过这样的计算，把一个小时的新闻报道节目变成一个新闻评论节目，可以使节目制作成本大大降低。一条新闻报道通常需要编导、摄像、灯光、录音师和两名以上的记者外出，他们的采访、差旅、工资、翻译、器材等费用要一两万元。一个小时要播 60 条新闻，一个小时的成本就要 100 万元。而给一个评论家一年 100 万元，那是很高很高或不可能的支出了。[①]

第二，从管理体制上看，这是满足公民自我实现需要的必然趋势。

在传统的计划经济体制下，媒体是事业单位，经费来源主要是政府行政拨款，媒体附属于政府。因此，它不是表达社会意见的公共平台，而是一条单向的信息传播渠道，它所承担的主要功能就是宣传党和政府的方针政策，动员人民团结一致、同心同德完成上级下达的任务。在市场经济体制下，媒体有了一定程度的市场运作自主权，而这就为评论的兴起提供了必要的条件；同时，随着社会的发展、民主法制建设的完善，公民个人的生态开始发生变化，他们不再以"单位人"的身份出现。他们个体参与社会的领域在扩大，程度在逐渐加深，并对不断变化的社会爆发出来的矛盾有了发表自己观点的欲望，在生理需求满足后，有了更多的自我实现需要。公民希望在大众媒体上发表自己的观点和意见是新闻评论得以繁荣的内在原因。

第三，从传播效果上看，这是提高媒体知名度和美誉度的有效途径。

现代科学技术的进步、科学知识的普及，特别是互联网技术的广泛运用，加快了传者与受众的交流，同时也加快了传者与传者的交流。谁在信息市场占领的份额大，谁自然就是意见领袖。在新闻报道特别是有关政策文件的发布、重大国际交往和重大突发事件的披露这一块，目前还保留着中央媒体和上一级媒体的权威性，地方媒体、一般媒体是无法替代和超越的。但是，在思想、观念、建议、方法等有形意见的发布上，却没有严格意义上的等级划分——谁最先发表意见，谁提出的观点最新最深，经过实

---

① 李希光：《转型中的新闻学》，南方日报出版社，2005，第 13~14 页。

践的检验最正确最有效，谁就必然会受到广大受众的喜好和信赖，同时也会受到媒体同仁的尊重和佩服。天长日久，这样的媒体的知名度、美誉度自然而然就提高了，由此带来的广告收入和发行量（收听、收视率）自然会大幅度提升。

在媒介市场，谁有了话语权，谁就有了力量。而新闻评论的强度和水平是增强这一力量的重要因素。

2. 从社会发展视野研究新闻评论——新闻评论在民主化进程中发挥积极作用

在社会发展中，新闻评论是公民表达自己意愿的一种直接方式，有利于促进社会进步特别是有利于促进社会的民主进程。它的对象是社会公民，它的作用是培养和增强公民的参与意识，使公民更好更有效地参与和管理国家和社会事务。

提供平台，保障公民的言论自由权利。利用新闻媒体发表自己的有形意见，是扩大公民有序的政治参与，保证人民依法实行民主管理和民主监督的重要形式，是保障公民人权的重要内容。现在，不少的媒体除了开辟社论、本报评论员文章、本报编辑部文章等栏目外，还开辟了由群众广泛参与的评论栏目。这些栏目的开设，使群众有机会对发生在自己身边的事，或自己经历的事，或自己接触的事，或自己接受的事进行评论，发表意见。这对于增强公民的参与意识是大有好处的。

改革是一个破旧立新的过程，在这个过程中，新旧碰撞、是非伴生，各种思潮相互激荡，各种矛盾与问题错综复杂。对难点、热点问题释疑解惑，为新生事物鸣锣开道，就成为言论的重要任务。

提供平台，为建构公共领域创造条件。德国著名哲学家哈贝马斯在1998年访问中国时说："公共领域首先是我们社会生活中的一个领域，它原则上向所有人开放。在这个领域中作为私人的人们来到一起，他们在理性辩论的基础上就普遍利益问题达成共识，从而对国家活动进行民主的控制"。① 今天，在媒体评论的平台上，我们可以看到有更多的人在发言，

---

① 哈贝马斯：《关于公共领域问题的答问》，梁光严译，《社会学研究》1999年第3期，第37~38页。

有更多的人在更广泛的领域参与，这使得时评在今天可能成为一种普遍的表达形式。在普通的岗位上，在普通的生活角色包括教师、基层公务员、学生，还有工人、农民中，一批善于表达、敏于判断的人正在出现。只有短短几年，时评写作在中国就以令人吃惊的速度繁荣起来，有力地促进了民主政治和社会经济的健康发展。

公民的积极参与体现了很强的正义感和生命力。正是成千上万的评论作者和网友的评论，在一定程度上廓清了人们的模糊认识、普及了常识。

构建良好舆论环境，促进建设和谐社会。舆论环境，是指在大致相对集中的时空内，不同群体、不同层次、不同类别的众多具体舆论组成的有机联系体，它影响和制约着各种具体舆论的形成和发展，同时也调适不同的个人、群体和社会组织间的相互关系。在民主政治的进程中，它是一项重要的基础建设。

新闻评论在构建良好舆论环境中发挥重要作用。民主的舆论环境使民众的言语与心愿得到畅通的表达与实现，人民内部矛盾和其他社会矛盾得到正确处理，社会公平和正义得到切实维护和实现。加强舆论环境建设，保障公民有序参与管理国家事务，是建设和谐社会的一项重要内容，也是我国民主政治建设中的一项重要任务。首先，新闻评论能够设置议题，配合中心工作，发挥舆论导向作用。其次，新闻评论能够广泛干预社会生活，激浊扬清，从道德上引导舆论。最后，新闻评论能够针砭时弊，引导舆论发挥好监督作用，促进社会进步。

3. 从认识论视野阐释新闻评论——在感性认识的基础上提升为理性认识

在人们认识世界的过程中，新闻评论是人们对客观世界理性认识的一种反映，它与感性认识结伴而行。它的对象是普通意义上的人，它的作用是在感性认识的基础上以理性的深刻把握世界，处理好主体人与客观世界（包括人、自然、社会）的关系。从认识论的高度来阐释新闻评论，能更好地把握新闻评论的本质。

新闻评论源于感性认识。新闻评论，是对新近发生或发现的新闻事实、问题、现象直接表达自己意愿的一种有理性、有思想、有知识的论说形式。

人们反映客观世界有两种方式：描述和评论。评论不是新闻人特有的，它是人们的一种意见表达，人人都有，是公民的一种媒介传播素质。描述属于形象思维，而评论属于逻辑思维。评论的本位定位为我们提供了一种特殊的思维模式和思考问题的方式：在运用感性思维和形象思维描述事实的基础上，培养了运用理性思维、逻辑思维和抽象思维的评论本性，能够比较全面比较正确地把握客观事物在感性上对自己的刺激，从而得出科学的结论。

新闻评论不可能孤立存在，评论中所涉及的事实具有新闻性，这些事实主要是新闻事件或新闻人物。新闻事实是评论的基础和依据，对新闻事件、新闻人物发表评论，是新闻评论的主要特征。先有事实，后有评论。新闻评论源于新闻事实，是在感性认识的基础上，形成的理性认识。

新闻评论高于感性认识。新闻评论具有重要性的根本原因在于它是根据现实中反映的问题，运用一定的理论知识，采取论理、分析的方法来反映作者的有形意见（即通过对事实的分析、说明、论证，揭示事物的本质，解决现实所提出的问题，直接表达作者的思想观点，提出希望、意见和要求），达到明辨是非，释疑解惑，相互交流，为受众服务之目的。而消息报道，则是依靠事实，运用感性、叙述的方法，来反映作者的无形意见（即思想观点包含在事实的叙述之中）。相比之下，新闻评论的理论性和深刻性要强于一般的消息报道。有的新闻评论虽然没有列出改革发展的具体措施，但是告诉了人们一种认识问题、处理问题的思想方法。评论虽然没有解决某地某单位的"这一个"问题，但是它给了人们解决广泛地区和单位"一般"问题的思路。

新闻评论要经得起历史的检验。马克思主义哲学认为，理性认识只有回到实践中，才能得到检验、修正、丰富和发展；理性认识只有回到实践中，才能指导实践、服务于实践，实现改造客观世界的目的。

新闻记者特别是评论作者，不能人云亦云，随风摇摆。我们常说，实践是检验真理的唯一标准。谁的理论正确，谁的理论错误，并不由谁说了算，社会实践是最好的检验官，一检验、一对照就清楚了，明白了。但是，我以为还要加上一句话，这就是：时间是评判人们认知和实践是非功过、真伪优劣的最终标准。世界的历史，中国的历史，都有这样的情况，一些当时看起来很正确的东西，时间一长，就发现不是那么回事了，有毛病了，不妥当了，甚至完全是错误的了。

18 世纪英国的散文家哈兹里特说过这样一句话："重复别人说过的话，再说一千次也平凡无奇。"一个思想者，要在自己思想成熟后敢于及时发出自己的第一声，这是十分重要的。但是，评论特别是时评，不仅要为当时的形势服务，更要经得起历史的检验。自然，这也是一个不断学习和实践的过程。如果错了，认识到错误，改了就行。评论者要养成这样一种习惯：时常翻阅一下自己的作品，不时地检查和反思一下，过去的东西还有多少在今天看来还是正确的，还是有生命力或很强的生命力的。一个评论作者，要争取多写一些经得起历史检验的、有生命力的好评论。这是一个理论基础问题，同时也是一个做人的道德修养问题，需要引起评论作者的重视。作为一个成熟的媒体，也应高度重视这一问题。

二　新闻评论操作五谈

1. 新闻发现是新闻评论的基础

缤纷多彩、变化万端的新闻事实构成了我们生活的丰富世界。注意发现、观察、收集人们司空见惯但却有评论价值的新闻事实，是做好新闻评论的第一步。2014 年 5 月 8 日，新华社发出通稿《武汉市政府发文倡导"时间文明"》。报道中说，开展以"时间文明"为主题的相关活动，有助于城市的发展以及提升城市形象，也体现了武汉市"敢为人先，追求卓越"的城市精神。通稿发表后，中央人民广播电台立即组织策划在"全球华语广播网"播出了该台记者在英国、日本和非洲等地采访的"时间文明"相关报道。《北京日报》、《沈阳日报》、《杭州日报》、《新民晚报》、《今晚报》、《长沙晚报》、人民网、新华网、新浪网等全国几十家媒体予以报道和评论。"记者了解到，倡导'时间文明'活动源于赵振宇教授在 2014 年武汉市'两会'中的提议。当时，他通过多张照片，提出武汉市公共场合存在时钟不准，以及部分单位存在不能守时、惜时等问题。"其实，引起对时钟的关注并提出"时间文明"理念最早源于 2011年我出访美国时的一些感受。我到美国参加一个学术会议，有机会在美国东部地区的纽约、费城、华盛顿、波士顿和阿默斯特等地行走。在我们经过的繁华都市、幽静小镇，不论道路还是景点，都会在醒目处悬挂着不同时代、风格各异的时钟或电子计时器，而且每座时钟都与当地的标准时保持一致。时钟的悬挂，不仅给人美的享受，还时时在给人们提醒，到达此处的时间是多少，两地间的时差是多少，还剩多少时间到达下一个目的地。总之，当我们在广袤的美国大地活动时，时间在处处与我们结伴而行。美国之行虽是走马观花，但我对各处悬挂的准时的时钟却是记忆深刻。

新闻评论作为一种社会舆论，它力求对社会的发展和进步起到一定的积极作用。这种作用越大，它的价值就越大。评论虽然发表了，也引起城市管理部门的某种注意，但是，仅此还是不够的。作为一个新闻评论者，对此既要有一定的心理承受力也要持续不断地跟进关注。

发现新闻的敏锐性，是新闻评论者应该培养和不断提升的基本素质。2014年元月，我列席了武汉市政协会议。1月5日，参加小组会议，发现会议驻地酒店的时钟快了10分钟；6日，乘坐会务组车辆时又发现，车上的时钟慢了10分钟；到了大会主会场武汉剧院，发现当时时间已经10时多了，但剧院三楼的时钟仍然停留在8时14分；7日早上，再去武汉剧院开会，又特意去看了三楼的时钟，发现时钟仍然停在8时14分，我对照自己的手表拍下了照片。当天下午我参加了与市长的对话，将上午拍摄的照片和以前在美国拍摄的图片在会场上展示，提出了城市时钟不准的问题。

前一天就发现时钟慢了，为何要等到第二天才去拍照呢？这里有一个选择事实的时机问题。新闻人常爱说"抢新闻"，这是很对的。所谓抢新闻，一是抢对事实的传播，二是抢对事实背后观点的发表，"抢"是新闻人的常态。有的新闻除了抢，有时还需要"养"，即选择传播的合适时机和发表的最佳选题。因为大会安排7日下午要与时任市长唐良智对话，为了增强新闻的接近性，所以我选择了对话会的上午去拍照。

"不避问题，唐良智现场回应，钟不准的问题确实存在，平时谁也没太在意，但城市管理要注重每一处细节。他说，不管在什么场合、做什么样的工作，守时是一个基本准则，在充分尊重自己的时间的同时，更应尊重别人的时间。唐良智要求，市政府办公厅抓紧发文，号召政府机关必须

带头把钟调准，公共场所也必须做到时钟准确。"（2014 年 1 月 8 日《长江日报》报道）

会后，市政府积极组织调研，听取各方面意见，也与我做过交流，于 2014 年 4 月 29 日发出《关于开展倡导"时间文明"活动的通知》。通知要求，各区、各部门要高度重视开展倡导"时间文明"活动，营造全市上下倡导"时间文明"的良好氛围，引导群众广泛参与，自觉养成"时间文明"的良好习惯，树立识时、守时、准时、惜时的新风尚。

社会的进步，时代的发展，远不是一篇报道和评论就能奏效的，它需要新闻人的共同努力，需要全社会人群的配合，特别是管理部门的科学管理、工作部门的有效工作，而且是持续不断地坚持下去，方能达到目的。新闻评论要说服人，必须说出"事"后的"形势"和"趋势"。为此，我对什么是时间文明，它与全国人民努力实现的"中国梦"有什么关系等问题撰写评论。

我在光明论坛上发表了《倡导"时间文明"新理念》："所谓认识时间，就是掌握时间的本质和特性，在价值前提下把握时间的真谛。所谓珍惜时间，就是认识到时间的宝贵而珍视爱惜节省它。所谓恪守时间，就是遵守时间的规定性，即在一定的时间内到达、运动、完成某项规定性的工作或任务。"继而，又在《人民日报》发表《追逐梦想，需要时间文明》的评论。在《文汇报》的"文汇时评"发表《倡导时间文明　可以"马上有"》。我在评论中阐明了时间文明对人们行为准则的要求。

其一，规定性，即在一定时间里规定要求做什么或不能做什么。其二，信用性，即在规定时间里按承诺的要求予以行动。其三，平等性，即在规定时间里要求所有参与人员一视同仁、共同遵守，不得有违，也不能搞特殊化。其四，有益性，即在规定时间里的所作所为，要有利于自己、他人和社会。其五，层次性，即相同的时间里人们表现的素质差异。

现代社会提倡时间文明，它有利于我们处理好人与人、人与社会、人与自然之间的关系。在制定、遵循、提升时间文明的进程中，它不仅有助于追求个人道德完善，同时也有利于维护公众利益和公共秩序。

对时间文明的理解，如果仅仅停留在时钟和时间上是不够的，还必须同中央提出的"中国梦"和全国人民为达此目标而做的努力奋斗结合起来。于是，我撰写了《实现中国梦要把握好"中国时间"与"中国效率"》的论文，刊发于《民主与科学》杂志上。文章的最后还特别强调，恪守"中国时间"，展现"中国效率"，必须要坚决反对形式主义。2021年5月31日，根据学校党委宣传部的安排，我在华中科技大学做了题为"进入新时代，我们该如何把握机遇——倡导时间文明，保障实现中国梦"的讲座。在我的积极提议和推动下，学校决定启动倡导"时间文明"活动。

2. 新闻评论要讲好故事

时下，新闻人都在研究新闻报道如何讲好故事，为什么呢？这是因为典型、新奇、有感染力的故事才能吸引人、打动人、引导人，提高新闻报道的传播作用。其实，新闻评论也要讲好故事。所谓讲好故事，就是把评论赖以存在的事实讲清楚讲明白，让它起到"事实胜于雄辩"的作用。

乐凯胶卷曾以"中国胶卷之王"的身份扛起了民族感光工业的大旗，而泊头火柴则改写了国人依赖"洋火"的历史并凭借先进的技术在火柴行业长期领跑。但是，一旦追赶不上时代发展的潮流，再好的产品、再大的企业，也只能出局。聪明的评论人凭借身边发生的故事写出了中国新闻奖文字类评论一等奖的好作品。

第23届中国新闻奖文字类评论特别奖和一等奖共三篇：《人民日报》刊发的任仲平文章《转变，中国道路的历史性跨越》、《经济日报》刊发的钟经文文章《崛起的中国势不可当》和《河北日报》刊发的《唯有走在变化之前——从乐凯胶卷停产、泊头火柴破产说开去》。第三篇评论，无论文字篇幅还是写作团队的力量都不能和前两篇文章相比。但是，这篇1600字的评论能够与两家中央大报的力作一起获得大奖，除了评论者把握时代潮流、深刻阐述道理外，选择经典故事、有效讲好故事不能不说是它的一项"特别之处"。

在一篇1600字的评论里，作者先后讲述了5个中外企业新近发生或已成历史的成败故事。这样的选择和安排并不比一篇纯粹论述的文章轻松，但是，它的作用却要大得多。

"讲好故事事半功倍。"这是习近平总书记在一份信息简报上的批示。"在评论写作中，讲好故事同样会起到事半功倍的效果。我们在文中运用大量生动而有说服力的故事……这些叙述的运用不但增强了文章的说服力，也增强了文章的可读性。"该文作者李忠志博士从事新闻评论 10 余年，已获得中国新闻评论三等奖、二等奖，实属不易。他的这些经验之谈是值得肯定和提倡的。

所谓故事，是对过去发生的事实或事件的回忆与讲述。在新闻评论中，选择和运用故事除了作为事实论据论证主题外，有时也用以抒发作者的情感，为整篇文章的立论和论述起着铺垫和渲染的作用。社会上好多人都会讲故事，不同学科、不同专业、不同方向的人也会讲故事。但是，评论者讲故事有着自己特殊的要求——所有的讲述都是为论证服务的，也就是说，我们所选择和讲述的故事都要发挥事实论据的作用，要成为支撑观点的有力助手。

评论中要把故事讲好，但也不是故事讲得越多越好。如果故事选取或讲述不当，不仅不会使文章添色，反而影响文章的说服力，让读者一头雾水，不知所云。

在论证中，故事与故事之间也是有联系的，先讲什么故事，后讲什么故事，也是有讲究的。不分时间的先后，不讲故事之间的逻辑联系随意列举，只能表示作者思维的混乱，于评论的论证也是没有好处的。

故事中反映的事实是新闻评论之"本"，如何选择和讲好故事关乎评论的深度和广度。可考虑以下几点。

选择真实的故事。在新闻评论的故事选择中，一定要审慎。其一，它是否符合事物发展的一般规律。现代科学技术的发展使我们眼花缭乱、目不暇接。但是，当我们写评论需要选择故事时，一定要有清醒的头脑，运用马克思主义的基本原理去辨别一下，看它是否符合事物运动的基本规律。如果相悖而行，就一定要果断地舍弃，哪怕它再生动再感人。其二，要认真核查故事报道的出处。当下新媒体的竞争使不少的虚假新闻蜂拥而至，网络媒体的发展更使发布新闻的渠道大大地拓宽。在这种情况下，评论者在选用故事时，一定要核查该故事报道的出处，对于那些似是而非、出处不明、把握不准的故事，不要轻易相信。宁可放弃或搁一段时间，也不要急忙采用。

选择经典的故事。经典的故事经过历史的沉淀和流传为人们所熟知，故事中的道理也为人们所接受。上述评论，不仅选择了经典故事，还将经典故事编织成绚烂多彩的花环。这种选择，这种讲述，真正达到"事实胜于雄辩"的奇特功能。新闻评论中的经典故事选择可考虑以下三点：一是它的独特性，即该事例是其他场合所没有或很少见到的；二是它的针对性，即该事实的运用既能反映该类事物的现状，又能促进该类事物的改变和促进它的发展；三是它的时代性，即该事例的运用反映了当今时代的特征和特点，能激起人们的共鸣。

选择自己经历的故事。"前排就座的领导哪去了"，就是我在参加某一次会议现场发表的即时评论，结果引起与会代表的强烈共鸣。后来将其整理成文发表在《解放日报》。我在评论中写道："会议既然如此重要，作为一个地方的主要领导者和有关方面的负责人自始至终参加会议，认真听取专家的建议和与会代表的意见，我以为是十分必要的。领导者参加一些会议，不仅仅是一种形式，一种姿态，更重要的在于，这样的会议往往能为领导者提供一个紧张有效的学习和掌握民情实情的好机会。既然如此，我们的各位领导同志，有什么理由只出席开幕式与代表合影后就离会了呢？我不解。"自己经历的事情，感受真切，论述起来也就深刻许多。当然，自己经历的事情有时也会受到个人喜好、认识的局限。所以，要注意从整体上把握故事的真实性和客观性，防止以偏概全，更不能以私情谋取私利、泄私愤。

3. 把常识讲清楚是评论的基本功

面对社会现象、新闻事件、热点问题，细究一下就会发现诸多是常识惹的祸。对此，我们应该问自己几个问题：什么是常识？是常识的问题为什么常常犯错？哪些问题虽然重要却不容易被想到？哪些问题人们大多知道却常常做不到？等等。在社会生活中常有人忘记常识甚至酿成大错，于是便有了常常讲常识的评论。

这些年来，有很多人为的事故都不是被什么科技含量高深的技术所难，而是犯了最为简单的"常识所致"错误。为此，我在《人民日报》发表了一篇评论：《让"常识"成为公众力量》。

常识是什么，它就是一个经过人们长期社会实践检验的，能为大众所了解和掌握的普通的、基本的知识。常识是一个常讲常新、与时俱进的老话题，但要讲好它却不是一件容易的事。要将常识的老话题讲出新意，不仅表现在人们的思想领域，也表现在日常生活里。如"生命在于运动"。这是大家都认为是常识的命题，但是细究一下，也会发现问题。什么是生命，生命是蛋白质存在的一种形式。而蛋白质是天然的高分子有机化合物，它由多种氨基酸组成，是构成生物体活质的最重要部分，是生命的基础。这些专业知识为我们重新解读"生命"提供了新视角："生命在于和谐。"生命的和谐包括三要素：适宜运动、均衡营养和有效休息。① 自然，要把这些新的"常识"讲清楚并为大众所接受，还是要做很多功课的。这又是评论人的一项新任务。

常识是人们生命赖以存在的根基，是社会进步的规范要求。同时，又因为常识太简单，太一般，所以很多人对其不屑一顾。对此，有关方面、有关部门要有高度的重视。抓紧抓好常识的教育和训练，就会让灾难离我们而去，让损失减少到最低。因为常识太简单，太一般，所以大家一学就会。既然如此，我们就应该好好地学习并努力地实践，让常识规范我们的行动，养成习惯，这是有利于个人和社会的大事。因为常识太简单，太一般，所以对于违反常识特别是造成重大损失者，就绝不能轻描淡写、姑息养奸。一切对违反常识者的宽容和怜悯，最终都会危害个人和社会，我们必须严肃对待。因为常识太简单，太一般，所以经常不被新闻媒体关注，自然也成不了新闻。新闻是对新近发生和发现的有价值的事实的信息传播，我们的媒体、我们的报道，应该经常有对践行常识或违反常识的典型报道，弘扬先进，警钟长鸣，防患于未然。这是新闻工作者和宣传教育者的神圣职责。

把常识讲清楚是新闻人特别是评论人的一项基本功。

4. 新闻评论要抢、要养

"新闻评论要抢"与"新闻报道要抢"两者有不同：报道要抢的是事实，是事实中的细节和真相；而评论要抢的则是运用概念、判断、推理发表对该事实的观点和思想，这个观点和思想要符合该事实的整体和本质特征，特别是引用的事实不能有一丝一毫的差错和虚假。但恰恰是在这一点

---

① 参阅赵振宇《生命在于和谐》，《学习月刊》2020 年第 5 期。

上，常有评论人因为抢而发生差错。

新闻报道讲究真实，新闻评论也该如此。当事实不存在或不清楚或与真相相悖时，任何评论都是无效的，有时甚至会起到消极的负面影响。在"抢时效"与"求真相"的选择中，"求真相"永远是第一位的。

天下事瞬息万变，对于一个评论者来说不可能事事处处都在第一时间发表具有真知灼见的独到观点。此刻，想好了的可以先写，没想好的或事实还不明了的或其他不宜发表的，不妨采用延时的方法，将评论的由头或思想养起来，换一个地方或换一个时间再予发表，这就是"新闻评论要养"的原因。

新闻报道求新与新闻评论求新，强调的都是一个"快"字。而我以为新闻评论提倡"想好了再说"更为科学。它包含的是评论者的知识积累和运用、思想过程和表达，它追求的是一个"好"字。经济建设讲究"又快又好"，新闻评论也该如此。"又快又好"是一个辩证统一体，需要评论人通过长期实践，用心感悟，力求"快"，争取"好"，"快"中求"好"，"好"中求"快"。当"快"与"好"发生冲突时，追求"好"永远是第一位的，这是新闻评论的本质所在，也是评论者的一种社会责任，须臾不可忘记。

5. 评论要经得起历史的检验

人的思想是一个渐进发展的过程，它既与所处的时代有关，也与自身的思想运动有关。真实地记录这一切，于己于人于时代都是有好处的。尤其是当我们的思想随着时代的发展而变化时，以语言和文字的形式将我们的思想历程勾勒出来，保存下去，就更有价值了。新闻评论是对新闻事实、事件、现象、问题的一种有形意见表达，它对人们明辨是非、针砭时弊、弘扬社会正能量是大有好处的。同时，它也要与事实一起接受历史的检验。

历史是不容修改的，在某一时期写作的文章反映了一个人在当时形势下对这一问题的看法和思考，它既反映了写作者当时的思想和学识，也为后来者研究当时的历史提供了一定的史料佐证。这对于研究作者和研究历史都是大有好处的。

反映思想历程的著作应该尊重历史，对于记录历史的新闻评论就更该谨慎从事了。2014年5月4日，习近平来到北京大学考察。他指出，"青年的价值取向决定了未来整个社会的价值取向，而青年又处在价值观形成和确立的时期，抓好这一时期的价值观养成十分重要。这就像穿衣服扣扣子一样，如果第一粒扣子扣错了，剩余的扣子都会扣错。人生的扣子从一开始就要扣好"[①]。扣好人生第一粒扣子，对从事新闻评论者来说同样适用。人们的主观意识反映客观实际，不能保证时时事事都是正确无误的，但是，力求甄别事实真伪，争取思想反映实际，"想好了再说"，却是我们一开始从事新闻评论就需牢记于心的真理。

随着科学技术的发展，人们对于大自然的认识越来越全面和准确，与大自然的相处也越来越亲密与和谐。但是，"天有不测风云"。在人与大自然的接触和交流中，还有许许多多不解之谜等待人们去破疑去解惑去应对。2021年7月河南郑州发生特大暴雨灾难，震惊世界——据7月21日中央电视台晚间"东方时空"报道，20日凌晨4点至21日凌晨4点郑州市降雨量达645.6mm。该市水文资料显示，郑州常年平均全年的降水量才640.8mm！一天的降雨量竟然超过常年平均全年降水量，这种突发灾情是什么造成的？出现这种"不测风云"，我们该如何认识？如何应对以后还可能出现的"不测风云"？新闻人既要在天灾人祸或自然现象迅即出现时，及时报道和评论，同时也要给变化莫测的自然之谜留下探索和想象的时空。面对"不测风云"的大自然和变化莫测的社会实践，评论者要在众多事实和信息中甄别真伪、衡量轻重、辨别优劣，说出他人所未言、不敢言、言不好的评论，这是一个称职评论员时时记于心的行动准则。对评论作品的检验，不仅在于当下，更着眼于长远。

附：在"评论互动场"回答网友们提问

应《新闻与写作》杂志邀请，我从2014年第9期至2015年第8期，在该刊开辟主持"评论互动场"专栏，与喜爱新闻评论的网友们互动，

---

① 《习近平在北京大学师生座谈会上的讲话》（全文），人民网，2014年5月5日，http://edu.people.com.cn/h/2014/0505/c1053-24973276.html。

回答他们的问题，现摘录如下。

1. 如何做强新闻评论

郴州电视台记者：我是专程赶来参加会议的郴州电视台记者，作为一个地级市的媒体，我觉得没有做新闻评论的可能。我的问题就是：像我们这样的电视台时政新闻记者该如何做新闻评论？

赵振宇：第一，我要纠正一下，以后介绍媒体时不要用"地级市"一词，可以叫湖南的中等城市或南部城市，按城市的大小或地域或特色的不同，不要用行政级别，这个意见我跟有些"地市报"老总说过，他们接受了。你们作为一个湖南"南大门"的城市台，把评论做起来是有难度的，这也就是我们新闻评论工作者该努力的方向。前几年我做了一个调查，中央电视台已经有了"本台评论记者报道"这种形式，这就说明全国的电视台也可以这样办。像你们郴州电视台，至少可试行"本台评论"这样的形式。

第二，你若有兴趣，如果碰到对某条新闻有些想法，可以在第一时间发布新闻的同时，发表新闻评论。你可以请台长在你的名字前面加上"本台评论记者报道"字样，这样，中央台的模式就在你们台出现了。如果郴州成功，湖南就可以推广，全国也可以学习了。星星之火，可以燎原嘛！届时我们可以总结你们的好经验。

某高校学生：在新媒体环境下，消息和评论都特别多，每个人每天都会浏览很多消息，但不一定看新闻评论，这种情况下评论如何扩大影响获得更多受众？

赵振宇：等你到媒体工作后就会慢慢知道，当你热爱一个东西的时候你就拼命地把它做大，但是你在做大的过程中不要影响别人，别人也有要做大的欲望，给别人留一个发展的空间。另外，对于一家媒体来说，是消息做得更强，还是评论做得更好，这是总编辑考虑的问题。最关键的是，你的评论能不能有那么大的吸引力。

微博网友：移动互联网的兴盛给新闻评论带来什么样的变化？

赵振宇：互联网以它的速度、海量、自由、开放，等等，给我们带来诸多便利，但同时也带来了问题。因为多，所以真假难辨。多了并不见得好，需要自己判断是对还是错。这就考验我们选择、判断和解读的能力。

选择就是挑选什么样的新闻报道，判断就是看其是好还是坏，解读就是探究其背后的故事和原因是什么。互联网时代，我们的主流媒体承担着更多的责任。

2. 评论是教不出来的吗

某高校老师： 我教新闻评论十来年，有一个疑惑就是很多老师、同学认为评论是教不会的。我们经常说对一个事件要有自己独到的看法，但这个看法从何而来呢？大家就觉得这个问题在课堂上是无法解决的。

赵振宇： 你刚才说的一句话也可以这样套用，评论家不是教出来的，文学家也不是教出来的，哲学家也不是教出来的，什么都是需要他自己认真学习后研究出来的。我校办评论班的时候就有人说，评论员不是培训班能教出来的。我说对。文学家也不是中文系教出来的，哲学家也不是教室时里教出来的。但是有了评论班，它就创造出一种培养评论员的模式和机制。现在社会上经常出现一些重大新闻，电视台请的很多评论专家都不是新闻学教授，以后如果能请新闻学院的老师来发表意见，这个时候我们的新闻学就值钱了，新闻人就立起来了。这个事情需要大家共同来努力实现。

3. 如何平衡新闻评论中的主、客观因素

某高校学生： 赵老师您好，我有两个问题，第一个，有一句话说：在新闻报道中，我们总是离事实很近，但是离真相很远，这个事实中肯定就包括了真相和假象，那么在报道中如何尽快地或用最有效的手段剔除假象，报道真相呢？第二个，报道要尽可能客观和全面，评论的时候不可避免有自身的观点，或者说肯定有自身价值观的取向，那如何平衡？

赵振宇： 你的两个问题很好，可以合为一个问题，就是怎么处理点和面、个别和一般的问题。我们经常说报道是客观的，评论是主观的，但实际上，选择什么去报道，同样是主观的。同理，评论就都是主观不是客观的吗？显然不是。评论的基础就是客观事实。大家一定要注重事实中的细节，细节在什么时候有用呢？在讲故事中是有用的。比如树叶，同样是树叶，但是如果这片叶子是经名人之手转赠来的树叶，那么，这片树叶本身就有故事了。如舒乙先生从托尔斯泰明亮的庄园摘下几朵小野花做成书签送给巴金，小野花就很有价值了。因为，巴金对托尔斯泰很崇拜，要学习他晚年的言行一致。评论是不能离开新闻事实的，但只有新闻事实还是不够，需要用巧妙的方式把它呈现出来，所以我在这个"评论互动场"专栏写文章说过，对于评论者来说，一定要学会讲好故事。

一篇报道或评论是客观的还是主观的？大家千万不要被这个问题困扰。你在研究这个问题的时候你本身就是主观的，到底什么是主观和客观，实际上你通过你的作品给大家一个全面的认识就可以了。当然这里面有很多事情还需要具体研究。

陕西网友：从哪几方面入手才能做到源于事实又有理性的评论？

赵振宇：第一，甄别事实的真假，抓住事物的本质特征；第二，运用新闻学或他学科知识说明所采用的具体事件；第三，在阐述时力求以小见大，论述透彻，将情感与理智融为一体。

湖南某院校学生：在新闻评论写作时，如何找出评论选题，有没有什么诀窍或技巧？

赵振宇：这是一个不断学习和实践的过程，可以找一些新闻评论教材看一下。我的体会是，可以从国家方针政策中找选题，从新闻报道中找选题，从有争论的话题中找选题，从自己亲身经历中找选题，从适于自己，能够说得明、讲得清的问题中找选题。

北京网友："新闻评论是在新闻事实上发表观点和看法"，怎样才能做到评论不是简单地复述事实，而是高于事实？

赵振宇："新闻评论是在新闻事实上发表观点和看法"，这是新闻评论的属性所决定的，也就是说新闻事实是第一性，新闻评论是第二性，评论是不能离开事实的。但事实只是引发我们评论的前提，而不是全部。所以，在评论时，只能将报道中的事实提炼、集中，有选择地运用，一切都要从评论的需要出发，而不是将已经报道的事实再重复一遍，那样是没有意思的。

吉林网友：批评类新闻评论怎样找切入点？

赵振宇：可以从两个方面考虑：一是现实中反映的主要问题是什么，这个主要问题就是我们要评论的切入点；二是评论者想要批评的主要问题是什么，只要是评论者已经确定的问题就应该是评论的切入点。在实际操作中，常常是将两者结合起来的。

4. 怎样学好新闻评论

广东网友：我是一名大三的学生，我写的评论经常被老师评点为"观点不新颖"，我很苦恼，怎样才能克服这个毛病呢？

赵振宇：这是一个循序渐进的过程，要多阅读，在学习别人的作品中分辨出谁的评论写得好，新在何处；要多练习，在反复写作过程中，逐渐做到有一点新意和颇有新意。

天津网友：我对新闻评论很感兴趣，最近看了全国"两会"的新闻，有一些想法，但是又担心自己的评论不够"高大上"，请问对政治新闻的评论是不是要很严肃、很有高度？

赵振宇："两会"的评论不都是"高大上"的东西。作为一名初学者，不要老盯着媒体的社论和评论员文章。很多时候、很多情况下是可以写一些自己熟悉的、身边的，又能引发人们思考的事。多学习一下《人民日报》的"今日谈"是大有好处的。

武汉某院校学生：我第一次听说"新闻评论要养"，因为一般人们都说要快，要有时效性。我的问题是：我作为新闻专业的学生，本身不是社会人，主要还是在学校里面学习理论知识，我们应该如何"养"自己的新闻评论？

赵振宇：你说的不对，我要先纠正你的一个说法。我们一来到这个世上，就是社会人。现在大量时间在学校学习，更需要我们时常利用回家、访友、办事和参加社会实践的机会，加强对这个社会的认识。同时，也可以从广播、电视、书报和网络中接受来自社会的各种各样的事实信息和观点信息。在当今大数据时代，我们更需要留心摘录、收集一些有价值的事实和观点资料，将其"养"起来，为尔后的评论写作而用。

广西钦州学院南宏宇：赵老师您好，刚刚您讲到对新闻评论的不同观点需要宽容，我就想到了亨德里克·房龙写的《宽容》，和您的观点不谋而合！您在报告中讲到了对和谐的理解，讲到了公民和老百姓的不同，讲到了"代"与"届"的差别，可以看到，就像那个屡战屡败和屡败屡战的例子，语言的信息结构对新闻评论的受众产生了信息接收的潜意识引导，那么现在我们在对新闻进行评论的时候，是不是可以对评论的语言再进行评论呢？谢谢！

赵振宇：新闻评论是一个信息密度较高、语言"凝练"的文本，这与它的论证性相关，也与语言的抽象度较高相关，还与它追求的表达效率相关。但是，凝练到什么程度？是不是密度越大越好？这就不仅要考虑到表达的一方，还要考虑到接收的一方。传播学中的"信息冗余"理论，对于我们认识这个问题有所启发。如《人民日报》"给力"效应。

广西钦州学院蒙汝荣：赵教授，您好！我想问您，当我们写评论的时候，遇到想表达的内容与现实矛盾的时候，该怎么办？另外，我们大学生在写这种校园评论的时候应该注意点什么？请您给点建议，谢谢！

赵振宇：我们在写评论的时候，首先要弄清事实，这样才能更好地表达。我们想要表达的东西是正确的时候，就要敢于表达出来，但是，要注意方式，这就需要我们多了解我们国家的实际情况。另外，我很支持你们写校园评论，在写校园评论的时候要立足学校，平时要多关注校园热点。新闻评论也要讲好故事，就是把评论赖以存在的事实讲清楚讲明白，让它起到"事实胜于雄辩"的作用，我们的校园评论也是如此。

新闻本科 13 级林力：您刚才提到"评论是一种思维方式"，作为新闻学专业的学生，应该如何培养这种思维方式？

赵振宇：要做到感性与理性相结合，新闻采写和新闻评论虽然分开写，但是我们在练习、实践的时候应该把消息和评论相糅。平时也要细心观察身边的人和事，认真阅读新闻评论。

钦州日报社副总编田时胜：赵教授，您好！听了您的报告，我受到很大启发，现有两个问题向您请教：一是本地报纸评论如何做出本土特色？二是事实真相尚未完全得到披露时，如何发声？

赵振宇：首先回答第一个问题：挖掘地方文化特色，勇于发声，敢于发声。面对本地重大新闻一定做好做透，吃干榨净，不留余地。充分利用本地特有的报道素材。自然风光、历史人物、人情世故、风物特产、人文古迹之类，都是得天独厚的资源，是这个地方独有的，在读者身边，与读者有着千丝万缕的联系。

第二个问题是要尊重事实，根据官方已经发布的权威信息进行评论。要克制冲动，事实不清时不要仓促做出判断，有时保持沉默也是一种理性，要有等待事实的耐心。当然，从常识的角度做出推理，对事件本身相关疑点进行剖析与解读也是一种较为稳妥的做法。作为本地媒体应该发声，如果事实不是非常清楚，面对外界传闻，你也可以多几种"假如"，最后看看你能猜中几个。

文传院新闻教研室主任杨先情：媒体需求大量的新闻评论人才，关于这一点，高校也有同样的共识。作为新闻评论人才输出地之一，像我们这种地方高校，如何进行新闻评论人才的培养？

赵振宇：一方面，要加强实践性教学环节，在教育安排和课程设置上，既注重理论讲授，又注重与实践相结合。另一方面，要加强和媒体的合作，聘请实践经验丰富的媒体人员不定期地进校授课，现身说法，补充和扩大课堂教学的信息量，形成新闻传播院校和业界人士的良性互动。

网友1：赵教授您好，我是一名大二的学生。我们都知道，在新闻报道领域防范杜绝虚假新闻、不实报道可谓知易行难，时事评论就更是难上加难了。在如今这样一个信息高度膨胀的时代，时评应如何远离虚假与不实的泥淖呢？

赵振宇：你提的这个问题我已经在上面的论述中讲到了。我再强调一句，作为一名评论作者，不仅要学会评论，更要把自己当作一名新闻人，培养自己的新闻敏感性和敏锐性，能够在众多纷纭复杂的事实中分辨真伪，找出该事实反映的主要和本质问题，这样才可能写好评论。

网友2：我平时看到的评论很多都在讲大道理，但有的书本上和老师的课堂上又要求我们从细节入手。那么我们在写评论的时候，应该怎么做？

赵振宇：评论是讲道理或大道理的。但是，这个道理不是凭空而来的，必须针对社会生活中的有价值的具体事实展开。这就要求我们关注生活中的某些细节，从中发现并揭示其蕴含的本质的、带有规律性的东西。这是一个不断实践的过程，需要练习需要思考。

网友3：现在媒体上的评论良莠不齐，我们受众应该怎么选择？有时候，一件事却有两种相反的评论，让我读了陷入迷茫中，我该怎么做？

赵振宇：这是一个现实，并不奇怪。它同时也对评论者提出了更高的要求：当多种评论出现时，我们不可随声附和、随波逐流，而要对多种观点和声音进行"去粗取精、去伪存真、由此及彼、由表及里"的梳理和甄别，通过概念、判断、推理、论证产生自己的观点。在多次比较和辨别中提高自己的理论和思辨能力。

网友4：我写新闻评论的时候，感觉有好多想法想说，写出来自己都感觉到很杂乱，我该怎么克服这个毛病呢？

赵振宇：这还是一个实践问题。碰到问题有很多想法，这很好。但要写一篇小评论，只能将这众多想法捋一下，看哪些是最重要的，哪些是自己感受最深、说理最好、论述最深刻的。其他的想法都可抛弃或留着再写一篇或下一次再写。

（参阅赵振宇《现代新闻评论》第十五章"新闻评论实践
与思考"，武汉大学出版社，2017）

新闻评论改革研究

一　关于中国新闻评论改革的几个问题[*]

2012 年 12 月，党的十八大召开，中央政治局审议通过了关于改进工作作风、密切联系群众的"八项规定"，随后，中宣部发出《关于贯彻党的十八大精神　切实改进文风的意见》（以下简称《意见》）。《意见》再次提倡短、实、新，反对假、长、空的文风。随即，《人民日报》、新华社、《光明日报》、《经济日报》、中央人民广播电台、中央电视台和《中国青年报》等中央主要新闻媒体推出一批改进文风的评论，如《人民日报》的《改文风 写新风》，等等。各地媒体评论也积极行动，掀起了一波贯彻党的十八大精神、切实改进文风的舆论高潮，十分可喜。但是，这些评论大多是为社会鼓与呼，希望大家能够按照中央精神办事，是针对他人的。新闻评论自身该如何做，却谈得很少或没谈。新形势下新闻评论如何跟上时代的步伐，解决自身存在的问题十分重要和迫切。

1. 新闻评论是否需要改文风

答案是肯定的，但现实却不理想。以第 22 届中国新闻奖为例，有一篇 4434 字的评论获得一等奖，明显违反评论 2000 字的规定，而《人民日报》获一等奖的是只有 1086 字的评论《倾听那些"沉没的声音"》。一

---

　　* 参阅赵振宇《关于新闻评论改革的几个问题》，《现代传播》（中国传媒大学学报）2013
年第 4 期。

篇千字文为何能获全国评选的一等奖？因为该文抓住了当下社会生活中人们关注的突出问题，观点清晰、导向鲜明有力、语言清新直白，具有很强的说服力，收到良好的社会效果。其实，短文并非始自今日。十多年前的1998年8月9日《人民日报》发表570字的评论《当前头等大事》，有效配合了当时全国抗洪抢险救灾形势；1982年2月7日《福建日报》一版刊登时任中共福建省委书记项南同志撰写的社论《有些案件为什么长期处理不下去》，该文仅150字，它们为中国新闻评论史增添了亮丽的一页，是新闻媒体学习的榜样。

要把文章写得短些，短些，再短些，这在新闻界已不是什么新闻了——隔几年就会强调一番；短新闻、短文章的竞赛要不了多久就会组织一次。而人们见长不怪，好似一个顽疾谁也无法解决，尽管目前还在做这方面的努力。问题为什么一直得不到彻底解决呢？我以为，板子打在全体编辑记者的身上，也欠公允，那些刚到报社的年轻记者会写长文，敢写长文，写了长文能做主让它发表吗？不妨翻一翻从上到下的报纸看看究竟谁的文章长。一调查就明了了。那些写长文章的多是身居高位的领导同志、新闻界的老前辈、报社的老总或副老总，包括某些部主任、资深的老记者、有关方面的专家教授、知名人士等。出自上述人士的消息、通讯、评论文章、理论文章、随笔、游记、书评、回忆录，似乎都要比一般人长得多。这大概也是新闻界的一种不平等现象吧。

自然，人不能一概而论。领导干部、权威人士、报社老总，也不都是写长文章的高手，也有不少是以身作则，率先垂范，写短文章的。《人民日报》《经济日报》的老总在报纸上写短消息、短言论，就受到新闻界同仁的好评。《人民日报》理论版上举办有关改革开放的千字文征文，就有三位中央领导同志参加，每人的文章没超过300字。看来，只要有心，有条件有可能写长文章的人还是可以写短文章的。以前人们常说"有话则长，无话则短"，今天应该改为"有话精练，无话不说"。要求别人做到的，新闻人、评论人应该首先做到。

说到改文风，就不能不提到中国新闻奖的评选。作为中国新闻界的最高奖项，中国新闻奖具有指挥棒的作用。在中国新闻奖中，长篇文章占据一等奖或特别奖已成一种趋势，各省新闻评奖也都或多或少地存在这样的现象，并且有蔓延之势，这不能不说是个遗憾，因为它有可能改变文风，甚至影响媒体的思维和生产方式。

新闻奖项中设立的"特别奖"值得研究。什么样的作品可获特别奖呢？第 22 届中国新闻奖评选细则规定："特殊情况下（各项评选条件都很优秀，只是因字数、时长限制等硬规定所限）经评委会决定，可设不超过 4 个特别奖（与一等奖同样待遇），其中报纸、通讯社、广电、网络类作品各不超过 1 个。"既然设置了"特别奖"而且与一等奖同样待遇，自然就会助长一些新闻单位在新闻生产之初就有意违反规定的字数和时长的限制，想以"各项评选条件都很优秀"这一"特殊情况"到全国的新闻奖评选中向着特别奖冲刺。我以为，中国新闻奖允许这种"特殊情况"是不科学的，这也是报道的字数和时长不能压短的一个重要原因。关于中国新闻奖评选的问题，我曾发表过意见，① 近年来有不少同仁做过研究，如评选主体、评委会组成、评选类别、评选数目、评选标准、奖励效果，等等，都需要做新的考量，不在此赘述。

2. 配合上级工作的评论该怎样写

现在不少报纸为配合当前中心工作而写的系列评论不只是之一、之二、之三，而是之八、之九、之十甚至长到之几十的"连续剧"。据调查，某报从 2008 年 10 月 22 日到 2010 年 3 月 17 日共发表 44 篇配合上级工作部署的本报评论员文章。其中，系列谈之二是《围绕科学发展 深入解放思想》，之三是《解放思想是发展的前提》，之十是《把解放思想不断引向深入》。这些评论的标题和内容都有某些重复的部分。我曾与该报的总编交流过，他说，这是上面主管部门的布置，我相信。现在的问题是，中国特色社会主义建设的路还很长很长，是否需要根据每个阶段的任务都写几年几十年甚至上百年的系列评论呢？显然不现实。

除了媒体撰写的工作评论外，还有不少党政部门自己撰写的理论文章以"特约评论员"的名义在报纸上刊发，字数在 5000 字左右，很让媒体为难。说到此，会有人举出 1978 年 5 月 11 日《光明日报》刊登的《实

① 赵振宇：《关于中国新闻奖评选的几个问题》，《中国记者》1997 年第 3 期，第 20～21 页。

践是检验真理的唯一标准》，该文长达 6301 字。我以为，虽然它是以"特约评论"的形式发表的，但从严格意义上说，它并不是真正的新闻评论，更不能成为我们评论写作的楷模。它是在一种特殊情况下，运用大众传媒传达一种政治指向的理论文章，其意义不在于其是"特约评论"，而在于它精辟的理论阐述起到了拨乱反正、振聋发聩的作用（这从另外一个角度告诉我们，媒体不是一概反对长文，而是少了这样的佳作）。

中央"八项规定"对政治局同志的活动要按"工作需要、新闻价值、社会效果决定是否报道"，在实践中，不能将此扩大到所有的新闻报道中。即便报道也要"压缩报道数量、字数、时长。"配合工作的评论和以评论形式出现的文章也该按此运作。这个道理要让媒体人和管媒体的人都知道，携手执行。如何理解这三者的关系？第一，工作需要是报道的前提，没有工作需要就谈不上关于它的报道和如何报道。第二，有了工作需要，不一定都报道，都突出报道，其依据就是新闻价值。新闻价值是是否报道和如何报道的行动守则，这是新闻媒体和新闻人赖以生存和发展的生命线，须臾不可忘却和轻视。第三，社会效果则是检验新闻报道初衷和结果的唯一标准。社会效果包括两部分内容。一是社会影响，即报道后上级领导和主管部门的批示、肯定、嘉奖，这是很重要的；但更为重要的应是听众、观众、读者和网民的良性反映。二是报道对社会工作和人们思想意识所起的促进作用。这是新闻媒体和新闻人的社会责任和担当。

还有一个问题需要研究，新闻评论是配合中央、地方工作还是根据领导人的讲话、文章而写？这两者有联系，但也有区别。某报根据领导人的一篇讲话写了 23 篇系列评论，而另一家报纸围绕领导人的一篇文章，先后写出两个"九论十八谈"系列评论。中央对"少宣传个人"做过多次规定，新闻评论也不能例外。

3. 系列评论该写多少篇

近年来，《人民日报》的很多很好的系列评论，不仅字数不多，而且篇数也不多。2011 年，《人民日报》发表系列评论"如何提振政府公信力"（5 篇）、"如何协调社会关系"（4 篇）、"关注社会心态"系列评论（5 篇）、"如何回应社会关切"系列评论（4 篇）。2012 年，《人民日报》在道德堪忧的语境下，推出"寻找我们社会的正能量"系列评论——

《多元时代更需凝聚共识》《构建文明理性的议事规则》《坚守转型社会的"底线伦理"》《善待精神建设的"道德热量"》等，引起热烈反响，文中甚至用到不少网络流行语，越发激起共鸣。一个专题评论到底该写多少篇为好，我们可以从社会科学研究中受到启示。

近年来，国家增加了社会科学重大课题的数量和对其的经费投入，选题内容主要包括应用对策研究、基础理论研究和跨学科研究三类。应用对策类选题以研究解决我国经济社会发展中全局性、战略性、前瞻性的重大理论和实践问题为主攻方向，侧重党和政府有关部门决策亟须研究的重大现实问题，应具有较强的现实针对性。基础理论类选题旨在深入研究对弘扬民族精神、传承中华文化具有重要影响的重大问题，侧重国内外学术研究的前沿和热点问题，以及学科建设中基础性、长远性的重大学术理论问题和学术资料库建设，力求具有原创性、开拓性、集成性。跨学科研究类选题侧重研究具有明显文理（工、农、医）交叉特征的复杂性、综合性的重大理论和现实问题，应具有学科跨度大、协同创新程度高的特点。每个课题的经费在 60 万~80 万元，时间为 3~5 年。为了保证课题的集中有效，从 2012 年起，国家社科规划办做了改革，要求子课题一般不超过 5 个。① 一个需三五年完成、经费近百万元的研究课题尚且如此，新闻评论以"新"为标志，为何不能将系列评论的数量再精练一些，再紧凑一些呢？

4. 应景评论该如何操作

中宣部《意见》要求媒体"杜绝脱离实际、内容空洞的文章和'应景'文章"。所谓应景文章有两种，一是适应当时情况、形势而写，二是迎合当时节令而作。现实生活中，很多应景文章是少不了的。我们需要研究的是，哪些应景评论不写或少写，需要写的如何写好。"两会"评论是中国特色，不仅规格高，而且发稿量大，但是，有学者曾在做过相关统计后认为："这些'会议'社论大多写得生硬干巴，一般读者是很少阅读

---

① 《关于征集 2012 年度国家社科基金重大项目研究选题的通知》，全国哲学社会科学规划办公室网站，2011 年 12 月 6 日，http：//www.npopss-cn.gov.cn/。

的。"① 读者不常看，那么专业领域的评价如何呢？《人民日报》是发表"两会"评论最全最多的报纸，在第 1～22 届中国新闻奖三个级别的所有奖项中，该报共有 135 篇作品获奖，其中涉及"两会"的评论没有一篇获奖。

"两会"是我国的一个特色，"两会"评论是一个不可或缺的品种，写不写、怎么写需要大家共同动脑筋。早在 2010 年 5 月，习近平同志在中央党校就曾强调"文风不正，严重影响真抓实干、影响工作成效，耗费大量时间和精力，耽误实际矛盾和问题的研究解决。不良文风蔓延开来，损害党的威信，导致干部脱离群众，使党的理论和路线方针政策在群众中失去感召力、亲和力。"② 今天，新闻媒体、管理部门应借势而上，动真格，为复兴中国新闻评论，为加快实现"中国梦"做出扎实有效的工作。

二　21 世纪中国新闻评论的发展与变化研究*

1. 研究对象：36 份报纸评论版发刊词

本部分以报纸评论版发刊词为研究对象。笔者认为，发刊词就是编辑部对一个刊物或栏目进行介绍和说明，表明编辑部的设想和态度的文字。报纸评论版发刊词名称多样：《致读者》《开版的话》《开卷说几句》《编者的话》《稿约》《约稿启事》等；有的还专门另起一个标题，如《新京报》评论周刊发刊词标题为《建设公民读本》，《长江日报》评论版发刊词标题为《把你的想法说出来》。发刊词的内容也是各种各样：有的阐发创办宗旨，有的介绍版面安排，有的表明态度，有的抒发对新闻评论的理解，有的仅说明征稿要求，等等。本书所说的发刊词并不限于发表在评论版创办之日，而是将发表在评论版周年庆之际、改扩版之际等其他时间的、具有发刊词性质的文字均纳入研究视野。

---

① 要清华、吴庚振：《党报社论改革刍议》，《新闻知识》2005 年第 1 期。

② 习近平：《努力克服不良文风，积极倡导优良文风》，《学习时报》2010 年 5 月 15 日。

* 参阅赵振宇、杨娟《新世纪中国新闻评论的发展与变化研究——以 36 份报纸评论版刊词为例》，《新闻大学》2015 年 4 期。

本书所研究的评论版发刊词起始时间为 1998 年 9 月，这缘于《深圳特区报》在 1998 年 9 月 4 日创办了我国第一个评论版"群言"。第一期"群言"设在第 18 版，内容构成如下：一则话题讨论（包含四篇短评组稿）、三篇新闻评论、一则漫画配短评，外加编辑部的《致读者》。除了编辑部文章之外，其余稿件均为外来投稿。通过图书馆查找、异地查找、网上查找、网上购买创刊号等多种途径，在大半年时间里反复搜寻，笔者设法找到绝大部分评论版开版版面，积累起 16 万多字的相关参考资料。最终，有 36 份报纸的评论版被纳入本研究范围。其中《南方都市报》《羊城晚报》各采用了两篇改扩版时的"编者的话"，《新京报》既有评论版创刊时《开版致读者》《时事评论征稿》，又有评论周刊创刊时的发刊词，内容互为补充，所以全部录入。最后共收入 40 篇文字。这些发刊词凝聚着编辑多年来对新闻评论的思考，充溢着对新闻评论的热爱之情。从中可以发现 21 世纪新闻评论的发展规律。

本研究收入的 36 份报纸分布在全国各地，具体情况如表 1 所示。

表 1　36 份报纸评论版创办情况

序号	报纸名称	评论版创办时间	评论版名称	出版地
1	《深圳特区报》	1998 年 9 月	群言	广东
2	《中国青年报》	1999 年 11 月	青年话题	北京
3	《工人日报》	2000 年 11 月	新闻评论	北京
4	《北京青年报》	2000 年 11 月（2002 年停办）	每周评论	北京
		2006 年 1 月	每日评论	
5	《南方周末》	2001 年 7 月	视点	广东
6	《广州日报》	2001 年 9 月	追说新闻	广东
7	《南方都市报》	2002 年 3 月	时评	广东
8	《羊城晚报》	2002 年 9 月	七日时评	广东
9	《齐鲁晚报》	2002 年 12 月	新闻评论	山东
10	《新快报》	2003 年 1 月	新快评论	广东
11	《燕赵都市报》	2003 年 7 月	时评	河北
12	《京华时报》	2003 年 11 月	声音	北京

序号	报纸名称	评论版创办时间	评论版名称	出版地
13	《新京报》	2003 年 11 月	社论	北京
		2008 年 5 月	评论周刊	
14	《重庆晨报》	2004 年 1 月	时评	重庆
15	《重庆日报》	2004 年 2 月	时评	重庆
16	《潇湘晨报》	2004 年 4 月	湘江评论	湖南
17	《武汉晚报》	2004 年 11 月	声音	湖北
		2006 年 9 月	说吧	
18	《成都晚报》	2006 年 3 月	锦江评论	四川
19	《新民晚报》	2006 年 4 月	来信来论	上海
20	《燕赵晚报》	2006 年 7 月	燕赵时评	河北
21	《嘉兴日报》	2007 年 3 月	嘉兴评论	浙江
22	《华西都市报》	2007 年 4 月	观点	陕西
23	《长江日报》	2008 年 3 月	长江评论	湖北
24	《上海商报》	2008 年 7 月	评论	上海
25	《楚天都市报》	2009 年 1 月	时评	湖北
26	《华商报》	2009 年 2 月	评论周刊	四川
27	《华商晨报》	2009 年 2 月	华商论见	四川
28	《湖南日报》	2011 年 1 月	每周评论	湖南
29	《福建日报》	2011 年 1 月	评说	福建
30	《泉州晚报》	2011 年 9 月	评论	福建
31	《楚天金报》	2011 年 11 月	今日评点	湖北
32	《人民日报》	2013 年 1 月	评论	北京
33	《湖北日报》	2013 年 1 月	时评	湖北
34	《甘肃日报》	2013 年 6 月	评论	甘肃
35	《绍兴日报》	2013 年 6 月	评论	浙江
36	《青海日报》	2015 年 1 月	江源评论	青海

2.21 世纪初期新闻评论的特征

细读这 36 份报纸评论版的发刊词，有一些词句频频出现，如理性、建设性、发表意见的平台，等等。其频繁使用，昭示了 21 世纪新闻评论在文体、选题、立场、价值取向等多方面的变化。

追求时效，偏爱时评。从这 36 份报纸评论版的发刊词中，可以看到各媒体对于新闻评论时效性的重视。第一个评论版——《深圳特区报》的"群言"版发刊词宣称，"关注最新发生的政治、经济、社会事件"。《南方都市报》评论版在 2002 年开版和 2003 年扩版时，都提出点评要"及时"。《羊城晚报》评论版在 2004 年扩版时，强调"时事评论希望做到两个'新'字，一个是新闻的'新'，即时效性；另一个是观点的'新'"。

这种对时效性的重视和追求，相应地表现在对"时评"这种文体的偏爱。在这些发刊词中，"时评"一词出现高达 65 次，还有 7 个评论版名为"时评"。这种在新时代新语境中媒体的文体偏好，实质上反映了时代对新闻评论时效性的要求。新闻评论的属性之一就是时效性强，而时评是其中对时效性要求最高的文体。

相比之下，时效性不强、在 20 世纪 80 年代兴盛一时的杂文，则受到冷落被遗忘在一旁了，甚至不少发刊词中明确拒绝杂文。《南方都市报》2003 年 4 月时评版扩版时的发刊词："我们拒绝杂文和随笔。在评论风格上，理性和建设性是我们的追求，我们不赞成尖酸挖苦的文风。"《新京报》在征稿启事中也强调："我们拒绝杂文和随笔，不欢迎尖酸挖苦、冷嘲热讽的文章。"对此，只能慨叹"此一时彼一时"也，评论版的兴起催生了时评热，并同时将杂文等其他文体远远抛下。2015 年 1 月 1 日，创办了 31 年之久的《杂文报》停刊，再次印证了时评的兴起和杂文的衰退。

3. 为什么 21 世纪来临，人们青睐时评？

21 世纪来临前夕，我国政治民主的进步、新闻竞争的加剧、个人意识的觉醒等因素，促使时评回到媒体，并迅速成为媒体宠儿。时评之兴盛，一是因为它代表个人发言，写法随意自由，是人们实现自我表达的最佳方式；二是因为时评强调时效性和针对性，紧跟社会热点问题，及时发表意见、进行解读，能满足受众议论热门事件、把握社会发展的需要。时评兴盛的背后，是快节奏的现代生活，人们需要更新、更快、更多的观点性信息。

选题开放，聚焦热点新闻。从这些评论版发刊词，可以看出 21 世纪新闻评论的选题是开放的，各个领域均可评说，但又侧重各领域的热点、焦点新闻事件。在这 36 份报纸中，有 29 份报纸的评论版发刊词提到了评论选题，对选题的说明有两种情况。

一方面，大部分评论版明确表示开放所有选题，不受领域限制。《长江日报》说："《长江评论》开放所有公共话题，时政、经济、社会、文化，各方面我们都有相应的栏目承载。"《燕赵都市报》的说法比较有代表性："我们期望'时事'的范畴得到进一步的拓展，时政、经济、法律、文化、社会心理领域里的新闻、现象、疑问，只要是和社会关联、和我们的当下处境相连、和我们的未来有关，都将进入时评版的评说视野。"另一方面，在不限领域的同时，要求选题集中于热点、焦点新闻事件。《北京青年报》说："我们将抓住热点、着眼当下、追踪新闻、评说现实生活的方方面面。"这 36 份评论版发刊词中，"热点"一词出现了 17 次，这个选题要求从侧面反映了 21 世纪新闻评论对时效和时评的偏爱。

总体来看，各评论版在评论领域上是开放的，反映出民主社会中人们对社会运作各个方面的广泛参与、积极关注；同时，由于对时效性的注重、对时评的推崇，评论版选题往往选取最新报道的新闻事件和最热门的社会话题。

态度理性，以建设性为取向。发刊词都会表达该报的旨趣和取向。在这 36 份报纸评论版发刊词中，不约而同鲜明地标举"理性和建设性"的取向。《南方都市报》2002 年 3 月 4 日开设评论版时，以《稿约》代发刊词，主要内容只有寥寥一百来字："亲爱的读者，时评版向您问好了。本版将秉承理性、建设之精神，对时事进行及时点评，对新闻进行冷静分析。本版栏目全部开放，欢迎赐稿。文章但求言之有理，不求面面俱到，主张理性温和，不必剑拔弩张。文章一经发表，即付优厚稿酬。"其核心就是两个词——理性和建设性。

"理性""建设"成为评论版发刊词中最频繁出现的词语。在这 36 份报纸评论版发刊词中，"理性"共出现了 50 次，"建设"共出现了 40 次，平均每篇超过 1 次，表明理性与建设性已经成为媒体评论部普遍的价值取向，甚至已成为默认的基本原则。

论点多元，更趋独立宽容。从这些发刊词中，可以看出现在的评论氛围更加宽容，评论取向趋于多元和开放。这从"不同""多元""宽容"这些词语的使用频率可以看出来。在这36篇发刊词中，"不同"出现了11次，"多元"出现了8次，"宽容"出现了8次。

在新闻评论中，既有尖锐的批评，也有热情的讴歌，更有理性的研究和建议。只有宽容才能促使社会和谐、可持续发展，这才是新闻评论的根本目的。

关注公共话题，开拓公众视野。在这36份报纸评论版发刊词中，有一个出现频率很高的词语"公共"，共计出现了20次。"公共"主要用在两种场合：一是用在公共话题、公共讨论、公共事务等语境中，二是用在"公共知识分子"中。

《成都晚报》将"锦江评论"视为"公共论坛"。《华商报》认为评论是公共言论。《新京报》评论周刊发刊词中表达了这种期望："观念推动世界，影响未来。众所周知，……观念的形成，不再仰赖天恩或者某个人的突发奇想，而是付诸公共领域的讨论与提炼……没有人会怀疑，自由言说与公共评论不只是一种时尚，更是一个社会谋求共识、宽容异见的生活方式与精神气质。"

可见，评论版被寄予了成为公共论坛、促进公共领域形成的厚望。在一个日益公开、民主的社会中，评论版完全有可能承担这样的重任，也反映了媒体对自身定位的调整。

三 《人民日报》新创评论版特色研究 *

1.《人民日报》评论版的产生与变革

2013年1月1日，《人民日报》在头版刊文宣布，新的一年，《人民日报》将增加版面。周六、周日由每天8个版增至12个版，节假日由每天4个版增至8个版；周一到周五，每天在该报第5版推出一块评论版。2013年1月4日（周五），《人民日报》评论版出版并刊发创版词《致读者》。

---

* 参阅张心怡、赵振宇《渐趋开放的公共空间——〈人民日报〉新创评论版特色研究》，《新闻大学》2017年第3期。

《人民日报》历史上第一块新闻评论版，与您见面了。自今日起，每周一至周五的工作日，我们将在这里，与您一起倾听、评述、思考。

这是一个千帆竞发的多元社会，也是一个百舸争流的观点时代。创办新闻评论版，既是为了回应期待、服务读者、方便阅读，也是为了更好地传递党心民意、建构理性思想、凝聚社会共识。

评论版上，将汇集您可能熟悉的"钟声""人民时评""本报评论部""声音"等言论栏目，它们会一如既往，对国际风云变幻、国内时局热点保持敏锐观察，呈现鲜明立场。同时，我们还将努力把评论版打造成干部论政的平台、学者争鸣的空间、群众议言的广场，在交流、交融乃至交锋中，传递"中国好声音"，谋求最大公约数，推进社会前进的步伐。众声喧哗中，期待在这里与您目光交汇、思想交融。①

在《致读者》这一创版词中，编辑部从评论地域、作者、平台定位、表现手法、发展目标等角度，为评论版发展制定了具体而明确的未来发展规划。

2. 对《人民日报》新创评论版的内容分析

通过内容分析法，我们对 2013～2016 年的《人民日报》评论版评论文章进行考察。以七天为一个周期进行循环抽样，第一周抽取周一刊登的评论，第二周取周二，第三周取周三……第七周取周日，以此类推。因周六和周日不刊发评论版，故这两天无样本。最终，共抽取四年来发表的709 篇评论作为研究样本。根据需要，我们将内容分析构建的类目分为：作者、评论领域、选题态度三大类。

（1）群众作者占比大

依据《致读者》中的分类方法，本研究将评论作者分为《人民日报》评论部评论员和该报记者、其他媒体人、干部、学者、群众几类。

研究得出，《人民日报》评论部评论员和该报记者在评论作者中的占

---

① 人民日报评论部：《致读者》，《人民日报》2013 年 1 月 4 日，第 5 版。

比为 38%，位列第一。《人民日报》评论部评论员和该报记者所撰评论主要刊发于"人民时评""人民观点""评论员观察"几大栏目。他们代表的是《人民日报》编辑部和党中央机关报的官方立场，每位评论员都在评论界享有一定声誉，具有较高的专业性和权威性。需要特别指出的是，除了专业评论员，《人民日报》的一线记者加盟撰写评论是一大亮点。

评论作者中，干部、学者、群众三大主体的占比分别为 19%、11%、25%。"干部"一般指国家机关、军队、人民团体中的公职人员，其所写评论的文章主题大多与领导干部的个人素养要求相关。"学者"作者中，一类来自国内高校各个学术领域，另一类来自国内知名研究院。学者们在各自的学科领域潜心钻研多年，在与自身研究方向相关的议题上做出较为科学、严谨的发言。还有的学者担任社会职务，结合职务经历发表评论。

群众来稿占比 25%，这里的群众主要指除媒体人、干部和学者以外的来自各行各业的公众。他们的言论主要集中于"大家谈"和"微议录"评论栏目，在评论版上不定期刊出。有时栏目会发起一个话题，供广大群众发声探讨，各抒己见。这样的观点接地气而真实，让评论更具百姓化、大众化的特点。

评论选题以社会和文化为主。本研究将评论选题分为经济、政治、文化、社会、生态五大领域。调查显示，社会类选题的占比最大，为 43%，位列第一；文化类选题占 29%，位列第二；政治类选题占 16%，位列第三。

社会类选题包罗万象，与百姓联系紧密。社会是共同生活的个体通过各种各样社会关系联合起来的集合，社会关系、社会现象、社会群体类别之丰富多样，让评论选题也变得丰富多样。

文化类选题的占比位列第二。议题包括文化产业、文化理念、文化活动、教育等，关注的是一个人、一个社会、一个国家的文化素养发展和文化建设。

政治类选题主要与国家的宏观事务有关，例如政治制度改革、国家法治、党的群众路线、国家外交等，体现了《人民日报》的政治属性。《人民日报》一方面是政治新策、各类政治国是的信息发布总枢，另一方面也是这些政治议题的"解读家"。唯有将政治议题进行剖析、解构、阐述，才能让其被民众知晓和理解，让政令深入人心，让政策得到更好的贯彻执行。

值得注意的是，经济是国家发展的最根本动力，经济类选题的评论占比却位列第四，生态类选题的占比更是低于 5%。

（2）选题态度——注重"研究建设"

本研究将评论的选题态度分为三大类，分别是歌颂赞美、反对批评、研究建设。

"歌颂赞美"和"反对批评"分别表示作者对一个事件持以单一并明确的"赞扬"或"反对"的情感立场。采用"研究建设"态度的选题，主要侧重于分析其利弊、优势与不足，文章的大段篇幅会用于原因、影响、措施的分析上，侧重于"探讨"、"研究"、"建议"以及"展望"。

"研究建设"以绝对优势占据了选题态度的大部分比重，达到 72%。"反对批评"的态度占比达到 22%。"歌颂赞美"态度的选题占比最小，为 6%。

对于研究建设类评论，作者通常注重把控情感天平，全面周到辩证地分析评论，从客观事实出发，运用大段的说理性、剖析性、建设性文字，以凸显评论"研究建设"的态度和价值。

对于作者持"反对批评"态度的评论，一般来说事件本身就呈现极其鲜明的负面性。它们多为近年来新爆发出的负面现象和随着社会变迁出现的新问题，其对社会造成的负面影响或是前所未有的，或是又一次揭开了中国固有问题的"伤疤"。评论无论在情感态度还是行文表达上，都能让读者感受到问题的严重性，引起社会对问题的警醒。

3. 《人民日报》新创评论版的特色

结合数据统计结果，依据《致读者》的发展规划，我们可以看到《人民日报》评论版的一些新特色。

（1）打造公共空间多元性

《致读者》体现了《人民日报》评论版"多元化"的发展理念。"这是一个千帆竞发的多元社会，也是一个百舸争流的观点时代"和"众声喧哗中，期待在这里与您目光交汇、思想交融"两句文字中，"千帆竞发""百舸争流""众声喧哗"，均意指"多元化"这一时代标签。作为公共空间的评论版，其"多元化"主要通过以下几个方面表现。

首先，作者身份多元。调查得出，群众、干部、学者发稿各自占比为25%、19%、11%。可见，实际发展情况在一定程度上达到了《致读者》中的构想：既是干部论政的平台，也是学者争鸣的空间，还是群众议言的广场。特别值得一提的是，群众作者占有较大比重，代表着普通民众在官方媒体上也有了较大的"发言权"。

其次，评论选题多元。从调查中可以发现，当下人们普遍关注的经济、政治、社会、文化、生态等诸多事件，都可以成为评论版上议论的话题。

再次，对话形式多元。研究中提到的线上和线下平台、交流交融交锋，都是多元对话形式的体现。通过多元的交流方式和表达方式，思维得以刺激和碰撞。

最后，在评论版上，多元对话均以评论的方式表达，体现着理性的特点。评论的对话形式多元，却始终秉持着评论这一新闻文体的原则，就是通过各类论据和论证方式来呈现论点，这是一个体现着科学性、逻辑性和严谨性的理性表达姿态，而非失去尺度的情感宣泄。理性是公众对社会事务的批判而不是"暴民化"的情感发泄，离开了对公共事务认知的"理性建构"，即使带有"公众性"和"批判性"，也不属于"公众舆论"的范畴。①

（2）在理性表达和研究建设中谋求共识

在如今这个注重公众主体、推崇思想开放的现代社会中，每个人的价值观都变得多元和易变，也更容易激发碰撞和探讨。民众正是在线上和线下双平台，交流、交融、交锋等多元化的对话形式中，寻得发声的平等和自由。

"传递'中国好声音'，谋求最大公约数"是《致读者》提出的期待。所谓"最大公约数"，意指民众对同一事件在思想和行为上达成的共识。如何在公共领域谋得共识？研究发现，评论版会通过刊登多篇相同话

---

① 冯道军：《哈贝马斯"公共领域"理论的当代论域及其归宿》，《求索》2014年第8期，第112~117页。

题的评论，凝聚民众对该话题的观点共识。

理性原则的形成与运用对于公众舆论的形成尤为关键。公众虽然可以从自己的立场和价值观出发各自发表对于公共事务问题的看法，但是必须通过公共辩论、讨论最后提炼出共识。只要没有经过公众讨论，即使公众认可度很高，这种意见也只能是大众意见，不能算是公众舆论。[①]

评论版创造的多元对话机制和呈现的多元观点，体现着理性和文明的表达。对于读者来说，通过品悟评论版上呈现的交流、交融和交锋，可以感知到有别于自身固有观念的多样化观点，获得关于一个议题的新认知，从而对自身固有的观念进行比对和推敲，澄清认识，去除情绪与偏见，拓展思路和视野，通过党报对正确价值观的呈现和引领达成共识。对于各类身份的作者来说，他们将自己的理性观点通过党报平台放大，通过线上和线下的交互，引导社会走向理性的共识。

研究得出，选题态度为"研究建设"的评论占比为72%。通过研究，提出建设之道，这与《致读者》中"推进社会前进的步伐"这一目标的达成一脉相承。

在研究中建设，是对一个议题反复推敲琢磨，进而得出建设性意见，推动各类社会问题的解决。对问题的解决之道不是"一人独言"，而是需要集众人之智和群言之辩，这样才能寻得为公众共同认可的具有科学性的建设意见，才是一个理性过程的体现。更可贵的是，"研究建设"的结论也不是纸上谈兵，而是需要通过公共空间展现给社会各行各业，为其提供决策支持，接受实践的检验。对"建设性"意见形成共识，能够进一步推动在实践行动上的共识，真正推动问题的落地解决。

4. 对《人民日报》评论版在实践过程中的建议

总体看来，《人民日报》评论版的实际发展过程基本与《致读者》的发展规划相一致，在首日刊登的创版词起到了真正指导发展路径的作用，由此体现了党报的执行力。

新创评论版塑造了一个供社会各类身份的公众自由、平等、民主地参

---

① 张一：《哈贝马斯"公共领域"理论的致思理路》，《求索》2012年第10期，第92~94页。

与发声，公开呈现观点的公共空间。这是一个渐趋开放的公共空间。它为公众提供了多元对话和沟通的场地，在党中央机关报对主流意识的引导下推动各类议题领域内的理性表达和共识的达成，尤其提升了普通群众的参与度和对社会类选题的关注度。

但评论版的发展依然可以在实践中进一步完善。

一是可适当均衡选题比重。随着社会的发展，各种社会矛盾问题层出不穷，改革已进入深水区，有各领域的各类问题亟须解决。要继续发挥主流声音的引导力，汇集各方力量为新问题的解决谋求最有效的解决方法，体现评论的服务性。编辑部也可适当平衡对经济、政治、文化、生态、社会的选题比重，追求公共领域中的"五位一体"共同发展。

二是可由舆论制定评论话题。既然新闻报道的内容是不依赖于报道者的主观愿望而存在的客观事物，那么"新闻评论来自社会舆论，又作用于社会舆论"就应该是包含在新闻评论规律中的一个元素。① 目前，评论话题的选择依然是由报社编辑部决定，再引发公众的探讨。若要进一步做到"从舆论中来，到舆论中去"，可尝试开设"话题信箱"，由舆论"发问"，由公众设定他们希望探讨的话题；也可以将公众对某一新闻事件的态度作为评论由头，就其观点引发对公共话题的探讨。

三是适当加强交锋力度。从研究中可见，评论版还未形成一个足够完善的模式去呈现"交锋"。目前的"交锋"只停留在评论作者对某些观点理念提出批判质疑，但还未在一个公共空间围绕一个话题呈现多种立场，进行针锋相对的激辩。评论版可尝试打造一个对立观点"同台共辩"的空间，给更多普通民众多元表达的机会，并辅以相关领域专家的参与，加强与公众舆论的交流互动，明辨价值观的是非正误，驳斥和抵制情绪与偏见，发扬壮大理智与客观。

《人民日报》评论版的创办，为我国其他各大媒体评论的发展提供了一定的借鉴。评论版的发展也是其在实践《致读者》发展目标的同时不断自我完善的过程，每一次改革和创新的落实，定会为我国新闻评论事业

---

① 王武录：《新闻规律要遵守——兼谈党报评论》，《现代传播》（中国传媒大学学报）2007 年第 4 期，第 30~32 页。

注入与时俱进的活力。

四　新时代新闻评论的新气象和新思考*

为了更好地完成新形势下的新任务，党的十九大报告指出，要"高度重视传播手段建设和创新，提高新闻舆论传播力、引导力、影响力、公信力。"作为新闻舆论中的新闻评论，也需要在生产方式和生产内容上改革和创新。

1. 坚持正确的舆论导向，展现新闻评论的特殊魅力

党的十九大以来，中央和地方媒体各自发挥聪明才智，结合自身媒体的实际需要和可能，推出了符合社会规律和新闻规律的评论生产新举措，举办了多层次、多角度的研讨会议、评论大赛，出版了大量适应社会需要的评论著作，让新闻评论这面灵魂之旗更具精神魅力，更好地发挥它的积极引导功能。

（1）《人民日报》："写好评论需要到现场去"

2018 年 7 月 20 日至 8 月 17 日，中宣部组织了"大江奔流——来自长江经济带的报道"主题采访活动。《人民日报》评论部高度重视，选派 4 名评论员接力参与，坚持一天一篇评论的发稿频率。"写好评论需要到现场去"，在报社领导的理念倡导下，《人民日报》评论版开设"现场评论·我在长江"专栏，评论员深入一线，在采访中体悟、在体悟中思考。截至 8 月 20 日，《人民日报》评论版在"现场评论·我在长江"专栏中刊发 29 篇评论，在"人民日报评论"微信公众号开设"评论君的'长江号'"专栏，每天一篇新媒体评论稿件，在采访活动期间从未间断，采访到哪就写到哪、发到哪，以最快速度、把最新发现推送给读者。公众号发表 32 篇评论，并推送 H5 产品《快看！我把我印在了长江上》。

随后，他们又推出"现场评论·我在进博会""现场评论·党建引领

---

* 参阅赵振宇、彭舒鑫《新闻评论：新时代的新气象和新思考》，《新闻战线》2019 年第 5 期。

治理"专题，2019 年 1 月又推出"现场评论·我与河长面对面"和不加副题的"现场评论"。

（2）人民网打造"三评"品牌，"三评浮夸文风"引发舆论热议

人民网观点频道于 2000 年 4 月创立，历经 20 多年的建设，已成为互联网舆论引导的排头兵。旗下"人民网评"是互联网上著名原创"品牌栏目"，被誉为"网上第一评"。2017 年以来，人民网在"人民网评"的基础上开创"三评"系列。对于互联网行业的发展趋势、企业的商业模式和产品，以连续发布三篇文章的方式，从宏观政府政策管理、中观行业生态观察、微观产品涉及逻辑层面出发，结合政策、企业、网友各方反馈，在充分咨询调研政府、学界、商界不同观点意见的基础上，对一系列网络热点进行独家、深刻、中立、客观的评论。

2018 年，人民网发布"三评直播答题""三评新经济"等多篇系列评论。其中，7 月 2 日至 4 日的"三评浮夸文风"被海内外 1700 多家媒体同步转载、跟进评论。在新的形势下，人民网立足全局，进一步提供舆论引导，打造"大网评"概念。他们借助"地方领导留言板"这一栏目，使其成为党政机关和领导干部了解群众、贴近群众、为群众排忧解难的新途径，成为发扬人民民主、接受人民监督的新渠道。从 2006 年起，人民网帮全国各地的老百姓联系上他们的省委书记、省长或者市委书记、市长，解决了 100 万件实事。

（3）《光明日报》推出时政短评"光明谈"

2021 年初，《光明日报》在头版将时政短评"光明谈"栏目拓展为全媒体栏目，稿件一律"先见端后见报"，在客户端集纳专题，与光明官微"光明微评"话题联动，与光明时评视频号选题同步策划，上报稿件后附二维码以方便报纸读者延伸阅读。除形式创新之外，栏目更强调《光明日报》的思想文化调性，要求以文眼观时政，从人文视野看时政新闻，以强化《光明日报》观点立报、观点立端的理念。"光明谈"开设于 2016 年，在《光明日报》头版，每篇 300 字，每日推出，年均刊发 300 余篇，以观点鲜明、语言干练、人文态度为特征。

（4）《长江日报》重组扩建评论部，实施团队生产方式

除了中央媒体外，地方媒体也在生产机制上锐意改革，推陈出新。

2018 年 3 月，《武汉晚报》评论室整体并入新组建的《长江日报》评论部。为了顺应媒体融合发展，他们积极探索变革生产组织方式。现在，《长江日报》不少评论，是集体讨论形成核心观点，由多位评论员分工协作、共同完成，或是多位评论员各写一篇，汇聚智慧，集合成篇。团队生产不仅集思广益，在以分、秒计的传播环境下，还提高了生产效率。比如《范跑跑后十年，中国道德观念经历跃迁》《一旦有适当的流量，资本就会胆大起来》等多篇优质评论，都采取了团队生产方式。目前《长江日报》评论部，年轻人占了半壁江山。为让年轻人尽快成长成熟，尤其是更好地做好党报评论工作，他们实施了几项制度：一是每周五开展集体政治学习，重点围绕习近平新时代中国特色社会主义思想，一人主讲、每周轮流、集体交流；二是每日练笔制度，几位年轻评论员每天写一篇"练笔"评论，部门负责人予以点评、指导；三是努力创造评论员参与报社重大采访的机会，让他们走到田间地头、走到火热生活中去，不断提高脚力、眼力、脑力、笔力。

（5）《深圳特区报》推出"视评"，评论员拿话筒到一线

2018 年 2 月 22 日，《深圳特区报》推出理论评论类微信公众号"圳论"，不仅设置有原创评论栏目"时评"，更设置了视频类评论栏目"视评"和"圳事一周鲜"。2018 年 5 月 24 日，圳论"视评"栏目发表的《花海归来：管理促文明回归》，由评论员和摄像师到新闻事件的现场"网红向日葵花海"去录制视频化的新闻评论，在现场拍摄实景、采访义工、发表评论，这种操作方式是"评论记者"工作机制在新媒体的应用，在国内纸媒中尚未见先例。"圳事一周鲜"就深圳过去一周发生的民众关切的事进行回顾和集中评说，相当于一份新闻评论周刊，形式新颖，受到广泛关注。评论员到新闻事件现场拍摄实景、实况，采访当事人并发表评论的"视评"由于采用了视频呈现方式，将受众带到新闻发生的现场，能够原汁原味呈现新闻事件现象的情景。受众不仅能更真切地感受现场发生的新闻事实，同时能更深刻地理解评论要阐述的理论和思想，能够增强论据的可信度和说服力，能够提供超出文字的更多信息，能够增强作品的吸引力和趣味性。

2. 注重内容表达创新，按新闻规律生产评论

进入新时代，面对新形势，我们的新闻评论该怎么办？《人民日报》原副总编辑卢新宁曾发表过这样的意见："不管媒体形态怎么变、舆论格局怎样变，原创仍是社会宝贵的资源，思想仍是媒体最重要的品质，理性仍是时代最需要的力量，党报评论仍然握有这个时代不可或缺的优质资源。党报评论握指成拳，就一定能用手中的金话筒，在舆论场中'众筹'起我们更大的'存在感'，成为舆论场的'中流砥柱''定海神针'。"我以为，这就是主流媒体、党报评论应该把握的基本原则和方向。

新闻评论是民主意识、科学精神、独立品格和宽容胸怀的完整统一。在当下，加强舆论监督、针砭时弊是一项重要任务。2018 年 10 月 11 日《法制日报》发表的《有人捅破这层纸，就该深查下去！》，对崔永元举报偷逃税的演艺人员及其他有关方面人员一事发表评论，引起较大舆论反响。之后，税务部门依法处理演艺人员偷逃税案，响应了包括这篇评论在内的舆论反映的诉求。2018 年 11 月 20 日，《中国妇女报》在同一个版面发表两篇评论——《推进性别平等是全社会的共同责任》《男女彼此成就才是最好的安排》，针对俞敏洪在 2018 年学习力大会上关于女性堕落致国家堕落的一段话发表评论，当天俞敏洪就到全国妇联机关，向广大女同胞表示道歉，传统媒体评论的议程设置和舆论引导能力可见一斑。

有些话题，地方媒体不敢做，做不好，但是中央媒体做了，做得好，就可以给地方媒体树立一个学习的榜样。2017 年 12 月 19 日《人民日报》在"党的建设"版上发表一篇小评论《宣讲应当入脑入心》，批评了有的地方在宣讲十九大报告中存在的"枯燥乏味，讲了那么多记不容易记住""听着不过瘾、不解渴"问题，指出，要多讲故事多举实例，把"陈情"与"说理"有机结合，才能达到"听着提神"的宣传效果。唯有此，才能让十九大精神入脑入心、引起共鸣。2018 年 1 月 31 日《人民日报》在头版"今日谈"发表《让群众评议真正落地》，文中指出，现实中，为何有的干部"不怕群众不满意，就怕领导不注意"？除了权力观、政绩观出了问题，一个重要原因，就是群众评价没能转化为影响干部去留升降的硬杠杆。在这个意义上，要让"群众意见"得到实质性的尊重，既要树立以人民为中心的观念，也有必要进一步用好群众的评议结果。像这样的评论，在全国地方报里面很难看到。所以我经常跟学生说，你们一定要认真读《人民日报》，很多下面人不敢写、地方媒体不敢登的文章，《人民日报》都有。

2017 年 12 月，习近平就新华社一篇《形式主义、官僚主义新表现值得警惕》文章中反映的"不怕群众不满意，就怕领导不注意"等新表现做出指示，强调纠正"四风"不能止步，作风建设永远在路上。习近平特别提醒，要坚决防止以形式主义反对形式主义。纠正"四风"，根本上是为了密切党与群众的血肉联系，必须顺应群众期待，成果最终由老百姓来评判。老百姓看作风建设，主要不是看开了多少会、讲了多少话、发了多少文件，而是看解决了什么问题。有没有变化，老百姓体会最深。① 进入新时代，面对新形势，我们新闻界、新闻评论界的同仁们，也应认认真真、不折不扣地贯彻落实习近平总书记的讲话精神，动真格、出实招，比学习、比行动，看谁在"短、实、新"上做得更好，在"假、长、空"上反得更坚决。我们既讲政治站位，又讲新闻规律，为繁荣中国的新闻事业、新闻评论，为加快实现"中国梦"做出更为扎实有效的工作。

---

① 《习近平总书记@全体党员，纠正"四风"不能止步》，人民网，2017 年 12 月 12 日，http://dangjian.people.com.cn。

中篇 讲好真话：新时代的新需求

提倡讲真话，仍是当下一个重要课题。它不仅是新时代社会经济全面发展的需要，更有利于不断提高民众的政治文明素养；与此同时，提倡讲好真话，不是口无遮拦的"雷人雷语"，不是信口雌黄的"胡言乱语"，而是在民主、科学、独立、宽容原则下的负责任、高效率的理性表达。坚持和发展人民民主，有事好商量，众人的事情由众人商量，是人民民主的真谛。众人的事情由大家商量，由人民作主，这是我们制度的优越性和执政为民理念的真实体现。进入第二个百年奋斗目标的新征程，我们将面临许许多多新的机遇和挑战，有许许多多新的问题和矛盾摆在我们面前。为了满足新时代的新要求，必须扩大人民有序的政治参与。2021 年习近平总书记在"七一"讲话中特别提出"发展全过程人民民主"。今天，我们有必要在全体民众中提倡和奖励讲真话，学习提高讲好真话的表达艺术和技巧；反对讲假话，批评和惩罚讲假话，建立一种良好政治生态的舆论环境和管理体制。

什么是讲真话

2017 年 10 月，中国共产党第十九次全国人民代表大会在北京召开。党的十九大报告在"健全人民当家作主制度体系，发展社会主义民主政治"一节中，在原来党的十八大报告提出的"民主选举、民主决策、民主管理、民主监督"基础上增加了"民主协商"的重要内容，在强调协商民主重要作用时，特别提到"有事好商量，众人的事情由众人商量，找到全社会意愿和要求的最大公约数，是人民民主的真谛"。

为什么要商量？为什么要众人商量？就是因为我们在追求美好生活的历程中，还有许许多多美好的愿景需要描绘，疑难的问题需要研究，成功的经验需要总结，失败的教训需要反思。有了这么多的事情，当然要好好商量。由于职业、岗位、经历、思想认识和方法的不同，观察视野和角度的不同，人们对相同的事情有着不一样甚至相反的看法和意见。只有众人都参与商量，才能真正反映民意，把众人的事情办好。议论纷纷，有利择善而从；畅所欲言，方能把握实情。提倡民众讲心里话，讲自己对客观现实的真实反映（意见和建议），讲自己愿意讲的话，讲自己认为正确的话。公民能心情舒畅地讲真话，是人权的基本要求；保障公民讲真话的权利，是国家民主政治进步的表现。为达此目的，在坚持新时代中国特色社会主义思想和基本方略的前提下，公民在有序参与表达中，应坚守民主、科学、独立和宽容的品格，将犀利批评、热情讴歌、积极建议和深入研究相结合。在这里要特别注意并采取有效措施保护不同的意见、反对的意见、少数人的意见、弱势群体的意见，以及不愿意表达、无法表达和不善于表达自己意见的人的意见。只有这样，我们才能形成既有集中又有民主，既有纪律又有自由，既有统一意志又有个人意志，心情舒畅、生动活泼的政治局面。

社会转型为公民的政治参与发展提供了契机，而公民意见表达的勃兴也必将为经济建设、政治建设、文化建设、社会建设、生态文明建设等社会各领域的转型建言献策，凝聚智慧与力量。形势是在不断发展变化的，公民的意见表达能力和素质提高也要与之相适应，这是一个长期的持续发展的课题。

一 "讲真话" 的含义解读

在现实生活中，"真实"常常与"虚假""伪装"相对应。"虚假"说的是与现实不符，而"伪装"则是凭借外部力量有意掩饰自己的本来面目。"讲真话"可以从以下两个方面予以解读。

1. 真实地反映客观现实

人们的意愿表达一般来说有两种方式，即语言和文字。语言是以语音为物质外壳，以词汇为建筑材料，以语法为结构条理的符号体系与信息载体。它是人类特有的一种机能，是一种特殊的社会现象。人们借之以表情达意，交流思想。语言是人类最重要的交际工具和独一无二的思维工具。[①] 文字则是记录语言的一种符号，是语言的一种书面形式。

除此以外，人们的意愿表达还有第三种形式，即人们的身体语言。本书主要研究的是运用语言和文字进行的意愿表达。

人在与社会的接触中，要真实地反映现实的存在，用语言文字来表达它，这里强调的是"客观"。所谓"客观"，指的是不依赖于人的意识而可以为意识所反映的物质世界。世界无限复杂的多样性都是物质的特定形态。运动是物质的根本属性，时间和空间是物质的存在形式。[②] 人们的意

---

① 《简明社会科学词典》编辑委员会编《简明社会科学词典》（第 2 版），上海辞书出版社，1984，第 785 页。

② 《简明社会科学词典》编辑委员会编《简明社会科学词典》（第 2 版），上海辞书出版社，1984，第 650 页。

愿表达是一种主观见之于客观的意识反映，意识不是也不能是人的主观意愿，它只能从客观实践中产生和形成。那么，纷纭繁杂的客观存在、千变万化的物质世界就是我们形成认识论的前提和基础。

"真实地反映客观现实"这句话的另一层意思是：经过实践检验，它是正确和基本正确的话。公民的意愿表达是主观见之于客观的反映，这种反映不以人的主观意志而转移。丁是丁，卯是卯，真是真，假是假。客观存在的物质世界，不论自然的，还是社会的；不论听广播、看电视、阅览报刊等文化生活，还是民主、法治、公平、正义等政治生态；不论"马航失联""问题疫苗""新冠肺炎"等突发事件，还是生老病残、衣食住行的生活琐事，它都是真实的客观存在。

我们提倡讲真话，当然不是语无伦次、胡言乱语。那么，怎样才能鉴别我们的意见表达是否符合客观实际呢？只有经过实践的检验，才能确认它的真伪和优劣。公民在参与政治活动中力求说真话是指说正确和基本正确的话。为什么说"力求"呢，这是因为人与自然、人与社会、人与人的互动和谐统一运动中，常常会出现一些不以人的意志转移的众多突发、偶发因素。这些因素的出现，会影响人们对客观事物的观察与判断，自然也会影响人们的意见表达。"力求"，是我们讲真话的初衷，最终实现"说正确和基本正确的话"则是我们努力的方向和目标，这就是人的主观世界与客观世界运动变化、发展互动的辩证法。

2. 公民表达的"由衷之言"

这句话也要做两种解读。一是人们在安全自由状态下的由衷之言。真话不是应酬之言，不需要装腔作势，也不能颐指气使。马克思曾深刻指出，发表意见的自由是一切自由中最神圣的，因为它是一切的基础。[1] 胡适说过："我深信思想信仰的自由与言论出版的自由是社会改革和文化进步的基本条件。"[2]《欧洲人权公约》第十条第一项规定：人人有言论自由的权利，此项权利应包括保持主张的自由，以及在不受公共机关干预和不

---

① 转引自陈力丹《马克思主义新闻学词典》，中国广播电视出版社，2002，第24页。
② 胡适：《容忍与自由：胡适读本》，潘光哲编，法律出版社，2011，第121页。

分国界的情况下，接受并传播消息和思想的自由。①

公民表达权包含以下内容：决定是否发表言论的自由；不受限制地发表言论的自由；以某种方式和形式发表言论的自由；匿名发表的权利；个别或共同发表言论的自由；对公共事件和社会事件及其当事人进行报道和公正评论的权利；批评国家机关及其工作人员以及对国家机关的工作提出建议的权利；向国家诉冤请愿的权利；接近媒体的权利，即要求媒体发表答辩、更正的权利。②

"由衷之言"的第二层意思是说，这种由衷之言可能是不正确、不全面，甚至是错误的话。在现实中常有这样的误解，以为讲的是真话就一定是正确的，有关方面就一定要全盘接受并付诸行动，否则就是不听真话、不让人们讲真话以致不让人讲话。

"由衷之言"强调的是人们说话的一种心理状态，它是自由的、安全的、不受利诱的和不受强迫的。至于这些话是否正确、是否为真理，却是要接受实践检验的。畅通公民讲真话的渠道、掌握民情，是领导行政科学决策的首要前提。正确的话，可以帮助我们把握时局，认清形势，科学决策；片面或错误的话，也有利于掌握动态，分析原因，从另一面或反面检查、改进工作。

真话不是真理，真话不是政策，真话不一定要全盘接受，真话有时也是错误的，讲了错误的话要承认、要改正。公民意见表达的过程也是一个学习和体验的过程，在民众自觉参与和平等交流中，大家会在过程中感悟到国家法律的尊严、建设的艰辛、管理的繁杂、社会的多样化，这对于提高整个民族的政治和科学文化素质是大有好处的。

二 法律保障公民讲真话

《宪法》是国家根本大法，提出保障公民的言论自由。《宪法》第二条规定："中华人民共和国的一切权力属于人民。"这是《宪法》赋予人

---

① 转引自万鄂湘主编《欧洲人权法院判例评述》，湖北人民出版社，1999，第585页。
② 侯健：《表达自由的法理》，上海三联书店，2008，第10页。

民决定权的最高法律依据。除此之外，《宪法》第二条还有具体规定："人民依照法律规定，通过各种途径和形式，管理国家事务，管理经济和文化事业，管理社会事务。"

《宪法》第二十七条规定："一切国家机关和国家工作人员必须依靠人民的支持，经常保持同人民的密切联系，倾听人民的意见和建议，接受人民的监督，努力为人民服务。"

《宪法》第三十三条规定："国家尊重和保障人权。"第三十五条规定："中华人民共和国公民有言论、出版、集会、结社、游行、示威的自由。"而这几条说的都是公众的意愿表达，只是表现形式不同而已。

2016年9月29日，新华社发布《国家人权行动计划（2016—2020年）》。在"二、公民权利和政治权利"中将"知情权和参与权"并为第四条，要求："多渠道多领域拓宽公民知情权的范围，扩展有序参与社会治理的途径和方式。"特别强调，完善突发事件信息发布制度，提高立法公众参与度。探索建立有关国家机关、社会团体、专家学者等对立法中涉及的重大利益调整论证咨询机制，拓宽公民有序参与立法途径，健全法律法规规章草案公开征求意见和公众意见采纳情况反馈机制；完善人民监督员制度。改革选任和管理方式，充分保障人民监督员的各项权利，进一步拓宽人民群众有序参与司法渠道；修改城市居民委员会组织法，加快制定或修改村委会组织法配套法规。推进居务、村务公开建设，促进居民、村民民主参与；健全以职工代表大会为基本形式的企事业单位民主管理制度。推进企事业单位信息公开制度化、规范化建设，保障职工的知情权，有效参与民主管理。

同时，《国家人权行动计划（2016—2020年）》将"表达权和监督权"并为第五条，提出，扩展表达空间，丰富表达手段和渠道，健全权力运行制约和监督体系，依法保障公民的表达自由和民主监督权利。特别强调，依法保障公民互联网言论自由。继续完善为网民发表言论的服务，重视互联网反映的社情民意；建立对各级国家机关违法行为投诉举报登记制度。畅通举报箱、电子信箱、热线电话等监督渠道，发挥社会监督的作用；完善信访工作制度，推进信访法治化。保障公民合理、合法诉求依照法律规定和程序就能得到合理合法的结果；发挥报刊、广播、电视等传统媒体监督作用，加强传统媒体与互联网等新兴媒体的互动，重视运用和规范网络监督。依法保障新闻机构和从业人员的知情权、采访权、发表权、批评权、监督权。

我国政府于1998年签署了联合国《公民权利和政治权利国际公约》，其中规定："人人有权持有主张，不受干涉；有自由发表意见的权利，此项权利包括寻求、接受和传递各种信息和思想的自由，而不论国界，也不论口头的、书写的、印刷的、采取艺术形式的，或通过其选择的任何其他媒介。"[1]

通过上面的介绍可以看到，无论从宪法层面还是国际法层面，无论什么样的社会制度，现代国家的法律法规都支持公民自由表达的权利。虽然国际法和宪法都从法律的角度保障了公民表达的基本人权，但要真正做到"心情舒畅地讲真话"却不是一件容易的事情。公民表达素质的提高也是一个长期的实践过程，需要我国政府、媒体和公民自身等诸多方面的共同努力。

三 讲真话是一个历史发展过程

为了实现和保障公民表达意见的自由，人们经过了漫长的探索与实践。

大胆地说出自己的心里话，免于恐惧地思考与表达，是人的一种本能的需要。但讲真话并不容易。少说话尤其是少说真话，被有的人奉为"低调做人"的圭臬。这与"谨言慎行"的传统惯性有关，也与"祸从口出"的历史教训有关。

中华人民共和国成立以后，中国历史从此进入一个崭新的时期，公民表达权保障也进入新的发展阶段。总的来说，公民表达权保障大体上经历了三个阶段——公民表达权保障的初步展开阶段、公民表达权保障的挫折和严重倒退阶段、公民表达权保障初步恢复及逐渐走向成熟阶段。

---

[1] 朱晓青、柳华文：《〈公民权利和政治权利国际公约〉及其实施机制》，中国社会科学出版社，2003，第79页。

20 世纪 80 年代，改革开放在进入艰难探索的起步阶段时，亟须调动广大人民群众的积极性，让其畅所欲言、发挥聪明才智。为此《人民日报》发表了《鼓励大家讲心里话》（1986 年 7 月 21 日）的评论员文章。30 多年过去了，评论中的很多话，在今天看来仍然是具有指导意义、令人深思的。文章写道："对于一个执政党来说，能否听到人民群众的心里话，是事业成败的关键所在。人民群众能不能真正讲心里话，取决于人民对我们党的信任程度，标志着社会主义民主的发展水平。""要求人们讲心里话，首先就要坚持宪法所规定的言论自由的原则，不得侵犯人民群众所享有的发表各种意见的权利。正确的做法应当是在宪法和法律许可的范围内，允许发表各种意见，包括一些不一定正确的意见，不搞'以言治罪'。"评论最后写道："鼓励大家讲心里话，首先要各级领导干部带头讲心里话。一是在上级面前讲心里话，如实反映情况；一是在群众面前讲心里话，能够同群众交心。二者都不可缺少。领导干部、先进分子带头说心里话，可以起示范作用，使群众增强信心，对于强化说心里话的气氛是极其重要的。我们的事业需要听到群众的心里话，就需要进一步创造群众畅所欲言的环境。"

有道是，言为心声。我们必须承认，真话不是真理，讲真话只是袒露心声，谁也无法保证自己的话完全正确，也无法保证讲出的话所产生的社会效果。讲真话见真心，说错话也不丢人。每个人都需要讲真话的勇气，要敢讲负责任的大实话。这种勇气来源于求真务实的正气，来源于襟怀坦荡的底气，更来源于敢于和善于把握事实本质及能对该事实性质准确判断的智慧和锐气。说到讲真话，我以为有两位老人值得我们学习记取、不可忘却。

晚年的巴金在《随想录》一书中，以罕见的勇气"说真话"，为中国知识分子树立了一座丰碑。他对过去的反思、他追求真理的精神也赢得了文化界的尊敬。在《随想录》里，人们又见到了那个熟悉的巴金，他开始独立思考而不再盲目听命，挣脱思想枷锁而不再畏首畏尾，直言中国过去"太不重视个人权利，缺乏民主与法制"，痛感"今天在我们社会里封建的流毒还很深，很广，家长作风还占优势"，要集中批判"长官意志"。

时至今日，人们在提到讲真话的时候，还是有人回忆崇敬巴金老人，但更多的是将钟南山院士作为我们学习的楷模。钟南山院士再次被提起，不仅是他以精湛医术在 2003 年"非典"时期所做的贡献，更在于 17 年后他以再战的精神，特别是在救人于危难之际敢于直言、勇于讲真话的精神气概而获得举国上下的称赞。2020 年 1 月 20 日，钟南山到达武汉进行调查后立即指出，肯定存在人传人的情况。他提醒大众没有特殊情况不要到武汉。钟南山说："以人为本，起码要从讲真话开始。就像我们医生，对病人讲真话，才能让人信任你。真话和真药一样重要。"

"敢于直言，讲好真话"是一个相互联系、相互促进的舆论系统：其一，说明外部环境还存在影响人们讲真话的不利因素，需要人们有勇气、有担当、有付出，这是需要改进和完善的；其二，它同时要求人们具有一定的知识储备、判断能力和表达技巧，需要不断地在讲真话实践中提升自己、突破自己——这是一个社会环境不断改善、公民素质不断提高的互动过程。

现代科技的发展，促进了民众表达的发展。2020 年 4 月，中国互联网络信息中心（CNNIC）发布了《第 45 次中国互联网络发展状况统计报告》。截至 2020 年 3 月，我国网民规模达 9.04 亿，较 2018 年底增长 7508 万，互联网普及率达 64.5%，较 2018 年底提升 4.9 个百分点。信息化服务快速普及，公共服务水平显著提升，让广大人民群众在共享互联网发展成果上拥有了更多获得感，其中就包括人们充分发表自己意见参与国家各项事务的管理。可以说，我们已经身处一个公民表达的时代，不论你有没有准备好。只有充分实现公民表达，才能获得真理。

公民表达的基本准则

一 公民表达的民主意识

民主意识是公民思想体系中的重要一环，也是公民素养教育培养的重要方面。公民的意愿表达是传播民主思想的重要方式。党的十八大以来，在我国社会经济蓬勃发展的当代景象中，我们高兴地看到，为了推动社会民主化的真正实现，完成中华民族伟大复兴，实现中国梦，公民表达正发挥着更大更积极的作用，这一切是和当代公民民主意识的增强分不开的。

1. 公民表达离不开民主意识

公民表达的民主意识是指表达者所具备的有关民主的观念和认知，它包含两个层次：一是公民对民主内涵及相关意义的认知，民主意识是公民最基本的意识要求；二是公民在表达意见时对民主内涵及相关意义的认知体现。

民主意识的第一层含义是指在一定的社会历史条件下，社会主体对于社会民主制度、主体民主权利、民主参与的观念和认知。社会如果缺乏民主观念的引导，人类将会被专制和暴政束缚，社会成员将失去平等、自由和自身的合法权利。

民主意识的第二层含义是指有关民主政治的基本价值准则。现代社会，民主意识拥有更加丰富和具体的内涵。民主意识是作为社会主体的公民对国家政治制度和自身政治权利的观念反映，同时也包括对国家民主制度运行以及相关法律制度的认识。现代社会民主意识已经成为衡量社会民主水平的重要指标，民主意识是民主的主观条件，主体民主意识的强大与薄弱直接控制着民主发展的实际水平。

由于民主意识属于社会的上层建筑部分，因此对国家经济的发展也起着重要的作用。学界普遍认为，民主应该由一些可以辨识和容易执行的价值准则构成，大体包括平等主义、参与意识、法律观念、协商理念。

平等主义。公民表达所应坚守的平等主义的内涵是：公民表达应熟悉并了解宪法所规定的公民享有的基本权利和义务，并在意见表达中自觉运用。平等主义的基本含义就是尊重公民生命权与生存发展权的平等，认为公民在基本权利和义务方面具有平等性。在这一点上，无论身家过亿的财团富翁，还是芸芸众生，在生命的尊严和生存的权利上都无条件地一律平等。但在现实生活中，平等的获得却并不如想象中那样完美，而且，不论哪个阶层的人士都会存在不平等，不同阶层人士间的不平等尤其严重。因此，人们在意愿表达时，要注意保护弱势群体的利益不受侵犯，倡导无论富人还是穷人，无论权贵还是平民，在宪法所保护的基本权利和义务范围内具有平等性。

参与意识。公民表达的参与实践本身就是一种参与公共事务讨论的行为。公共领域的存在和发展与现代社会民主水平密切相关，而公共领域的活跃依赖于主体参与意识的增强。因此，公民表达参与意识的第一层含义即首要体现就是身体力行，坚持通过意见表达等实践方式尽到公民参政议政的义务。

公民表达参与意识的第二层含义表现在通过意见表达实践培养公民的参与意识。亲身参与的公民，不仅在参与中实现了一个公民应尽的义务，同时也享受到公民权利带给他的身份愉悦，而参与中的协商氛围和宽容精神也会使他的思想得到提升。

公民表达参与意识的第三层含义表现在应尊重每个公民对公共事务表达意见的权利。公民对公共事务表达意见本身就是公民参与意识的体现。参与是促成决策正当的必要条件，公民通过意愿表达的方式实现参与，同民意问答、政策辩论、公民选举、公证听会等方式一样将促成决策产生的正当性和公共性。

法律观念。民主需要法律为之保驾护航。法律观念包括宏观意义和微观意义两个层次。从宏观上讲，其侧重于法律为民主保驾护航的理念；从微观上讲，其则指具体的司法程序和法律事务。

公民表达的法治思维，也是一种规则思维。一方面，对权利拥有者不遵守法律的思想与行为要进行监督和鞭策；另一方面，也要对公民违背法治精神的错误思想与行为进行引导和矫正，从而提升全社会的法律规则意识，将规则观念深深嵌入社会的价值肌理之中。

公民表达的契约思维。现代社会，法律关系从本质上说是一种契约关系。无论作为商品社会意义上的交易合同，还是政治社会意义上的一种庄严的政治承诺，契约本身都是利益相关者为了实现各自的权利预期所设计的一种必须共同遵循的思想准则与行动指南。

公众在行使自己的参与权表达意愿时，必须恪守宪法和各项相关法律，不能只顾好的意愿却干出不合法规的事情来。

协商理念。民主就意味着某种形式的公共协商。公共协商意味着有关公众利益的决策是通过公共商讨和辩论的途径制定出来的。公民表达一方面应重视公众意见，竭力实现文本的公开公正，向公众提供达成共识的意见；另一方面要认识到多元意见和意见表达多元化存在的合理性，并通过实践促使意见的公开讨论和协商，扩大有利于协商的社会空间。公众表达意见的根本目标是抵近和达致共识。在意见纷纭的社会中，共识并不自动存在，它常常是公共协商的最终结果。协商的根本主旨也在于在一些存在尖锐矛盾的社会议题上敦促整个社会达成共识。

协商民主能够广开言路、广集众智、广求良策，把社会各方面分散的意见、愿望和要求进行综合，能听到各种真知灼见、真招实招，使党和政府的决策更加符合实际、顺应民意。

2. 公民表达民主意识之坚守

公民民主意识的建立最初来源于一种自发的社会民主政治心理，这种心理是公民的基本政治心理素质之一，表现为对民主的一种体验和感性认识，公民自然拥有这样一种建立在客观政治环境基础上的直接经验性的意识。但从一种自发的民主心理上升到一种理性的民主意识是一个复杂漫长的过程，作为一种社会意识形态，民主意识的培养不是一蹴而就的，需要长期的学习和实践的磨炼。民主意识的培养大体应该经过以下过程：坚持学习民主知识，在社会实践中学习民主知识和提高民主素养，借助典型案例增强民主意识，最后使民主思维和行为方式内化为表达者的内在修养和行事习惯，使之成为自身人格的组成部分。

坚持学习民主知识。民主知识的学习是公民参与表达的重点内容，也是培养公民民主意识的基础。民主是保护人类自由的一系列原则和行为方式，它是自由的体制化表现。在学习掌握民主一般知识的基础上，特别要学习和把握中国民主的发展历史。党的十九大报告在第六部分"健全人民当家作主制度体系，发展社会主义民主政治"中提出，坚持党的领导、人民当家作主、依法治国有机统一，加强人民当家作主制度保障，发挥社会主义协商民主重要作用，深化依法治国实践，深化机构和行政体制改革，巩固和发展爱国统一战线。这些纲要既是我国民主政治发展的目标和任务，同时也是公民在增强民主意识中学习的重要内容。中国的民主政治在实践中发展，公民学习民主知识就必须重视民主知识的时代性。人们在表达中涉及的民主问题大都是现实的问题，在针对某一事件发表意见时，还需要学习与其相关的具体法律条文和国家及司法机关的权威解读，只有这样才会避免失之毫厘、谬以千里的差错，才能做到与时俱进、有的放矢。

在社会实践中学习民主知识和提高民主素养。民主精神是评论者民主意识培养的中间层次和核心层次。评论者的民主精神不仅是古典意义上的"公善"意志的体现，而且是对具体的现代民主政治基本价值准则的坚守和信仰。

民主意识从知识形态跃升到精神信仰，需要实践的打磨。评论者的实践主要表现在运用新闻评论形式发表意见和传播意见，扩大公共领域讨论空间，增加公共协商的机会等方面。实践为评论者提供了运用民主知识解决公共问题的机会，实践也促使评论者敢于冲破世俗、冲破权威发表意见。就好像不经历浴血奋战的战士不能成为真正的战士，不经历长期的艰苦的新闻评论实践也不能锻造出真正的民主精神。今天，我们进入了新时代。随着政治文明建设的深入，人们的民主意识也在实践中不断增强。

借助典型案例增强民主意识。"事实胜于雄辩",说的是蕴含着深刻道理的典型事例对于增强人们的思想意识、提高辨别是非的能力大有帮助。新闻报道和新闻评论不断变化、不断前进的发展态势让人们看到了新闻评论的繁荣,透过越来越多言论版的开设、言论作者队伍的扩大,可以看到,真正的推动力量是新闻评论者在新闻评论实践中将民主意识付诸实践的努力,这种努力是通过一个一个的新闻事件、一篇一篇的新闻评论作品来完成的。人们在参与民主管理、民主监督、民主协商的实践中,也会通过一些典型案例学习加深对民主意识的理解和信念。

使民主思维和行为方式内化。民主修养是民主意识的一种自发的心理映射,这种映射不同于民主意识的低级形态即感性阶段的民主意识所表现出来的自发性。感性阶段的民主意识自发性虽然也是主体的一种自觉状态,但却是不稳定和不连续的,而理论形态的民主意识一旦形成,就成为主体的一种心理定式,一种自觉追求,表现出较强的稳定性和连贯性,因而成为主体独立人格的构成部分,能够被认识,具有相对的独立性,对实践产生长久的影响。对于民主意愿表达者来说,参与民主实践是捍卫民主的过程,民主修养的练就是一个感性民主意识上升到理性民主意识的过程,这个过程就是民主意识的培养过程,因而,民主修养体现了民主意识培养的最终目的。

二 公民表达的科学精神

科学精神是对真理的追求,不懈地追求真理和捍卫真理是科学的本质。科学精神体现为继承与怀疑批判的态度,既尊重已有认识,同时崇尚理性质疑;科学精神是对创新的尊重,创新是科学的灵魂。科学尊重首创和优先权,鼓励发现和创造新的知识,鼓励知识的创造性应用;科学精神体现为严谨缜密的方法,每一个论断都必须经过严密的逻辑论证和客观验证才能被科学共同体最终承认。任何人的研究工作都应无一例外地接受严密的审查,直至所有对它的异议和抗辩得以澄清,并继续经受检验。这些都是新时代对公民表达提出的新要求。

1. 公民表达少不了科学精神

人类社会发展的历史告诉我们，公民表达于公民自身而言，可以促进人格的自我完善和人性的自我发展，从而获得成就感与满足感；而于社会而言，公民表达可以使政治不断民主化，集思广益，解决社会问题，针砭时弊，促进社会进步，最终增强全体公民的参与意识。要发挥上述任何一项社会功能，科学精神都是必不可少的。

集思广益，促进社会发展。常言道："家家有本难念的经。"教育、就业、医疗、住房、物业管理、养老保险、出行交通、社会治安等问题是每个公民家庭都必须面对的问题，切实体会并成功处理了这些问题的百姓，个个都有话说，个个都可能说出点道理来。在这样的情况下，集思广益就显得非常必要。但是，集思广益并不等同于众说纷纭、七嘴八舌，想要真正达到解决社会问题的效果，就必须恪守科学精神，去粗取精，去伪存真，由此及彼，由表及里，在深思熟虑后提出最有价值的意见。

进入新时代，人们在追求美好生活的进程中，有许许多多的问题需要商量讨论。我们需要在科学精神的指导下，在众说纷纭中集思广益，促进社会发展。

针砭时弊，促进社会进步。究竟怎样才算是真正的针砭时弊？怎样的发声才能促进社会进步？是毫无根据地在网上乱说一气吗？自然不是。是如同炸药包一般遇事便愤怒大骂吗？自然也不是。真正能促进社会进步的公民表达必然是建立在科学精神的基础之上的。对事件深入细致地研究，最终以确凿的证据、理性的观点、严密的论证来说服受众，这才是理性的公民应有的行为。

增强公民参与意识。更科学、更有序的意见表达将会激发全体公民政治参与的热情，调动参与意识，从而使公民更加深刻地认识到身为国家主人的权利与义务。

科学精神在公民表达中发挥着重要作用。它能够激发人们的探索欲，指导人们的探索过程并最终帮助人们检验探索结果；它能够规范公民表达，让一切在科学有序的前提下进行，促使公民选择合适的时机、合适的媒介，讲出有价值的真话；它能够帮助公民发现社会弊病，帮助解决社会问题，全面提高公民素养，最终促使我国社会进步发展。在科学精神的指引下，无论国家整体还是公民个人，都将获益匪浅。

强调公民表达要有科学精神，是为了保证公民有清醒的头脑和认识，对事情和现象能够有冷静理性的判断，在思考过程中保证感性与逻辑并存。具体而言，科学精神在公民表达中体现在以下四个方面。其一是客观求实，即公民表达要追求事实的真实，并以事实为基础，以经过反复检验的逻辑规律为论证方式，对事实做出合情合理的分析、判断，追求事实真相。其二是理性存疑，即公民参与表达要不轻信权威，不轻信现存发现，而是对权威说法和既有结论保持怀疑与批判，并承认自身认识的不圆满。其三是容纳异见，即公民要允许别人对自己的思想、观点提出质疑，而不是企图霸占话语权，咄咄逼人，对异见持打压姿态。容纳异见与理性存疑是相辅相成的。理性存疑是对公民本体的要求，而容纳异见则是要求公民推己及人，允许他人对自己的思想、观点理性存疑。其四是追求创新。创新是指公民应该力求从新的角度、以新的方法观察事物，产生新的观点、新的看法。创新必定意味着对原有的方法、思想、观点的突破。培养公民表达的创新精神，需要反对"永恒真理论"，反对教条主义。

2. 公民表达科学精神之树立

从道德情操入手树立科学精神。道德情操与科学精神既有联系又有区别。科学精神是一种求真的要求，就研究社会问题、分析社会现象的方法、手段而言，是一种工具性要求；而道德情操是一种求善的要求，就表达者自身的为人处世风格、原则而言，是一种价值性要求。公民表达的道德情操是其科学精神的基础与前提，求真的科学精神源自求善的道德情操，只有具备了良好的道德情操，公民表达时才会去自觉、勇敢地追求真理。公民表达时如果不能做到不依附、不阿谀、不逢迎权势，那么就会在本应该行使舆论监督功能时三缄其口或者颠倒是非。保持不发言，那自然是与理性存疑的科学精神相悖的；颠倒是非，那更是直接违背科学精神、抛弃科学精神，以不科学的态度、方法得出不科学的结论。要做到有科学精神，就必然要坚守某些道德情操；同时，科学精神又超越某些道德情操，需要在具备后者的基础上更进一步。

明确了道德情操对于科学精神的基础性作用，公民表达也就找到了一条养成科学精神的必由之路。一是需要守护社会正义。二是需要加强反思和内省，不断陶冶情操。三是需要将求善与求真结合起来，将道德情操上升为科学精神。公民表达，需要针对某一件事物和某一类现象进行思考，运用概念、判断、推理和论证表达自己的意见和意愿。在思想与实际相结合的过程中，人们从道德情操入手树立科学精神，追求和享受一种精神上的愉悦，这也是人们需要和愿意参与表达的精神动力。

从科学思维入手树立科学精神。科学思维，也叫科学逻辑，即形成并运用于科学认识活动及对感性认识材料进行加工处理的方式与途径的理论体系。它是真理在认识的统一过程中，对各种科学的思维方法的有机整合，它是人类实践活动的产物。在科学认识活动中，科学思维必须遵守三个基本原则：在思维上要求严密的逻辑性，达到归纳和演绎的统一；在方法上要求辩证地分析和综合两种思维方法；在体系上要求实现逻辑与历史的一致，达到理论与实践的具体的历史的统一。在我们的日常生活中，首先要掌握好以下三点。一是从个别到一般的归纳思维。它是从个别或特殊的事物概括出共同本质或一般原理的逻辑思维方法，它是从个别到一般的推理，其目的在于透过现象认识本质，通过特殊揭示一般。二是从一般到个别的演绎思维。它是根据一类事物都有的属性、关系、本质来推断该事物中个别事物也具有此属性、关系和本质的思维方法和推理形式。三是归纳和演绎的辩证统一。它强调的是事物的个性与共性的对立统一。个性中包含共性，通过个性可以认识共性，同样，掌握了共性就能更深刻地了解个性。归纳和演绎之间是相互依存、相互渗透的，它们在科学认识中的主次地位也是可以互相转化的。

掌握科学的思维方法对于培养公民表达的科学精神来说有着重要意义。科学精神比科学的思维方法要高一个层次，前者支配后者，后者是前者的表现。一个人只有思考问题的逻辑方法正确了，科学精神才能得到体现。否则，胡乱思考一气，是谈不上有什么科学精神的。公民表达一定要学习逻辑规律、掌握逻辑定理、学习论证方法，这样才能培养起科学精神。

在社会实践中树立科学精神。在新时代媒介环境下，树立公民表达科学精神愈加重要。但是，公民表达科学精神的树立不是一蹴而就的，人们在参与社会实践中扩大视野，提高能力，增长才干，同时这也是人们探求真理的过程和培养科学精神的大好机会。

首先，社会实践要求树立科学精神。先有新闻报道，后有新闻评论。在新闻事实发生后，如何确定主题，如何组织评论材料，特别是要说别人未想之理，讲他人未讲之论，这都需要人们遵循科学精神进行再认识再思考，使其表达展现一个新角度，达到一个新高度。现在有些媒体开辟了"想到就说"的评论栏目，我以为欠妥。新闻评论是一种对事实的判断，是非曲直、或好或坏，是一个需要认真思考和分析的过程，要经过判断、推理和论证，不是"想到就说"能够奏效的，"想好了再说"更符合科学精神的要求。

其次，实践过程检验科学精神。人们的意愿表达都是依据一定的事实和问题而产生的。意见表达的过程就是一个思考的过程，更是一个实践的过程，我们的一切意见表达都要经受实践的检验。世界万物缤纷多彩、变化莫测，加之当今是网络化的信息时代，信息在传播中又会遭受外界众多因素的干扰和破坏，发生扭曲和变异。这就要求人们必须严格核准事实，准确判断事实，有效表达意见。人们在实践的过程中，观察事物的角度有时会发生变化，原有的思想、观点也会得到补充、深化或纠正。

实践是检验真理的唯一标准，而意见表达所体现精神的真伪和优劣，却需要一个无止境的时间过程来印证。只要时间足够长久，人们希望看到的好事就会越来越多，不希望看到的坏事就会越来越少。历史长河将最终印证一代又一代人意见表达的科学性和优劣性，这里所体现的科学精神也是在不断发展进步的。关注现实，关注问题，时刻保持清醒的头脑，才能使我们在科学之路上越走越远，越走越好。

三　公民表达的独立品格

独立品格是指作为认识与实践主体的人，应该具备的自主思考和决断的品性和品行。当我们在遵循民主意识和科学精神的前提下，意见表达是否坚持了独立品格就显得尤为重要。

鼓励大家讲心里话，就是要在此时、此地、此问题上，根据自己的思想和需求发表真知灼见。独立品格要求我们在表达意见时，不是脱离实际、浅尝辄止、是非不辨、千篇一律，而是需要揣一颗真心，怀一腔道义，在核准事实的基础上想方设法以精辟的见解和独特的洞察力对事物进行深刻分析，力求拓展一方新天地。

1. 独立品格的基本要素

独立品格包括自主意识、批判精神、责任意识和勇于发出第一声等内容。

自主意识。自主意识指的是人们作为活动主体而主动发起一定的活动并积极排除干扰将其推向前进，以实现自己目的的意识，表现为以下两个方面：一是指人作为活动的主体能够主动地发起一定的认识和研究活动并积极排除各种干扰将其推向前进，以实现自己预期的目标；二是指人能够自主地进行认识和研究活动，而不依附于任何外在的权威和力量，保持一种独立的思想人格。这种自主意识表现为追求真、善、美的和谐统一。

为了自己能够主张自己的意愿，人们还必须具有自觉调节和控制自己活动及其方式的能力。一个人如果脱离了主体对过程和结果的有效掌握和控制，就会成为异化于主体的客观存在并反过来成为主体的异己力量。这时，活动不再是主体实现目的的手段，反而成为主体发展的障碍；活动的结果不是给主体带来幸福而是带来痛苦。这种控制能力，表现为人对于自身研究活动从方向、方式、进度、速度、节奏、周期等各方面进行自觉的监测、调节和控制，以争取最高的研究效率和最佳的研究成果，确保研究目标的顺利达成。

批判精神。批判精神指的是人们只相信自己的理性，不相信任何外在的权威和力量，认为一切东西都要经过自己理性的重新反思、批判、评价和审视的品格。作为一种主体意识，它不同于我们通常所说的怀疑主义。怀疑主义是把怀疑推向极端，为怀疑而怀疑。这里所说的批判精神是要求人们在已有知识面前进行大胆、理性的重新反思、批判、评价和审视，但又要求不应怀疑一切、全盘否定。它是在承认客观真理的基础上，对已有知识的不合理或过时部分进行否定，并由此提出新的问题，促使人们去创新，也就是马克思所说的"扬弃"。

在现实生活中，批评比赞扬难开口，批评也比赞扬难接受，这是人之常情，但正因为批评的稀缺，才更凸显批评的价值。人无完人，听取别人意见是改过迁善的前提。严峻的社会变革和公民意见表达的真谛，就是要求我们敢于直面现实，勇于发表自己具有独立品格的批评意见和积极建议。这是每个公民需要在社会实践中时刻谨记和践行的。

责任意识。责任意识指的是人们明确自己应当对自己的活动及其结果负责任的意识。它要求人们从他人、社会、国家的根本利益出发，努力追求和发挥自身活动的正效应，防止和克服其负效应，并由此出发规范自身的认识和研究活动，从而表现出趋利避害、扬善抑恶的自觉意识。这种责任意识还表现为在评价人物、事件、现象、问题时，应对自己的评价行为及其结果负责。不可对人、事不从客观事实出发，妄加评价，甚至进行人格上的伤害。

在公民意见表达的实践中，可从以下几个方面体现责任意识。

首先，要有全局观念。对某一人或某一事发表意见，一定要将该人该事放在一定的环境中予以思考和评论。其次，要有服务意识。我们的受众是各种各样的社会人，只有在满足他们的多种需求中，才能更好地体现公民意见的价值。这些意见要体现在思想观念上的服务、方针政策上的服务、科学知识上的服务、生活消费上的服务等方面。再次，要有建设意识。根据"只能鼓劲，不能添乱"的原则，一切着眼于建设，即对成功的经验予以科学的总结，使其有推广的意义；对失败的教训进行深刻的反思，提醒人们免蹈覆辙；对困惑的问题提出可供研究、探索、解惑的思路；对改革开放和现代化建设中出现的新事物、新问题，持积极慎重的思考态度，为领导机关科学决策提供参考意见。最后，对于大众关心的敏感问题，既要组织发表有针对性、有说服力的评论，又要防止由此可能产生的思想波动和行为混乱；在展现光明远景和成绩时，也要同时提示艰难历程和困难，帮助人们树立战胜艰难的信心和准备采取的应变措施。

勇敢发出第一声。一个思想者，要在自己思想成熟后敢于及时发出自己的第一声。敢于发出第一声，需要掌握政策，需要谨慎行事。这就要求表达者以扎实的理论知识为基础，以新闻的敏锐性发现问题，以较好的文学修养驾驭文章，鼓足勇气尽量在最短的时间里出手。新闻报道要抢先，新闻评论在论述深刻、见解独到的前提下，也需要抢先。有勇气突破对权力阶层、利益团体的畏惧，率先发表成熟的意见，是衡量一个新时代公民独立品格的重要标准。同时，人们的生活涉及社会的方方面面，政府及相关行业、部门尽管也在努力工作，但会因主观或客观因素出现这样或那样的矛盾或问题，需要公民对此予以客观公正的批评和建议，这里也离不开独立品格。

具有独立品格的人，其个性意识也强。个性意识表现为两个方面：一方面，在诸多方面都力求表现出极强的个体性和与众不同；另一方面，具有个性意识的主体往往能够提出和解答新问题，发现和开拓新领域，创造和运用新方法，进而形成独树一帜的思想风格，他们的认知意见和建议就会富有极强的生命力，并且能被社会承认和接受。

2. 公民表达独立品格之塑造

在众说纷纭中培养独立品格。人们在表达时，要对评论的事件发表属于自己的、与众不同的，能够引人思考、研究、共鸣或争鸣的意见。这些意见不受外界和其他舆论的影响，具有表达者本人和媒体自身的独立性——当媒介市场激烈竞争，媒体为新闻报道同质化而苦苦探寻解决之道时，评论的独立精神就显得尤为重要。人云亦云、亦步亦趋、见风使舵、阿谀奉承不是新闻评论的风格，自然，也不是评论者应有的品格。

独立精神首先要求有自己的思想。一个媒体，一篇评论，没有足够的思想支撑，是难以立起来的。一个人在意见表达中没有属于自己的独特观点、视角、方法、知识和表述，就很难在众说纷纭中凸显自己。只有视角独特、见解独到、说理透彻、思维方式新颖、富有知识张力的言论，才会受到受众的青睐。

提高思维水平，培养独立品格。理论思维是洞察事物实质，揭示事物本质或过程的内在规律的抽象思维，即根据事物固有的内在规律进行创造性地思考或遵循辩证思维和逻辑思维的统一。哲学思辨能力是理论思维水平的生动体现。公民参与社会管理发表意见，一是要坚持全面地看问题。既要看到问题的这一点，又要看到另一点或另几点，坚持"两点论"，防止顾此失彼。抓问题要抓关键，但又不能轻视次要因素，要防止次要矛盾上升为主要矛盾，小问题变成大问题。同时，又要防止把事物的每一面等量齐观的"平衡论"。二是要坚持发展地看问题。要有一种预见能力，看到事物的发展趋势。在党的理论、路线、纲领、方针、政策出台后，要能够看到学习、宣传、贯彻、执行中的难点。三是要坚持联系地看问题。按照马克思主义的经典表述，世间万事万物皆有联系，每一事物都是普遍联系链条上的一个重要节点。联系地看问题，就能防止把事物的各个部分、一事物与他事物割裂开来。

在透视社会中培养独立品格。新闻评论或者公民表达都必须依赖于事实，不论这个事实是正在、新近还是将要发生的事实。事实是第一性的，评论或意见是第二性的，后者是对前者的一种思想反映。缤纷多彩、变化万千的社会反映和新闻事实构成了我们生活的丰富世界。注意发现、观察、搜集人们司空见惯但却有评论价值的新闻事实，是做好新闻评论的第一步。法国著名雕塑家罗丹说过这样的话：生活中不是缺少美，而是缺少发现美的眼睛。借用这句话，我们可以说，评论和意见表达不缺少由头，而是缺少发现不一般由头的创新思想，而独立品格则正是产生这种创新思想的素质源泉。

参与实践、透视社会，展现人的独立品格可以通过以下几个方面实现。其一，敏锐的新闻观察力。只有发现问题，才可能提出问题，这是人们思想观念形成的首要前提。一般说来，人们对社会热点问题发表意见，是通过抓热点新闻来完成的。在当今这个网络时代，哪些新闻成了热点，在网络上都会得到体现，首先是通过新闻排列的位置，其次是通过新闻受众发表留言的数量。但这里总还存在孰轻孰重的取舍问题，仅仅在办公室上网是不能了解得十分清楚的，需要通过长期的深入实际，与实际生活密切接触，了解群众心目中的想法。其二，要有深刻的理论洞察力，这是以自己长期的理论知识修养为基础的。只有理论知识丰富，才能在纷繁复杂中识辨真伪。其三，在正确的道路上锲而不舍，始终如一地将自己的理念、信仰坚持到底。

四　公民表达的宽容胸怀

在人们的印象中，只要提到评论，只要说到意见表达，就会使用

"犀利""尖锐"等字眼，为什么呢？因为"投刀""匕首"是评论的重要功能，在社会发展的进程中它发挥着针砭时弊、鞭策后进的作用。这是完全正确的。但是，这些作用只是评论和意见表达的重要部分，而不是它的全部。评论和意见表达的整体功能和作用应该是民主意识、科学精神、独立品格和宽容胸怀的完整统一。公民参与社会管理的意见表达，最终目的是促进整个社会各地区、各民族、各部门、各群体之间的相互交流与交融，达到"各美其美、美人之美、美美与共，天下大同"那种和谐共融的社会状态。所以，说到评论和意见表达，就一定少不了宽容。

1. 公民表达崇尚宽容胸怀

什么是宽容？《现代汉语词典》解释为"宽大有气量，不计较或不追究"。房龙在其著作《宽容》中参考了《大英百科全书》："该书第 26 卷 1052 页这样写道：'宽容'（源自拉丁语 tolerare，忍受），容许别人有行动和判断的自由，对不同于自己或传统观点的见解的耐心公正的容忍。"[①] 宽容意味着各种相异的事物之间的多样化共存。此外，宽容承载着平等与公正的理念。它既存在于道德层面，也存在于哲学和政治层面。从微观上看，宽容是一个人行走于世的态度，是一种度量、一种胸怀，它教导我们以平等、互敬之心看待世间的人与事，它表现在我们生活中为人处世、待人接物的方方面面；从宏观上看，宽容是一个社会的价值理念，历史告诉我们宽容是和谐、发展的必要条件，是人类世界前行之翼。

1945 年诞生的《联合国宪章》序言中说："力行容恕，彼此以善邻之道，和睦相处。"

1995 年，联合国成立 50 周年时，联合国教科文组织总干事以"宽容——全球安全不可或缺的要求"为题撰文，指出宽容是一种道德情操、政治义务，是维护人权和民主的责任所在。当年，联合国教科文组织在通过的《宽容原则宣言》第 1 条中对宽容做了如下声明。

宽容是对我们这一世界丰富多彩的不同文化、不同的思想表达形式和不同的行为方式的尊重、接纳和欣赏。宽容通过了解、坦诚、交流和思

---

① 〔美〕亨德里克·威廉·房龙：《宽容》，郭兵、曹秀梅、季广志译，北京出版社，1999，第 11 页。

想、良心及信仰自由而得到促进。宽容是求同存异。宽容不仅是一种道德上的责任，也是一种政治和法律上的需要。

联合国教科文组织于 1995 年 11 月 16 日的第二十八届大会上规定每年的 11 月 16 日为"国际宽容日"。

2000 年，世界领导人在通过《千年宣言》时就认识到了这一点，因此，他们将宽容作为 21 世纪国际关系必须建立其上的根本价值之一。

2005 年 9 月 14 日至 16 日各国国家元首和政府首脑在纽约联合国总部聚集一堂，重申宽容是一项共同基本价值，对国际关系极为重要，要认识到世界的多样性，并承认各种文化和文明都为人类的丰富多彩做出贡献。世界领导人还强调体育可以促进和平与发展，有利于创造宽容和谅解的气氛。

2011 年，时任联合国秘书长潘基文在"国际宽容日"致辞，呼吁每人每天奉行宽容，消除偏见和仇恨。

中国数千年的农耕经济造就了中国文化兼容并蓄的包容性格。春秋战国时期诸子百家争鸣，儒家、道家、法家、墨家在争鸣中共进。中华文化的显学"中庸之道"包含了宽容的意境。人们常将中庸之道的精神归纳为三个原则：慎独自修、忠恕宽容、至诚尽性。

宽容意味着容错创新。宽容伴随人类社会的发展进程。科学的发展开启了一扇又一扇的未知之门，传统的认识也常常被新的发现所修正。人类的历史已经有力地证明了唯有宽容才有进步，哥白尼与布鲁诺的悲剧才能不再重演。唯有秉持谦逊的态度，逐渐了解错综复杂的自然世界与人类社会，我们的认识才能无限趋近完备。

科学探索存在很多不确定的风险，自然科学探索方式的演变也体现了宽容的必要。现代著名科学哲学家波普尔在探索性演绎法基础上提出的"试错法"，揭示了科学知识发展的过程，就是不断试错、排错的过程，即不断为解决遭遇的问题而提出各种大胆的尝试性猜想、试探性理论，通过演绎推理和实验检验，排除错误理论，选择出其中逼真度高的理论的过程。允许出错、容忍失败才能真正激发人们的创新意识。

宽容意味着社会进步。社会的发展如同科学的探索，也是一个不断探寻、发现的过程。家庭生活、单位工作和社会改革同样也要求我们以宽容的意识相待，只有这样才能保障和促进家庭、单位和社会的和谐发展。从生物学到人类学，生存竞争是种族向外发展的一种规律，但一个种族之所以能够在竞争中获得成功，不完全是依靠弱肉强食，而是依靠本种族内部的协调与和谐。可以说，协作与宽容是人类在漫长的历史演变中得来的宝贵经验。

宽容意味着沟通与交流。多元的诉求、多样的表达使得我们生活的世界缤纷多彩。倘若人们耳边有且仅有一种声音，那么生活会变得单调乏味，而且社会也会因为狭隘的视野无法向前发展。可以毫不夸张地说，当社会群体表现出宽容的心态时，才有所谓的言论自由，才能实现知识的融合、人类的发展。这世界上本来就没有什么东西是完美的，只有宽容的胸怀能够让我们坦然面对。离开了宽容，任何的差异与瑕疵都只是眼中钉、肉中刺，任何强加的改造也是野蛮和无益的。无论在什么时期，质疑的声音只有在自由的社会才会有回音，而一个社会公民群体的自由，正是来自公仆与人民的宽容胸怀，是公民之间对不同声音的宽容，是公民自身对某些事情发声的宽容。否则，批判与嘈杂雷同，社会的智囊与莽撞胶着，效率之低，混乱之极，可想而知。

宽容是实现文化融合、进步的必要条件。拥有不同文化背景、价值取向、文化修养与知识结构的人聚在一起，差异越大，冲突越激烈，愈加需要开放、和谐、宽容的氛围。世界上有许许多多的差异性与冲突性，但正因为这个世界上有许许多多的不同，所以才需要我们去宽容、去接纳，公民表达也是如此，看待每一件事都要具备宽容的胸怀，眼光不能只聚焦在某一点上，不能只咬住一点死死不放。只有拥有更多的包容与宽容，这个社会才会更加文明，更加进步。

宽容意味着关爱与尊重。宽容是一种智慧和勇气。宽容他人，需要宽广的胸怀。容人之时也要勇于自我审视，"每日三省吾身"，学习借鉴他人的优点和长处，完善和强化自身，以开放的求知心理形成良性循环，不断进步。生活中的细节中常常折射出人们的品格，互敬互重、平等待人、关爱他人都是宽容胸怀的表现。

社会问题的解决需要一个过程，需要从每个人认清"实然"的态度开始。批评、抱怨、指责易，看清问题的症结进而解决问题难。从现实做起，每个人真正做到约束自己、宽容他人，才会少一些"一言不合就动手"的磕碰，多一些遵守规则、倡导文明的和谐。

培养民众的宽容胸怀不是一件容易的事。孔子说："己所不欲，勿施于人。"《马太福音》中也认为："你们愿意别人怎样待你，你们也要怎样待人。"心理学上将这种理论称为"心理位置互换"，即设身处地地站在对方的位置上，想想对方此时此刻的外部环境影响和内部生理、心理感受。心理位置发生了变化，特别是站在对方的位置上，看问题的角度不同了，心理感受就不同了，利益关系也不同了，自然也就比较容易做到与人为善了。当然，心理位置互换，只是寻求联系双方感情相融的一个基本前提，并不是要求完全站到对方的立场特别是错误的立场上去迁就对方、包庇对方，那样，不仅帮助不了朋友，有时反而害了朋友，这是我们应该把握的。

2. 公民表达宽容胸怀的培养

尊重他人是培养宽容胸怀的前提。宽容首先表现为对他者的尊重，这是一切行为举止的起点。尽管看法可能存在差异，但人与人之间应该是平等的关系。人们都有表达自己意愿的权利，有选择生活方式的权利。

公民表达是一种意愿表达，它会因表达者的职业、学识和阅历的不同而千差万别，但这并不意味着谁就高人一等，可以站在某个高处指手画脚，评判他人。承认差距并宽容对待每一位意见表达者，这才是我们创造和谐共融人际关系的基本前提。社会现实颇为复杂，公民表达的依据往往是媒体的报道和自己的某些接触，对事件全局的了解十分有限，简单地把人或事评价为好或者坏未免有些武断。在尽量全面了解掌握事实的基础上，有理、有力地论证自己的观点，尊重他人，以理服人，在评价问题时要将重点放在说理、阐释之上，要尽量避免对其他参与者进行人身攻击和人格侮辱。

在尊重他人的基础上，聆听他人的倾诉、了解他人的主张，以平等的姿态进行思考、对比，这样得出的评价经过了审慎的思考和理性的升华，自然能找到公正评价的路径，有力地切入问题的要害，寻找到症结所在。

意见表达以尊重他人为底线。尊重他人是进行理性评论的基础，这不仅是对专业评论员的要求，也是广大公民在进行意见表达时需要注意的。

宽容意识要求我们尊重他人的人格、尊重他人表达的权利。在日常生活中，常有人以为，评论似乎总应该戴着"横眉冷对"的面具出现在媒体上。的确，指出社会运行中出现的杂音与偏差是新闻评论作者的职责，很多作者在撰写评论时常被"正义的火气"激得口不择言、欲除之而后快。殊不知，写作的激情固然可以使文章酣畅淋漓，但有时也会遮住双眼，使人无法做出正确的判断。目前出现在我国报纸上的评论大多能够遵守"评事不评人"的做法，在写作中尽量避免使用人格侮辱性的字眼，但在网络评论中，这种只顾泄愤而不顾他人尊严的现象仍然十分常见。可以预见，网络表达还将经历回归与修正的漫长过程。

增强民主意识，营造宽容的思想表达环境。多元化需要宽容的社会语境，现代生活充满了冲突和不一致，宽容因此也就成为我们应对多元生存处境必不可少的手段。宽容为我们提供了应对多元和冲突所需要的起码的规则。

多元化的社会中利益主体和价值观必然呈现出多元化的趋势，而最大限度地保障人民利益，使其有效投入政治参与则是我们党一贯坚持的基本原则。媒体作为人们表达意见的载体，应该满足不同利益主体的需要。目前媒体纷纷开设新闻评论专版，抢占言论的阵地，实质上是人民表达权的一种具体体现。新闻评论版应当是全社会各阶层群众表达心声的集合地，平等、开放、客观与宽容的言论氛围是实现不同利益群体"求同存异"的前提。

"和而不同"才可能组成完美的乐章。和谐意味着对个体差异的兼收并蓄，意味着对不同意见的宽容与尊重。通过对话、交流、协商的方式取得共识才是现代社会理性表达的题中应有之义。

每个人都有说话的权利，然而，民主的舆论环境将使民众的言语与心愿得到畅通的表达与实现，非民主环境下的舆论将受到各种因素的制约从而使民意表达不畅，同时影响社会结构中各要素的正常运作。在促进政治民主建设的进程中，建立和完善一个良好的舆论环境是十分重要的。

明确宽容限度，避免无原则的简单接受。长期以来，宽容与善良等美德并论，成为人类美好精神家园的重要组成部分，然而宽容绝不等于一味地容忍和简单地接受。宽容与和稀泥、左右逢源不是一回事，不能混为一谈。宽容以明辨是非为基础，不能无原则妥协。竞争就是宽容的题中应有之义。只有竞争，才能日益接近真理；只有竞争，社会才能进步。同时，宽容是有限度的，超过了某个限度，宽容即为不明智和非正义行为。为了所谓的"宽容"而无原则地接受周遭的一切事物，最终将导致道德虚无主义，使世间的事物失去差别。无原则的多元将导致人们对周遭所有的事情失去价值判断力，宽容必须在限度之内。

在现实社会中，宽容需要在合理合法的范围内行使它的使命。要把握宽容的限度，做出正确的价值判断，就要求评论者深入领会法律规范、立法精神以及道德准则。绝不能对危及人民幸福安康的违法行为滥加宽容，宽容也应有范围，宽容随着权利与法制意识的变化而发展。

既坚持宽容，又守住底线，把握其中的"时、度、效"则是公民在意见表达中需要时时处处学习、实践、反思和提高的。

讲好真话的实现路径

前面介绍了民意表达的民主意识、科学精神、独立品格和宽容胸怀，这些都是公民表达时要遵循的理论准绳，是我们行动的指南，需要不断地学习领会。对于理论和实践的关系，毛泽东同志曾经说过，"如果有了正确的理论，只是把它空谈一阵，束之高阁，并不实行，那末，这种理论再好也是没有意义的"①，如果能够运用这些理论观点"说明一个两个实际问题，那就要受到称赞，就算有了几分成绩。被你说明的东西越多，越普遍，越深刻，你的成绩就越大"②。下面将结合突发事件中的网络表达、政治协商中的意见表达、领导干部如何面对媒体和怎样讲好真话等内容与大家做进一步探讨。

一　突发事件中的网络表达

目前，我国处于社会转型期，社会多元化、文化多元化、信息网络化的进程不断推进，与此同时，突发事件高发频发。突发事件及其引起的舆论激荡对社会稳定造成冲击。研究突发事件中的网络表达，是我们研究怎样讲好真话的一个重要课题。

现实中，在突发事件爆发后，网络的双刃剑效应开始显现：一方面，

---

① 《毛泽东选集》（第一卷），人民出版社，1991，第292页。
② 《毛泽东选集》（第三卷），人民出版社，1991，第815页。

网络促进了信息的交换，满足了人们对信息的获知感；另一方面，众多杂乱的信息干扰和破坏了人们对信息准确性的认知把握。对网络舆论进行了解和研究，科学有效地对其引导以构建一个健康向上、有利于和谐社会建设的网络舆论环境，对于突发公共事件的反应、疏导以及善后等工作是非常有利的，也是非常必要的。

加强网络舆论的正确引导。进入 2000 年以来，经过诸如 2003 年"非典"、2008 年"汶川地震"和 2020 年新冠肺炎疫情等诸多突发事件的考验，我国在应对突发事件的舆论引导方面已经有了巨大的进步，但是还有以下四个方面问题亟须我们解决。

第一，"三强三弱"。日常舆论引导能力较强，突发事件的舆论引导能力相对较弱；对自然灾害、事故灾害的引导能力较强，对公共卫生事件、社会安全事件的舆论引导能力相对偏弱；对传统媒体的引导能力较强，对新媒体的引导能力相对较弱。偏弱的现实往往导致舆论话语权被境外媒体夺取，造成我国舆论的被动，影响我国的国家形象。

第二，叠加效应。"事件处置不当"和"舆论引导不当"形成叠加效应。在一些突发事件中，当地政府和相关责任人由于各种原因，对突发事件处置不当，造成事件的负面影响扩大。而在事件发生后，舆论引导又出了问题，某些地方政府为了政绩或者其他需要，瞒报、漏报、谎报事件，造成公众与政府的对立。两者同时发生时，往往会形成严重的叠加效应，产生负面影响。

第三，协调机制缺失。突发事件发生后，关于部门和部门之间如何协调，没有规章制度予以明确。近年来，我国发生重大突发事件后，往往是中央政府临时让各个政府机构协调处理，一切按照中央政府的安排。这种做法或许可以解决某一次突发事件，但是不规范、欠科学，于是，应对突发事件就很难收到成效。

第四，问责机制欠缺。突发事件发生后，相关负责人没有及时上报，应该问责；舆论引导失败，也应进行问责；媒体报道后，没有积极应对，不积极配合，不有效地进行善后处理，也应问责；媒体没有按照党的方针政策和新闻传播规律办事，出现了差错和问题，也应问责。问责机制的建立，对于舆论引导失败无人负责的现状将大有助益。而现在，却恰恰缺少这一重要环节。①

面对突发事件发生和翻转，针对网民围绕突发事件发表的言论，政府应通过各种途径和方式来影响媒体观点和公众态度，最终使舆论朝政府所预期的正确方向发展。媒体要在政府统一领导下提高整个社会的应对效率，推动社会从受到强烈冲击的非常态进入健康的常态。而网民不仅要在政府、媒体的引导下规范自己的言论，还可以通过自我约束、相互影响使网络舆论朝着有利于事件解决的方向发展。

一是政府应及时传播信息以把握舆论引导的主动权。突发事件具有突发性、危害性、难控性等特征，灾害发生后，作为社会最高管理者的政府必须第一时间掌握信息传播的主动权，通过官方机构或借助主流媒体统一发布信息，为舆论引导指明方向。同时，政府可以设置积极正面的新闻议程，促使正向舆论势力越来越大，从而实现政府的舆论主导功能。

二是在突发事件的宣传报道中，应充分发挥传统媒体和网络媒体各自的优势，形成舆论引导新合力。官方网站与商业网站相结合，将传统媒体和新媒体各自的优势更好地结合在一起，使之成为其他网站效仿的典范。商业网站要不断加强自律，谨慎发布和转载与突发事件相关的各类信息，辅助官方网站做好突发事件的网络舆论引导工作。

三是网民中的意见领袖要充分发挥"风向标"作用。在突发事件发生后网上会出现各种不同的声音，这时意见领袖需要集中网民意见，发表深刻、独到的见解，引导网民舆论，纠正网民意见中的错误观念。

四是应该提高网民素质，加强网民自律。广大网民的个人素质决定了网络文明的程度和网络的性质。在突发事件的网络传播过程中，有些别有用心的网民为了私利或者特殊目的发表不利于团结、不负责任的言论，造成社会恐慌，这种行为应该被惩处。因此，宣传规范的网络道德秩序，培养良好的网络文明气氛，对网民进行道德教育和素质培养使其能正确分析各类信息，理性思考，显得尤为重要。

五是对于政府管理部门来说，需要重视网络舆论，建立反馈机制。对

---

① 赵振宇、焦俊波：《系统论视野下的突发事件舆论引导框架构想》，《现代传播》（中国传媒大学学报）2012年第10期，第41~45页。

网络舆论应持理性的批判分析态度，对于网络讨论中的各种观点，无论用作数据参考、信息分析，还是用作政策咨询，都应考虑"发帖人"的身份特点及其知识背景，有选择地接受和使用，用批判的眼光分析舆论倾向，以免将失之偏颇的个人观点当成公共舆论和民意代表误导大众。

2021年9月14日，新华社发布中共中央办公厅、国务院办公厅印发的《关于加强网络文明建设的意见》（以下简称《意见》）。《意见》强调，贯彻落实习近平总书记关于网络强国的重要思想和关于精神文明建设的重要论述，大力弘扬社会主义核心价值观，全面推进文明办网、文明用网、文明上网、文明兴网，推动形成适应新时代网络文明建设要求的思想观念、文化风尚、道德追求、行为规范、法治环境、创建机制，实现网上网下文明建设有机融合、互相促进，为全面建设社会主义现代化国家、实现第二个百年奋斗目标提供坚强思想保证、强大精神动力、有力舆论支持、良好文化条件。为达此目标，需要政府和广大网民共同努力，结合实际，按此《意见》精神执行。

二　政治协商中的意见表达

社会主义协商民主，是中国社会主义民主政治的特有形式和独特优势，是中国共产党的群众路线在政治领域的重要体现。党的十九大报告指出：发挥社会主义协商民主重要作用。有事好商量，众人的事情由众人商量，是人民民主的真谛。要推动协商民主广泛、多层、制度化发展，统筹推进政党协商、人大协商、政府协商、政协协商、人民团体协商、基层协商以及社会组织协商。加强协商民主制度建设，形成完整的制度程序和参与实践，保证人民在日常政治生活中有广泛持续深入参与的权利。

完善协商程序，实现公民参与常态化和精准性。政治协商的过程是由多个渠道、多个形式和多个环节组成的大系统。在这个系统里，要注重协调多层次发展、协同多方面力量以规范公民参与协商程序。这里既有健全代表遴选的程序，又有具体协商的程序，由此形成合力。

第一，要协同多种民主形式进行公民有序参与协商的规范建构。作为协同助推中国民主政治进程的重要力量，公民有序参与协商程序的规范建构需要与多种民主形式的程序设计相适应，以实现各民主形式在程序制度建设和公民参与实践方面的相互补充。尤其在代表遴选程序方面，需要各民主形式的协同建构，以降低参与主体精英化的风险，切实保障来自社会各界、各行业、各组织团体的代表人士及普通公众的参与协商权利的实现和协商过程的有序达成。①

第二，要重点加强政党协商、政府协商、政协协商，积极开展人大协商、人民团体协商、基层协商，逐步探索社会组织协商。发挥各协商渠道自身优势，做好衔接配合，不断健全和完善社会主义协商民主制度。各类协商要根据自身特点和实际需要，合理确定协商内容和方式。

政治协商的内容是十分丰富的，主要包括国家和地方的大政方针以及政治、经济、文化和社会生活中的重要问题，各党派参加人民政协工作的共同性事务，政协内部的重要事务，以及有关爱国统一战线的其他重要问题等。通过协商会议、建议案、视察、提案、反映社情民意信息等形式提出意见和建议，积极履行民主监督职能。在这个活动中，我们要特别强调政治协商的精准性，即明确协商的对象是谁，协商什么内容，达到什么目的。只有这样才能做到有的放矢，卓有成效。

第三，参与各方凝聚共识，双向发力助推社会进步。中国社会主义的特色是有事好商量，众人的事由众人商量，要在商量中找到全社会意愿的最大公约数，这就是人民民主的真谛。中国政协作为中国最广泛的爱国统一战线组织，实行"大团结、大统一、囊括一切代表人物"的方针。其界别包括中国共产党、8 个民主党派、无党派人士，共青团、总工会、妇联、青联、工商联、科协、台联、侨联等 8 个主要人民团体，少数民族界、宗教界，特邀香港人士、特邀澳门人士、特别邀请人士，以及其他各个界别，具有组织上的广泛代表性和政治上的巨大包容性，真正体现了中华民族的大团结、大联合。在 70 多年的发展历程中，中国政协围绕团结和民主两大主题开展了卓有成效的工作。

互动是社会主义协商民主自身性质特点的内在需要。在协商民主的过

---

① 王学俭、李婷：《协商民主视域下公民有序参与的难题及对策分析》，《中国政协理论研究》2016 年第 2 期，第 23～28 页。

程中，参与是前提，没有参与就没有协商；表达是权利，没有表达就没有民主；互动是必然，没有充分表达、相互交流就难以同心、成事。

平等是民主的内在要求，也是协商的基本前提。在协商民主中，首先要坚持平等协商，不摆架子、居高临下，不盛气凌人、以势压人，不故作姿态、刻意奉迎，应在相互尊重中敞开心扉、坦诚相见，在平心静气中各抒己见、求同存异，为充分互动奠定坚实基础。

相互交流沟通是各协商主体求同存异、凝聚共识的唯一途径，没有交流就不能求同，也就没有共识。协商要建立在相互沟通交流的基础上，坚决摒弃由我到你的单向思维，改变我说你听的单向输出，杜绝以通报情况、部署工作代替协商的单向灌输。要敞开心胸、善于倾听，积极输出、主动吸纳，在相互沟通交流中筛选出真知，在说明辨析中消除隔阂，在碰撞激荡中升华思想，使协商在互动交流中发出智慧的光芒、增加科学的含量。

协商的价值在于协力成事，成的是实现中华民族伟大复兴中国梦之事。这就决定了协商要始终保持正确的政治方向，在这样一个共同政治基础和方向上，协商互动才能有效提高政治运行质量，具有建设性而避免破坏性，才能在丰富多元中找到最大公约数，通过理性表达和讨论，实现公共利益的最大化。[①]

第四，运用现代传播平台，扩大政治协商效果。人们的意见表达只在短时间、小范围进行，显然是不利于交流及促进工作的。而现代科学技术为公民的表达提供了更多的发言机会、更便捷的表达形式和交流渠道，对提高公民的意见表达的积极性，帮助政府科学决策、改进工作和促进社会安定和谐有序发展是大有好处的。

近年来，随着新媒体传播方式和手段的更新与发展，从中央到地方，从城市到农村，政治协商的渠道、方式越来越多，成效越来越好。但是，在实际操作中还存在一些问题，需要研究解决。当前创新媒介平台的重点在于处理好媒介与政治的关系，切实落实公民有序参与协商的流程公开化，更好建构"网上网下同心圆"。媒介的公开透明性决定它具备保障公

[①] 张献生：《互动：提高协商民主效能的要旨》，《光明日报》2018 年 9 月 8 日，第 7 版。

民政治参与、监督的功能。因而，媒体应在坚持党性原则的前提下，加大公开力度，充当好公民参与和政治发展之间的桥梁，保障公民在有序参与协商过程中的知情权、参与权和监督权。首先，媒体要加强公民有序参与协商的前期舆论宣传工作，让公民知晓参与的意义、参与的内容、参与的方式和参与的结果。其次，应用大数据技术提高公民有序参与协商的广泛性和真实性，以应对因"群体效应""从众心理""非理性行为"而出现的公民参与协商的虚假态度、隐瞒倾向，以及非有序状态问题。最后，注重实现媒介的信息公开、监督、纠错功能，切实保障公民有序参与协商落到实处。①

三　领导干部如何与媒体打交道

2018 年 3 月 11 日修改通过的《中华人民共和国宪法》明确了人民享有批评监督的权利："一切国家机关和国家工作人员必须依靠人民的支持，经常保持同人民的密切联系，倾听人民的意见和建议，接受人民的监督，努力为人民服务。"

2009 年 3 月 1 日，时任中央党校校长的习近平同志在中央党校讲话时指出，提高领导干部推动科学发展的能力，是当前干部队伍建设的一项根本任务。为此，各级领导干部要努力提高以下六个方面的能力：一要提高统筹兼顾的能力；二要提高开拓创新的能力；三要提高知人善任的能力；四要提高应对风险的能力；五要提高维护稳定的能力；六要提高同媒体打交道的能力，尊重新闻舆论的传播规律，正确引导社会舆论，要与媒体保持密切联系，自觉接受舆论监督。② 习近平同志提出的要求领导干部提高同新闻媒体打交道的能力具有重大的现实意义，这是巩固党的执政地位、保持政局稳定的现实需要。各级领导干部特别是主政一方的高级领导干部要切实提高同新闻媒体打交道的能力，因为这关系着辖区一方的政治

---

① 王学俭、李婷：《协商民主视域下公民有序参与的难题及对策分析》，《中国政协理论研究》2016 年第 2 期，第 23~28 页。

② 《习近平：领导干部要加强党性修养 提高综合素质》，中央人民政府网，http：//www.gov.cn/ldhd/2009-03/01/content_1247390.htm，2009 年 3 月 1 日。

安定，关系着党的执政地位的稳固！

1. 领导干部如何对待新闻媒体

在网络媒体迅猛发展的今天，新闻报道发生了重大变化。领导干部与媒体记者交往时要注意克服可能存在的自傲、自卑、片面以及顾忌的心理。

自傲心理。常常表现为对记者主动联系工作表示漫不经心，有的甚至表现出不耐烦的态度；约定会谈的时间，常常因某些不是很重要的事情而错过，使记者扑空；接待记者，傲气十足，爱理不理，只提供一些已经报道过的材料，不愿深入详谈；等等。

自卑心理。行政人员面对记者不知如何接待是好：接待热情了怕记者认为自己在讨好，于是不敢大胆、全面地介绍自己的成绩；自己的开拓创新又怕被别人说是出风头，生怕说错一句话被记者抓住做文章。这些表现都不利于开展工作，特别是不利于强化宣传效果。

片面心理。对宣传过自己成绩的记者热情接待，对揭了短的记者表现冷淡；对大单位的记者盛情款待，对地方小报的记者冷落一旁；对有名气的记者大加赞扬，对一般记者特别是年轻的记者不屑一顾。这种片面性表现在接待记者的采访、座谈、提供材料以及生活安排上。对待记者应一视同仁，提供同等良好的接待，不可厚此薄彼。

顾忌心理。有不少领导干部见了记者顾虑重重，不论好宣传还是坏宣传，都怕与记者交往。宣传了本单位的成绩，怕上级领导"鞭打快牛"，怕左邻右舍犯"红眼病"，怕职工说"吹牛皮"。揭露了本单位存在的问题，又怕上级说自己无能，怕同行说自己平庸，怕下级说自己"捅娄子"。不宣传自己，又怕别人说自己封闭保守，有什么不可告人的目的。总之，前怕狼后怕虎，不知如何是好。领导干部应该正确对待自己，正确对待别人，正确对待记者。

与记者交往也要注意把握几项基本原则：坦诚相融，平等相处，热情相助，患难与共。

坦诚相融。只要不属于保密信息均可向记者通报。有些情况告诉记者也并不一定会被全部报道，哪些情况觉得不宜宣传或者少宣传，或需要延时宣传，均可向记者说明。政府坦诚对待记者，记者也会维护政府的利益和社会的稳定，不会轻率报道。

平等相处。领导干部和记者在人格上是平等的，双方应保持平等关系。记者到了政府，不可当钦差大臣，颐指气使；政府工作人员也不可受宠若惊或视为麻烦。对于记者的正当要求要尽力满足，对于记者的不正当要求应予以回绝，对一时难以满足的要求应予以说明，对自己的难处请记者予以谅解。不卑不亢，是政府工作人员接待记者的基本尺度。

热情相助。记者的工作是十分辛苦的，要领会上级的意图，深入调查，整理材料，构思写作，特别是对于时效性很强的报道，记者们挑灯夜战是常有的事。政府工作人员应对其予以热情帮助，联系采访对象，提供采访方便，查询参阅材料，配送摄影照片，特别是根据新闻工作规律和记者繁忙的特点，保证记者对采访时间和空间要求。在报道发出后，相关人员要及时收集各方面反映的情况，与记者取得联系，以使记者不断改进工作。

患难与共。有的政府工作人员只愿报喜，不愿报忧。有了失误不仅不愿告诉记者，还对记者遮遮掩掩，遇着记者如实报道，更是心怀不满。在他们眼里，记者揭短是与政府过不去，不仅在报道上不提供方便，有时甚至在人格上对记者进行侮辱。这些做法都是不妥当的。

2. 领导干部"学说话"是个大问题

网络时代领导干部如何"学说话"是当下的一个大问题。一段时间来，"神回复"接连出现，引发公众对领导干部"雷语"现象的关注。透过近年来出现的领导干部"雷语"可以发现，其中既有互联网的放大效应，也反映出一些领导干部群众意识淡薄和公共话语能力缺失。新华社记者通过调查指出：在监督无处不在的互联网时代，领导干部需要重新"学说话"。领导干部的"雷语"大致有以下三种类型。

一是狂妄嚣张型。"你是替党说话，还是替老百姓说话？"几年前河南省规划局某位副局长这句质问记者的"雷语"可谓代表，不但摆错了党和百姓的关系，其粗暴蛮横的做派也可见一斑。

二是愚蠢无知型。据媒体报道，一位地方领导干部问专家"江豚好不好吃"，当得到"不好吃"的答复时，这位领导干部竟说"不好吃干吗要保护"，如此无知自然遭到网民"拍砖"。

三是僵化八股型。有的政府网站对反映问题的回复大多是"问题已受理，将尽快答复"，有的甚至答复"已阅"，这种官腔十足的话语方式实际是把日常机关化的文风搬到了网上，不但缺少亲和力，更令群众生厌。

笔者在接受记者来访时表达了这个观点，出现"雷人语录"的首要原因是官僚主义。官僚主义的倾向，具体表现在四个方面。第一，脱离群众，脱离生活，好似不食人间烟火一般。第二，这些"雷人语录"体现了这些领导干部的质素较差。第三，在中国的政治民主化进程中，政府信息公开化是一个不可逆转的趋势，面对这一趋势，有些人不努力学习，有的甚至产生了抵触情绪，因而时常会说些"雷人"的话。第四，不可否认，一些领导干部缺乏现代舆论的沟通能力和表达技巧，这也是他们说话"雷人"的原因之一。在网络时代，领导干部的言行，需要更加谨慎。

另外，舆论其实也需要更加审慎一些。现在的新闻报道特别是评论提倡"想到就说"，因为太快了，时效性太强了，所以没有多少积累和思考。媒体朋友也可研究一下，我们的报道、评论能否找到一种稳定的模式，不要一哄而起，然后瞬间就结束。媒体的评论可以容许一些滞后，以便保持相对的稳定。新闻评论追求民众表达，这是对的，但也需要一些积极正确的疏通和引导。①

党的十八大以来，党中央部署开展群众路线教育实践活动，提出领导干部要把群众装在心里做明白人，我以为很对。要做"明白人"首先要明白群众是谁，怎样把群众装在心里。起码做到两个"不能"：第一，不能把群众称作"刁民"。所谓"刁民"，是指那些狡猾、奸诈、顽固，故意使人为难的人。大千世界、芸芸众生中确有这样的人，不奇怪。问题是，我们不能将群众特别是那些爱提意见，或方法不妥，或提了意见后又被证明是错了的人视为刁民。请记住毛泽东同志讲的话："群众是真正的英雄，而我们自己则往往是幼稚可笑的，不了解这一点，就不能得到起码

---

① 肖畅：《官员说话如何不"雷人"——赵振宇教授专访》，《长江商报》2009 年 11 月 14 日。

的知识。"① 人民是创造历史的真正动力，群众中蕴藏着极大的积极性和创造性，领导干部只有如此认识他们、对待他们，才可能将他们时时刻刻装在自己的心里。第二，不能用"不明真相"来说群众。群众之所以不明真相，是因为掌握信息的机关和领导人没有把真相告诉他们。近些年，我国发生了多起突发事件，大多是"不明真相"的群众参与而酿成的。《中华人民共和国政府信息公开条例》（简称《公开条例》）从 2008 年 5 月 1 日起实施，为保障《公开条例》实施，该条例第 34 条、第 35 条都有明确规定，行政机关违反本条例的，可根据情节轻重追究当事人的行政或刑事责任。在开展群众路线教育实践活动中，只有消除"不明真相"，才能真正将群众装在心里。②

3. 正确对待媒体的舆论监督

领导干部自觉接受人民群众和新闻媒体的监督，是国家宪法和行政管理体制的规定和需要，领导干部在与媒体打交道时尤其要处理好应对突发事件与媒体的关系。每次发生重大灾难事故，都会引发全社会的关注，吸引广大民众的注意。在网络时代、自媒体时代，这种关注和聚焦显得更为突出，其中裹挟着强大的民意。面对重大事故，面对公众期待与追问，政府新闻发布主体应该怎样做呢？

在现实生活中，当危机发生时，我们经常可以看到这样的无效传播行为：未能在第一时间做出反应；听任持不同观点的专家发表意见，使媒体和公众无所适从；发布信息时把话说得太满，不留余地；提供给公众的"行动性信息"缺乏可操作性；对舆情的变化不敏感，未能及时澄清各种负面传闻；发言人言语和举止失当、缺乏感染力和指挥力，暴露了部门之间的分歧和职能不清之处。这样的无效传播行为自然会增加民众的恐慌，以及对政府行为的不信任，这需要各级领导认真对待、努力改进。

当危机发生时，新闻发言人或辖区领导要了解记者想知道什么。危机为何发生？危机发生前有关部门是否提出警告？危机是否不可避免？谁来负责处理危机？有关部门是从什么时候开始处理危机的，现在进展如何？

---

① 《毛泽东选集》（第三卷），人民出版社，1991，第 790 页。
② 赵振宇：《怎样将群众装在心里》，《人民日报》2013 年 8 月 19 日。

局面是否得到控制？危机还会产生哪些负面影响？公众应该做些什么？有关部门提供的数据说明了什么？预计今后还会发生什么？还有哪些坏消息没有公布？这些问题看似不近情理，有的也很难回答，但是，这样问是由新闻人的职业要求决定的，也是他们职业的工作特性，新闻发言人或辖区领导要尽力予以回答，一时回答不了的，也要以诚挚的态度向新闻界的朋友们讲清楚。一旦时机成熟，就要以最快的速度向记者通报。

在现实生活中，还会出现这样的情景：有的领导干部在遇到突发事件受到公众质疑时，会抱怨"都是媒体惹的祸"。应当看到，确有媒体为吸引眼球不惜炒作，写言过其实的报道、发耸人听闻的议论；也应当承认，没有媒体的介入与监督，这些事件不会如此引人关注。但更应该强调，解决社会问题，新闻媒体理应承担社会责任，坚持正确舆论导向，以客观公正的报道，全面呈现社会状况，理顺情绪、化解矛盾、促成共识。而抱怨者也需扪心自问，如果没有媒体监督，诸如强制拆迁、企业污染、食品安全等问题及其引发的负面评价，是否就不存在？各级领导干部一定要认识到，一个好的社会不是没有问题，而是能够正视和解决问题。这就是为什么中央强调对于转型期中国产生的问题，既要弄清"怎么看"，更要明确"怎么办"。怎么看，是认识，是舆论引导；怎么办，是行动，是解决问题的方法。"怎么看"固然重要，"怎么办"更为关键。

有些领导干部误以为"搞定就是稳定""摆平就是水平"，殊不知病根不除，热点只是暂时休眠。只有以勇于担当的精神，正视热点、解决问题，才能使社会治理更加积极主动，从维持稳定走向维护和谐。也正因此，党中央一再告诫各级党员干部，在群众有危有难、有险有乱的时候，要勇于走到群众中去，认真听取群众利益诉求；也只有在这样的前提下发布信息，发表意见，才会受到大众的欢迎。[①]

4. 当好新闻发言人

提高同媒体打交道的能力，是执政党的一项重要任务。但在现实中，时常会碰到这样的情况，笔者应邀为机关干部做如何应对突发事件，怎样

---

① 人民日报评论员：《解决问题才能从维持稳定走向维护和谐》，《人民日报》2011 年 6 月 23 日。

与媒体打交道和开好新闻发布会等方面的讲座，主办方很重视，"四大家"都会有人来听，但是却很少有"一把手"与会。现在的问题，常常是"一把手"要决定辖区应对突发事件的处置方式，要在新闻发布会上面对媒体，他们的表现直接影响所辖地方的工作及外界对他们的评价。提高领导干部特别是"一把手"同媒体打交道的能力，首先从当好新闻发言人开始。

新闻发言人，是靠嘴巴讲话来完成任务的，而这是一项复杂且精细的工作，只有做到掌握实情、心里有数，才能有的放矢、从容自若。而有些干部之所以慌张、出错，一味地念稿子、答非所问，甚至多次念错数据，往往是工作不够扎实、业务能力不够过硬的表现。人民日报评论员在2020年疫情防控时期，将国家卫生健康委员会焦雅辉在新闻发布会上的出色表现提到"好干部"的高度，足以说明新闻发言人现场表现的重要性。特别是在突发事件中，在瞬息万变的信息传播中，稍有不慎，产生的负面影响是十分严重的。

在网络媒体迅猛发展的当下，在人人都有麦克风的时代，人们对新闻发布会将要涉及的事实，大都可以从不同的渠道略知一二，但是，该事实"为什么"发生及"怎么看"却是大家不甚明白而又十分关心的重要话题。最高人民检察院前新闻发言人王松苗结合自己长期以来的工作实际，认为一个好的新闻发言人，不仅要告诉人们"是那么回事儿"，而且还要告诉人们"是那么个理儿"。这就要求新闻发言人要有评论思维。他的这个意见，笔者以为很好。

5. 正确认识和参与电视问政

笔者以特邀评论员的身份参加了武汉、湖北和国内一些地方媒体的"电视问政"现场点评活动，接受了不少新闻媒体包括国外媒体的采访，探讨问题。作为一名参与者，不仅在现场受到教育，活动之后，也有一些思考：在新的形势下，如何按新闻规律做好此类电视节目，如何按照行政管理规律发挥工作平台的作用，如何运用民主程序搭建民众参与的政治舞台，促使媒体、政府、民众的良性互动，还有媒体、政府、民众怎样互动，都是一些新课题。

"电视问政"是一个电视节目，必须按新闻规律和电视规律办事。

《电视问政》开播以来，受到广大电视观众的喜爱，播出当晚收视率创新高，这是一件好事情。为了做好这档节目，电视台上下同仁，以建设者的姿态群策群力，开拓创新，做出了让同行们称赞的业绩！每场问政都是先展示成效，再揭露问题，符合新闻的平稳原则；从场景、灯光、色彩、音乐的设置和调配，到问政内容的丰富，更注重话题内涵的挖掘。

"电视问政"同时也一个政府的工作平台，必须按行政管理规律办事。"干部们在台上的表现如何？"这也是大家问得最多的一个问题。我的回答是："年年有进步，还需再提高。"在这里，要搞清楚"电视问政"不是什么——不是报告会、不是汇报会、不是演讲会，而是履行职责的督察会、检查承诺的问责会、政府与民众沟通的交流会。作为政府的一个工作平台，它要通过电视问政，达到治庸问责、奖优罚劣、提高素质、提高效率之目的。既然是工作平台，就要看台上官员态度是否真诚，措施是否得力，更要接受民众的评判。

"电视问政"更是一个民众与政府沟通的政治舞台，必须按政治民主的程序办事。政府官员向市民报告、检讨工作，民众向官员询问、质疑政府工作，这种双向的交流与沟通有助于改善干群关系，促进城市和谐。要把台上的"表演"和台下的表现结合起来，把投票结果和对官员问责结合起来，取信于民。①

6. 面对不确定信息勇于担责

领导者的一个重要职责就是在重大问题面前要果断决策，决策的前提是要对意见做出正确判断。我们常说要"集思广益"，为什么？因为在纷纷议论中有多种意见，有好的、差的，不同意见、反对意见，有多数人赞同而真理又可能在少数人一边的意见，有当时看似正确或错误后来又被证明是错误或正确的意见……如何面对和判断这些意见，需要有完善的表达机制和接受程序。

"择善而从"更是对领导干部的考验和检验。邓小平同志说："我们领导干部的责任，就是要把中央的指示、上级的指示同本单位的实际情况

---

① 参阅赵振宇《认识和参与电视问政》，《新闻战线》2013 年第 9 期。

结合起来，分析问题，解决问题，不能当'收发室'，简单地照抄照转。"① 大自然和人类社会的发展变化多端，好多事情是我们事先无法全面准确预料的，举措自然会相对滞后和软弱。面对"不确定信息"，对领导干部来说仍是一个考验。"冒了一点点不是太合规的风险"，意味着可能判断失误造成一定程度的损失，可能违反有关规定而犯错误甚至更严重，但是，在人命关天的突发事件面前，领导干部应该承担这样的责任，做出相应的决策。②

四　今天，怎样讲好真话

讲真话贵在"求真"和"表达"，在人人都有麦克风的互联网时代，在政治、经济面貌日新月异的今天，讲真话更难能可贵，它既离不开宽松的舆论环境和制度依托，又与公民个体的品德意志、文化素养紧密相关。

目前，"讲真话"还存在表达误区。一是错将"真话"当"真理"。真话较为感性，真理却颠扑不破，真话可能因为过于情绪化等存在不理性的地方。但现实中，人们常把二者混为一谈。二是以偏概全地讲真话。真话的"真"，应表现在整体真实，可是许多人以偏概全，将真话误解成"局部真实即可"。它表现为"我看到的就是'真'，我说的就是'对'"。三是公共决策屏蔽"少数人意见"。"少数服从多数"是我国公共事务决策中的基本原则。社会关注大多数人的意见，照顾大众利益，是维护公共利益的题中应有之义。然而，盲目地唯"多数人意见决定论"是从，也会过犹不及。作为群体中的少数人，也可能秉持着真知灼见，或者有着与众不同的话语立场。若无视他们的声音，对其利益诉求熟视无睹，那么极易造成"多数人的统治"局面，让民主变成"压迫与被压迫"关系潜存的伪民主。

1. 讲好真话的基本准则

怎样讲好真话，是一个随着时代发展不断更新的长久话题。要讲好真

---

① 《邓小平文选》（第二卷），人民出版社，1994，第118页。

② 参见赵振宇《面对不确定信息，领导要勇于担责》，《半月谈评论》2020年2月13日。

话，需要遵循以下基本准则。

增强人民主权意识，加快民主建设步伐。构建和谐社会就是要实现民主法治、公平正义、诚信友爱、充满活力、安定有序、人与自然和谐相处这样一个目标。这是一个庞大的系统工程，需要各方面相互沟通、理解和配合，需要上下左右齐心协作、不懈努力。每个人都有说话的权利，然而，民主的舆论环境将使民众的言语与心愿得到畅通的表达，非民主环境下的舆论将受到各种因素的制约从而使民意表达不畅，同时影响社会结构中各要素的正常运作。增强人民群众的主权意识，加快民主建设步伐，建立和完善良好的舆论环境是十分重要的，其中要特别注意倾听三种人的声音。

第一，弱势群体的意见。现实生活中存在相互矛盾的现象：关注弱势群体的声音，弱势群体却没有机会听到或者听到了也听不懂，弱势群体有意见不知道到哪里说。对于弱势群体在话语权上的这种弱势状况，我们应更积极地予以正视；对于公共领域中不同社群媒介使用能力的结构性落差，透过政策的参与和制定，予以差异性的保障。我们不仅要保护弱势群体的物质利益，更要保障他们的说话权利，特别要设置一些特定的场所、环境和时间，让他们能无所顾忌、畅所欲言，真正做到说心里话。

第二，少数人的意见。我们在公众媒介中也会很经常听到群众的声音，然而，仔细倾听会发现，很多时候我们听到的是群众团体的代表的讲话，是他们的负责人的声音。一个社会必须关注大多数人的意见，照顾大多数人的利益，这些都是必需的。因为，只有这样才能保证社会的发展和稳定。这是一切工作者都不可忘记的。但是，与此同时我们的社会还需要关注群体中少数人的意见，作为团体的个别成员都要发出自己的声音，这才是一个民主的健康的舆论环境。

第三，不同意见。时代的进步，需要我们认真有效地倾听各方面的意见，特别是不同的意见。这对于我们科学决策，有效行政都是大有好处的。那么，怎样才能让每个人都发出自己最真实的声音呢？这就需要为人们特别是不同意见者提供说真话的环境和地方。只要我们的各级领导机关和领导者真正从法的角度认识了不同意见的重要性，又有了保障不同意见发表的具体举措，就一定会形成畅所欲言的舆论环境。自然，不同意见者的意见也不一定总是正确的。一旦发现不同意见是错误的或不合时宜的，就要收回，就要改正，其他人也要有允许人家犯错误和改正错误的宽容精神。①

推进政务公开，加强新闻发言人制度建设。经 2019 年 4 月 3 日中华人民共和国国务院令第 711 号修订的《中华人民共和国政府信息公开条例》（简称"新条例"），从 2019 年 5 月 15 日起施行。新条例第五条"行政机关公开政府信息，应当坚持以公开为常态、不公开为例外，遵循公正、公平、合法、便民的原则"，明确政府信息公开的范围，不断扩大主动公开的范围。第九条"公民、法人和其他组织有权对行政机关的政府信息公开工作进行监督，并提出批评和建议"，充分体现了《宪法》强调的公民权利。

新条例从第十九条至第四十五条用了两个章节将"主动公开"和"依申请公开"作了分门别类、深入细致的规定。此次修订，贯彻落实了党中央、国务院全面推进政务公开的精神，加大政府信息公开力度，既在公开数量上有所提升，也在公开质量上有所优化。

新闻发言人制度存在的主要问题：政务信息公开不足；制度不规范，缺乏协调统筹；设置目的各异，操作变味；缺少法律保障，影响新闻发布效果；新闻发言人素质有待提高。要想解决存在的问题，必须做好以下四点。

一要做到对外发布统一口径，不能政出多门、意见不一、观点各异，而要实现信息归口管理，对外传播一个声音，舆论一致。

二要有渊博的知识、熟悉国内外情况，懂得交往礼仪规范。特别是国家各部委的新闻发言人，必须熟悉国内外情况，才能面对国内外媒体记者的采访和提问。在与国内外媒体记者交往过程中，还要了解所在国家或地区的礼仪规范，尊重记者，善待媒体。

三要把握整体局面，坚守政策底线。新闻发言人既要能触摸政策的"天花板"，又要注意把握政策的底线，恪守新闻发布原则和议事规则，防止陷入个别媒体故意设置的陷阱。

四要有角色意识，要按照官方和制度的立场、观点和看法回答记者的

① 赵振宇：《舆论环境建设三种声音不可少》，《社会科学报》2005 年 3 月 3 日。

提问。正如赵启正所言："新闻发言人不是自然人,他应该是一个制度人。因为在他的背后,有一套制度作为支撑。"①

恪守新闻发布的程序化准则,是加强新闻发言人制度建设的重要内容。在实际工作中,要注意设置程序的科学、公开、合法性准则。党的十九大报告在论述"健全人民当家作主制度体系,发展社会主义民主政治"中提出"推进社会主义民主政治制度化、规范化、程序化,保证人民依法通过各种途径和形式管理国家事务,管理经济文化事业,管理社会事务,巩固和发展生动活泼、安定团结的政治局面。""加强协商民主制度建设,形成完整的制度程序和参与实践,保证人民在日常政治生活中有广泛持续深入参与的权利。"程序设置的科学化、公开化、合法化是保障决策科学化的首要前提,也是提高我国治理机制和治理能力的重要内容。②

2. 畅通媒体渠道讲好真话

保障公民的言论自由,鼓励民众讲真话,必须以媒体畅通讲真话渠道为基本前提,而这正是当下和今后相当长时期的一个重要任务。

多提供讲心里话的地方。在 20 世纪 80 年代,改革开放进入艰难探索的起步阶段,极需要调动广大人民群众的积极性,使其畅所欲言、发挥其聪明才智。为此,《人民日报》发表了《鼓励大家讲心里话》(1986 年 7月 21 日) 的本报评论员文章。文章写道:

> 对于一个执政党来说,能否听到人民群众的心里话,是事业成败的关系所在。人民群众能不能真正讲心里话,取决于人民对我们党的信任程度,标志着社会主义民主的发展水平。

要求人们讲心里话,首先要坚持宪法所规定的言论自由的原则,不得侵犯人民群众所享有的发表各种意见的权利。邓小平同志曾经说过:"对于思想问题,无论如何不能用压服的办法,要真正实行'双百'方针。

---

① 沈正赋:《网络时代新闻发言人的角色建构与制度调适》,《长安大学学报》(社会科学版) 2017 年第 3 期。

② 赵振宇:《推进社会主义民主政治程序化》,《人民日报》2018 年 3 月 6 日。

一听到群众有一点议论，尤其是尖锐一点的议论，就要追究所谓'政治背景'、所谓'政治谣言'，就要立案，进行打击压制，这种恶劣作风必须坚决制止。"① 正确的做法应当是在宪法和法律许可的范围内，允许发表各种意见，包括一些不一定正确的意见，不搞"以言治罪"。

当时，我在《长江日报》评论部工作，随即给《人民日报》写了一篇评论《多提供讲心里话的地方》（1986 年 8 月 10 日在头版"每周论坛"刊发）。

鼓励大家讲心里话，就要多提供讲心里话的场所。这里有几个认识问题要解决。

第一，党报的喉舌作用和桥梁作用应该是统一的。只有当人民群众看到自己的心里话能够见诸报端、自己的主人翁地位得到尊重时，他才可能更深刻、更自觉地理解和执行党的决议，更信赖、更热爱党的报纸。这时党报的喉舌作用才能得到充分的体现。

第二，充分发挥人民群众的监督和反馈作用。只有当人民都关心党和政府的决策并发表自己的意见时，党和政府的决策才能迅速正确地得以实施，才能将我们的工作失误控制在最小范围。那种把人民群众对党和政府的工作，以及方针政策的批评意见（有的可能是错误的，有的要经受实践的检验）视为异端的错误不能再重复了！

第三，读报观念和办报观念应该同步转变。由于历史原因和"左"的影响，在很长一段时间里，报刊上一字一句都被视为党的政策，报刊上只允许有一个声音。这种观念应该改变。要发表人民群众对社会生活各个方面的不同意见，使各级领导机关从议论纷纷中体察民意，择善而从。

第四，以切实措施保证讲话者的权益。鼓励大家讲心里话，就难免会出现片面、过头和牢骚的话，报上也难免会出现某些失实之处，出现问题甚至错误。对此，一是力求减少和避免出错，二是有错则及时纠正，但不能因发表一篇错误的或者仅仅是不同意见的文章，说了几句真心话，就把作者、编辑搞得灰溜溜的。不允许人家讲错话，不允许文章出差错，群众的心里话就不可能充分表达出来。

---

① 《改革开放三十年重要文献选编》（上），人民出版社，2008，第 4 页。

党中央机关报发表这些言论至今已有 30 多年了，评论中强调要解决的问题，现在不仅仍然存在，有的还更加突出了——讲真话仍是一项重要而艰巨的任务，新时代赋予它许多新内容。

改革开放 40 多年来，中国经历了由以阶级斗争为纲转向以经济建设为中心的现代化建设、改革开放和加入世界贸易组织等重大变革，其间还伴随着知识经济浪潮、网络媒体革命和政治体制改革，这些变革的影响是深远的。30 多年前《人民日报》刊发的这两篇评论所阐述的内容，在今天，还有很多东西需要记取，很多措施需要完善。

今天，在突发事件面前，我们不仅提倡人们要有讲真话的嘴巴，更提倡社会要有听真话的耳朵。如果没有听真话的耳朵，讲真话的嘴巴再多也是白搭。为此，我们仍然需要提出"多提供讲心里话的地方"这个课题。媒体特别要注意倾听不同人的意见，讲不同意自己的话，讲反对自己的话，畅通讲真话的渠道并将这些意见合时宜地展现在媒体上。人们意愿表达指向的多元化，是我们时代发展进步的一个象征，各种媒体要根据自身的特点各有侧重，争取做得更好。与此同时，我们也必须注意，这种指向的多元化必须有利于社会的稳定，有利于配合党和政府的中心工作，一切从全局出发，一切从有利于社会发展出发。随着网络媒体的快速发展，突发事件中人们学习实践的东西将在人们的日常生活中变成常态。为此，媒体特别是主流媒体加强新闻改革，为民众提供更多更好的表达空间和平台，仍是一项繁重的任务。

改变媒体作风，提升讲真话水平。2012 年 12 月 4 日，中共中央政治局召开会议，审议通过了关于改进工作作风、密切联系群众的八项规定，其中就有精简会议活动，切实改进会风，开短会、讲短话，力戒空话、套话；改进新闻报道，进一步压缩报道的数量、字数、时长等要求。根据这一精神，中宣部要求新闻媒体从新闻报道和评论言论的内容、语言、标题、篇幅等进行全面改进，切实改进文风，说真话、写实情，言之有物、言之有理、言之有情，杜绝脱离实际、内容空洞的文章和"应景"文章，说真话写实情，反对假、长、空。在媒体实践中，这些问题现在依然严重。

媒体的表现直接影响民众意见表达的水准。这些频繁出现的词汇，至今仍是媒体的一个顽症，没有真正彻底解决。在中央八项规定颁发五年以后，2017 年 12 月 12 日，习近平就新华社一篇《形式主义、官僚主义新表现值得警惕》的文章指出，文章反映的情况，看似新表现，实则老问题，再次表明"四风"问题具有顽固性、反复性。纠正"四风"不能止步，作风建设永远在路上。各地区各部门都要摆摆表现，找找差距，抓住主要矛盾，特别要针对表态多调门高、行动少落实差等突出问题，拿出过硬措施，扎扎实实地改。各级领导干部要带头转变作风，身体力行，以上率下，形成"头雁效应"。在"不忘初心、牢记使命"主题教育中，要力戒形式主义，以好的作风确保好的效果。只有这样认真落实到位、持之以恒，才能不断提高媒体的传播力、引导力、影响力、公信力，搭建政府与民众沟通的联系之桥，促进社会的和谐有序发展。

媒体通畅公民讲真话的渠道，有利于帮助政府科学决策：正确的话，可以帮助决策者把握时局，认清形势，科学决策；片面或错误的话，也有利于其掌握动态，分析原因，从另一面或反面检查改进工作。在现实生活中，人们常会对"上有政策，下有对策"的做法提出批评，而聪明的领导，却会认真对待"下有对策"，从下级的不同意见和行动中找到"政策"中可能存在的问题和不足，明辨是非，改进工作，力争让"政策"更加科学和完善。与此同时，民众在参与政府决策的实践中，也会不断学习和提升自己的表达水平，这对提升整个民族文明素养是大有好处的。[①]

3. 政府鼓励民众讲真话

敢于直言讲真话，是一个历史的发展过程。中华人民共和国成立后，人民成了国家的主人。国家尊重和保障人权，人民有表达自己意愿的自由，依照法律规定，通过各种途径和形式，管理国家事务，管理经济和文化事业，管理社会事务。讲真话，道实情，本是人的基本品格和正常反应，但在实际生活中却常常存在这样或那样的问题。

1959 年 4 月 29 日，毛主席写了一篇给省、地、县、社、生产队、生产小队六级干部的《党内通信》，重点谈了"讲真话问题"。信中写道："老实人，敢讲真话的人，归根到底，于人民事业有利，于自己也不吃

---

① 赵振宇：《媒体如何畅通渠道讲好真话》，《青年记者》2020 年第 19 期。

亏。爱讲假话的人，一害人民，二害自己，总是吃亏。应当说，有许多假话是上面压出来的。上面'一吹二压三许愿'，使下面很难办。因此，干劲一定要有，假话一定不可讲。"①

习近平在中央党校讲话时曾强调，要努力活跃党内生活，大力倡导独立思考的风气，进一步创造鼓励讲真话、提倡讲新话的宽松环境。②

柏拉图说过，如果尖锐的批评完全消失，温和的批评将会变得刺耳。如果温和的批评也不被允许，沉默将被认为居心叵测。如果沉默也不再允许，赞扬不够卖力将是一种罪行。如果只允许一种声音存在，那么，唯一存在的那个声音就是谎言。

今天，在我们迈入新时代享受日益丰富的物质生活的同时，对民主、法治、公平、正义等也提出更高要求。政府鼓励大家讲真话，就是其中一项重要内容。

增强公开意识，强化政府责任。在2020年统筹推进新冠肺炎疫情防控和经济社会发展工作部署会议上，习近平强调："要完善疫情信息发布，依法做到公开、透明、及时、准确。""要适应公众获取信息渠道的变化，加快提升主流媒体网上传播能力。"③列宁曾经说过："一个国家的力量在于群众的觉悟。只有当群众知道一切，能判断一切，并自觉地从事一切的时候，国家才有力量。"④可见公民的知情权对于一个国家，特别是在突发事件发生时，是多么重要。

我们崇尚公民的自主性表达，是因为只有将言论自由作为基本权利才能彰显人的自我，并认为这是建立和谐社会秩序的必要前提。2020年全民参与抗击新冠肺炎疫情的战役，人们不仅经受了病魔的侵扰，在封城宅家的日子里也借助网络传播极大地提高了自身表达意愿的机会和水平。那些在网络上良性传播的经典案例和金句很值得我们去认真品味和典藏。

从2019年5月15日起，新修订的《中华人民共和国政府信息公开条

① 《毛泽东年谱一九四九——一九七六》（第四卷），中央文献出版社，2013，第33~35页。
② 习近平：《倡导独立思考风气 鼓励讲真话讲新话》，《光明日报》2010年5月13日。
③ 《习近平在统筹推进新冠肺炎疫情防控和经济社会发展工作部署会议上的讲话》，《人民日报》2020年2月23日。
④ 《列宁全集》（第三卷），人民出版社，2012，第347页。

例》（简称"新条例"）开始施行。此次新条例的修订将会产生两个积极效应：一是分工明确、责任到位，哪些该公开，哪些不能公开，哪些需要限制，有了完备科学的程序条文，办起事来有据可依；二是公民、法人和其他组织在要求政府信息公开时，也有了明确的允许、提倡和限制的内容要求，可以更好地提高申请人参与申请信息公开的整体素质，提高办事效率。

增强参与意识，扩大民众对话空间。党的十九大报告指出，"用制度体系保证人民当家作主"，"保证人民在日常政治生活中有广泛持续深入参与的权利。"没有公民参与传播的时间和空间，或者说这种时间和空间很有限或环境不好，就不可能真正实现民众参与权。在传播全球化时代，网络的发展改善了民主参与的技术手段，使公民的参与权更直接更便捷地实现了。而网络作为新的政治参与手段较之传统媒体无疑更具威力，网络使信息传播不受时空限制乃至政治控制的特点以及网络交往的高度随意性和隐匿性，使人们在感知与介入世界方面获得了前所未有的畅快淋漓的感觉，从而也提高了他们参与政治及国家各项事务的兴趣。

公民参与的内容大体可以分为三个方面：一是国家和地方立法层面的公众参与，如立法听证和利益表达；二是地方和行政单位等方面的公共决策参与；三是涉及公众生活环境和社区的公共治理层面的公众参与，包括法律政策实施，基层公共事务的决策管理等。公民参与是一项更为广泛和深入的人权体现，它必定会随着我国民主政治的进步而提出更新更高的要求。"公民参与"是受宪法保护的一种公民权利，同时它也应该是一种有计划的参与行动，不仅表现为"想到就说"，更应表现为"想好了再说"。公民在表达中，不断提高自己的公民素养和参与效果；同时，这种参与不能只是单向的，而应该是公民参与和政府积极回应的双向交流。公民参与不仅表现在过程中，更应表现在决策的结果上。这样才能防止和化解公民与政府、公民与社会之间的冲突，同时又表现在看得见的成效上，让公民感知到参与的责任和力量。

人民群众在不承担任何风险和损失的情况下，在不接受任何胁迫和利诱的情况下，敢于讲真话、畅快讲真话，以此参与国家和社会治理，彰显中国式民主广泛、真实、管用的特点和优势，能保证党和国家事业始终以人民为中心、为人民谋幸福，从而有效汇聚起蕴藏在人民群众中的智慧和力量，为党和国家事业发展提供源源不断的动力。[①]

4. 公民表达的程序保障

无论自然界的运动，还是社会进程的发展，都离不开程序制度的设置。公民表达是一个运动的庞大系统，也需要在一定的程序制度下进行。科学严谨的程序设置，是保障公民表达的有效前提，是公民参与和政府管理双方都需要认真把握的。

坚守科学程序，用制度保障公民表达。为了保障公民表达的科学有效，党的十九大报告特别提出："加强协商民主制度建设，形成完整的制度程序和参与实践，保证人民在日常政治生活中有广泛持续深入参与的权利。"

何谓程序？程，讲的是规章或程式；序，讲的是区分或排列位置。程序是指事物运动的某种次序或过程或环节，含有某种空间秩序或时间顺序的意思。民主政治程序化的内涵包括两方面内容：一是以民主的原则制定程序，即程序的民主化；二是以程序的方式来规范民主政治的运行，即民主政治过程的程序化。程序是目的和手段的统一体，作为目的的程序，是我们孜孜以求的理想境界；作为手段的程序，表现在人们的运动过程之中。[②] 民主制度的程序化是现代社会政治发展的客观要求，也是现代民主的一个基本特征。社会主义政治文明的核心在于人民当家作主，使人民真正参与到国家的管理中来，使构成社会的绝大多数人的意志上升为国家意志。加强程序建设，保证民主政治过程科学。民主的重要特征就是按程序办事。多数人的意志要通过程序才能表现和被承认。如果多数人的决策和选择出现错误，也只能通过一定的程序加以改正。程序化是我国民主政治建设的题中应有之义，"对程序的重视程度，标志着一个国家的法治文明的程度"[③]。由于程序的不科学或人们不按科学的程序去办事而带来损失和造成不好影响的事，在我们的政治、经济、文化生活中

---

① 参阅赵振宇《政府如何鼓励民众讲真话》，《青年记者》2021年第1期。
② 赵振宇：《程序的监督与监督的程序》，社会科学文献出版社，2008，第15页。
③ 韩强：《程序民主论》，群众出版社，2002，第33页。

时有发生。而且，如果程序设计得不科学，越是参与性强、透明度高，其造成的不良影响面就越广；如果程序安排得不科学，越是动用了法制的力量，越有强制性的害处，因为不科学的行为可以在法制的保护下将人们引入歧途。

把握好"广泛""持续""深入"的实践程序。党的十九大报告强调："发展社会主义协商民主，健全民主制度，丰富民主形式，拓宽民主渠道，保证人民当家作主落实到国家政治生活和社会生活之中。"同时又指出："形成完整的制度程序和参与实践，保证人民在日常政治生活中有广泛持续深入参与的权利。"历史的经验告诉我们，在公民参与的实践中，我们需要把握好三个关键词："广泛""持续""深入"。

广泛参与，最大限度调动公民参与的积极性。所谓广泛，强调了两个意思，一是公民参与的人员众多，既包括文化素质高、社会资源多的高层人士、社会精英，同时也包括生活在基层单位的员工和社区的普通老百姓。参与人员的广泛性，使其可以充分发挥他们各自的优势，在他们各自熟悉的领域里畅快地发表自己想得到说得好的真知灼见，有效地促进国家决策和社区管理。二是涉及的问题范围广，关注的问题众多，既有涉及国家方针政策的问题，也有关乎百姓生活中衣食住行的问题。由于参与者的资历和经历不同，因此可以根据不同人员的不同情况，多组织他们在自己熟悉的领域发表意见，这是十分重要的。

持续参与，用制度体系保证人民当家作主。所谓"持续"——讲的是公民参与管理国家事务的连续性和一贯性。宪法规定："中华人民共和国的一切权力属于人民""人民依照法律规定，通过各种途径和形式，管理国家事务，管理经济和文化事业，管理社会事务。"这是国家宪法对人权的最高要求和切实保障。这里有两层意思。第一，既然人民是国家主人，公民参与管理国家的意见表达和实践行动就不可能只是一时的短暂的，某一区域的某一方面的。这种参与自然也必定随着国家社会经济文化的发展和进步持续不断地进行着。时间的连续性和问题的广泛性是公民参与管理国家事务持续性的重要保障。第二，要让公民参与成为一种长期进行的常态，就必须有制度来保证、规范和约束。公民参与程序的科学化是一个重要前提。① 一切国家机关和有关部门，不得以任何强迫的方式逼迫公民或利用名利等非正常因素诱导公民参与对本地区、本部门有利的活动，违心地表达自己的意愿，从而达到组织者的目的。公民能够心情舒畅且有效地表达自己的意见（按照一定的程序），既是我们国家民主政治进步的表现，也是公民人权落实的最大体现。

深入参与，追求公民参与效果的最大化。所谓"深入"，讲的是公民参与管理的力度和参与的效果。公民的参与不仅表现在一定的会议、一定的文件、一定的媒体语言文字和一定的活动形式上，更要体现在地方和国家的重大行政计划、管理决策的制定及其实际成效之中。公民参与只是表现在过程中还是同时表现在结果上，是对参与是否"深入"，是否有成效或成效大小的一个实践检验。国务院在公布的《重大行政决策程序暂行条例（征求意见稿）》中有一条特别提到"为提高公众参与实效，征求意见稿明确了向社会公开征求意见和举行听证会等的基本要求"。参与管理国家事务是公民的权利和义务，它不仅仅是一种形式、一个过程，它同时也应该表现出一种结果。公民的参与，只有以能够让他们看得见的形式表现出来，才是真正的民主。也只有这样，才能最终保障和调动公民参与政务及一切社会活动的积极性。当然，在实施时还需要制定行动细则，并在实践中随着时代的发展变化不断修正完善它。

设置和完善时空程序，保障公民有效表达。物质是在一定的时空中运行的，公民的意见表达也需要有一定的空间和时间保证。现在，主办方在设置和选择会议场地时一般都会考虑到这一问题，如设置面对面的会谈式意见对话，肩并肩式的意见交流，有条件的还安排了圆形的会议讨论场所，如全国政协举行的双周协商座谈会就是在全国政协的圆桌会议厅举行的。各种不同的会议场所，为不同需要的参与者意见表达提供了相适宜的表达空间。保障公民的有效表达，除了注意会场的空间程序外，还必须重视对时间程序的管理。开讨论会，很多人喜欢说"议论纷纷""畅所欲言"。在时间不太充裕的情况下（几乎所有的会议都有规定时间），由此

---

① 赵振宇：《依制度行事，按规范操作，推进社会主义民主政治程序化》，《人民日报》2018年3月5日，第7版。

带来的结果却常常是，能够安排上发言或抢上话筒的代表可以讲话或讲很长的话（是否重要、与会议主题是否相符却很难保证），而没有这个机会的代表即使有很好的意见和建议也失去了表达的机会。现在，不少的行政和学术会议都设置了闹钟提醒。如全国政协举办的双周协商座谈会（简称"双周会"）坚持小切口、大问题，在全国政协主席的主持下，邀请党内外"内行人"围绕党和国家重大关键性课题协商议政。经过精心策划和探索实践，已成为政协协商民主的一个重要平台，效果显著，引起了社会各界的广泛关注和好评，"双周会"从 2013 年 10 月 22 日第一次举办至今，逐渐成为政协的一张亮丽名片。为了开好"双周会"，政协办公厅对会场安排和时钟（"四方钟"）设计都动了脑筋，体现出创新意识。中华民族有着"识时、惜时、守时"的传统美德，"四方钟"的设置给了我们新的有益启示。①

5. 提高表达技巧，增强表达效果

人们的思想和观点是通过文字和语言来表达的，有的还用身体动作来完成。那么，表达的技巧优劣就直接关系着人们意愿表达的效果强弱。

努力学习实践，增进思维品质。语言是人们思维的反映，又促进人们的思维发展。人们在社会中生活，拿什么与别人交流呢？靠的就是语言。人类凭借第二信号系统的作用之所以能够进行思维活动，之所以能够认识事物的一般特性以及事物之间的有规律性的联系，乃是因为第二信号系统是以语言的词作为条件反射刺激物的。言词只有通过人的言语活动才能成为第二信号系统的有效的条件反射刺激物，也就是说，只有在人的言语活动中表现出来的言辞，才能有效地激发第二信号系统来进行思维活动。我们发表自己意见和接受别人意见的这些思维活动都是离不开语言作用的。

同时，人们的言语也离不开思维的作用。人们在和别人的言语交流与沟通中，随时需要通过别人的言词来理解传播者的思想或意见。理解就是思维的一种反映。一个人要想准确、清晰和完整地表达自己的意见和态度，必须对自己的言语进行严密的组织，这种组织和调遣也是离不开思维的作用的。

---

① 赵振宇：《小时钟，大意义》，《中国政协》2016 年第 19 期。

思维品质的训练依赖于两个方面：一是理论的训练；二是实践的训练。在理论训练中，我们首先要认清哪些是积极的思维品质，哪些是消极的思维品质。只有从理论上搞清楚了，才有可能在实践中去认真领会并努力实现它。

加强语言训练，提高表达能力。在日常生活中，在新闻报道中，我们时常能听到和看到"我们无法用语言来表达"这样的话语和文字。这是一种情感的表达，一种语言的形容，它反映了说话者当时的一种激动或愤怒的心情。尽管如此，我们的表达还是离不开语言和文字，在我们的意愿表达中，"无法用语言来表达"是不行的。在这里，不仅要求说理者正确地使用语言，而且要求这些语言一定要新颖、深刻、有说服力。只有这样，我们才能有效地传播自己的意见，才能有效地参与管理或说服受众，达到意愿表达的目的。

在一个新词语层出不穷的时代，准确说出所思所想，比套用流行词更有价值。很多时候，网络用语的流行只是暂时的，真正拥有生命力的语言总会在时间的沉淀下大浪淘沙。只有直面内心感受的差异化表达，才能生机勃勃、经久不衰，成为语言的经典。[①] 网络带给传统语言生活最大的改变是大大提高了互联互通的效率，把每位网民都推向了熙熙攘攘的广场，使其面向公共空间说话，表达从少数精英的特权变成了人人可享的服务。网络大大加速了语言的发展和演变，激发了全民的语言创造热情。与此同时，当全民进入网络空间时，难免泥沙俱下；来得太快，难免让人不适应，自然也带来焦虑。这种焦虑是多方位的，包括伦理的（如隐私）、经济的（如虚拟货币）、文化的，自然也少不了语言本身的。

语言文字必须能够准确表达自己的意见。中国的语言是十分丰富而多变的：相同的词在不同的场合有不同的意思，不同的词在某种场合可能表达相同的意思；不同的人、不同文化背景的人，对相同的词可能产生不同的理解，或对不同的词可能产生相同的理解；不同的时间，人们对相同的词可能产生不同的看法；等等。加之目前信息传播的多样化、多元化，词语在传递过程中有时也会产生延时或扭曲。这些都需要我们认真把握。

---

① 盛玉雷：《善用我们的语言宝库》，《人民日报》2017年4月3日，第5版。

语言文字表达要清晰易懂。书面语言和口头语言不同，它意蕴深刻，令人回味。但是，不能因此就忘记了语言的多样性和受众的多样性。特别是在科学技术迅猛发展的时代，很多专业性的词语人们不懂，很多词语的使用有了新的内涵，在公民参与管理的大多数场合，使用语言文字时必须让你的接收对象对此明白无误。

除了书面文字的训练，平时的口头语言训练也是很重要的，如对话、发言和辩论等活动，都是提高思维能力的一种好方法，要写、说并重，使之相互促进。

善于发表意见是一种表达艺术。公民表达不仅要有思想，敢于讲话，还要明确自己讲话时的身份和受众对象。否则，也会使传播受阻或者难以被受众接受，不能收到好的传播效果。为此，要把握好"说者谁""对谁说""说什么""怎么说"等问题。在今天这个"人人都有麦克风"的时代，在需要和鼓励公众参与管理国家事务的形势下，不断提高公民的参政议政和民意表达水平同样也是一项重要任务。

学点新闻评论，提升思辨深度。新闻评论是运用概念、判断、推理和论证来完成意见表达的，评论教科书上有着详尽的解读。这里只介绍六种常用的方法，供我们在参与管理表达意见时参考借鉴。

第一，新闻发现是新闻评论的基础。第二，新闻评论也要讲好故事。第三，把常识讲清楚是评论的基本功。第四，新闻评论也要抢、要养。第五，学习领会和阐释文件精神。第六，评论要经得起历史的检验。这些意见，不仅适用于专业评论员，对于提高广大公民的表达能力也是有积极意义的。[①]

6. 转变观念，提高素质：据势行事，以事成势

新时代赋予了新任务，新形势提出了新要求。公民面对经济建设、政治建设、文化建设、社会建设和生态文明建设的政治参与，必须把握好"形势"与"行事"之间的辩证关系，不断提高公民表达素质和表达效果。

公民在政治参与中，不能只顾一地之域、一时之间、一事之限而谋事，只从某一具体事情入手而忘了大局，只谈现象而忘了抓住事物的本质。我们不能简单地"就事论事"，需要就"势"论事，即根据现在的形

---

① 赵振宇：《现代新闻评论》（第三版），武汉大学出版社，2017，第403页。

势和发展的趋势来认识我们所干之事；据"势"行事，即遵循形势的要求做好每一件具体事情；以事成"势"，即发挥聪明才智，创新方法和手段，使我们所干之事能积聚成势，从而在坚持正确导向的前提下，提高政治参与效果和意见表达的传播力和引导力。

把握大局，精心行事，处理好"形势"与"行事"的关系。在"事与势"的关系中，所谓"事"，说的是人类生活中一切活动和一切社会现象，有时也指单个的活动和表现；而"势"则是指一切事物力量表现出来的整体特性和趋向，形势是事物发展的当下状况，趋势则是事物发展的未来动向和走势。它们的性质由该系统诸事物背后的规律和本质所决定。我们讨论"事"与"势"就是研究和把握事物运动、发展、变化过程中个别与整体、当下与长远、具体与抽象的运动关系。

"讲好真话"是一篇大文章，是对与时俱进的发展过程和历史的反映，同时也是政府、媒体和公民三位一体的系统工程。新时代是我们实现民族复兴、共筑中国梦的时代。在近百年中国人民寻梦、追梦、圆梦的历史进程中，我们已经走过"雄关漫道真如铁"的昨天，正在经历"人间正道是沧桑"的今天，翘首展望"长风破浪会有时"的明天。讲真话是光明大道，是人间正道，这条道还很长很长，但是，只要我们上下齐心、共同努力、坚持不懈、遵循规律，就一定能够实现毛泽东同志提出的"一个又有集中又有民主，又有纪律又有自由，又有统一意志、又有个人心情舒畅、生动活泼，那样一种政治局面"[①]。

（参阅赵振宇《讲好真话》，华中科技大学出版社，
2019 年第 1 版，2021 年 4 月第 4 次印刷）

[①] 《改革开放三十年重要文献选编》（上），中央文献出版社，2008，第 40 页。

下篇　特色教育：着力塑造学生名片

大学是培养高级人才的地方。大学教育应着力于将每个学生都培养成学校的名片，他们的整体表现是学校实力最有效的形象宣传。这种力量是广泛的也是长久的。而特色教育则是实现这一目标，努力塑造学生名片的有效方法。

　　如何坚持理论与实践相结合，与业界密切合作并服务于社会？如何建设开放的教学平台，促进专业教育与社团活动一体化？如何推动学科建设与人才培养并进，走专业教育特色与校园文化品牌互生的发展之路？本书将结合新闻评论教学对这些问题予以研究。

新闻人特质培养及课堂教学

一　新闻教育面临的新形势

1. 中国大学新闻教育面临的形势

新媒体以速度快、时效性强，容量大、覆盖面广，多媒体、超文本化，交互性、自由度大等特点和优势向传统媒体提出了挑战。传统的大众传媒和新闻工作者在社会中的角色地位将会发生根本性变化。一是网络的交互性使网民掌握了传递信息的主动权，网民可以和新闻工作者共享新闻事件第一手资料和背景资料。二是传统媒体对舆论的控制权和主导权被大大削弱，任何一个网民与大众传媒一样拥有随时发布新闻或信息的能力，而且突发性新闻事件的报道权再也不是大众传媒的特权。三是网络使跨文化传播突破了时空间隔，世界各地的人们共事信息成为可能，大众传媒"信息过滤器"的社会职能也将弱化甚至消失。在与传统媒体的比较中，新媒体形成了自己的特点也形成了对传统媒体的挑战，即传播内容的多元化，传播模式的交互性，受众选择的自由度。面对新媒体的挑战，传统媒体必须转变观念，采取措施，拿出积极的对策来：第一，增强人民主权意识，加快民主建设步伐；第二，增强公开意识，提高媒体传播的透明度；第三，增强参与意识，为受众提供更广泛的对话空间。① 面对新媒体的迅

---

① 赵振宇：《民主、公开、参与——传统媒体迎接新的挑战》，《现代传播》2002 年第 2 期，第 99~101 页。

猛发展，新闻学家应做出说明并能够给予新闻界帮助，理论的和实践的——中国大学的新闻院校应尽到这份责任。

2006 年 12 月 9 日，"21 世纪新闻媒体·新闻教育发展"国际研讨会在上海大学举行，会议认为，21 世纪新闻教育面临着全球化、市场化、信息化和新媒体的挑战。新闻教育最重要的是坚守与弘扬新闻的职业精神，以及实践职业精神的专业能力。① ——中国大学的新闻教育应履行好这份责任。

媒介市场的竞争，网络媒体的发展，中国全面融入世界体系，这是中国新闻教育需要面对和回答的几个重要问题。

2. 市场需要及新闻教育定位

新闻传媒市场需要什么，新闻院系就培养和生产什么，这应是市场经济的基本规律。但是，长期以来我们有很多的新闻院系对自己的"产品"未做长期的科学的跟踪调查。在以市场为导向决定自己"生产"的规模、品种和方式上，远远不如工业企业和商业企业。

做一点媒体市场调查，看看市场需要，对于我们从事新闻教育的人来说是大有好处的。

《北京青年报》是共青团北京市委的机关报，过去是面向青年的。改革开放以后，他们不再仅仅报道青年，而是报道青年所关注的所有领域，从而以比较前卫的形象引起国内外媒体的关注。目前作为一份日报，其每天发行 60 多万份，在北京的报业市场上发行总量排在第二位，但固定订户排在第一位。2011 年其广告收入超 10 亿元人民币，名列北京市第一，全国第二。他们每年都会招聘记者，报名与录用的比例一般为 50∶1。应该说，应聘者的素质近年来已经有了很大进步，他们对社会的了解多了，外语能力强了，知识面广了。从《北京青年报》的办报实践看，眼下他们最缺乏的是下面三种人才。第一种人才，既能跑动又有学问。也就是说能积极跑动，了解社会现实，了解百姓呼声；具备相当的学识，能够提升认识；会用老百姓的语言表述观点。第二种人才，既会管版又会管人。既

---

① 吴信训、王建磊：《新闻教育的国际前沿对话——"21 世纪新闻媒体·新闻教育发展国际研讨会"综述》，《新闻记者》2007 年第 1 期，第 65~67 页。

是业务尖子，有自己的个性；同时又具有很强的协调能力，很大的包容度，有时甚至为了事业可以委曲求全，带领大伙一块走。第三种人才，既懂经济又懂媒体。既了解办报规律，又懂商业运作的人才，是目前新闻媒体普遍缺乏的人才。①

此外，传媒界认为，新闻专业毕业的学生做突发新闻可能会很到位，但做深度报道就远不如经济学、法学、政治学背景的学生。不少发展迅猛的市场类媒体不愿意引进新闻系、中文系的毕业生。同时，传媒对一般新闻人才的需求量也在减少。据调查，北京、上海、广州等经济发达地区的传媒单位急需的是高层次、高质量的毕业生，紧缺的是复合型新闻人才、管理人才、高质量的节目主持人和广告创意策划人才。② 也有人通过调查认为，21 世纪的中国新闻传媒需要有独特视角和智慧的报道人才、策划人才、管理人才和研究人才等十类人才。③

而随着媒体融合时代的到来，新闻传媒对"全媒体"人才的需求将显得越来越迫切。这种新媒体环境下的新闻人才必须既要掌握扎实的新闻理论与广播电视业务知识，又要掌握必要的技术技能，尤其是包罗万象的新媒体技术，比如虚拟影像合成技术、数字合成技术、3G、WEB2.0、影视编导、节目策划、摄像技术、灯光技术、非线性编辑等。④

当然，必须指出的是，现代社会与传媒领域尤其需要新闻评论人才。整体而言，目前的新闻媒体急需成熟的新闻评论人才。《嘉兴日报》"10万年薪招聘评论员"的新闻曾名噪一时。2012 年 10 月 24 日，武汉《长江商报》一次就招聘 4 名新闻评论员。在招聘启事中，他们这样写道："假如你愿意与我们一起发力加速，做一份有尊严的报纸；假如你想拥有一份有职业荣誉和体面收入的工作，请加入我们的团队，和我们一起发力加速。"

---

① 王灿发、郭英：《当代中国新闻教育困境之思考》，《新闻爱好者》2012 年第 11 期，第 36~38 页。
② 陈昌凤：《培养综合性新闻人才》，《中国记者》2002 年第 1 期，第 51~52 页。
③ 吴信训：《21 世纪抢手的十类新闻传播人才》，《新闻记者》2002 年第 2 期，第 6~7 页。
④ 唐筱童：《媒体融合：锻造跨媒体新闻人才势在必行》，《新闻窗》2009 年第 6 期，第 24~25 页。

　　大学新闻教育的定位。面对媒介市场的竞争、网络媒体的发展和中国加入 WTO 的形势，新闻传播市场也对中国大学的新闻教育提出了适应形势的人才需求。中国大学如何确定自己的位置，以满足这样的要求是十分重要的事情。

　　自从 20 世纪 80 年代中国的新闻教育得以重新发展以来，许多从事新闻教育的专家提出了中国大学新闻教育的定位问题：新闻教育到底培养什么人才？

　　1983 年，华中理工大学新闻系创建，它是当时国内理工科院校创办新闻系的第一家。华中理工大学新闻系提出的目标是，造就一批懂科技、管理、经济，并掌握现代化技能，会摄影、会开车的"一专多能"的复合型新闻人才。作为一所工科学校的新闻系，他们强调的是"应用为主，交叉见长"的办学特色。[①] 1986 年，由新华社主办的研究生层次的中国新闻学院成立。为了克服理论脱离实际的问题，他们建立了三个基地——课堂教学基地、新闻实习基地、社会实践基地，实行学校、新闻单位、社会三结合方式，培养现代化高层次人才。[②] 复旦大学新闻学院丁淦林老师在 20 世纪末提出了对中国新闻教育改革的思考，他认为，新闻院系培养的是有专业知识与技能的通才，毕业生能够适应各种新闻传媒及其各部门的工作需要，也能在各种机构的新闻活动中承担组织与业务工作。[③] 20 世纪末，全国高校新闻学院院长系主任会、中国新闻教育学会理事会和全国新闻专业自考指导委员会，在江西省南昌大学联合举行。会议认为，为了迎接 21 世纪，新闻教育在不放松专业教育的同时，要努力加强对学生经济、法律、文学、历史以及哲学、艺术，以至自然科学知识的灌输，培养学生广泛吸收各种知识的自学能力与习惯，这样才能为其将来成为一名有较高水平的全能型记者奠定基础。[④]

---

① 汪新源：《培养复合型新闻人才探步》，《新闻大学》1989 年第 3 期，第 1~2 页。
② 徐占焜：《探索新闻教育改革的新路——中国新闻学院三结合培养新闻人才》，《中国记者》1992 年第 12 期，第 39~40 页。
③ 丁淦林：《大学新闻教育的培养目标与课程体系应该怎样确定?》，《新闻大学》1997 年第 4 期，第 70~73 页。
④ 邱沛篁：《新闻教育怎样跨入二十一世纪——全国新闻教育"三会"侧记》，《新闻界》1997 年第 4 期，第 18~19 页。

　　清华大学李希光教授曾提出，新闻传播学院最终能否成功和最终能否被主流媒体、社会和国际新闻界所接受，不在于它每年能培养多少学生，而在于它能否培养出一批范长江、斯诺这样的优秀新闻工作者。①

　　在当前的社会条件下，中国新闻教育的定位需要一个特色化的转向，也就是在特色专业和特色方向上多多着墨。"特色专业建设是指所培养的学生的某些能力或素质优于其他院校的该专业学生，得到社会广泛认可，具有较高声誉。新闻教育特色专业的建设，要求新闻传播办学主体依据自身优势资源，寻求自身特色，并不断加以深化、完善和升华。"②

　　尽管中国大学的新闻教育工作者做了很大的努力，但是，传媒的责难却是严厉的：有的说，新闻专业毕业的学生做新闻上手很快，但发展潜力不如非新闻专业的学生；有的则认为，由于中国的新闻教育滞后于实践发展，教学内容陈旧，学院培养的人才往往动手能力较差，上手较慢。③ 这样的指责不仅是对一般的新闻学院，对我国著名的学府也一样，如"复旦大学新闻学院培养出来的学生虽有书本知识，但动手能力比较弱，而且由于比较脱离实际，在新闻从业观念上与实际脱节严重，对于新闻工作的党性观念认识比较差。"④ 不论是哪一种说法，从哪一方面理解，传媒对大学新闻教育的不满意是显而易见的。

　　通过上面的回顾，我们认为至少有以下两个问题需要思考。

　　第一，新闻学院到底培养什么样的人才？2005 年 11 月，在中国人民大学举办的首届国际新闻学院院长论坛上，来自中国和世界其他国家和地区的近 60 家新闻院系共同签署的国际新闻教育界第一个共识性文件——《北京共识》中这样描述了新闻教育的目标："新闻教育的核心任务是培养具有神圣的职业良知、宽阔的国际视野、深厚的文化素养、科学的思维方法和精湛的专业技能的新闻工作者。"这一目标，体现了当今新闻学专

　　① 李希光：《是新闻记者的摇篮还是传播学者的温室？——21 世纪新闻学教育思考》，《新闻记者》2001 年第 1 期，第 24~27 页。
　　② 彭祝斌、向志强：《新闻传播特色专业的目标定位与建设路径》，《新闻战线》2009 年第 1 期，第 78~80 页。
　　③ 高德蒙：《四川新闻人才竞争现象及思考》，《新闻记者》2002 年第 7 期，第 24~25 页。
　　④ 龚学平：《在上海市委宣传部与复旦大学共建新闻学院签约仪式上的讲话》，《新闻大学》2002 年第 1 期，第 1~4 页。

业人才培养的普遍共识，也为新闻教育的改进创新指明了方向。

多年来我们对学生进行"文理交叉，一专多能"的培养，提倡"会说话（外语交流）、会写字（使用电脑）、会走路（驾驶汽车）"，要求扩大学生的知识面，提高其综合素质，等等。这些或许都是不错的。但是，时代在发展，新闻学院所提出的这些要求，大学的其他学院也正在做，有的甚至比新闻学院做得更好。如果往日说"新闻无学"是说新闻学没有理论，没有知识，只是一门实践技术的话，那么，今天说"新闻无学"则是强调新闻教育没有别类学科无法替代的具有自己本学科优势和特点的理论体系和知识结构。既然只要有了社会实践就能成为一名好记者好编辑，那么，还需要培养新闻从业人员的专门学院吗？自然，这种设问是站不住脚的，新闻传播学升为一级学科就足以说明它的科学性。现在的问题是，既然是新闻学院，就要凸显"新闻"的优势和特点。我们所进行的一切对学生综合素质的培养和锻炼，不是为社会培养一个没有新闻品牌特色的"通用件"；而是在综合素质的培养过程中，使新闻学院学生的"新闻味"更浓更足，在媒介市场中具有别的学院或学科学生所不具备的新闻特质。这种特质就是，用新闻的敏锐去发现故事，用新闻的视角去描述故事，用新闻的力量去促使故事在有利于大众和社会的轨道上发展和圆满。在激烈的市场竞争中，只有具备别人或他物的不可替代性，此人或此物才更具有竞争优势。

尤其是在全媒体、融媒体的时代环境下，建构新闻专业主义教育更是发展的新趋势。现在，全球化的步伐正在加快，国际传播的速度越来越快，现代科学技术正在推动各种类型的媒介融合，并在重新改写新闻传播的流程与面貌。社会发展必将突破以往纸质媒介、电子媒介的单一化操作模式。因此，高校必须建立适合此趋势的专业新闻教育模式。建构复合型全能型人才培养平台，强化专业新闻教育的实践，突出"大新闻、大传播"教育。

第二，新闻学院是否需要分层培养人才？目前，新闻界人员流动的状况是前些年没有出现过的。随着媒介市场的激烈竞争，这种流动还会加剧。尽管新闻单位都在高喊"事业留人，感情留人，待遇留人"，但是，竞争的结果只可能是少数优势媒体吸收大量来自各地媒体和其他行业的优秀者，在可能的情况下，他们还将"出售"人才；而一般的媒体在大多数时间里充当着为别人培养和输送人才的场所；还有少量的媒体只能依靠各种政策的保护维持生计，连培养和输送人才的条件都不具备。现在新闻学院的毕业生大多想去优势媒体，但别人要不了那么多；西部地区、边远地区和地县级新闻媒体需要人才的，却又基本上招不到新闻学院的毕业生。根据中国的国情，这种状况可能要在相当长的时间里存在。那么，我们的新闻学院，是否要对自己的培养教育计划做一番审视，明确自己的培养目标，制定相应的分层培养教育计划？这种分层教育，可在学院间安排，也可在学院内进行；可采取政府计划调节，也可由市场取向决定。不论哪一种，新闻学院再也不能按过去那种统一模式进行教学了，这是市场对新闻教育提出的新课题。

其实不妨按照不同的媒介领域，细分一下媒体市场继而展开对应的新闻教育，比如传统媒体教育与新媒体教育、分媒体教育和融媒体教育，等等。亦可通过细分学科而有针对性地展开教育，比如政治新闻教育、财经新闻教育、文化新闻教育、科学新闻教育，等等。当然更为重要的是，办学主体要找到自身的特色与专长，培养具有"不可替代性"和比较优势的新闻高级人才。

3. 新闻学院与社会及媒体的关系

新闻学院与社会的关系。新闻学是一门观察和报道社会的科学。它的敏锐，它的生动，它的深邃，它的力量，是其他社会科学学科所不具备和无法比拟的。新闻学院培养的学生是以自己的新闻特长服务于社会的，那么，作为这样一种学院，其与社会的联系应该是十分密切的。虽然我们的新闻学院做了这方面的工作，有的还建立了自己的社会实践基地，但是，对于自己学科的特征要求来说还是很不够的。

现在的状况是，新闻学院的学生和老师，关注更多的是如何报道和反映社会发生的事（这些都是很重要的），但少了一份参与和干预。社会上时时处处都在发生着各种各样的事情，不论中国的还是世界的，不论民间的困难和矛盾，还是官方的冲突和战争，对此进行评说、阐释、指责和提出对策的往往都是一些政治学家、经济学家、文化学家、社会学家、教育学家、心理学家和军事学家等。而新闻工作者和新闻教育家却很少有自己对这些社会问题、社会现象和社会事件的参与，即使有，也只是为其他学者提供表达他们思想和观点的舞台以及对这些报道的评论。新闻工作者出生入死，深入事件之中，他们报道了山西"黑煤窑"事件、广东"地沟油"丑闻，使责任人锒铛入狱；他们揭露了广西南丹"7·17"特大矿难的隐报事件，使南丹县委书记被判死刑；他们深入阿富汗和利比亚，向世界报道了那里的战况；他们奋战在辽阔的东非大草原、断壁残垣的地震现场、战火纷飞的北非战场……在这些事件发生之后，我们读到的只是署着"本报记者"字样的动人报道，以及在这些报道发表之后新闻学院教授们的长评短论，却很少听到新闻学院教授发出自己的像其他社会科学学者一样在大众媒体上的声音。我们常说，历史是人民创造的，其间就包括新闻工作者和新闻教育者。而他们创造历史的方式除了以自己的传播工具记录和报道事件，还可以且应该参与事件，对其进行评说和提出对策，促其圆满和完善。①

中国正在进行新一轮的改革开放，正在走向世界与国际接轨，中国大学的新闻学院应该与社会联系得更加紧密，更加有效。这种联系，不仅需要我们适应社会迅速的发展变化和我国新闻事业迅猛发展的新形势，在学科的设置和教学内容的安排上，本着社会上需要什么就教什么的原则，不断进行调整；② 更为重要的是，新闻学院作为一个教学和科研的实体，应该关心我们周围发生的一切可以用新闻学理论去说明和应对的事情，它的成果应表现在新闻教学和新闻研究中。所有这一切对提高新闻学院师生素质都是大有好处的，同时，也有利于提高新闻学院在社会上的品牌知名度。很难想象，一个对社会不关注、不研究和没有研究成果者能够成为一个优秀的新闻记者或新闻学教授。这是新的时代对新闻从业者（教学者和实践者）提出的新要求。

近年来，武汉及有些地方都举办了以"治庸问责，优化环境"为主题的"电视问政"，受到观众朋友的广泛称赞及海内外众多媒体的关注和

---

① 赵振宇：《论"参与式报道"》，《新闻大学》2002 年第 1 期，第 38~42 页。
② 朱金平、徐连宗：《培养更多的实用型新闻人才——复旦大学新闻学院院长黄芝晓教授访谈录》，《军事记者》2002 年第 8 期，第 54~55 页。

好评。我非常荣幸地被武汉市民和一些媒体称为"麻辣教授",我以为这是一个诙谐却正面的称呼,是对我的肯定和鞭策。我认为,作为一个高校新闻学院的教授,在现代社会,有义务走出书斋,面向社会,发表自己的意见,以新闻学的知识和视角,勇于且善于观察、分析和解决实际问题。为此我在 2012 年 10 月 19 日《南方日报》写了一篇评论《怎样认识和参加"电视问政"》,文章写道:

> "电视问政"节目播出后,参加问政的政府官员都表示在台上"很紧张""直冒汗",但有的网友们却不买账,认为问政很"温和",官员在"打官腔""说空话"。面对这样的诘问,没有一个官员承认自己是网友所指。有官员曾对我说:"现场提的是很专业的问题,不是一两句话能说清楚的。不说清楚不是实事求是的态度,说多了又说我们打太极……"看来,如何面对媒体,是当今时代的一个新话题。

第一,正确认识新闻媒体。中央多次提出,要让政府工作在阳光下运行。为什么,就是要做到公开、透明,让人们监督。而新闻媒体就是实现这一转变的最好工具和渠道。既如此,各级领导干部就要学会在实际工作中,特别是当本部门工作出现问题和差错时,如何与媒体打交道。我到过许多政府机关讲课,他们对于媒体的监督职能不理解,不知道新闻记者为什么对本单位的好人好事不感兴趣,而对官僚主义、腐败问题、监督报道很上心,而且报社还要鼓励舆论监督。由此可见,媒体的朋友有空与领导干部交流沟通是有必要和好处的。

第二,学会在媒体面前表达自己的思想和意见。接受媒体采访和回答记者提问与自己检查工作和做报告不一样,它必须符合新闻传播的规律,而在电视直播的现场要求更高。其一,它要求用大家都听得明白的简短语言表达自己的意见,要求官员们注意自己的形态、语言、语气和现场回应;其二,它要求在规定的时间里完成。要做到这两点其实是很难的,正因为难,才需要我们都来学习提高。今年的《电视问政》为了保证官员回答问题守时,采用了电脑读秒计时器,超时就会发出嗡鸣声直到关闭话筒。这些都对官员提高面对媒体的能力发出挑战。参加电视问政，首先要搞清楚电视问政不是什么——不是报告会、不是汇报会，自然也不是演讲会；电视问政是什么——是履行职责的督察会、是检查承诺的问责会，更是政府与民众沟通的交流会。《电视问政》是一档电视节目，但不只是一个节目，而是新形势下政府的一个工作平台。它的目的就是要通过这种方式达到治庸问责，奖优罚劣，提高干部素质和工作效率。

武汉及湖北其他地区、河南、海南等地"电视问政"节目的成功一方面值得称赞，但同时也暴露了现今我国电视舆论监督节目的缺乏。媒体和政府要更好地关注民生，把舆论监督变成常态，在节目策划上不断创新，同时政府官员还要有对待媒体的正确态度和技巧。只有这样电视问政节目才能在中国遍地开花，媒体、政府和民众的有效互动才能在社会发展和建设中发挥更有益的作用。

我在以特邀评论员的身份参加武汉市《电视问政》节目多年后，也应宣传部之邀做过"领导干部面对媒体的语言表达"的演讲。在这些活动中，我不仅受到教育，也有一些思考：在新的形势下，媒体、政府、民众怎样互动，领导干部该如何提高与媒体打交道的能力，怎样认识和参加"电视问政"，新闻学院与社会之间的关系如何重建，等等，都是一些新课题。

新闻学院与媒体的关系。现在"新闻院校对媒体的影响力较弱，其原因是从事新闻业务教育和新闻理论研究的教师缺乏新闻实践经验，对于新闻决策、操作规范等，目前新闻教育者参与并产生影响的机会很少。远不如解放初期，我国新闻教育界尚有领军人物，在新闻界乃至其他领域都能产生影响。"[1] 新闻学院与媒体的脱节表现在两个方面："一是教学研究人员缺乏实践，做学问容易在概念上'兜圈子'，作描述性、诠释性的研究，而少有原创性或对策性的研究成果；另一方面是媒体工作人员对于实践中遇到的问题也缺少从学术层面深入思考，感性的体会与总结多于理性的理论研究，对某些新的理论缺乏必要的正确认识，有些媒体工作人员还在凭过时的'经验'甚至感觉在工作。前者可谓之'空'，后者则可称之为

---

[1]　倪宁：《试析我国新闻教育的流变及其启示》，《新闻大学》2002 年第 2 期，第 90~94 页。

‘浅’，两者都不利于新闻事业的发展，不利于新闻教育事业的发展。"①

华中科技大学新闻学院吴廷俊教授也认为，由于新时期中国发展新闻教育主客观条件的限制，也由于人类进入信息时代，当下中国新闻教育存在严重的"两脱离"——脱离新闻实践，脱离信息时代。为了解决新闻教育与新闻实践脱离的问题，从中国的实际出发，应该进行学校与新闻媒体联合办学的尝试。这种模式不同于新闻院系与官方的表面的关系互动，而是媒体与学校进行实质性的联合办学。②

从新闻教育的发展历史来看，新闻学院与媒体的联系是十分密切的。日本的经验也值得我们学习。在日本，新闻机构常常和新闻学院结成"产学联盟"，共同培训记者，共同编撰既符合教学标准又符合媒体要求的趣味性教材。目前，我国已有一些高校和媒体合作，采用"订单式"的培养方式教学。如《21世纪经济报道》除了招聘金融、证券和基金行业的从业者充实队伍，也开始主动和高校合作办学，共同培养人才。现在报社已和北大中国经济研究中心、中山大学新闻系、广东外语外贸大学合作，共同培养财经记者，由报社提供奖学金和部分有实践经验的师资，从学生中挑出合适人选进行财经新闻报道方面的专业培训，学生毕业后到报社实习，考核合格后报社留用。这种主动出击，根据自身需要量身打造的"订单式"的培养方式，能切实提高人才培养的针对性和有效性。清华大学新闻学院也开始和国际著名财经媒体联手，共同培养高层次财经新闻人才。目前，清华大学已和世界上发行量最大的财经媒体《日本经济新闻》合作成立"清华日经研究所"，致力于培养中国未来优秀财经记者和编辑。③

中国的新闻学院对教师的学历和学位要求较高，一般要求教师具有硕士以上学位。近几年，这一门槛更是提高到了博士层次，但是对教师的新

---

① 黄芝晓：《回归本源 与时俱进——关于共建新闻学院的理论思考》，《新闻大学》2002年第1期，第7~11页。

② 吴廷俊、王大丽：《从内容调整到制度创新：中国新闻教育改革出路》，《西南民族大学学报》（人文社会科学版）2012年第7期，第150~154页。

③ 陈云萍：《我国新闻教育存在的问题及策略研究》，《东南传播》2009年第7期，第41~43页。

闻从业经历却没有明确的要求。而美国的新闻学院更加看重教师的从业经历，对教师的学位和学历要求并不高。

历史发展到今天，以 21 世纪初上海市委宣传部与复旦大学联合开办新闻学院为标志，开通了中国新时代新闻学院与新闻媒体更加紧密联系的"直通车"。根据联合办学的协议，由新闻学院与媒体负责人组成院务委员会，双方在教学、研究、实习、培训、兼职以及资金和设备等方面进行全面合作。上海的做法可在全国推广。

近年来，不少新闻单位的有经验人员调入新闻学院从事教学工作，这无疑是一件好事。但是，新调入的媒体人员也有他们的不足，经验较多，但理论素养和新闻传播学的知识素养及学术研究的能力还有待提高，国际化学术视野还有待扩大。新老教师的相互沟通、融合、学习和合作将是一项长期的工作。扩大相互的交流，聘请更多的媒体资深人士到新闻学院任教和兼职，参与一定程度的教学管理和开发，对新闻学院的发展是大有好处的。可以考虑出台一种政策，即媒体的高级职称人士的评聘，除了要有在媒体工作的业绩外，还须有在大学新闻学院工作（任课和讲座）的经历。据报道，为改变目前国内 MBA 教育中理论学习与实践训练脱节的倾向，南开大学 MBA 率先实行"双导师制"，即除了原有的专职导师外，再为每位学员配备一名有丰富的企业管理经验或对企业管理科学有较深入研究的兼职导师。该院负责人说："请他们共同参与对 MBA 学员的教学指导，直接参与编写 MBA 教学案例，指导学员的毕业论文，不仅有利于为学员创造更多的理论与实践结合的机会，有利于学员职业生涯的规划和开发，而且也为有关企业选拔更为适用的高级人才开辟了新的途径。"①南开大学此举，对新闻学院来说是有启发性和可借鉴性的。

为了更好地提高新闻教学质量，新闻学院有必要提倡向医学院学习。医学院的临床教授大都是门诊的主任医师，他们具有看病和教学的双重岗位资格。医学院对他们的考核包括教学、科研和临床三项指标。医学院教授的这种岗位角色的互换和融通，有利于他们的教学、临床和科研。而新闻学院却缺少这样一种角色互换的机制，即便是从媒体调入的人员，其离

---

① 陈建强：《南开大学首创 MBA 双导师制》，《21 世纪经济报道》2002 年 4 月 15 日。

开了新闻单位，离开了那个直接参与报道的岗位，感受和思维都要有所变化。况且媒体的变化十分迅速，仅靠"曾经在媒体干过"是不能保证一辈子的。要逐渐形成一种机制，安排新闻学院特别是教授业务课的老师到媒体兼职或者说将其作为工作的一部分（最好是能取得相应的业务或行政职务），在媒体兼职的工作业绩应成为对他们全面考核的一项重要内容，就像医学院对临床教授的考核一样。

开通新闻学院与媒体的"直通车"，对我国新闻学院的教育和新闻传媒的发展都是有好处的。此项工作可由宣传部门出面，也可由当地记者协会、新闻学会组织，或直接由新闻学院与媒体联系。

有个现象值得一提，近几年来，新闻媒体主动接驳新闻学院的趋势越来越明显。例如，云南昆明的主流媒体《都市时报》主办"青年记者训练营"，在全国新闻学院遍寻人才，邀请其以"实习记者"的身份加入都市时报，参与新闻报道，这是一个双赢的过程，新闻学子们不仅可以收获丰富的实践经验，甚至可以得到一笔不菲的稿费。而对于新闻媒体而言，这群斗志昂扬、青春勃发的青年新闻学子的加入，给媒体自身注入了一股新鲜血液。这样一支敢想敢打的有生力量，有力地促进了媒体自身的发展。

二　当代新闻人必备的特质

1. 今天，社会需要怎样的新闻人

形势的发展与变化，使新闻工作者在社会中的角色和地位发生重大变化。一是网络的交互性使网民掌握了传递信息的主动权，网民可以和新闻工作者共享新闻事件第一手资料和背景资料。"新闻热线"一类的栏目在不少媒体亮相，"新闻线人"作为一种新兴的职业也开始萌生。新闻报道赖以存在的新闻源，不再是新闻记者的特权，独家新闻的发现比以往更增加了难度。二是传统传媒对舆论的控制权和主导权大大削弱，任何一个网民与新闻传媒一样拥有随时发布新闻的能力，特别是突发性新闻事件的报道权已经从新闻传媒者的垄断中走向了大众。三是经济的全球化使人们的交往更加广泛和频繁。在全球化时代，"人类历史上第一次出现了任何东西都可

以在世界上任何地方生产和销售到世界各地的现象。"①"全球化不仅仅是,甚至并不主要是一个经济现象,它主要指的是时空转换。"② 在这种转换中,信息技术和新闻传播在世界各国和地区间的交流中起着越来越大的作用。

关于媒介素养的问题是世界各国教育者关心的课题。

1992年美国媒介素养研究中心对媒介素养做了如下的定义:媒介素养是指人们面对各种信息时的选择能力、理解能力、质疑能力、评价能力、创造和制作能力以及思辨的反应能力。③ 2001年"创造一个媒介素养的美国联盟"提出了媒介素养的两种含义,狭义的媒介素养使人们一方面成为有批判意识的思考者,另一方面在一个广泛应用图像、语言和声音传递信息的时代成为有创造力的生产者。广义的定义为,媒介素养被看作用多种形式,组成、接受、分析、评价和传播包括非印刷信息、系列信息在内的信息的能力。④ 此外,还有其他一些研究成果。

这里说的仅是信息时代的公民媒介素养,形势的发展和变化对新闻人提出了更新更高的要求,我们的社会需要具有这样特质的新闻人:

以新闻的敏锐和智慧发现故事;

以新闻的视角和手段描述和评论故事;

以新闻的威力和魅力促使故事在有利于大众和社会的轨道上完善和圆满。

面对媒介市场的激烈竞争,新闻媒体和新闻学院需要培养记者或学生具有其他单位或学科培养不出来的"新闻人特质"。根据这一要求,当代新闻人要成为具有现代化意识、国际化视野、学者型品格、实践者本领的新闻传播工作者。他们以社会的视角和需要研究并发展新闻理论,以新闻的理论和实践说明并服务于社会。

以新闻的敏锐和智慧发现故事。这种特质提出的要求是,记者发现新闻不再完全依靠"记者证"所显示的职业身份。凭借记者证他可以和应该

---

① 〔美〕来斯特瑟罗:《资本主义的未来》,转引自殷增涛主编《论 WTO 与政府管理》,湖北人民出版社,2001,第 133 页。

② 杨伯溆:《全球化:起源、发展和影响》,人民出版社,2002,第 37 页。

③ Elizabeth Thoman, "Skills & Strategies for Media Education," Center of Media Literacy of USA.

④ 张玲等:《媒介素养教育初探》,《媒介研究》2004 年 3 月,第 83 页。

发现一般的新闻线索，但是，这不够。因为，大众有时也能发现这些新闻线索。新时代的记者应该以深厚扎实的新闻素养，以最快的速度去甄别新闻源的真假和轻重，去发现和发掘那些常人甚至包括其他媒体都很难发现的新闻线索及其背景材料。当今时代，只靠行政命令、计划指标去进行采访报道的人，从严格的意义上来说是无法做一个合格的新闻记者的。在新闻报道中，老是比别人慢半拍，老是报道无新意的新闻或偶尔还有假新闻，这种媒体是无法在竞争中取胜的，这样的记者也是不宜在新闻单位中谋得一席之地的。发现故事是新闻记者其他一切工作的前提，没有发现，其他一切都谈不上。"发现"是一门大学问，需要用心地研究和实践。比如，如何发现迄今还没有通过大众传播媒介广泛传播、鲜为人知的新鲜事实；如何发现或澄清社会上众说纷纭、莫衷一是的重大事件的事实真相；如何发现或提炼出有助于解决当前各种困难和社会矛盾的新鲜经验；如何发现和捕捉能给人以启迪的新思想，深刻揭示人们观念上的新变化；如何发现能够体现事物发展规律的新苗头、新动向，准确地预测事物发展趋势；如何发现最能体现时代精神、鼓励人们积极向上的典型人物；等等。[①]

"敏锐"是新闻工作者的职业特征，而这种特征是以"智慧"为前提的。一个称职的新闻工作者，当然要熟练地掌握新闻学的基本知识，由此，才可能具备新闻人的"智慧"，比一般人更快地发现新闻。但是，仅此还不够。还必须学习和掌握广泛而扎实的社会科学知识，并将这些知识融入新闻学的知识之中，使其成为铸成新闻人特质的系统知识。这是一个长期不懈的学习和实践过程——凡是有志于从事新闻工作的人都要做好这样的准备。

以新闻的视角和手段描述和评论故事。这种特质提出的不仅是新闻人工作的技巧，更是新闻人与其他职业人的区别。哲学家从思维和存在、精神和物质的关系上来看待世界，给我们揭示世界运行的规律，帮助人们更好地认识和改造世界；经济学家研究社会的物质生产和再生产活动，他们揭示的是社会生活中经济运行的规律，帮助人们更好地认识把握自己的经

---

① 南振中：《影响新闻发现力诸要素的分析》（下），《新闻战线》2004 年第 8 期，第 13~18 页。

济生活，争取以较少的投入收获较丰盛的产出；文学艺术家用语言文字和其他形式（包括音乐、美术、舞蹈等）形象化地反映客观现实，给人们以美的享受；等等。不同的职业人以自身特有的职业特长为大众服务，这是职业角色的基本要求。虽然在新闻媒体上时常出现新闻人扮演其他职业人的体验式报道，但是，这毕竟只是一种体验，而且这种体验是新闻人的职业角色派生出来的一种报道需要。新闻也需要反映客观世界，但是，他们与哲学家、经济学家和文学艺术家不同，他们擅长于"新闻的视角和手段"。新闻人不是一般地反映世界，他们需要报道给大众的是有新闻价值的，能给大众一定的震撼、一定的回味、一定的启迪和一定的兴趣的信息，而这些信息又是凭借新闻人特有的视角和手段，即用消息、通讯、特写、摄影、播音、图像等形式来记录和传播的。虽然学问家能撰写大部头的专著，文艺家能轻歌曼舞、吟诗作画，但是，他们大部分不会或不善于从事新闻的写作和报道，用"新闻的视角和手段"描述故事不是一件容易的事。每年一次的全国好新闻评选都竞争激烈就是一个明证。

除了描述故事，如何评论故事，在当前形势下也显得更加突出和重要了。从三届中国新闻名专栏的评选中我们可以发现，媒体普遍开始重视评论栏目的设置和经营了。三届评选共产生了124个名专栏，其中评论专栏就有68个，占名专栏总数的约55%。不论《人民日报》的"人民论坛"和"今日谈"，还是中央人民广播电台的《新闻纵横》、中央电视台的《焦点访谈》，它们都受到了大众的欢迎。现在，不少的报纸都推出了社论版和来论版，还专门刊发读者的"社论批评"，中央电视台新闻频道首推以央视命名的"央视论坛"。华中科技大学新闻评论团对中国加入世界贸易组织后全国主要媒体的新闻评论做过调查后发现：新闻评论的分量更重；新闻评论的时效性更强；新闻评论的论题更广泛；新闻评论的指向多元化，监督异地化和异时化；新闻评论形式多样化；新闻评论队伍专业化和学者化。[①] 现在，时评又成为新闻媒体关注的评论品类，它的兴起对提高社会的宽松度，扩大公民的自主活动空间，提供理想的交流渠道产生了积极的

---

① 赵振宇：《新闻评论的现状及特征》，《中国青年政治学院学报》2004 年第 3 期，第 102~106 页。

作用。可以这么说，随着科学技术和传播手段的发展和提高，媒体发现"独家新闻"是十分困难的；而新闻评论却可以担当"独家发言"的重任。在媒介市场，话语权就是力量。在我们注重发现和发掘独家新闻的时候，千万莫要忘记和轻视新闻评论。一家有战略眼光的媒体，一个有思想的新闻记者，都会重视新闻评论和新闻评论的写作与制作。

学习和培养"新闻的视角和手段"这种特有素质，是新闻事业发展的需要，也是新闻人区别于其他职业人的重要标志。

以新闻的威力和魅力促使故事在有利于大众和社会的轨道上完善和圆满。随着科技进步和民主发展，新闻媒体在社会上发挥着它越来越大的威力和魅力：扶正祛邪，揭露腐败，使社会的一切丑恶势力和不道德行为受到惩治和鞭挞；救助贫弱，弘扬光明，让我们的社会更加团结、友爱、和谐和充满希望——新闻媒体受到社会各界人士的广泛重视。

我们常说，人民创造历史。在创造历史的人群和进程中，就包括广大的新闻工作者。新闻工作者创造历史是以两种不同的方式来实现的。一种是记者职业所需要的最基本要求，即用自己的笔、镜头、话筒、摄像机、网络等手段来真实地记录历史、反映历史，以满足受众知识、思想、情趣、休闲等方面的需要。中外新闻史记载着许许多多叱咤风云的精英人物。人们永远不会忘记他们在记录和传播中国及世界文明历史中做出的杰出贡献。另一种则是新闻工作者以职业者的形象公开地参与或以特殊身份隐蔽地深入某一事件和活动中，遵循客观事物发生发展的基本规律要求，与事件和活动的当事者一起促使事物按照策划者的旨意行进。记者的参与，以及新闻报道的威力和魅力，使得该项活动得以圆满和完善；在事件发生发展的过程中，记者的努力，使记者的旨意和当事者的意愿基本相符；新闻工作者的参与策划，可以更多地发现新闻，可以更好地报道新闻，从而使传媒自身水平不断提高，声誉不断扩大。

新闻工作者不仅仅是一个文字工作者，还担负着"访员""访事"的角色，由于职业的特性，从某种意义上来说他们还是社会工作者。他们每天要在社会中生活，要与不同的社会成员接触。特殊的知识结构和工作方式，使他们发挥着智囊团的作用——他们参与政府的决策咨询；他们参与企业的规划发展；他们参与社区的文明建设；他们参与人群素质提高的活动。他们有选择地在那些适于做、可以做，又能够做得好的事业中发挥着他们的聪明才智；同时，他们没有忘记自己的职责，将其参与的事件有选择地予以报道，使其为更多的受众所感知，从而更好地发挥新闻传播的作用。新闻工作者以自己特有的工作方式参与历史活动，创造着历史。历史在记录这些重大事件时，同样不能忘记新闻工作者的功劳！他们参与事件，关注公众利益，体现人文关怀；保护国家利益，强化舆论监督；完善事件过程，催发特色报道。在经济建设中，有因记者的牵线搭桥促使当地经济发展繁荣，而以参与记者的名字命名某某地名的；在捐资助学中，有因新闻扶贫建立希望小学，而以新闻单位的名字命名学校的。在 1998 年的特大抗洪救灾、2003 年防治"非典"和 2020 年抗击新冠肺炎疫情的战斗中，在各种惩治犯罪见义勇为等突发事件中，都可以看到当代新闻工作者的身影，他们与广大人民群众一起谱写着新时代的颂歌。新闻工作者在参与事件中策划报道，是新的时代新的形势对新闻传媒提出的新任务。为完成好这一重任必须加强对参与者各方面素质的培养和训练，如认识客观规律，把握主观与客观的一致性；遵守法律和道德规范，恪守职业道德；精心选择，参与有度；等等。这同样是一项长期而艰巨的任务。①

2. 到一线、循规律、出佳作，为新时代做出新贡献

2011 年起，全国新闻战线组织开展了"走基层、转作风、改文风"活动。"走转改"活动从新闻业务、新闻研究、媒介管理、新闻伦理等方面对新闻媒体、新闻从业人员和新闻研究人员提出了新的要求，取得了丰硕的成果。一批优秀的新闻报道作品出现，新闻记者以人为本的意识得到强化，新闻记者"用脚采写新闻"的职业意识被重新强调。记者走基层既能拓宽新闻线索的来源渠道，也能增加与人民群众的联系，能够把群众的疾苦反映上来，并把党的政策传播到群众中去。正如马克思强调的："报刊只是而且只应该是'人民（确实按人民的方式思想的人民）日常思想和感情的，公开的'表达者……'。……它生活在人民当中，它真诚地同情人民的一切希望与忧患、热爱与憎恨、欢乐与痛苦。"② 由此可见，

① 赵振宇：《新闻传播策划导论》，华中科技大学出版社，2003。
② 《马克思恩格斯全集》（第一卷），人民出版社，1995，第 352 页。

"走转改"符合马克思主义新闻观的基本要求。

自开展"走转改"活动以来，取得了很多成就，但是，仍存在一些亟待解决的问题。第一个问题是，有些新闻媒体和工作者对"走基层"出现教条式的理解，把新闻人的职责仅仅理解为"走基层"，把"走基层"简单地理解为只是为了"转作风、改文风"。诚然，记者们走出了办公室，来到广阔的实践一线，确实可以看到、听到、收集到平时不易把握的东西，这些活生生的素材是新闻赖以生存和发展的源头。"走基层"有利于克服那些"身居闹市高楼大厦，只靠电脑鼠标打天下"的所谓现代化的生产方式。这些都是正确的、必需的。但是，我们也要切记，不要以为记者下了基层，写的文章就一定是按新闻规律办事了。时代发生了变化，昔日"夜宿农庄"可能会找到真新闻，但今天，还像往日那样住在农民家中，就可能不是什么新闻了。还有，下矿井、到部队、进医院、进学校、进居民小区、走边防哨所、去南海诸岛，等等，记者是到了基层，但是，如果不按照新闻规律办事，还是找不到新闻或新闻价值不大。这是我们在开展"走转改"活动时需要注意的一个问题。

第二个问题是，现在有的媒体，一边开设"走转改"专栏，刊发记者们深入基层采写的鲜活新闻，同时，在版面（或栏目、节目）上，在报道中却有许多违背新闻规律的报道，这就有违中央开展这项活动的初衷了。打开报纸，我们可以看到众多领导同志的活动、报告、讲话大量占据头版、头条和版面，其中有些是没有新闻价值或价值不大的。还有一些文章的采访不深入、报道没有新意、标题不讲究、篇幅很长很长，形式主义严重，也就是说，这些稿件并没有按新闻规律办事，群众意见很大。按新闻规律办事，不仅仅表现在"走转改"的栏目或节目中，同时也要求我们处理好版面（时段）、写作（报道）等方面的问题，将更多其他方面的新闻报道做好，这是一个系统工程，我们都要兼顾。

从最近十多年持续不断开展的"三贴近""三项教育学习""反对虚假新闻""走转改"等活动来看，其目的就只有一个，那就是明确新闻工作者的职责，一切按新闻规律办事。什么是新闻规律，它是新闻发现、选择、生产和传播的内在科学要求，它是一切新闻人工作的准则。媒体发什么，不发什么，如何发，什么时候发，都要按事物发展规律和新闻传播规律来处理，尤其要处理好两者的关系。

我在接受新华社记者采访时表达了这样的观点：

> 锻造全媒型专家型人才，要更多到一线、循规律、出佳作。"到一线"，就是到新闻发生的地方，到可以发掘新闻的地方；"循规律"，即遵循社会发展的规律和新闻报道的规律；"出佳作"，指报道必须是客观、真实、全面，鞭笞邪恶，弘扬正气，有利于问题解决和促进社会和谐健康发展。①

社会效果是检验新闻报道初衷和结果的唯一标准。社会效果包括两部分内容：一是社会影响，二是报道对社会工作和人们思想意识所起的促进作用。这是新闻媒体和新闻人的一种社会责任和担当。如何全面科学地制定奖励标准，这不仅涉及如何评价新闻作品，更关系到新闻媒体的生产体制、机制和新闻人的思维和运作方式，应该引起有关方面的注意，加强研究。

三　如何培养新时代新闻人

最近一段时间，教育部关于普通高等学校本科教学评估的工作正在一些高校紧张进行着。"教学评估"的目的是什么，就是要使我国高校"办出水平、办出特色，切实提高人才培养质量"。由此可见，"教学评估"是有意义的。但要真正将这项工作做好，还需要对当下中国高校存在的问题做一点梳理才是。

大学是干什么的？它是培养高素质人才的地方。教师是干什么的？教书育人是他责无旁贷的使命。为此，就必须要有一流的教学设备、器材、图书馆、实验室、运动场所等；必须要有优先和充足的办学经费，不要让学校领导和教学人员为了筹钱而干一些与教学不相干的事情；更要强调的是，必须要有全身心教书育人、师德为先的教师队伍，他们的一切为了学

---

① 《担负起巩固壮大主流思想舆论的责任》，《人民日报》2016 年 2 月 24 日，第 1 版。

生，他们的所作所为为了一切学生。这样的好教师有不少，每年"教师节"的表彰大会上都能看到他们的身影，更有浙江大学设百万奖教金奖励课上得好的教师。

但是，一个十分严重的事实也摆在我们面前："除了上课，教师们为上课做了些什么？"只要我们走进大学稍做调查就可以发现，教师们除了上课，真正为了上课和教学花费的时间其实很少。

——他们更多地在忙着做课题。从中央到地方，各种各样的纵向、横向课题伴随丰厚的经费和过硬的考核指标，引诱着、逼迫着老师们花费大量的时间和精力。

——他们更多地在忙着写论文和著作。这些都是老师们晋升、评职称不可少的内容。于是乎，各种各样的核心、权威目录应运而生，杂志社抬高版面费用，出版社变着花样拉拢作者，而老师们也为着"著作等身"辛勤耕耘。

——他们更多地在忙着参加颁奖会、座谈会、咨询会等各种各样的社会活动。每逢周六、周日经常可以看到忙碌的老师们打着"飞的"到全国各地参加各个学校、各个院系、各个学会举办的"学术会议"，或到兄弟院校"传经送宝""学术讲座"……

不能说上述活动不重要，问题在于，教师们都去干课堂以外的事情了，还有多少时间和精力去上课和上好课？

为了上好课，教师们首先需要加强对本课程的知识学习。在今天的"后喻时代"，我们还有多少东西是学生们不懂而需要在课堂上由老师传授的？我们常说艺人们"台上三分钟，台下十年功"，而为了让学生们能安静地用心地坐在课堂上学习，我们的教师难道不该多花一些时间和精力吗？为了上好课，认真备课是少不了的。了解学生的情况，听取他们的反馈，以及同行们的听课、切磋、交流都是需要时间和精力的。为了上好课，还要与同学们打成一片，掌握和了解传授对象的课外活动情况，回答他们的问题，批改他们的作业，帮助他们选择参加适宜的社团活动及从事有效的学术研究和社会实践，这一切都是需要教师花费时间和精力的。

时下正在进行"教学评估"活动，或许会提高教师们对课堂教学的重视，促使他们为打造一张张亮丽的学生名片而努力。

但是，我以为这绝不是靠短时间的教学评估就能奏效的，也不仅仅是教师们自己的事情，必须从宏观的教育体制上进行反思和改革。

比如说，能否保证大学就是以"教书育人"为宗旨，考核学校和考核教师就是要以课堂教学和人才培养的成果为主？教师们也需要关注和从事一定的科学研究，但是，这一切都应着眼于上课，有利于教学，他们的职称是"教师"。

比如说，能否在大学成立科学研究院、在院系成立科学研究所，聘请专门研究人才从事和完成国家与社会上的各种各样的科研课题和任务？他们的职称是"研究员"。他们也可为学生们上课，但他们的所为，是将科学研究与社会实践结合起来，有利于教学。

比如说，能否制定和完善有利于教学的教师考核、晋升制度？要有更多的百万奖励、十万奖励优秀教学者的事情，不要让浙江大学这类的奖励再成为新闻；更要有让上课者光彩照人、物质待遇优厚的教师考核和工资制度。只有这样，才能从根本上改变当下重科研轻教学的办学模式；也只有这样，我们一次又一次的"教学评估"才有真正的意义和效果。

2018年9月10日第34个教师节来临之际，习近平在全国教育大会上强调指出："教师是人类灵魂的工程师，是人类文明的传承者，承载着传播知识、传播思想、传播真理，塑造灵魂、塑造生命、塑造新人的时代重任。"① 《国家中长期教育改革和发展规划纲要（2010—2020年）》指出："深化教育体制改革，关键是更新教育观念，核心是改革人才培养体制，目的是提高人才培养水平。"

这就是中国和中国教育未来发展的"形势"，也是我们新闻传播教育当下和未来"行事"的前提。我们应该据"势"行事，以事成"势"。

1. 怎样凸显特色，以事成"势"

2001年，我在媒体工作19年后应吴廷俊院长邀请，进入华中科技大学新闻学院任教，那一年我52岁。作为一个媒体人来到高校，很重视也很珍惜课堂教学。关于教学，我写过《今天，我们怎样教学》（《新闻与

---

① 《习近平出席全国教育大会并发表重要讲话》，中央人民政府网，http://www.gov.cn/xinwen/2018-09/10/content_5320835.htm，2018年9月10日。

信息传播研究》2003 年夏季号）、《论当代新闻人的特质培养与教育》（《现代传播》2005 年第 6 期）、《论调动学生学习积极性和创造性》（《学位与研究生教学》2005 年第 12 期）、《新闻专业研究生教学如何以实践为导向》（《现代传播》2009 年第 6 期）等论文和多篇评论。随着新时代的到来，随着信息传播的多样化，人们的需求日益增多，要求也来越来越高。对于培养国家高级人才的高校来说，如何适应形势发展的需要，如何承载塑造新人的时代重任，我以为，狠抓特色教育，着眼于培养好每一个学生，是一项需要高度重视、持之以恒的事业。

大学是培养高级人才的地方。每个毕业生都是学校的名片，他们的整体表现都在为一所大学做生动形象的广告宣传。这种力量是广泛的、长久的，也是最具说服力的。为此，我曾写过《学生是学校的名片》，在文中提出三个论点。其一，教师的职责首先是教好书。即使是完成重大课题，撰写经典论著，也要有利于提高教师自身的素质，最终有利于对学生的培养。大学必须以学生为本，这是不能本末倒置的。其二，人事考核要有利于促使教师教好书。其三，教书育人要着眼于全体学生。即使是世界上最著名的大学也不能保证它的毕业生个个都是一流大师或杰出人物，但是，我们只有将培养目标定位于我们面对的每一个同学，才有可能使他们中的大多数人在学成后能从总体上反映一所学校的良好形象。①

基于这样的认识，从 2001 年开始华中科技大学新闻学院发起组建新闻评论团和实行特长生导师制，开创了高校新闻评论教学改革的先河。2005 年秋季，新闻学院将开办新闻评论特色班列入招生计划。为了开展和加强新闻评论的研究，2006 年成立华中科技大学新闻评论研究中心。这些举动均为全国首创。17 年来，我们在探索实践中主要解决了如下教学问题：媒体融合时代新闻教育与媒体实践脱节的问题；新闻评论"作为一种写作技能"的观念局限问题；新闻评论教学内容欠缺与学生受益面不足的问题和新闻评论理论教学与实践脱节的问题等。

我们在实践中主要进行了以下三个方面的探索。

第一，以传播内容为类别培养新闻人才，创新了教育理念。在新闻评

---

① 赵振宇：《学生是学校的名片》，《光明日报》2005 年 5 月 24 日。

论班创办之初，我们就提出"新闻评论是一项需要普及和提高的公民素质"，从新闻传播、社会进步和人的素质提高全面发展的高度认识新闻评论的重要意义。据此构建了新闻评论人才培养的"三大板块"：新闻学院的精品特色课、新闻评论特色班和面向全校招收学员的评论学社。人才培养首先得益于理念的创新，这样就从根本上解决了仅把新闻评论作为写作技能来进行教学的局限性，也解决了教学内容与师资队伍的投入不足问题。同时，改变原有以媒介种类划分专业的做法，转向以传播内容为类别划分标准，是对传统新闻教育理念的突破，可为新时代的新闻教育提供启示。

第二，构建新闻评论人才培养创新体系，改革了培养体制。以"三大板块"为核心，对教学模式、课程体系、教材建设、师资配备、教学手段、实践教学、考核方式等环节进行系统性革新。我们组建了10位教师的教学团队，开设了一门主课"新闻评论概论"（40个课时）和八门专题课（16个课时）的课程体系：新闻评论思想与思维、中外新闻评论比较、广播电视与新媒体评论、新闻评论佳作评析、社会认识发现、经济评论、法制评论和文艺评论。其中有两位教师举办评论讲座。教师团队由新闻学院、马克思主义学院和人文学院的教师组成。我所著《现代新闻评论》是普通高等教育"十一五"国家级规划教材，讲授的课程"社会进程中的公民表达"入选教育部视频精品公开课，我担任中央马克思主义理论研究和建设工程重点教材《新闻评论》首席专家。在师资配备方面，从业界引进师资、从业界聘请兼职教师、选派教师到业界挂职和吸引业界资深人士到学院挂职，邀请近百位高校和媒体评论行家到校开办讲座。在实践教学方面，通过课堂练习与课余实训、暑期社会调查、学院统一的实验教学和媒体实习等环节，使学生的复合能力实训贯穿于整个大学时代。

第三，实现了教学与研究的协同推进，提高了人才培养水平。学校成立了华中科技大学新闻评论研究中心，先后与《人民日报》《中国青年报》《杂文报》《新闻战线》《新闻与写作》等媒体进行合作，或推出专栏专版，或对版面内容提出建议，或帮助媒体进行新闻评论改革。2007年开始，帮助《嘉兴日报》组建新闻评论部，实施"评论记者"工作机制，中国记协为此召开两次专题会议；先后与高校、媒体联合举办七届新闻评论高层论坛，为学界与业界提供了沟通的平台，促进人才培养与教学成果的理论化。据强月新教授的调查，华中科技大学团队发表的新闻评论论文位居全国第一。①

我们开展新闻评论特色教育，其目的就是要为社会培养大批合格优秀的新闻评论人才。十多年来，新闻学院培养出了几十位优秀的专业评论人才，多人获得中国新闻奖。比如，《中国青年报》编委曹林，已跻身国内最有影响力的评论家之列。人民网观点主编黄策舆，《经济日报》评论部主编欧阳优，《南方日报》评论部原副主任周虎城，《河南日报》评论部薛世君、刘婵，《湖北日报》评论部肖擎，《长江日报》评论部肖畅，《深圳特区报》理论评论部邓辉林、张强，《新京报》评论员佘宗明等，都是知名的评论员。在学生获奖方面，梁建强、张松超、贾宸琰、张宇等先后获得范敬宜新闻教育奖"新闻学子奖"。《华中科技大学评论学社创新评论人才培养之路》获 2016 年高校校园文化建设优秀成果奖一等奖。

对于我们的改革实践，媒体朋友给予高度的关注和支持，新华社、《人民日报》、《光明日报》、《中国教育报》、《中国广电新闻出版报》等媒体多次对华中科技大学新闻评论特色教育进行专门报道，《现代传播》《新闻记者》等学术期刊发表论文介绍新闻评论教育的"华科大模式"。华中科技大学出版社新近出版《新闻评论研究与人才培养》一书，对我们的探索与成绩进行了总结和介绍。2017 年 2 月 18 日，由李良荣、郭庆光、陆绍阳、陈昌凤和强月新教授组成的评审组认为，华中科技大学新闻评论特色教育是一项独创性成果，已在高校与媒体推广，产生了较大影响。2018 年秋，四年一度的第八届国家级教学成果奖评选揭晓，华中科技大学新闻学院申报的《新闻评论特色教育系统构建与实施》获教育部颁发的国家级教学成果奖二等奖。像这样以"新闻评论"一门课程获国家级教育学成果奖，在历届评选中鲜有出现。这是华中科技大学新闻学院35 年来国家级教学成果奖零的突破，这是我调入华中科技大学 17 年来新闻系、新闻学院及学校多方面支持、帮助的结果，是评论团队诸位同仁和谐共事持续努力的结果，同时要感谢来自中央新闻宣传管理部门、众多高校、

---

① 强月新、刘莲莲：《新世纪以来国内新闻评论研究的回顾与展望》，《武汉大学学报》（人文科学版）2013 年第 6 期，第 129~135 页。

媒体朋友们的提携和鼓励，在我们行进的路上，记载着太多太多的故事。

在申报省级、国家级成果的专家会上，在 17 年来我们走过的行程中，经常会听到这样的询问："为什么全国的新闻学院只把评论当成一门课（有的还将其与编辑课合在一起，由一位老师授课），而你们却能形成一个课程体系和教学团队，创造多个全国的首例和第一？"我笑而答曰："当你知道曾任《天津日报》《湖南日报》总编辑的华中工学院（华中科技大学的前身）原院长朱九思，1983 年在工科大学提出首办新闻系，并提出了'理论联系实际'的办学方针时，当你知道为什么全国高等教育人文素质教育指导委员会主任是华中科技大学杨叔子院士时，你就能明白，看似简单的一门评论课能办成特色并进入国家级成果奖的行列，在于一种理念，在于一种坚持。"

2. 如何淘汰"水课"，打造"金课"

2018 年 9 月 3 日，教育部印发《关于狠抓新时代全国高等学校本科教育工作会议精神落实的通知》，要求加强本科教育，严格本科教育教学过程管理，淘汰"水课"，打造"金课"。

在当今大学的课堂上，常常有老师将神圣的讲台轻率地让位于学生，由他们照本宣科地复述、漫无边际地交流，时间过去了一半，老师再将 PPT 一页一页地展示，毫无新意地归纳总结，一堂课就这样结束了。学生没有兴趣，上课没有积极性，逃课自然也找到了所谓的理由。像这样让学生上台混时间的课堂教学当然是"水课"，因为它没有或很少有教学的养分，给学生们的只是一瓢白水，寡淡无味，害人害己，当然应该予以抨击和淘汰。但是，一味指责学生上场就是"水课"，我以为失之偏颇。这里的关键是看学生在课堂上扮演什么角色，如何参与到教学之中去。没有学生的参与互动，只是老师照本宣科"一讲到底"也不值得提倡。

现在有很多人研究后喻文化，以及我们该怎样教学的问题。我先后拜读了张小琴、陈昌凤，李凌凌、郭晨和张昆、王宇婷等人的大作。① 美国

① 张小琴、陈昌凤：《后喻时代的新闻教育——清华大学新闻与传播学院的"清新传媒"实践教学模式》，《国际新闻界》2014 年第 4 期，第 150~157 页；李凌凌、郭晨：《后喻文化：信息时代的文化反哺》，《新闻爱好者》2016 年第 1 期，第 37~41 页；张昆、王宇婷：《"后喻文化"背景下的新闻教育》，《新闻与写作》2017 年第 4 期，第 5~9 页。

人玛格丽特·米德关于后喻文化及有关论述谈道："后喻文化是指长辈反过来向晚辈学习。"在后喻文化"全新的历史时代"，"不仅父辈已不再是人生的向导，而且根本不存在向导，无论是在自己的祖国还是在整个世界，人们都无法找到指引人生的导师。""今天，依我所见，后喻文化的发展将依赖两代人之间的持续不断的对话，通过这种对话，已经能够积极主动地行动的年轻一代，一定能够引导自己的长辈走向未来。"① 张小琴、陈昌凤在她们的论文中介绍了清华大学新闻传播学院从 2002 年开始建设"清新传媒"全媒体实践教学的做法，经过多年的努力，该项目两次获得北京市高等教学成果奖，"清新视频"项目获得 2013 年全国新闻传播学教学创新项目奖。她们在论述清华大学如何重视"搭建学生自主成长平台"时引用了米德的话："每一个年轻人都不能不感到，在这个世界上已没有任何一位成人能够告诉他们，下一步该如何走。"接着她们说："即便负有教育责任的老师，也是这'任何一位成人'中的一员，概莫能外。"② 对此，我以为需要认真辨析。

在米德不到 7 万字的著作里，她提出前喻文化（指晚辈主要向长辈学习）、并喻文化（指晚辈和长辈的学习都发生在同辈人之间）和后喻文化的概念，它反映了时代发展中人们相互学习的一种变化或发展趋势，应该说是有积极意义的。但是，这种文化表现只是或只能是时代发展进程中不同以往的一种新的表现，但绝不是这个时代的全部，自然也不能用"××时代"的概念来反映其一般的、本质的时代特征。特别是后喻文化，如果真如米德所言，我们这个时代"根本不存在向导"，那么还要"胎教"干什么，更不用说办幼儿园、中小学和大学了；如果年轻人"下一步该如何走"完全不需要上一辈人的任何指点，那么还需要"传承历史、继往开来"吗？至于"即便负有教育责任的老师，也是这'任何一位成人'中的一员，概莫能外"更是欠妥。如此，党的十九大报告提出的"建设教育强国是中华民族伟大复兴的基础工程，必须把教育事业放在优

---

① 〔美〕玛格丽特·米德：《文化与承诺：一项有关代沟问题的研究》，周晓虹、周怡译，河北人民出版社，1987，第 27、85、98、12 页。

② 张小琴、陈昌凤：《后喻时代的新闻教育——清华大学新闻与传播学院的"清新传媒"实践教学模式》，《国际新闻界》2014 年第 4 期，第 150~157 页。

先位置，深化教育改革，加快教育现代化，办好人民满意的教育"靠谁去完成？习近平在2018年9月10日全国教育大会上的讲话和《国家中长期教育改革和发展规划纲要（2010—2020年）》如何落实？退一步说，清华大学实施的"清新传媒"全媒体实践教学靠什么取得成功，相关项目获得嘉奖又有什么值得传播推广的意义？

如何学习米德的著作，如何结合中国的实际，翻译者已经在1986年作的序中明确指出："在我们今天的社会里，不可避免地亦存在着'代沟'问题，译介此书的目的即为研究和解决这一问题提供参考。但是，我们应当认识到，作者在书中所探讨的问题的社会文化背景与我们今天的现实存在着显而易见的差别。因此，对书中所阐述的理论，我们应该以科学的态度予以合理地、批判性地吸收和扬弃。"① 时代的发展要求我们不断改革和创新各级教学，提高教学者的自身素质和方法，这是十分正确和必要的。但是将问题推到极端做片面化理解却是不对的。既然这个世界已经没有"导师"可言，更不知道未来在哪里，那么，为什么只要长辈和晚辈持续不断地对话，就一定会被晚辈"引导"走向未来呢？对于米德在书中所做的这些并不全面有时甚至相互矛盾的论断，我们应该保持清醒的认识，不能面对40多年前米德所著而引用不当或妄自菲薄。

3. 课堂教学，老师的位置在哪里

认识到形势发展的紧迫性，同时也认识到狠抓特色教育的可能性，这就是我们要把握并处理的"形势"与"行事"的辩证关系。

课堂教学，老师的位置在哪里，这是一个需要研究和讨论的课题。现代教学将教师由过去私塾式的席地而坐请上了讲台，他要面对众多的学子。因为只有这样，学生们才能看得清、听得明、学得进，这都是现代教育发展的需要。对于一名教师而言，如何站好讲台，注意自己的言谈举止，把握好传道、授业、解惑的关系，运用好现代化的教学仪器设备，都是十分重要的。这是问题的一方面。另一方面，随着形势的变化，随着学生对教学的要求提高，在有些情况下，在有的教学中，我以为是可以也是

---

① 〔美〕玛格丽特·米德：《文化与承诺：一项有关代沟问题的研究》，周晓虹、周怡译，河北人民出版社，1987，第12页。

应该调整一下教师与学生之间的空间位置和相互间关系的。

面对面的关系，在社会心理学中称为"相倚"，也就是通常所说的"互动"。肩并肩是两个人面朝同一个方向，看到的是相同的东西，内心感受相似，这就是罗杰斯所说的"共情"。有了共情，才能达成共识，共同解决问题。[①] 在新闻学院的课堂上，特别是在基础理论和操作实践的传授中，要给同学们更多的思考和选择的空间。对于教师来说，不仅要加强对教学内容的改革和更新，还要在教学方式上进行深入研究，与时俱进，适应和满足学生的要求。为此，必须研究教师在课堂上位置的调整和移动。

由"面对面"转向"肩并肩"不仅适用于课堂，也适用于干部的作风转变。"面对面"地问计问需听民声，相对于作风轻浮、高高在上而言，是很不错的，也是起码应当做到的；但干部尤其是基层干部，仅仅满足于和群众"面对面"还不够，还要在发挥引领作用的同时，与群众"肩并肩"地站在一起，干在一起，摸爬滚打在一起。"肩并肩"是一种更硬更实的新作风，"肩并肩"是一种更为亲民爱民的新理念，"肩并肩"还是一种做群众工作和赢得群众信任的新法宝。

把讲台随意让给学生是产生"水课"的重要原因，也是教师责任感不强的表现。但也并不是说，教师一堂课45分钟都站在讲台上才是负责的表现，作为一种教学探索与创新，我以为，讲台是可以让给同学们的，教师也是可以走下讲台的。

第一，教师走下了讲台，此刻，教室里会发生什么呢？传统的教学都是教师在台上，学生们在台下，教师和学生面对面，这种教学方式十分重要。但是，有的时候，有的课程内容，教师却是可以走下讲台的。当教师把问题板书写在黑板上，或用PPT展示授课内容时，教师可以走下讲台，与学生们一起或穿行于他们当中，肩并肩地一起面向讲台上展示的课件，和同学们一起思考并引导同学们回答。此刻，学生们眼前已经没有了教师，但却多了一位"同学"；教师与学生不是教与学的对立面，而是一起面对讲台和黑板的"战友"——他们在一起思考，一起攻克摆在他们面

---

① 黄国胜：《面对面和肩并肩》，新浪网，2008年10月12日，http：//blog.sina.com.cn/s/blog_49a2b7370100b82e.html。

前的难题。此刻，学生和教师的心是相通的：学生们为有了这样一位知心贴心的大朋友而快乐，有了教师站在自己身边，回答问题更有把握；教师为有这样一批好学上进的莘莘学子而高兴，教师在移动中能更深切地观察到学生的表情，倾听到学生的议论，从而也可以更好地帮助学生准确地回答问题。教师"教"的目的，不是为了考学生，更不是为了炫耀自己的高明，而是为了让学生能"学"进去，甚至能够回答和提出教师都没有想到的答案和问题。与此同时，教师走下讲台，穿行于同学们之间，还能提醒同学们认真上课，思考问题，不要开小差，更不能玩手机。

教师和学生一起回顾教学内容，一起思考和回答问题。一直目视教师专心听讲的同学们，失去了眼前接收信息的目标，他们可能会感到空荡、迷茫。但是，他们同时会在教室的不同方位听到教师那熟悉的声音，他们在学习用耳朵来接收信息，学会用大脑在思考问题。在目前电视业大力发展普及的形势下，学习和锻炼用耳朵来接收和处理信息对当代大学生来说是有好处的；对于那些心不在焉或做小动作的同学们来说也是有好处的。虽然，在他们面前撤去了面对面的注视目光，他们"自由"了，但是，他们同时会感觉到有更多的信息在刺激他，有教师侧面或背后的目光、声音和动作，这些都是移动的，有时就在他的身边——教师或许是无意的，但有心人可能会感知更真切——这对于组织课堂教学、督促学生用心学习，无疑也是有好处的。

课堂教学是教师与学生不同心理反应和相互照应的过程，是两者"心理交流"的过程。如果教育者和被教育者的"心理需要"相矛盾，"心理交流"受阻碍，施行教育无疑会引起受教育者的心理对抗，不可能取得好的教育效果；如果教育者和被教育者的"心理需要"相吻合，"心理交流"畅通，此刻施行教育，便会产生教育者和被教育者之间情感的"共鸣"，受教育者的可接受力最强，效果亦最好。[①] 教师走下讲台，正是促使师生之间"心理需要"吻合、"心理交流"畅通的重要条件。课堂教学将面对面的知识传授，变成了肩并肩的一起探讨学习，就可能创造一种师生心理相融的氛围，同学们在这种氛围中学习，就会有一种心理安全和

---

① 赵振宇：《奖励的科学与艺术》，科学普及出版社，1989，第268页。

快乐的感觉，大家会自觉地将"要我学"的被动局面转变为"我要学"的主动状态。这种转变是一种期待效应的表现，它是我们教、学双方都希望出现的一种教学环境。

第二，教师走下讲台当观众、当评委，把学生请上讲台当主角，只要按教学规律办，这种方式也是可行甚至是很好的。我在给同学讲授评论和策划课时，为了让同学们更深刻地认识和理解授课内容，我有选择地组织课堂讨论，要求同学们提前做好课外准备，拟订讨论提纲或PPT。学生走上讲台，感知一下站讲台的滋味，会发现这并不是一件轻松的事情。在实践中，同学们可以体会到备课的艰难，台上三分钟、台下十年功，这话不假。备课只是上台的准备阶段，能否走上讲台，能否在讲台上讲好几分钟，却是对学生们更重要的考验。新时代的新发展对学生走向社会提出了许多方面的新要求，而言谈举止就是一项重要内容。特别是新闻学院培养的学生，为了之后从事新闻传播工作，要与许许多多的人和事接触。面对大众，仪表大方、手眼到位、谈吐自如、情理相融是一项基本训练，也是他们走向社会生存和发展的基本前提。

教师走下台，学生走上台，这种课堂里师生的空间位置互换，对教师和学生们来说都是一种新的挑战。同学们初上讲台，老爱侧着身体或面对着黑板，或对着老师讲，就是不能照顾到台下听讲的同学们。此刻，教师要一次又一次地走上讲台帮助同学们纠正姿势；有的同学在表述中有新的创造，教师要及时给予鼓励；在表述不准或有误或出现错别语句和板书的时候，教师要明确地指出来；对于表述不清或概念混淆或需要研究的地方，教师要提醒大家，和同学们一起共同探讨……学生们初上讲台热情很高，但难免有不足之处，善意地有效地指出他们的不足，对他们来说是一次更好的学习，这种学习会更深刻。此刻的教师必须是全神贯注的，满腔热忱的，教师的一举一动，都会对台上和台下的同学们产生重要的影响。能否及时准确发现学生在台上表现的不足和瑕疵，同时有效地指出这些问题并予纠正，对于教师来说，也是需要在日常教学和社会生活中时时注意、经常学习和锻炼提高的。

科学有效地组织学生上讲台，教师下讲台，这种教学方法的运用和改进将是无止境的，同学们是欢迎的。

他把讲台让给学生，而他却和我们在一起，看着学生们尽情地表演和发挥。他懂得如何去实现信息在学生与老师之间、在学生与学生之间实现多向流动，而不仅仅是从老师到学生这种单向流动。也正因为如此，调动学生的积极性和参与性成了这门课最大的特色。老师将我们"逼"上讲台，培养的是自信，锻炼的是胆量！

他放手让学生自己上台讲课，这对我们来说是很少见的，既有新奇感，又多了很多挑战。我印象特别深的是，老师点评的时候，甚至对讲演者的衣着、台风这些细节都给我们大家做了提醒。这些往往被我们忽视的细节，却是我们将来求职、工作非常重要的一环。在这方面，我觉得，老师不仅仅给我们上了一堂策划课，也给我们上了人生哲理的一课。

我喜欢这种形式。几个兴趣爱好相同的朋友在一起，为了解决一个问题而互相讨论相互学习。在完成作业的同时，不仅培养了我们的团结合作精神，还在无形中促进了同学们之间的友谊。即使小组内意见不一的时候，我们也会想办法让大家协作拿出最后的方案。

我仍然清晰地记得我们小组在男生寝室讨论时的激烈场面。个个面红耳赤，否定这个，肯定那个，足足用了五个小时！当最终达成共识时，我们颇具成就感，为了庆祝一下，七八个人"杀"到馆子里"搓"了一顿，我们很开心……①

在老师与学生的课堂互动中，如何"学问"也是很重要的。我们常说要做好学问，学问学问，其实学会"问"是十分重要的。在课堂上一般有以下几种提问方式：一是指向性提问，如这是什么，这说明了什么，要求同学们围绕教师给出的问题思考回答；二是无意向提问，即只给出文字或画面，请同学们自由发挥；三是"现场情景"提问，说的是在师生

———————————

① 摘自学生邮件。

互动中，有的同学笑了、有的却不语，这时教师可以请笑了的或没笑的同学起来说明笑或不笑的原因；四是替教师提问，即根据前面讲述的内容，请同学们站在教师的角度提出问题，并说明教师为什么会提出这样的问题并回答这样的问题，等等。

新闻学院就是要按照这个要求培养学生。我常给同学们说，现实问题是一切研究的源头；关注社会，与时俱进是所有研究者的职责。一个有良知、有社会责任感的知识分子应是知识和文凭、关注和投入、批判和建设三者的完整统一。以积极审慎的态度、以锲而不舍的精神，说一点自己能够说、说得好的话，做一点自己能够做、做得好的事。

这样的授课内容，在书本上找不到，对于进入新闻学院和以后走向社会的同学们来说却少不了，自然受到同学们的欢迎，学校党委书记开学第一天也和同学们一起听了这堂课。

四　研究生教育的现状与发展

1. 如何提高新闻学硕士的动手能力

研究生学制改革是个由来已久的话题。1992 年底，国家教委、国务院学位委员会联合印发的《关于学位与研究生教育改革和发展的若干意见》中提出，"进一步改革研究生的培养方式和方法"，可实行"灵活的学制"。我国的研究生教育经过若干年的摸索和建设之后，直到 2002 年，中国人民大学才率先提出某些专业实行两年制。2005 年，华中科技大学和不少高校进行学制改革，研究生教育由原来的三年制改成现在的两年制。

今天，我们面临怎样的形势。研究生教育学制的改革不单单是时间问题。这是因为，在学制改短的情况下，研究生教育的人才培养目标、培养模式和研究生教育的社会功能都将随之发生很大的变化。

目前，两年制的新闻教育，基本上是第一年上课，第二年写毕业论文和找工作。在这两年的时间里还要修够学校规定的学分，真正用来做学问的时间实际上很少。现在全国开设新闻传播学专业的学校已经超过了 600所，但多数培养出来的是"大路货"，而真正有独特视角，能对社会进行深层关注，并能写出具有实际意义的新闻和评论的好记者少之又少，培养这样的人才的重任很大一部分就落到研究生教育上。

英国传播学者 S. Splichal 和 C. Sparks 在考察 22 个国家的新闻教育之后，提出 21 世纪的传播人才应该具备 4 个方面的素养——广博的知识、客观的视角、批判的态度、准确的判断；3 种才能——清晰准确的写作才能、传播才能和创造才能。美国著名新闻教育家、旧金山州立大学新闻系原主任贝蒂·迈斯格教授认为，新媒体应用技术越来越成为简单易学的小手艺，今天的新闻学院培养的仍然应该是发掘和讲述新闻故事的能力。[①]走向现代化和国际化的新闻传媒市场，对新闻传播人才提出了越来越多、越来越高的要求，这一切都需要中国高校的新闻教育对自己的定位、体制、教材和教学方式等做一番新的审视，以便跟上和适应时代发展的需要。

现在各高校的新闻教学体系多年来基本未做大的调整，还是新闻史论、采写编评、新闻摄影、马恩著作选读等。教材虽然年年都有更新，但真正新的内容不多，而且内容重复的颇多。如关于新闻的价值问题，新闻理论课要讲，新闻采访和新闻写作课也要讲，新闻史论课同样要讲；关于记者的素质问题，采访课要讲，写作课要讲，编辑课要讲，评论课也要讲。上述内容，报纸课要讲，广播电视和网络课也要讲。除此之外，各门课的相互交叉或互不联通的情况也严重存在，这些内容既有重复的时候，又有脱节的时候。如讲记者采访的，不能不讲到如何将采访的东西写成一篇好报道；而讲记者写作的，又不能不涉及如何在采访中抓住某些细节；讲写作的，只讲消息通讯的写作，基本不讲评论写作；而讲评论写作的，又不属于写作课。在目前这种教学体系和教学课程设置下，尽管每门课的教师是认真的，但学生们听起来却是大大受罪了，这也是许多大学学生逃课脱课的一个重要原因。

两年制硕士研究生的培养则基本上分成了两种模式：一种是为将来更高层次的博士培养储备人才，另一种则更加侧重于职业教育。同时，这两种模式在培养方法上会有所侧重，前者更侧重研究生的科研能力，后者更

---

① 思岚、周敏、黄瑞：《思与鸣上下求索 知和行牵手登高——"21 世纪新闻学教育国际研讨会"综述》，《新闻与写作》2002 年第 7 期，第 19~22 页。

侧重研究生的动手和实际操作能力。但是，不得不明确的一点是，这两种培养目标并不是由培养机构进行明确划分的，而是取决于研究生自己的职业规划和兴趣爱好。

经过大学本科四年的学习，有些新闻专业的毕业生接近或者已经达到上面的培养目标，他们中的一部分人进入社会后能充分地发挥本专业的优势。从目前大学生毕业分配情况来看，本科生的分配要好于硕士生的分配。这里面除了择业观念的问题外，更多的则是新闻业务素质上存在的某种欠缺。学制缩短了，我们该如何上好新闻业务课，这是一个严峻的课题：这既是对学生而言，也是对学院的生存而言——学生都分不出去了，这样的学院还有存在的必要吗？

对于学制的缩短，特别是对一些业务课的开设，不少同学都表现出一种少有的紧迫感。在"谈谈你对本课程教学的建议"的调查中可以看到同学们的这种愿望。

①希望老师更多地教我们写评论的注意问题和立意问题，着重思维方式的培养，怎样发现跟别人不同的评论视角。

②老师结合自身的实践，给我们讲怎样写评论，希望老师能够多多提问，让大家集思广益，把我们的评论课堂搞得更加出色！

③采用案例教学，讲解一些优秀的评论，多一些练笔的机会。

④从理论和实践两个层面来教授这门课程，使我们不仅能对新闻评论的理论有认识和理解，成为我们写作评论的理论基础，还能够掌握写评论和做评论类节目的一些具体知识和技巧。

⑤新闻评论课程还是应该以实践为主。在精学理论的前提之下，投入相当的时间进行评论的实践训练。课程中可以安排同学评论作品的互评等环节，也可以请报刊评论人士与同学交流等。

⑥建议教学方式更加多样化，希望将研究评论、欣赏评论、写作评论、讲解具体的评论作品等不同的上课内容交替进行。多一些实践机会，能提供一些写作平台。

⑦可以多介绍一下国外新闻媒体评论的情况，除了西方欧美等国，也可以对亚洲国家如日本、新加坡等国家进行介绍。

读到同学们的这样一份份问卷，任何一个有责任、有良知的老师都没有理由不去努力加强新闻业务课教学的改革和发展，以满足同学们的心愿。

2. 今天，新闻业务课该如何改革

第一，实施人才跟踪调查，不断更新和调整教学计划。市场经济的优胜劣汰使不少企业生产一代，开发一代，研制一代，其目的就是要在不断变化的市场中保证自己的优势，立于不败之地。硕士生教育也该如此。新闻学院不仅要管"进口"，更要管"出口"——要不断跟踪了解自己培养的人才走上社会的适应情况和发展趋势，根据"用户"的反应和"产品"的使用情况，调整和修改自己的教学计划。这是一个基础性的工作，每年都要做，请用人单位谈使用人才后的感受、意见和建议，请毕业生们谈他们读研期间的感受、意见和建议。据此来讨论和研究教改计划才最有科学性和说服力。因人设庙，因庙开课的"教学计划"在不少学校还存在，说轻一点是主观主义不讲科学，说重一点就是误人子弟，是做老师的失职。

第二，实施因材施教，"分班开灶"。据对华中科技大学新闻学院四届研究生本科专业的调查，发现有大量的甚至一半以上的学生在进入新闻学院之前学习的是非新闻专业。在新闻学博士生里，由于各种原因，毕业后不准备选择从事新闻相关工作的学生不在少数。我们暂且不说这种新闻学博士生的培养模式是否科学，是否浪费资源，是否符合社会发展的需要。仅从名不副实的角度来看，也是需要改进的。一个接受了新闻学最高端教育的多年培养，戴着新闻学博士头衔的高级人才走上社会，不论你从事什么工作，在大众的眼里，你总一个新闻学的"大家"，这应该是不成问题的。一个新闻学博士，连新闻最一般的常识都不懂，最一般的技术都不会，于人于己于社会都是不光彩的，也会带来诸多的不便和尴尬。① 这些话对于新闻学硕士生来说，我以为也是适用的。在实施一般新闻学知识的传播外，为了适应硕士生毕业后的走向，新闻学院可考虑按以前是否为新闻专业和毕业后是否从事新闻研究或实践工作，分班实施教学计划。鼓

---

① 赵振宇：《试论新闻学博士生的专业动手能力》，《国际新闻界》2006年第4期，第32～35、45页。

励学生多选一些选修课。这样进行课程设置好处是：一方面，有助于学生掌握更精深的新闻理论知识，提高学生最基本的新闻理论素养；另一方面，学时的缩短增加了学生的课余时间，有利于大家有选择地利用这些时间学习哲学、法律、金融、社会学等各方面的知识，还可以用来做社会实践等，增强动手操作能力。

第三，从现实出发，从案例入手，帮助同学们认清形势，把握自己。我在新生入学的第一次课堂上，并没有讲新闻业务知识，而是向同学们介绍当前新闻学硕士生面对的就业形势，播放我在电视台做的硕士毕业生走向的访谈节目，介绍学校近些年来新闻评论特色教育的情况，以此调动大家学习好业务课的积极性。同时肯定和赞赏他们中已经有同学表现出新闻评论写作的特长，增强他们战胜自己挑战自己的信心。在课堂教学中，我安排两次自定选题和同一选题的评论写作及评点，将评论课的基本知识融于练习之中；每学期请同学们各自调查一家媒体的评论专栏半年以上时间，从专栏的内容、数量、特色等方面予以分析，以便从总体上对中国的新闻评论有一个基本的了解；课程考试是一篇"关于新闻评论……"的小论文，此篇论文可写学习心得体会，也可以写对当今新闻评论的认识，还可以写对新闻评论课程教学的意见和建议，充分发挥大家的想象力和各自的特长。

新闻业务课绝不是从书本到书本，死记硬背那些枯燥的定义和教条，而是要能够对身边发生的事实和现象予以理论的说明和解读。近四年来，我们先后利用课堂时间开展了"你的眼中还有谁""大学不是批发文凭的交易市场""研究生培养机制研讨""学制缩短后的新闻业务课改革"等讨论会。会议由同学们制订策划方案，主持会议，邀请本系、本院和研究生院的老师、领导及新闻界的朋友参加。大家在课下做好准备，会议上各抒己见，临场发挥，探讨争鸣，十分活跃。这样既锻炼了口才，又锻炼了思想，将新闻学的知识用于说明和解释世界的实践中，有利于同学们更成熟地走向社会。

第四，邀请媒体人士进学校，加强与媒体的广泛深入合作。随着媒介市场的发展，媒体对新闻学院的人才培养会有更多更具体的要求。新闻学院"以销定产"，研究制订自己的教学计划，才能真正做到有的放矢，卓有成效。现在已经有了大学与企业合作的模式，根据企业和市场的需要开设一定的课程，企业提供一定的资金和设备、场地等条件，实施特殊的教学方法，合作培养人才，且已经取得了成效。新闻学是一门实践性很强的学科，也应该广泛学习其他学科之长，为适应形势发展的需要做出自己的新贡献。

3. 研究生教学要以实践为导向

明确培养目标，因材施教。目前，我国的新闻学研究生培养机制仍不健全、培养目标仍不明确，新闻学研究生希望学识和能力在硕士阶段得到更大提升，但往往产生"研究生教育本科化"的失望情绪。不少学生有这样的感觉：研究生的课程是在和本科的课程进行"同义重复"，想获得另外一桶金十分困难。造成这一状况的一个重要原因就是我们的研究生教学，没有一个很明确的培养目标。学校和老师的授课由于没有目标的指导和限制，所以难免泛泛而谈。我们的研究生呢，接触的知识貌似不少，却多而不精，不知道自己该学哪些知识，重点是什么，也不明确自己将来的就业方向。

相比而言，美国新闻学研究生的教育培养目标非常明确，他们分为"研究型"培养和"职业型"培养两种模式。"研究型"新闻学硕士生的培养注重理论的学习和研究，向学者型研究生的培养目标方向努力，也为他们读博和继续从事学术研究做好了充分的理论准备；"职业型"硕士生的培养注重实践业务能力的提高，以为媒体提供高水平的媒体从业人员为目标。由于目标明确，学生学习有了方向，成绩也容易显现。早在2005年，美国纽约卡内基基金会总裁和耐特基金会总裁就与来自哥伦比亚大学等5个学校的代表，共同启动了"卡内基-耐特未来新闻学教育计划"。这项计划的培养目标非常明确，"就是要求美国的新闻学院不要再从理论到理论、从写作到写作，而要将课堂联系国家和世界、将书本联系实际、将理论结合实践，培养新一代能应付各种挑战的新闻人才。通过专门的培养和训练，这些人才既要有全面眼光，又要具备专业知识和新型传播技能，可以成为未来掌控美国新闻传播某一领域的专家和领袖。"[1] 我国的

---

① 蒋宏：《启示与反思——解读美国"卡内基-耐特未来新闻学教育计划"》，《新闻界》2006年第5期，第42~44页。

研究生教育要改变导师授课的盲目性和学生对就业前景的迷茫感，就必须首先明确培养目标。依据学生的基础、特长和兴趣，对学生的学术才能和业务能力给予综合评定，帮助学生树立努力的方向。

学校和导师只有对硕士研究生的培养目标做到心中有数，才会在课堂教学中有所侧重地传播知识，体现出研究生教育与本科教育的不同。这样明确的目标界定，不仅能够有效地指导导师授课，使导师把自己所授课程与培养目标相对照找出不足，更能使学生的学习有目标和动力，对学生明确就业方向、有目的地参与实践也是一种有益的启发。当前，国内的一些学者已经开始从研究生实践和就业的角度，帮助学生进行职业的设想和规划。我在媒体工作近 20 年，对媒体的发展和需要的新闻人才有深切的了解。我从媒体调入大学后就一直关注对研究生实践能力的培养，每年都对入学新生进行课前调查，分析他们的学科背景和专业知识情况，让同学们知己知彼，相互了解，明确自己的学习方向。这些年来，我给研究生上的第一堂课，都没有讲授业务知识，而是与同学们聊起了大家最为关心的就业话题。"我们今天的教学就是要为明天同学们的毕业着想"，学生们了解了研究生并不乐观的就业形式，对自己的研究生生活多了一份规划，更加明确了自己的努力方向。①

此外，有些研究生在本科阶段学习的并不是新闻学专业，对于这种"半路出家"的研究生，如何夯实他们的新闻知识和提高他们的业务能力，也是"因材施教"要考虑的另一个问题。

调整教学内容，把课堂当成"小媒体"。目前，国内的研究生课堂教育多以新闻理论教育为主，对学生实践能力的培养不足。本科学"采、写、编、评"的理论，研究生还在学"采、写、编、评"。如何让研究生的知识体系进一步完善，获得新知？如何把所学的理论在课堂中加以运用，指导我们的实践？

第一，扩充教学内容，不仅仅局限于新闻知识的传授。国务院新闻办前主任、现中国人民大学新闻学院院长赵启正先生说过，新闻报道的并不是新闻学本身的知识，它报道的是其他学科的知识。随着媒体对专项记者

---

① 赵振宇：《研究生就业降低，开学第一课先谈就业》，《楚天金报》2008 年 9 月 14 日。

的需求越来越大，具有某一或某几项除新闻学以外其他专业知识的人才更受青睐，我们要把新闻技能教育和通识教育相结合，才能适应媒体的这种需求。美国"卡内基-耐特未来新闻学教育计划"的主要内容之一就是"课程充实计划"，这个计划"积极鼓励美国的新闻学院要超越当前的专业障碍——扩充学生应该吸收掌握的课程与信息种类；要帮助大学内部建立跨学科的桥梁，避免'知识的碎片化'倾向而无法跨越不同学科的壁垒；要重塑美国的新闻教育，使其课程重新焕发活力，以避免优秀记者对于新闻学院价值的冷漠，以避免现在的新闻业领袖们的渴望变为失望。"①

首先，在国内，也有越来越多的学校认识到培养一专多能的新闻杂家的重要性。不少大学在新生入校的前两年不分专业，普遍进行社会科学和人文科学的知识教授，两年后再根据学生学习情况和学生兴趣选择专业。这对于学生掌握文史哲的相关知识，拓宽知识面无疑是有好处的。而在研究生阶段，这种通识知识课的教授也是很有必要的，新闻学院可以和学校的其他院系实行"跨院合作"，引进别的专业的优秀教师对自己领域内的专业知识进行"精述"而不是泛泛地漫谈，让学生了解本门课的核心知识和要义。此外，向学生推荐几本与本学科相关的好书让学生精读，也可以避免学生在浩如烟海的图书中走弯路。

其次，新闻工作者作为从事新闻业的职业人员，担负着"铁肩担道义，妙手著文章"的光荣责任，作为为新闻媒体输送专业人才的研究生教育，绝不能忽视对学生新闻职业道德素质和政治责任感的培养。只有加强了这方面的教育，才能使学生在走上工作岗位以后不会受到"有偿新闻"的诱惑，从容面对社会实践中的一些不良之风，并自觉提高自己的防范意识，保持记者的良心，做好"社会的守望者"。

最后，在经济全球化和国际媒体"话语权"争夺日益激烈的今天，如何培养学生们的国际视野，争取使中国媒体在世界上多发出属于自己的声音，也是研究生培养应该关注的问题。现今，一些媒体的国际新闻评论人才极为缺乏，这就要求我们的研究生教学不能仅仅关注国内的媒体和新

---

① 蒋宏：《启示与反思——解读美国"卡内基-耐特未来新闻学教育计划"》，《新闻界》2006年第5期，第42~44页。

闻教育，同时也要对国外媒体和新闻教育事业的发展情况进行追踪。近些年，有些高校主动引进西方新闻教育课程，向研究生进行讲述，但是如何让学生们在文化背景和意识形态不同的情况下，真正领悟外国新闻理论的要义，从而把它们转变为实践活动的参照，在这个方面还有很多工作要做。既要吸收中华民族文化的精要，发展适合中国国情的新闻学，又要不盲目排外，积极借鉴西方文明的优秀成果，培养出国际观察家一样的高水平人才，也是新闻研究生教育的一个努力方向。

第二，进行评点教学，把课堂当成小型媒体。由于大多数新闻学研究生在本科阶段已经进行了新闻学基本理论知识的学习，在研究生阶段不应该再围绕着这些基本理论进行教学，而是应该结合媒体的新闻实践对同学们进行评点启发式教学。如要讲"议程设置理论"，教师不用从头再讲它的提出者和内容，只需指导同学们对某个媒体的头版头条的新闻进行分析探讨，这样就很容易看出这个媒体究竟在强调什么，是如何把这种理论运用到了新闻实践中。只有让同学们由"看热闹"的外行真正成为"懂门道"的内行时，同学们才会评价和欣赏媒体的新闻作品，读懂它的好，指出它的坏，才会明白在对新闻进行处理时，哪种方式是最佳的，在新闻实践中是可行的。

为了调动大家的积极性，同时也是为了深化和提高同学们的理论知识，完全可以把课堂当成一个小型媒体进行运作。例如，教广播电视新闻学的老师可以安排学生们在教室里进行模拟的演播室主持和访谈，让学生们当回电视媒体主持人；教新闻采访的老师可以给同学们出一个选题，让同学们在课堂上模拟采访，过一把记者的瘾。这种"模拟媒体"的教学，最好选择一些大众传媒已经做过的选题和节目。这样便于学生们把自己的表现和媒体的实际做法进行对照，找出自己的不足。在学生们模拟主持、采访、做出广告策划方案以后，老师要对学生的"作业"进行评点，组织大家讨论研究，这点非常重要。这能够使同学们更加深刻地感受到什么样的做法在工作实践中是可行的。老师评点以后，再介绍或播放媒体的实际操作过程或主持、采访录像，让同学们在比较中强化对新闻生产的认识，这比单纯的理论教学更加生动和具有实践意义。华中科技大学新闻学院也在这方面进行了有益的尝试，例如导师通过组织学生们策划特定日的报道让课堂变成了小媒体。在策划地球日报道时，"为了使课堂理论与实践问题相结合，有的团队以小品演出的形式将策划中可能出现的问题表现出来。讲台上有总编辑、部主任，也有记者和评论员，还有研究中的突发情况，外面打进的电话，等等。总之，策划中可能出现的问题。"①

利用各种媒体平台，切实提高学生的实践能力。2005 年 12 月 8 日，《新华每日电讯》发表了一篇由我的课堂讲话而引起的《新闻学博士不会写消息，算合格吗?》的报道。消息发表后，引起了社会、媒体、高校的关注和热烈讨论。我认为，新闻教育最大的反思应该是理论与实践如何有效结合的问题。大学"生产"的"产品"应该是不同层次、不同研究水准的具有一定社会实践能力的人才。因此，要改变研究生教育中重理论轻实践的问题，必须让学生们从单纯的理论学习中走出来，为学生提供亲身实践的平台。

第一，利用好本校的自办媒体，广泛吸收研究生参与媒体运作。很多高校都有自己的校级媒体，例如广播站、校报、网站等，让研究生成为这些校园自办媒体的记者、主持人、编辑，到前线参与媒体的运作，对实践能力的提高是富有成效的。这需要学校给予资金的支持，更需要有媒体经验的老师的指导。华中科技大学研究生院与新闻学院主办的《新青年时代》就为学生们提供了这样一个实践的平台。从新闻选题的确定到后期的采访、写作、编辑、排版都是研究生自己在做，每个学生在自己擅长的领域里可以发挥他们的积极作用。通过亲身参与，学生们体验到了将新闻理论转化为新闻作品的成就感，也学习了日后参与大众媒体工作的许多信息。

第二，加强与新闻媒体的实质性合作，实行双向共管互动培养模式。高校的研究生培养要实现与媒体所需人才的对接，必须加强双方的合作。只有对媒体所需人才有了清醒的认识，才能在课堂教学中注重对这些能力的培养。与新闻媒体共同讨论教学课程的设置和实践能力的培养方案，一

---

① 赵振宇:《论调动学生学习的主动性和创造性——关于提高课堂教学质量的实践与思考》,《学位与研究生教育》2005 年第 12 期，第 33~37 页。

方面，可以为学生实习和就业搭建好平台；另一方面，学界的一些优秀理论还可以被推广应用到媒体的具体操作中，对双方来说无疑是双赢的选择。

改变新闻教师的进入和考核机制。"新闻专业本身就是一个实践性很强的专业，它要求新闻专业课的教学必须紧密结合实践。据了解，国外新闻院校的教师有新闻从业经验的占 70%，而中国还不到 30%。脱离实际，一直是困扰我国新闻专业教学的重要问题。"[①] 现在很多学校教新闻课程的教师自己的媒体实践经验都很缺乏，虽然他可以传授给研究生很多理论知识，但是他在考察和评论这些理论给学生可以带来什么样的实践指导意义时却讲不出所以然来。这样的导师怎么给学生以生动的教学和实践指导？华中科技大学新闻学院吴廷俊教授认为，新闻学是一门实践性很强的学科，可以适当降低对从事新闻教学的导师的学历要求，不必是博士，但是他们必须有在媒体工作 5~8 年的实践经验。这种不唯学历为单一评价标准的教师准入机制对研究生实践能力提高的效果是立竿见影的。对教师的考核机制也应该转变，不能单纯以发表论文的多少来考核导师的教学成绩。"在高等教育中，我认为对教师的考核既要看论文、著作、课题和教学，还应该要有对他们实践环节和实际本领的考核，否则整个教学中的理论与实践就很难实现有效衔接。"[②] 对新闻学院从事业务教学的老师来说，更应如此。

4. 提高新闻学博士生的专业动手能力

2005 年 12 月 8 日，新华社《新华每日电讯》发表题为《新闻学博士不会写消息，合适吗?》的"新闻观察"。报道中写道："华中科技大学博士生导师赵振宇教授说：'新闻学博士连最常见最简短的消息、通讯、言论都不会写，我认为是不合格的毕业生，至少我会在论文答辩时提出质疑。'赵振宇是近日在华中科技大学新闻学院 2005 级博士研究生《新闻学研究》的课堂上说这番话的。据其透露，该校部分新闻学硕士生和博

---

① 白云：《当前新闻专业教学要实践与理论并举》，《陕西教育》（高教版）2008 年第 8 期，第 19 页。
② 赵振宇：《着力培养高端人才的动手能力》，《新闻爱好者》2006 年第 3 期，第 1 页。

士生毕业前，竟没有在校内外刊物上发表过一篇新闻作品。"

该篇报道引起了许多媒体的关注和讨论，先后有30多家报纸、网络媒体转载，包括新浪、网易、新华网、《中国青年报》、央视论坛等，有赞同、支持的，也有质疑、诘问的，讨论声不断。《中国青年报》发表了署名评论《为何出现不会写消息的新闻学博士?》，《信息时报》发表短评《不会写消息算啥新闻博士?》，央视论坛网络版刊发《从新闻博士不会写消息说起……》电视评论，红网发表了网络评论《新闻学博士不会写消息是个伪问题》，等等，引起了网友们的热烈讨论。天涯社区的"传媒江湖"和西祠胡同的"记者的家"顿时硝烟四起，至今还没有完全平息。同时，这也引起教育界的关注，中国传媒大学电视与新闻学院2003级的研究生就此话题展开了一番讨论。

问题是怎样产生的。当前出现"不会写消息的新闻学博士"的原因我以为主要有三点：一是生源，非新闻专业的学生跨学科考入新闻学专业的人很多，这些非新闻专业的学生入学前对新闻实践基本不了解；二是考试，博士生入学资格考试中没有对实践能力的考核提出要求，考试的内容基本上还是从书本到书本；三是教学考核指标，许多新闻学专业教师本身对新闻业务知之甚少，自己不能身体力行，如何能够叫学生动手？目前，整个新闻教育体制对老师、学生的考核都倾向于论文，而不是新闻实践。博士生要获得学位也没有对动手能力的考核要求。其实，这种现象不只是新闻学科的问题，也不只是文科门类的问题，它是整个高校硕士、博士教育体制的共性问题。教师、学生的成果评定不能只偏于校园内的单一标准，最终要经得起市场的检验。在高等教育中，我认为对教师的考核既要看论文、著作、课题和教学，还应该要有对他们实践环节和实际本领的考核，否则整个教学中的理论与实践就很难实现有效衔接。

新闻学博士应具备怎样的基本素质。博士应该是本学科内最高档次的学术人才，应该在学问上有自己独到的见解，能够在国内学科范围内或国际舞台上与相关专家、学者对话，换句话说，就是有具备属于自己的话语权。同时，他们也应该对本学科其他方面的知识特别是实践知识有一定的了解或对某一方面、某一行当有独到的见解。

在网络媒体挑战的情况下，媒体对新闻学教育提出了越来越高的要求，新闻学院培养的人才应该更好地为他们服务。对新闻学博士而言，他们不仅应该在国内外新闻传播研究领域有自己的建树，在学术会议上有自己的声音，还应该对包括新闻业务实践在内的媒体变化有所了解。当代新闻学博士生教育培养的学生应该是：以社会的需要和视角来研究和发展新闻理论，用新闻理论知识说明并服务于社会。学术研究不能无病呻吟，任何学科倘若不能服务于社会，不论直接服务还是间接服务，那么这个学科的生存价值就值得怀疑。

无论哪一门学科最终都要归根到研究人与社会、人与自然、人类自身的和谐关系，针对不和谐的关系研究问题和解决问题，最终为人类服务，为社会服务。当然，不同学科与人类和社会的关系有直接和间接之分，但是，都存在必然的联系，那就是科学的本质是揭示自然、社会、人类自身的发展规律和特征，解决社会和人类自身发展过程中所显露出的问题，科学研究的最终目的，是通过揭示事物的本质和规律并解决问题，最终推动社会和人类的发展，达到和谐统一。

中国在与世界的交往中，一定要学习和关注外国的科学文化，不能盲目自大，自以为是。但是，目前学术界特别是人文社会科学领域，存在一种学术研究怪圈——越通俗的东西、越为大众所能理解和接受的东西，在某些人眼里或在某些标准面前，它越没有价值；而那些远离大众、高深莫测、晦涩难懂和大量引经据典的东西，反而受到一些人的推崇，以为是最有水平的。一些所谓高水平的学术论文存在新的"两个凡是"，即"凡是有外国学者参加的会议或参与评审或看好的"和"凡是引用了外国人的著作或语录的"，学术价值就自然而然高高在上。这种过于堆砌理论和文献的文章不是衡量论文质量水平的标准，一切只看外国人眼色行事，在某种程度上带有崇洋媚外的倾向。中国的学问和科学最终是要解决中国的问题，必须要跟中国的实际结合起来。研究中国的问题，从理论到实践，有两层含义，第一，研究的起点来源于实践，是带着实践问题去研究的；第二，研究成果要能应用于实践，解决实际问题，服务于某一个领域。

新闻学是一门实践性很强的学科，而当下高校的新闻学教育却存在这种不正常的现状：不仅学生轻视实践，教师也轻视实践，把新闻传播学当作纯粹的书斋研究，闭门造车，导致研究的结果和所学的知识根本无法应用于新闻实践。因此，不少硕士生和博士生大道理可以讲一大堆，却写不好一篇评论或消息。这些人是反对新闻学博士要会写消息的，而且他们的理由也很"充分"：第一，我原本就不是学新闻的，现在的研究方向也不是新闻业务，而是新闻史、论、方法等；第二，我拿到文凭后也不想从事新闻业务工作，而是从事理论研究或改行干其他的事情；等等。

我以为，只要考入了新闻系或新闻学院，别人就不问你的出身了。虽然你本科、硕士阶段学的不是新闻学专业，但是，只要你选择了新闻学的领域，想戴上新闻学博士的桂冠，那么，就必须按新闻学博士的标准来要求自己。作为一个新闻学博士，就必须学会写"最常见最简短的消息、通讯、言论"。请注意，我在"消息"的前面加上了一个"最常见"和"最简短"的定语，这是什么？这是最基本最起码的要求。这些要求对于新闻学专业的本科生来说，一般是不成问题的。他们经过新闻业务的系统训练，能够写出"最常见""最简短"的消息，有的还是这方面的高手。不是学新闻的，在大学阶段可能没有这方面的训练。但是，你既然选报了新闻学博士生，就必须补上这一课，在进校前或进校后到新闻媒体去体验，去实践，拿到一个最基本的通行证。既然新闻学院没有论出身，而是接纳了你，你就必须按新闻学院的规矩和要求来办，这应该是不成问题的问题。

有反对者说，我是研究历史、理论或方法的，可以不学习写作消息。错也。新闻学研究的领域是广泛的，这不奇怪。正是因为有了众多的领域、众多的问题需要我们去研究，国家才将新闻传播学列为一级学科，下设新闻学和传播学两个二级学科。对于新闻学博士生来说，每个人都有自己的研究方向，这是不错的。但是，对于新闻学博士点所有的学生来说，他们首先都是新闻学领域的研究者。既然如此，那么，学会写一点"最常见最简短的消息"当是题中应有之意。说博士生要会写消息，只是一种表现形式，它真正的含义是新闻理论必须联系新闻和社会的实际。中国新闻史学会前会长赵玉明教授在接受记者采访谈到新闻史学研究的突破口时，强调了三条，其中一条就是史学会要加强与业界的联系。他说，以前学会将新闻史的研讨和新闻改革的研讨紧密联系在一起取得很大的成功，今后还将继续这样做。①

还有反对者说，我博士毕业后根本就没想去从事与新闻传播有关的工作，自然也就不需要学会写消息了。其实，这也是站不住脚的所谓理由。在新闻学博士生里，由于各种原因，毕业后不准备选择与新闻有关工作的学生不在少数。但一个新闻学博士到了媒体，对媒体的基本运作和一般操作都不会，在媒体是不会受到欢迎的（现在不少新闻单位就碰到这样的人）；即使不到新闻媒体，别人也会把你当作新闻人来看，问起有关新闻的知识来，结果是一问三不知，叫用人单位作何感想？此时此刻，能够说我是搞新闻史或方法论研究的，没学过写消息吗？别人才不管你是研究什么方向的，大家只认你是新闻学博士。自然，要把消息、通讯和评论写好，也不是一件容易的事，那是需要做专门的研究，甚至做一辈子研究的。但是，作为一个新闻学博士，对于新闻实践中的一般常识和技术还是应该知道和掌握的。为了新闻学博士这顶桂冠的荣耀，为了新闻学这个学科的尊严，为了保证新闻学人在社会上的地位，作为新闻学院的教师和学生都要为此而做不懈的努力。

我们的教育该如何反思和改进。最大的反思应该是理论与实践如何有效结合的问题。大学"生产"的"产品"应该是不同层次、不同研究水准的具有一定社会实践能力的人才。不论哪个学科的博士生，也不论哪个方向的博士生，在掌握高深理论的同时都要对本学科领域的实践发展有一定的了解，能够发表一点自己的意见。特别是随着义务教育的逐步扩大，大学扩招的推进，大学培养目标必须倡导为社会现实发展服务。理论联系实际，在任何时候、对于任何学科都是必需的。很难想象，一个对新闻界实际一点儿都不了解的人能够写好新闻学的博士论文；即便写出（以前也有）这样的论文，这种不能说明和解决新闻界或社会一点实际问题的论文，它的价值又在何处？新的时代对新闻学研究者提出了新的要求，如果说以前还能让这样的论文通过的话，现在，就应该提出质疑了。作为应用学科的新闻学博士更要处理好新闻理论与业务的关系，从问题出发加强

---

① 刘书峰：《新闻史学研究：突破口在哪里——访中国新闻史学会会长赵玉明教授》，《新闻与写作》2005年第10期，第10~11页。

新闻理论素养，探索创新学科领域研究，特别是在倡导与世界接轨的今天，新闻学科的新命题越来越多。在这个过程中，跨学科进入新闻专业的博士生在理论学习得到充分保证的基础上，要多利用业余时间到媒体去学习、锻炼，深入媒体实践，时刻关注媒体发展现状。否则，其所从事的新闻学科研究将可能会缺乏营养保障和生机活力。

新闻学科的博士培养计划应当改进。首先，在招收学生上要把好关口。那些没有新闻工作经历的学生，应该抓紧时间补上媒体实践这一课。其次，考核制度应该增加一些实践能力考核或奖励制度；最后，专业教师都应该对本专业的实践有一定的了解和研究。只有教师身体力行，言传身教，才可能对学生培养具有深刻的感召力和很强的说服力。

在这次讨论中，我看到很多好的意见。新华社资深记者方政军先生、中国人民大学时评家马少华老师在接受记者采访时都对新闻学博士素养培养、新闻学博士教育和新闻学传播学者社会责任等问题发表了很多很好的意见和建议。① 在此之前的 2005 年 5 月，由华中科技大学新闻学院主办的第二届全国新闻传播学博士生教育研讨会上，不少教授都对中国目前的新闻传播学博士生培养提出了意见，认为需要进行改革。② 理论与实践相脱离的问题不仅表现在新闻教育中，也表现在其他学科。中国地质大学（北京）客座教授、著名地质学家戴维斯在中国工作了 20 年，他深有感触地批评中国高校只重视论文而忽视实践的"论文拜物教"，他指出这样对中国和世界的地质科学都不是好事。③ 我曾在一篇文章里发表过这样的观点，新闻学院有必要提倡向医学院学习。有医学院人士提出，医学博士生如果不会独立地看病或做手术，即使完成了论文，仍将被视为不合格。那么，新闻学院呢，能否也提出这样的口号：新闻学博士生，如果不能从事或掌握某项基本的新闻传播技术，就不能获取博士学位。④

"新闻学博士不会写消息"作为一种现象，所反映的是我国的高等教

---

① 木东：《新闻学博士不会写消息，谁之过?》，《今传媒》2006 年第 1 期，第 4~6 页。
② 张振亭：《新闻学博士生教育需要改革》，《新闻与信息传播研究》2005 年夏季号。
③ 宁晓梦：《一位美国教授对中国高教的思考》，《光明日报》2006 年 2 月 15 日。
④ 赵振宇：《论当代新闻人的特质培养与教育》，《现代传播》2005 年第 6 期，第 100~102 页。

育和科学研究严重脱离实际的问题。这个问题不只表现在新闻学，也不只表现在人文社会科学，同时也表现在我国所有的高等教育中。上海市科教党委书记李宣海认为，高校注重学生发表的论文数量，但企业更关注的是他们的动手和创新能力。要改革研究生培养模式，关键是评估机制要创新，评价标准要多元化。高校既要培养能发论文的学术型人才，也要培养"能干活、能出活"的应用型高端人才。上海交通大学副校长印杰直言："有些工程学科的老师虽站在学术前沿，但往往不知道经济社会发展需求，有些导师的研究课题是'无病呻吟'，这些课题能带几个研究生，也能发发论文，但却没有什么实际意义。"① 上海的大学所反映的问题具有普遍性。我以为，在高等教育中，教师考核既要论文、著作、课题和教学，还应该要有实践环节和实际本领，否则整个教学中的理论与实践就很难实现有效衔接。

五　切实加强学术规范教育

近年来，一些学术不端行为屡屡见诸报端，给良好的学术风气蒙上了一层阴影。为了加强高等学校学风建设，惩治学术不端行为，国务院学位委员会和教育部于 2020 年 9 月 25 日联合印发《关于进一步严格规范学位与研究生教育质量管理的若干意见》，该意见指出中国特色社会主义进入新时代，人民群众对保证和提高学位与研究生教育质量的关切日益增强，但部分学位授予单位仍存在培养条件建设滞后、管理制度不健全、制度执行不严格、导师责任不明确、学生思想政治教育弱化、学术道德教育缺失等问题。倡导学术创新，遵守学术规范，对于提高高校师生的学术研究能力、提高全民族的科学文化素质至关重要。

1. 加强学术规范教育意义重大

学术规范教育从根本上说就是培养学生的学术品格。学术品格既包括学术研究过程中所表现出来的人的思想认识和行为特征，也包括学术成果中反映出来的学术质量和道德风格。学术创新和学术规范是学术品格的两

---

① 王有佳：《上海：高校到企业选导师》，《人民日报》2005 年 12 月 16 日。

项主要内容：学术创新表现的是研究者对新思路、新方法、新事物的追求，学术规范展示的是研究者在探索过程中的法律意识、道德意识和程序意识。提倡学术创新，不能不强调学术规范，只有学术规范了，才能保证学术创新的科学性和有效性。加强学术规范教育是为了更好地促进学术创新。针对当前高校研究中存在的问题特别是学术规范问题，2006 年 5 月 10 日，教育部发布了《关于树立社会主义荣辱观，进一步加强学术道德建设的意见》（以下简称《意见》）。《意见》要求全国高校充分认识加强学术道德建设的重要性和紧迫性，要求加强自律，维护学者和学术尊严，要求建章立制、加强领导，把学术道德建设落到实处。《意见》第 14 条要求："加强学术道德教育。通过广泛深入的学术道德教育，明辨是非，对坚持什么，反对什么，提倡什么，抵制什么，旗帜鲜明。培养求真务实、勇于创新、坚韧不拔、严谨自律的治学态度和科学精神。要将职业道德、学术规范和知识产权等方面的法律法规及相关知识作为青年教师岗前培训的重要内容。"2009 年 3 月 19 日，教育部发出《关于严肃处理高等学校学术不端行为的通知》（以下简称《通知》）。《通知》进一步强调："高等学校要将学术道德和学风建设作为深入贯彻落实科学发展观活动的重要内容，广泛开展学风建设的专题讨论，切实提高广大师生的学术自律意识。要把学术道德和学术规范作为教师培训尤其是新教师岗前培训的必修内容，并纳入本专科学生和研究生教育教学之中，把学风表现作为教师考评的重要内容，把学风建设绩效作为高校各级领导干部考核的重要方面，形成学术道德和学术规范教育的长效机制。"在这里，教育部已经将学术规范教育从教师范围扩大到全体本专科生和研究生了。将学术规范作为一门课程纳入教学体系，将其列为全体师生的必修课，这是有史以来没有过的。对此，我们必须高度重视，从教育管理部门行政领导干部到每一个教学人员，都应认真学习和落实这一《通知》精神。

教育部在大学生中提倡开展学术规范教育的意义主要表现在：有助于培植学术文明；有助于理顺学者个体与学术共同体之间的正常关系；学术规范是高校诚信教育、学术素质教育的基本环节之一；有助于学术创新与文化创新。高等学校特别是名牌大学是国家人才培养、知识传承、学术研究与文化创新体系的主要载体之一，因此学术规范的教育与训练尤其必要和重要，有利于我国向自主创新型国家的战略目标迈进。[①]

2. 开展学术规范教育的有关建议

开设学术规范教育专门课程。我们曾对大学生做过问卷调查，反映出大学生对学术规范缺乏清晰系统的了解。因此，开设专门的课程，由专门的老师讲解学术规范要求及如何创新，无疑是提高师生学术道德和学术创新能力的长久之计。教育部于 2009 年 3 月 19 日发出的《关于严肃处理高等学校学术不端行为的通知》（以下简称《通知》）中也指出，要把学术道德和学术规范纳入本专科学生和研究生教育教学之中，可见学术规范教育应坚持长期实行，不仅研究生要学习学术规范，本专科学生也有必要学习。学术规范教育，不仅是道德意识、品格的教育，在某种意义上也是技术操作问题。你不告诉同学们如何查找资料，如何使用引文，如何注释，他们就可能因为技术上的不慎滑入道德的泥淖。

重视和树立导师的道德榜样。只有导师以身作则，远离学术不端行为，才能为学生的学术研究树立良好的学习榜样。教育部《通知》提出，要把学术道德和学术规范作为教师培训尤其是新教师岗前培训的必修内容，把学风表现作为教师考评的重要内容，这对完善加强导师的学术道德无疑有重大意义。这里不仅是新老师的岗前培训阶段，而且要贯穿教师的整个学术生涯中；不仅是一般教师，中老年老师，特别是那些有名望的知名教授，都要学习和落实好《通知》的精神；不仅是一般高校，所有的高校包括大学专科、本科和研究生教育，特别是一些国家的名牌大学、重点学科，都要认真抓好学术规范教育，而且要带个好头。

完善对学术研究及其成果的奖惩机制。奖励是社会对人们良好行为或成果的积极肯定的信息反馈——促使人们将这种行为保持和增强，加快人的自我发展、完善，为社会创造更大的效益；惩罚则是社会对人们不良或不正确行为的一种否定的信息反馈——促使人们的行为变异，增强反应强度和内驱力，教戒他人，以规范人们向着信息发布者确立的目标趋近。它

---

① 赵振宇：《加强学术创新与学术规范教育》，《社会科学管理与评论》2008 年第 4 期，第 67~72 页。

是社会约制的一种手段和方法。① 对待人们的学术研究也该制定科学的奖惩条例和实施举措。当前，高校应对如何惩治学术不端行为制定明确的规章制度，并设立专门机构，对学术不端者予以调查评判。根据教育部《通知》，可以根据学术不端行为的性质和情节轻重，给予警告甚至开除等行政处分；触犯国家法律的，移送司法机关处理；对于其所从事的学术工作，可采取暂停、终止科研项目并追缴已拨付的项目经费、取消其获得的学术奖励和学术荣誉，以及在一定期限内取消其申请科研项目和学术奖励资格等处理措施。查处结果要在一定范围内公开，接受群众监督。同时，要强化导师对学生学术不端行为的责任，学生学术造假，导师也要受到批评。

营造健康良好的学术环境。教育部《通知》指出，高等学校要通过校内报刊、电台、电视台、网络、宣传橱窗等各种有效途径和形式，广泛深入地开展学术道德宣传教育活动，发挥学术楷模的示范表率作用和学术不端行为典型案例的教育警示作用，努力营造以遵守学术道德为荣、以违反学术道德为耻的良好氛围。不仅在高校内，全社会都应该形成规范学术研究、鼓励学术创新的良好氛围，向建设学习型社会和创新型国家的目标共同努力。这种宣传教育，不仅要在高校校园内进行，而且要有序地走向社会，走向学生的家庭和尔后的工作单位。只有全社会都重视并认真对待了，才可能形成一个全面、有效、可持续发展的学术环境。也只有这样，才能保证我国高校教育落到实处，功在长远。

敬导师更要重教师。中国高校目前实行的大都是导师制，即一个导师带领一个或几个硕士生或博士生，对他们的平时学业和毕业论文进行指导。关于如何确定导师，有的是在报考前，有的是在进校后，一般都是双向选择，当学生的都希望选上一个好导师，导师们自然也都想挑一个好学生。莘莘学子，为什么想进名校，就是因为名校有名师，选上一个名师为导师将是自己的终生幸事，受益一辈子。正因如此，学生对自己的导师，哪怕不是名师，也都是十分尊敬的。他们会认认真真地听导师上的课，会老老实实地完成导师交办的事，甚至对导师的生活健康都十分关心。我以为这是不错的，也是应该的。现在的问题是，学生的这种态度并不是

---

① 赵振宇：《神奇的杠杆——激励理论与方法》，湖北人民出版社，2001，第38页。

"一视同仁"，对自己的导师是这样，对其他的教师却不是这样。

现在研究生大都有缺课的现象，而缺的最多的不是自己导师的课，而是其他教师的课，尽管有的教师的课上得还是不错的，有的甚至比研究生自己的导师的课上得还要好！研究生大都有一些课外活动或社会活动，是自己导师布置或参加的就比较积极，而是其他教师组织的就是另外一种态度了；读研少不了要做一些学术研究，完成好的和比较好的任务大都是自己导师布置的，对其他教师布置的却有不少学生敷衍塞责、漫不经心，而最后总会有几条冠冕堂皇、像模像样的理由；课外读物，大都是读自己导师研究方向的书籍和导师圈点的书籍，其他教师和其他领域的书籍和读物却很少关注；由于对自己导师的尊敬和亲热，一个导师手下的学生们也自然而然形成了一个圈子，与其他教师的弟子来往就少了许多。如此等等，我以为是不正常的。

研究生阶段，是学生逐渐形成自己的学科方向和出成果的时候。学生应该尊敬导师，与自己的导师密切沟通，谈思路讲操作，在导师的指导下完成一些学习和研究任务。只有这样，我们才能成为一名优秀的硕士毕业生或博士毕业生。但是，上述不尊重其他教师的现象却是一种不好的风气，它将有害于大学的校园，有碍于教师之间的关系，最终还会影响学生们的学习和提高。尊敬导师是不错的，是应该的。但是，我们不能忘记对更多教师的尊重。平心而论，一个大学，一个学院，真正能闻名全国或誉满全球的大师能有几人，能称得上是本学科带头人的学者也不会很多；即便跟上了这样的大师，我以为也没有丝毫的理由对其他教师不尊重。人有所长。你的导师可能是某一方面的权威，其他的教师也可能是另外一方面的专家；你的导师德高望重、学富五车，而其他的教师，则可能是年轻有为，引领时代新潮。即使有些教师明显地不如你的导师，我以为，也不必丧失作为一个学生应该具有的品格，不能忘却一个学生对教师人格的尊重！这是一个大学生做人的起码准则。

学生的问题反映在教师的身上。我们每一个导师首先是一个教师，做教师的应该要求自己指导的学生不仅要尊敬自己，同时也要尊重其他教师；既要求他们很好地上自己的课和完成自己布置的任务，同时也应该要求他们认真地上好其他教师的课和完成好其他教师布置的任务。严以律己，宽以待人，尤其不要在学生面前说自己如何高大，说其他教师如何矮小。这些都没有意义也对学生不利，为人师表，这应该是题中应有之义。针对这一问题，有人提出从体制上将目前的个人导师制改革为导师小组制，以便更好地发挥团队的作用，我以为可取。

（参阅赵振宇《研究生培养要小心"门派主义"》，

《光明日报》2005 年 11 月 1 日）

新闻评论特色教育的
体系构建及实施

　　高校是新闻评论人才的培养基地，而新闻评论教育的地位举足轻重。新闻评论教育在当今的新时代背景下，面临着很多的挑战。从大的方面说，时代氛围转换，新媒体强势崛起，公民权利意识空前高涨，大环境的变化促使新闻评论教育必须要与时俱进，力求在新的时空氛围中构建符合时代潮流的课程体系和实践体系；而从小的方面说，也就是从新闻评论教育本身来讲，面对时代的突飞猛进，我们的师资队伍、教育模式、教材教法等相对来讲处于裹足不前的局面之中，这就令当下的新闻评论教育陷入困顿。如何取得突破，考验着新闻学界的努力和智慧。

一　当今新闻评论教育的教学模式

　　当今时代，新闻评论已经成为最富时代特色的新闻形式。它承载着社会变革的期许和动力。新闻媒体争相用新闻评论去谋求第一阐释权，进而打造舆论高地，获得良好的社会效应。可是，事实上，目前在媒体界优秀的新闻评论人才并不多见。究其根源，乃在于高校的新闻学院无法向业界输送足够的新闻评论人才。而对于高校而言，他们面临的最大问题是，迄今始终无法找到一种成熟的教学模式，去培养新闻评论人才。这就给我们提出了一个亟待解决的重大理论问题，即新闻评论该采用什么教学模式？此为当前新闻理论界和业务界共同关切的事情。

1. 对新闻评论教学模式的思考

鉴古而知今。在探讨新闻评论教学模式的问题上，其实前人早就在摸索，并且也形成了一定的认识。回望历史，总结经验与教训，对于当今的新闻评论教学，应该能带来一定的启迪。

当今新闻评论的教学维度。新闻评论是新闻学的一个组成部分，是一门理论性和实践性很强的学科，同时也是新闻工作者应当学习、研究和逐步掌握的学科。新闻评论的水平往往成为衡量媒体水平的重要标尺。目前，我国新闻评论员素质参差不齐，新闻评论教学在国内尚未形成科学化的运作模式，在中国加入世界贸易组织和网络媒体发展的大背景下，国内新闻评论在传媒中反映出的问题越来越多，培养高素质评论队伍事不宜迟。虽然新闻评论特色教育是在华中科技大学进行的，但我们与中国新闻传播学界和业界专家学者都有着广泛联系。近年来我们广泛地向国内外专家咨询办学方略，听取了他们的宝贵意见。总结这些意见和建议，对于我们进一步抓好评论特色教育是大有帮助的。

培养什么样的人才。新闻评论随时代而演变，随着民主政治进程的推进，新闻评论的天地更加广阔，评论的环境更加宽松。就写作风格而言，新闻评论从纯之又纯的说理性文章发展到不再囿于新闻事实本体的调查性评论；就评论领域而言，新闻评论不再仅仅点评时政，而是广泛延伸到经济、文化、体育、科技、军事、国际等诸多领域；就体裁而言，新闻评论渐渐脱离议论文的大框架，形成一支较为壮观的力量……新闻评论的演变对新闻评论写作者与研究者也提出了新的要求。今天的新闻评论人才，总体而言素质比过去更加全面，不仅有政治家的责任感，还有合理的知识架构和新闻工作者的敏锐。专家学者对培养目标提出了很好的建议。

一是认为新闻评论工作者应该具备良好的综合素质。有的提出既要有独到见解，又要懂得服从服务于改革发展稳定的大局，最好是兼备政治家的责任感、学者的渊博和新闻工作者的敏锐。

有的认为首先要有较丰富的文史哲知识、深厚的人文科学底蕴和一定的现代科学常识，其次要有逻辑的、修辞的知识，最后才是新闻传播的知识。

有的坚持新闻评论者要有对历史事件、新闻事件的分类积累，有清晰的时空观念并密切关注时局的发展，对评论课题的来龙去脉全面掌握并加以认真思索。

二是认为培养目标应该分类，不能一刀切。提出培养目标分应用型人才和研究型人才两类，前者是为了向各类传媒输送评论员，更侧重培养学生的业务素质和动手能力，后者是为了向高校和科研单位输送研究型学者，更偏重培养学生的学术眼光和研究能力。

有的学者说，不仅要考虑报纸对新闻评论员的需求，还要考虑电子媒体和网络对评论员的需求。此外，仅就报纸而言，社论与专栏评论就有区别，体育评论与娱乐评论也不一样，这些在培养目标中都要体现出来。

有的专家则从纵向对培养目标进行阐述，认为培养的初步目标是让学生胜任主流媒体的时评、短评等工作，并能写出在全国有影响的评论文章，长远目标是能胜任本报评论员及社论主笔的工作。

从专家学者们提出的新闻评论者培养目标来看，他们对未来新闻评论者的素质要求是比较高的，既重政治思想素质，又求社会道德良心，还要求知识结构合理、知识积淀丰富并呈现出开放、递增、创新的状态。可见，培养出合格的新闻评论者非一日之功，学校的培养工作只是引领学生走入新闻评论殿堂的大门，至于进一步的登堂入室，还需要更长的时间、更多的历练和更辛勤的积累。

实施什么样的培养方式。无论新闻评论员、评论节目主持人、新闻评论编辑还是新闻评论研究型人才的培养，其方式必然不同于一般的新闻传播类专业人才的培养。就思维能力而言，新闻评论人才的水平要求更高；就知识门类而言，新闻评论人才的知识涵盖面更广；此外，对新闻评论人才在科学精神、民主意识、独立品格、宽容胸襟等方面的要求，也比对一般新闻传播类专业人才的要求更加严格。因此，必须瞄准能力素质目标，在教学、实践等方面探索创新，以非常规的手段培养合格的新闻评论人才。就培养的具体方式，专家学者们提出了很多宝贵意见：

一种观点认为要实施课题型教学，在教学实践中探索积累新闻评论班的教学经验并形成系统的理论，以指导后续教学；

一种观点认为要夯实基础，可以通过讲授、研读或观摩名家作品以及专业基础课的教学来进行；

一种观点认为要强化实践，多开展实际的新闻评论写作与摄制，激励学生积极参与新闻采编、社会实践与社会调查；

一种观点认为可安排学生到媒体评论部实习或包干一个媒体专栏，或联系媒体著名评论员以"一对一"的方式帮带学生；

一种观点认为要先"统"后"专"，知识面的拓展和普通专业知识的学习应当在大一和大二完成，大三着重于学生专业知识和思想认识的深化，同时掌握新闻评论写作的技能和方法，即具备将所学的知识转化为撰写新闻评论的实际能力。

此外，还有的专家学者建议采取本硕连读方式或在研究生中设立新闻评论班。

专家学者提出的诸多培养方式，极富启发和创新意义，大致有夯实基础、课题教学、强化实践、联系媒体、分阶段推进五类。其中很多具体意见，比如请媒体的著名评论员以"一对一"方式帮带学生，采用本硕连读方式等，因种种限制，在实施上存在一定难度。但是，要培养出优秀的新闻评论者，就需要我们积极进取，多想办法，创造条件，将专家学者的建议尽快变成现实。

讲授什么样的课程。学校来培养新闻评论人才，必须充分发挥学校的师资力量，狠抓课堂教学环节的质量，为学生提供最紧要、最精当的课程。社会实践环节固然相当重要，但在新闻评论教学中，社会实践环节的重要性还不能与其他新闻业务专业相比。不夸张地说，一个合格的新闻评论人才，必须具备思想家的素质。而其思想之深邃、洞察之敏锐、分析之张力，来自其全面的知识架构。因此，有必要将新闻评论教学的课堂变成启发思想、训练思维、增长才识的互动练场。

对于课程设置，专家学者提出了中肯的意见：

有专家认为，文史哲的基础知识课在评论写作中很重要，有必要加强这方面的教学；

有专家认为，有必要开设"言论史"方面的课程，以促进学生对世界评论发展过程的了解，对当代评论发展的了解；

有专家认为，要开设思维逻辑训练、社会调查、时事政治等与新闻评论工作紧密相关的实用课程；

有专家从更为具体的角度提出，要设置语言文字训练和古典论说文名篇赏析课程，以解决当前新闻评论语言干涩的弊病；

还有的学者从更高层面提出，应该开设新闻伦理学的课程，以提高新闻评论者的敬业精神与公正评论的态度和修养。

就目前来看，课堂教学始终是培养学生的重要环节，而课堂教学中最重要的内容仍然是知识的传授。在专家学者的建议中，涉及了文史哲、政治学、经济学、伦理学、时政、社会调查、思维训练以及研究方法等诸多课程。这些都是很好的建议，但为新闻评论工作奠定坚实基础的知识积累过程，更多的还是要靠学生在课余时间完成，这应该是一个有志于投身新闻评论领域学生的自觉追求。

读什么样的书。学制环境内的课堂教学起到的是一种"抛砖引玉"的作用，是要将学生引入新闻评论写作、编辑、研究的大门，并没有足够的时间用于传授各门类的具体知识。因此，要求学生在课堂之外勤于读书，广泛涉猎。可以说，课堂教学激起了学生的学习兴趣，启发了学生在新闻评论方面自我成长的思路，而包括知识积累、写作技巧等基本功的掌握，还需要学生在课外完成。而为学生设置科学合理的书目，可以使他们较快地具备写作一般新闻评论的知识功底，为他们的进一步成长奠定坚实基础。

专家学者建议，要多读古今中外优秀言论范文、全国每年获奖的优秀评论作品、当代中国社会问题分析及时政方面的文章以及文学、政治、法律、哲学、历史、经济、社会学、伦理学、社会心理学等方面的经典著作。

他们开出的具体书目有六大类：一是新闻评论研究类，包括康拉德·芬克的《冲击力——新闻评论教程》、丁法章的《新闻评论学》、马少华的《新闻评论》、赵振宇的《现代新闻评论》、胡文龙主编的《中国新闻评论发展研究》等；二是新闻评论作品类，如《"杨柳青"20年》、《邵飘萍选集》以及人民出版社出版的《毛泽东选集》中的政论文等；三是政治学类，如《马克思恩格斯全集》（第一卷）、马基雅维里的《君主论》、卢梭的《社会契约论》、丹尼斯·朗的《权力论》等；四是哲学类，如黑格尔的《小逻辑》、列宁的《哲学笔记》、恩格斯的《自然辩证法》

等；五是社会学类，如北川隆吉的《现代社会学》、宋林龙的《西方社会学》、刘易斯·科塞的《理念人：一项社会学的考察》等；六是新闻传播类，如小约翰的《传播理论》、麦克卢汉的《理解媒介》、尼葛洛庞帝的《数字化生存》、陈力丹的《精神交往论》等。

对于新闻评论初学者而言，一般都要经历学习、研究、模仿评论名家名篇的思考和写作过程，才能最终达到自成风格的境界。除此之外，还要广泛涉猎新闻评论可能涉及的各知识门类的著作。至少，学生应该主攻自己将要从事的某一方面的新闻评论的相关知识类著作。这是新闻评论者比新闻记者难做的地方，也是新闻评论者成就自我、实现自我的必由之路。

2. 对新闻评论教学方法的思考

关键词教学法。课堂教学最怕的就是教师前面讲，学生后面就忘了；或是教师讲了一大通，学生不知所云，抓不住要领。写学术论文大凡都要求有内容提要和关键词，为什么，就是要让受众明确本文的中心思想和要点。借用这一思路，将关键词教学方法贯穿授课始终，帮助学生将有意识记转变为无意识记，牢固掌握书本知识，对提高学习效果是有好处的。

写好新闻评论要求学生对中国以及中国现实有深刻的了解和理解。因此在上课时，我经常会根据当下发生的新闻事件和现象请同学们给出几个关键词。第一个同学站起来说出两个关键词，第二个同学又提出另外几个关键词，当第三个同学说出他认为的关键词时，课堂上有了笑声，议论开始了。对待相同的事件或问题，人们得出的结论不一样，不一样的结论其理论又不完全相同。小小的教室瞬间变成了一个众说纷纭的意见场，同学之间互相争论，教师穿插点评和得出结论，从而师生共同推动教学过程向纵深前进。很多时候，这种关键词教学法，能激发同学讨论和争辩的热忱，也正是在这样一个过程中，同学们对发生在自己身边的现实问题的认识越来越完整、越来越深入，也越来越公正。

找出关键词，就抓住了一门课的根本；否则，定义、概念、原则和实例再多，同学们还是记不住，或记住了枝叶却忘记了根本，用于实践还是乱了阵脚。关键词的教学不仅表现在一门课的绪论课上，还必须贯穿我们学习这门课的始终。心理学的知识告诉我们，人们的记忆中有两种，一种是有意识记，一种是无意识记。所谓有意识记，就是有目的、有计划而且需要经过一定的努力的识记。虽然这种识记包括机械识记和理解识记，但是，这种识记都是以一定的艰苦努力为前提的。而无意识记，是在事先既无确定的目的，而在当时又未曾经过任何努力的识记。它是一个自然而然、不知不觉的过程。① 尽管学习的过程，系统掌握知识的过程离不开有意识记，任何投机取巧都是不可行的；但是，通过我们的努力，将有意识记转化为无意识记，既能达到学习的目的，又不增加学生的负担，因此这种努力是有必要的，其途径之一就是运用关键词教学方法。

关键词作为一个概念，作为一个准则，作为一个目标提出来，就具有了一般性、一律性和权威性，它既要经得起新闻评论理论的检验，同时也要经得起新闻评论的实践考验。在关键词的教学中，不仅要时时提起它们，更重要的是要时时用它们来说明发生在我们身边的新闻实践，特别是一些典型的成功或失败的事例。只有当同学们将抽象的概念与活生生的事实联系在一起的时候，这样的关键词他们才记得住，一门课的教学重点他们才掌握得好，而且这种记忆会持续影响到他们参加工作以后。

在课堂教学中，不仅要给学生以知识，更重要的是要训练思维方法。为了配合关键词教学，在实践中常用以下两种方法：一是定向提问方法，二是无定向提问方法。

所谓定向提问，就是针对一个事物或一种现象，请学生按照教师给出的问题进行思考和回答，它的答案一般是相对集中的。

所谓无定向提问，是将一个事物或一种现象，摆在同学们面前，请同学们根据自己对这事物或现象的理解，谈谈自己的看法。一般来说，这个事物或这种现象是无倾向性的，教师也不提出带有任何指向性的问题，它的答案可能是多种多样甚至是相互对立的。

定向提问是教学中常用的一种方法。如网络评论的兴起对传统媒体评论提出了哪些挑战？新闻评论的发展趋势是什么？新闻评论在新形势下应该发挥怎样的建设性作用？新闻评论如何处理与政治权力的关系？等等。提出这些问题就是要给同学们讲清楚本学科需要掌握的基本原理，用学到的基本原理去解决社会实践中出现的具体问题，提高同学们认识问题和解

---

① 杨清：《心理学概论》，吉林人民出版社，1981，第244页。

决问题的能力。尽管这种定向提问的答案不会是一种，但指向大体上都是一致的。

当同学们掌握了一般的学科原理，对社会实践中的问题有了一定的识别和判断能力以后，老师为了提高和检验同学们的这种能力，可适当地设定无定向的提问。实施这种提问，要把握以下三点：一是这种问题出现在社会中，但容易引起人们的不同意见；二是所举实例具有典型性但又无指向性，可以引起人们的不同理解（当然也有另一种情况，就是表面上反映了一种倾向，实际上说明的是另外一个问题）；三是教师在听取学生回答问题时，不要表露赞同或反对的情绪，不要给学生以某种暗示或支持，也不要有意识地误导他们。坚守中立，教师和同学们一起认真听取别人的回答是十分重要的。

无定向提问和"头脑风暴法"一样，是有积极意义的。奥斯本的"头脑风暴法"之所以在世界获得成功，应归功于该法在运动过程中所具有的彼此促动的群体动力学基础。当一个人抛出一个想法，这个人所激发的就不仅是他自己的想象力，而且，在这个过程中与会的其他人的想象力也将受到激发。头脑风暴法会在每个人的大脑中产生震动，它会激起一系列联想性反应。此外，头脑风暴法的过程本身还是一个社会交往过程。在该过程中各个个体会获得更大的动力因素，他们的竞争意识和创新意识增强，于是会对同一事物或现象产生多样性和多向性的看法和结论。[1] 无定向提问教学不仅可以帮助学生"知其然"，还可以帮助他们"知其所以然"，而后者显得更为重要；这种教学训练，更可以培养他们的自信心和对事物观察的敏锐性，不必事事等待教师或别人提示，而是自己主动地去发现问题、研究问题、解决问题。这对提高学生的综合素质是大有好处的。

在新学期的第一课，学院安排我给新生讲授《新闻人的时代特征与社会担当》。对于刚入学的新生讲什么呢？我给他们讲了"新闻人的十字'真谛'"，即"因为……所以……例如……"；"时、空"；"事、势"这十个字。这也是我这堂课的关键词。

---

[1] 甘华鸣等：《创新的策略：通用方法指南》，红旗出版社，1999，第349页。

"因为""所以"是表示事物之间因果关系的连词，它需要使用概念、判断、推理和论证（思维的基本形式）来完成。概念：反映客观事物的一般的、本质的、规律性的特征。判断：肯定或否定某种事物的存在，或指明它是否具有某种属性的思维过程。推理：由一个或几个已知的判断（前提）推出新的判断（结论）的过程。论证：用论据来证明论题（论点）真实性的过程。"例如"是举例用语，所举之例系用来帮助说明或证明某种情况和说法的具体事物。

研究问题一定要用能够说明理论的事实说话；所举的事实一定要能揭示其背后的理论或规律。在教师授课时，选择和讲好"实例"是个十分重要的教学环节。

我用小轿车的两幅车牌照片讲过生活中的一件小事。一幅照片显示的是"鄂 A·29181"，另一幅照片则是"鄂 A·29T81"。同是一辆车，为什么会有两个车牌号呢？原来，前一幅照片是近距离、俯视拍摄的，车后盖将"T"上面的一横挡住了，看到的好像是"1"；而后一幅照片是退后几步、平视拍摄的，那个"T"的上面一横全露出来了。我用这个例子告诉同学们"眼见不一定为实"，说的是新闻发现的空间和距离问题。生活中处处皆有学问，作为一个新闻人就是要多动脑筋，学好用好新闻学的基本理论，让其指导我们的新闻实践。同样，这样的例子也是受欢迎的。

"十字真谛"中还讲了"时、空"和"事、势"四个字。

"时、空"反映的是物质存在的一种客观形式。时：由过去、现在、将来构成的连绵不断的持续系统，它是物质运动、变化的持续性、顺序性的体现。空：由长度、宽度、高度表现出来的无穷无尽的系统，它是物质存在的广延性和伸张性的表现，也称三维空间。

古人说"四方上下谓之宇，古往今来谓之宙"。"宇"表示空间，"宙"则表示时间。马克思曾经指出："时间是人类发展的空间。"[①] 我们要研究的问题都是在一定的时间和空间中运行的，时空观是我们认识和研究世界的基础。

"事、势"是揭示事物运动、发展、变化过程中个别与整体、当下与

---

① 《马克思恩格斯文集》（第三卷），人民出版社，2009，第 70 页。

长远、具体与抽象、偶然与必然的运动系统。事：人类生活中一切活动和所遇到的一切社会现象。势：一切事物力量表现出来的整体特性和趋向。形势是事物发展的当下状况，趋势则是事物发展的未来动向和走势。它们的性质由该系统诸事物背后的规律和本质决定。

我们不能简单地"就事论事"，更需要就"势"论事，即根据现在的形势和发展的趋势认识我们所干之事；据"势"行事，即遵循形势的要求做好每一件具体事情；以事成"势"，即发挥聪明才智，创新方法和手段，使我们所干之事能积聚成势，从而达到坚持正确舆论导向，提高新闻舆论传播力和引导力。①

当然，关键词教学中也要注意一些问题，如常讲关键词是否会因无新意而引起同学们的厌倦？强调关键词是否会导致同学们只机械地记住理论框架而忘记了其他丰富多彩的内容和描述？采用定向提问可以有效地讲述书本内容，但是否会阻碍同学们的主动思维？实施无定向提问可以发散同学们的思维，但是否又会引起讨论无主题，使学生把握不住要领？对于实用性很强的学科，同学们都希望多听实例，有的甚至提出要用 80% 的时间讲实例。而一门学科没有理论的支持是无法建立起来的，同学们终究受益不大。那么如何处理案例教学与理论教学之间的关系？所有这些，都是需要在教学实践中不断地深入研究、解决的。

角色互换教学法。教师往往是站在台上讲，学生往往是坐在台下听。由于教和学的分工，现代教学的课堂里大都形成了这种模式——一人台上讲，众人台下听，传道者一嘴，受道者众耳，这本是无可非议的。问题是，在某些情况下，我们可否请老师走下讲台，将台上与台下的界限模糊一点，将教和学的形式融合一点，将教师与学生的距离拉近一点，这对于提高教学质量是有好处的。

心理学的知识告诉我们，人们交往双方的坐标朝向是有一定意义的，两人并排而坐比面对面的交谈会显得更加融洽。这种位置的调整，不仅表现在空间距离的缩短，更重要的是心理距离的拉近。并排而坐给人以

---

① 赵振宇、刘义昆：《据"势"行事，以事成"势"：新闻评论特色教育体系的构建与实施》，《现代传播》（中国传媒大学学报）2017 年第 8 期，第 155～157 页。

"自己人"的感觉。① 这个原理常常用于社会交往和思想工作中的交心谈心中，事实上，它也应该运用到我们的大学教育中。现代大学教育，特别是素质教育的兴起，给学生们更多和更广泛的选择空间。将传统教育中学生们被迫的"要我学"，变成他们自觉的"我要学"，对老师提出了更多更高的要求。这里不仅包括教学内容的丰富和更新问题，也包括教学方式的改革和改进问题，老师上课位置的适当调整和移动就是其中之一。

课堂教学，教师必定是主角。随意将讲台让给学生，在授课的时空中产生信息空白，是教师不负责任的表现。但是，作为一种教学改革或改进，教师是可以走下讲台的。当然，教师走下讲台也是有讲究的。

在新闻评论课的课堂上，所讲授和探讨的问题，往往是具有极大争议性的社会公共问题。教师站在讲台上和走下讲台站在学生中间，其所带来的效果，所暗示的价值，是极为不同的。教师站在讲台上，很难与学生们展开观点交锋，这样的师生关系，本身就不是一个平等的交流与探讨问题的关系场。而教师走下讲台，来到学生身边，这种师生关系因为平等与接近，而更容易达成思想的交会与融合。也只有平等的、近距离的交流，学生们才有信心表达自己的思想，有勇气提出不同的意见和观点。否则的话，学生们往往会因为教师的"高高在上""独断专行"而失去讨论问题的兴趣，课堂气氛将呈现一定的压抑性，这是完全不利于教学的。

讲台让给了学生，教师行走在台下也不是一件轻松的事情。初上讲台的学生，尽管热情十足，但难免有不足之处，善意地有效地指出他们的不足，对他们来说是一次更好的学习，这种随机的学习会更深刻。这既需要教师的知识和阅历准备，同时，也为教师提供了一次学习机会——学习学生的精神，思考学生提出的问题。这种学习将是无止境的，有些是备课中无法事先详尽掌握的。自然，选择什么样的论题让学生们上台演讲，老师和学生占用讲台的时间比例以多少为宜，这些都需要在实践中予以研究改进。

"负责任的团队"教学法。课堂教学面对的是整个班集体，教学质量应以班集体中绝大多数学生的评价为标准。教师的努力在于使整体的素质

---

① 赵振宇：《奖励的科学与艺术》，科学普及出版社，1989，第345、268页。

都能得到提高。在此，应注意发挥出类拔萃者的作用，调动一般和懈怠者的积极性，处理好个人与集体的关系。提倡团队精神是十分重要的。

时下，许多企业文化建设都提到要加强和发扬团队精神，对于一个教学集体来说也应提倡和培养这种精神。因为，建设一个成熟的负责任的团队，可以展现自己的特点和优势。团队中的人都清楚地知道自己和他人的职位，没有踢皮球的现象，人人都知道自己应该负责什么；大家都彼此信任，都知道和献身于团队的目标；当问题牵涉广泛或是会影响整个部门时，团队成员会认真协商，一方面表明自己的想法，另一方面从整体的角度考虑；每个人既能坚持自己本位的立场，又能以大局为重；大家会为了团队的目标发表意见，只对事而不对人。他们都有权发表不同意见，他们认为这是个人的经验和职位的角度不同造成的，不会视之为个人无能、愚蠢或是玩什么政治手腕；团队内的成员能够相互鼓励、相互支持，资源共享，能使每个人的工作和学习更上一层楼；大家重视对任务的完成和对部属的培养。谨慎的成员会被推到风险较高的岗位上，胆大的成员会被提醒新的机会不一定能取代目前的职责；更为重要的是，这个团队具有自我校正的机能，当事情不对时，所有成员都会检讨，然后采取校正行动，提高工作效率。①

我们的课堂不仅是传授知识的殿堂，同时也应该是培养人的场所。一个班集体由不同性别、经历、知识、兴趣的人组成，大家在集体中学习和生活，可以取长补短、各尽其才，产生良好的整体效应。科学家贝弗里奇说过："多数科学家在孤独一人时停滞而无生气，而在集体时就相互发生一种类似共生的作用。"② 从现代科学技术发展的进程来看，信息骤增，知识爆炸，各种学科既越来越细，又越来越相互融合。为了适应这种形势的发展，人们之间越来越需要联合、协作。人们生活在一个良好的集体中，避免孤立无助的窘境，减少内耗，增强活力；满足自尊感，通过集体对自己的承认和良好评价，增强自信心，通过帮助别人和接受别人的帮

① 〔美〕戴维·布雷德福等：《追求卓越的管理》，尉腾蛟译，中国友谊出版公司，1985，第166页。
② 赵振宇：《神奇的杠杆——激励理论与方法》，湖北人民出版社，2001，第207、264页。

助，克服工作中的困难；能够得到最大的安全感，获得最大的自由。此时此刻，人们的聪明才智、积极性才可以得到充分的发挥，而这正是我们的教学所需要的，同时，这也为学生以后走上社会打下良好的基础。

不论请学生上台演讲，还是安排到新闻媒体实习，我都要求他们组成小组，并且尽可能男女同学搭配。为了使台上的演讲成功，有特色、有创意，学生常常在课下认真准备。有的小组讨论了好几个方案，常常是互不相让。有的同学第一次发言时没有认真准备，听了别组发言后，觉得很惭愧。在小组的活动中，大家知道了团队的力量，同时也知道了在团队中尊重人和说服人的重要性和艰巨性。演讲时，同学们认真地对待自己团队代表的上台演讲，有的同学甚至对上台时穿什么服装都做了挑选。这里有一人前台演讲、一人在黑板上板书配合的；也有两人对讲，或多人分工共同完成的。更使教师感到惊喜的是，为了使课堂理论与实践问题相结合，有的团队以别具一格的形式将一些重大而纠结的问题表现出来，获得了台下同学们的阵阵掌声。同学们对自己的表现总是在意的，但对其他同学的演讲却不那么注意了。此刻，教师需要严肃地提醒大家，听别人发言，不仅可以从中学到东西，更是对别人的一种尊重，就像我们讲话时希望别人能认真倾听一样。培养学生的团队精神是一个长期的过程，作为教师有责任有义务在自己的课堂教学中贯彻始终。

在培养学生的团队精神时，要特别注意发扬首次奖励的积极效应。

所谓首次奖励，是教师对学生良好的思维和行动的第一次表扬。首次奖励能给人留下良好的第一印象。虽然第一印象不一定正确，但总是最鲜明的，并在某种程度上决定着双方以后的交往。人们新到一个地方后，总希望给对方留下良好的第一印象，同时也希望对方能给自己留下良好的第一印象，并以此作为双方交往的起点。而首次奖励恰恰为人们提供了这样一个双方了解的机会和环境。[①]

首次奖励能帮助人们多看到对方的长处。心理学中有一种效应称为晕轮效应，是指人们在社会认识过程中，将认知对象的某种印象扩展到其他方面。实行首次奖励，颁奖和受奖两方都会对对方产生这种晕轮效

① 赵振宇：《神奇的杠杆——激励理论与方法》，湖北人民出版社，2001，第207、264页。

应。这对融洽双方关系、多看对方长处是有好处的。当然，晕轮效应也会产生"以点代面""以偏概全"的问题，影响双方的认识，这是需要把握的。但是，首次奖励在双方接触初期所产生的积极效应却是不可忽视的。

首次奖励能增强双方的期待效应。期待效应也称罗森塔尔效应，它是以心理学家罗森塔尔的名字命名的，该效应是指教师在心里对每个学生抱有的期待会影响教育的结果。实际上这种效应告诉人们，由于期待，会产生新的力量和积极效果①。对被期待者来说，在首次奖励中，这种期待是双向的：学生希望自己的初次行为或成果得到教师和同学的好评；教师和同学希望通过对初次行为或成果的评判，迎来一个值得骄傲和信赖的伙伴。实行首次奖励，传递了这种相互期待的信息，既调动了学生的积极性，又增强了教师和同学们对受奖者的信任感，融洽了相互关系。如一位平时不出众的女同学在《光明日报》要闻版"光明论坛"上发表了一篇标准的评论文章。在一次课堂教学中，我将这份报纸在课堂上展示，当着同学们的面叫起这位同学，介绍了这篇文章，并将样报送给了她。表扬了这位同学，并在全班引起了震动，增强了大家敢于写、写得好的自信心。

竞争的时代，提倡创新和冒尖。如何鼓励先进又不伤害一般同学；如何帮助一般同学跟上又不因此拖了班级后腿；如何科学有效地调动大家的积极性，发挥班级的整体效应；这些都是需要研究和探索的问题。在可能的情况下，将同学们的成果进行展示和交流，为大家提供一个相互比较、相互借鉴、相互学习、相互促进的场所，将教师的教学和同学们的互学融为一体，这对学生和教师都是有好处的。

二　新闻评论教育的短板与改革

1. 目前新闻评论教育的短板

缺乏优质的教材。目前，我国新闻评论学著作的出版正处于繁荣阶段，专家学者们在新闻评论学的教学与研究方面也都取得了不小的进步。

---

① 林传鼎等：《心理学词典》，江西科学技术出版社，1986，第252页。

但毋庸讳言，当下新闻评论学著作也存在一些显而易见的问题。主要表现在如下两个方面。第一，著作的内容与当下传媒形势脱节。有些著作虽然出自名家之手，出版社也很有知名度，但整部教材以传统的党报理论与实践作为基本线索，对于新形势下的新闻评论实践缺乏指导意义。第二，教材对于新媒体、新的评论样式的界定难以确立一种权威性意见。新媒体为个人意见的表达带来了前所未有的表达方式和传播渠道，新闻评论学如何跟进飞速发展的形势是一个问题。

缺乏具备新闻评论写作经验的教师。新闻评论在高校新闻院系中属于最基本的专业课，地位举足轻重。这也就决定了高校必须为这门课程配备优质的师资队伍。从某种意义上说，首先，新闻评论课教师必须是一个关心时事、社情民意和国家民族命运的知识分子，对于社会的发展时刻保持着敏锐的感知和体认。其次，新闻评论课教师尤其需要具备新闻评论写作经验。对于当下舆论中的热点，不仅要有想法，而且要行诸笔端，变为评论性质的文字，成为一种精神和文化财富。只有如此，在教学的时候，才不至于纸上谈"评"，空对空。在要求学生写好一篇漂亮的新闻评论之前，教师有责任做出表率。最后，具备写作经验只是一个前提，最终还是要把这些"经验"和"教训"，通过教学活动，丝丝入扣地教导给学生，并且使学生能够完全理解并内化为个人的知识和智慧。这个教育过程，需要高超的授课技艺，需要新闻评论课教师付出巨大的努力。

缺乏评论教学与实践的接轨机制。新闻评论教育的最终目的，当然是培养新闻评论人才。若要达此目的，学生的勤学苦练是根本性的基础，然而课堂上的时间毕竟是有限的，不可能达到令学生深入了解并且娴熟驾驭新闻评论写作的效果。因此，如何把课上和课外的时间充分利用起来，组织各种形式让学生获得实践的机会，最为重要。从目前来看，首先，学生缺乏兴趣，这是一个亟待突破的难题；其次，新闻评论兴趣小组等类似的组织又过于松散，到媒体新闻评论部实习又非所有学生都可以获得的机会。因此，教学与实践的接轨仍然是一个很大的问题。

显然，只有补齐新闻评论教育的这些短板，我们的新闻评论教育才有可能赢得质的进步。否则，只能在原地踏步，不仅无法提高学生对于新闻评论的兴趣，更有可能使整个新闻评论教育陷入僵局。新闻业界本来就有

"新闻课堂上无力培养新闻评论人才"的论调，如果我们还不谋求改变，恐怕真的要一语成谶了。

2. 新闻评论教育的改革和完善

对于中国新闻评论的未来趋势，我的理解是：虽然有曲折，但终究会向前发展。对于当前我国新闻评论存在的问题，我以为可以从以下几方面入手。

首先，在评论内容和组织方面，将即时评论与深度解读结合起来；将民众参与与专家阐释结合起来；将针砭时弊与建设发展结合起来；将自由来稿与编辑策划结合起来。

其次，在评论生产方式方面，提倡和实施评论记者工作机制。信息传播的快捷性要求媒体不仅要在第一时间发布事实，同时也要在第一时间发表对这个事实的判断和评价。评论记者可同时承担这两项重任，提高评论的传播时效。

评论必须依赖于事实，评论记者到事实的源头采访调查，可以更全面更真实地把握事实，从而更深刻地领悟和揭示事实的本质，写出好评论。

将新闻事实和新闻评论融为一体，有利于培养记者深入实践、脚踏实地的作风和提高他们的理论和思辨素养，这对于提高记者的综合素质、确保新闻媒体的社会责任是大有好处的。建立这样的工作机制，对于贯彻落实"三贴近"的原则也是具有积极意义的。

最后，在评论人才培养教育方面，我国新闻评论教育起步较早，但发展缓慢，没有形成气候。20世纪中期以来，在已开设新闻专业教育的高校中，新闻评论教育没有得到足够重视，有的高校只是把新闻评论作为新闻写作课的一部分，有的高校甚至没有专职新闻评论课教师，很多教师没有从事新闻评论写作的经历。另外，新闻评论教育的教材、教学方法滞后，跟不上新闻单位对新闻评论人才的需求，等等。形势的发展，对新闻评论教育提出了新的要求：从事新闻评论教育的教师有新闻从业经验为好；新闻学院应主动和新闻媒体单位联合办学；新闻教育应向医学院学习，更多地注重实际操作能力的培养和提高，为新闻教育开创一条新的途径。积极探索建立"双证上岗"教师制，即凡在大学进行新闻业务课教学的教师，必须有教师资格证和新闻记者证，正如医学院的教师一样，在课堂上是教书的教师，到了门诊，就是看病的医师。这样不仅有利于教师提高自身素质，更有利于培养更多更好的理论联系实际、动手能力强、有后劲的优秀学生。现在，全国高校新闻学院中，没有实践经验"纸上谈兵"的评论教师还为数不少，媒体的评论人士对此种现状提出了批评。①

进入 21 世纪以来，包括《人民日报》在内的主流媒体不断增加评论版面，中央电视台增加特约评论员，对新闻事件进行现场点评和解读，各个省级媒体、都市报、网站也是如此，中国新闻奖还增加了网络评论的奖项，这些都说明了新闻评论在媒体实践中的重要性。与此同时，媒体和高校又极大地缺少优秀评论实践和教学人才。

三 新闻评论特色教育实践与思考

1. 我们为什么要抓新闻评论特色教育

新闻评论一直受到媒体的广泛重视。在媒体技术赋权的网络时代，意见表达呈现出主体碎片化、诉求冲突化、方式激烈化等特征。时代的发展进一步凸显了新闻评论的重要性，社会对新闻评论人才需求不断增大。但新闻评论人才培养却并不能满足现实需要，呈现出与时代脱离、与实践脱节的总体特征。为此，华中科技大学新闻学院在新闻评论人才培养上进行长期不懈地实践探索与理论总结，率先在国内构建了包括组建新闻评论社团、开办新闻评论方向班、成立新闻评论研究中心和打造精品特色课四位一体的新闻评论人才培养创新体系。

由复旦大学、中国人民大学、北京大学、清华大学和武汉大学的李良荣、郭庆光、陆绍阳、陈昌凤和强月新教授组成的鉴定委员会认为华中科技大学"新闻评论人才培养创新体系的构建与实施"教学研究成果具有以下特色和建树。一是实现了新闻评论人才培养理念的创新与拓展。意在从根本上解决传统上把新闻评论作为技能进行教学的局限问题。二是实现了新闻评论人才培养体系的系统性革新。例如，在课程体系方面，新闻评论班开设了一门主体课加八门专题课的课程体系。三是实现了新闻评论人

---

① 曹林：《中国新闻评论教育探讨》，《新闻与信息传播研究》2011 年第 2 期。

才培养和教学研究的协同推进。该校成立的新闻评论研究中心成为新闻评论教学与研究的交流平台，并为新闻评论人才培养提供理论支持。四是在探索"新闻评论人才培养创新体系的构建与实施"的过程中，取得了一系列有较大影响的教学和科研成果，培养了一大批新闻评论实践与教学人才。鉴定委员会一致认为，该教学成果达到了国家级优秀教学成果奖的水平。

习近平同志指出，"坚持问题导向是马克思主义的鲜明特点。问题是创新的起点，也是创新的动力源。只有聆听时代的声音，回应时代的呼唤，认真研究解决重大而紧迫的问题，才能真正把握住历史脉络、找到发展规律，推动理论创新"①。能否遵循"问题导向"做出特色，是我们高校人才培养的理论前提。现实问题是我们改革的前提，特色创新成就我们的理想。正如院长张昆在接受记者采访时所说，这是一个信息爆炸的时代，社会需要意见领袖。学院注重新闻评论人才培养，一方面是顺势而为，另一方面则得益于其独特的办学理念，重视与业界联通，引进有能力、有魅力的"高手"，组建起新闻评论教育队伍。那么，新闻评论教学面临的形势是什么呢？在中国新闻传播的历史进程中，由于新闻评论的独特影响力，社论被视为媒体的"灵魂"与"旗帜"。在网络时代，意见表达呈现出主体碎片化、诉求冲突化、方式激烈化等特征。现实需求进一步凸显了新闻评论的重要性，社会对新闻评论人才的需求不断扩大。但新闻评论人才培养却远远不能满足现实需要：全国 326 个新闻专业本科教学点，绝大多数只开设一门评论课；2553 所大学大都只有大学生记者团。在新闻传播类院系，大都只把新闻评论作为一门写作技巧课来讲授，有的还将其与编辑学合为一门课；讲授内容有限，师资队伍不足，除两三所新闻学院有两位以上评论教师，绝大多数只有一位教师讲授或兼授新闻评论课；讲授课时有限，评论教学课堂与社会实践相差甚远，不利于学生更全面、更深入地观察和认识社会。

2. 理念先行，据"势"行事：新闻评论特色教育的理论前提

21 世纪，互联网技术的普及导致了传播革命，公众的参与意识、权

---

① 习近平：《坚持问题导向是党治国理政的鲜明特点》，《人民日报》2016 年 12 月 12 日。

利意识和民主意识更加强烈。新闻传播业包括新闻评论的迅速发展得益于两点：一是科学技术的发展与普及，先进的信息载体为迅速传播提供了可能；二是社会交往中的文化沉淀，由于不同立场、不同观念、不同心理和不同文化素养，对相同的传播信息会产生不同的认同感。只有从这样的战略高度来审时度势，即仔细观察和分析时局，评价和把握发展趋势，才能做好我们所从事的每一项具体之事。所谓据"势"行事，即遵循当下形势和发展趋势的要求做好每一件具体事情；以事成"势"，即发挥聪明才智，创新方法和手段，使我们所干之事能形成气势，从而达到我们所追求的目标。

新闻评论：一项需要普及和提高的公民素质。在中国新闻传播发展的历史进程中，因其独立的社会影响力，新闻评论曾经发挥过巨大作用。新闻史学家吴廷俊教授曾指出，新闻评论在中国历史上有着辉煌的传统，看近代报刊关键看言论。新闻评论课不能是写作课，而应该是观念课、思想课。新闻是民主、新闻是责任、新闻是精神，这种民主思想、社会责任、批判精神更是言论所不可缺少的内涵。新闻评论写作和教育大有可为，业界、学界应该联起手来，共同推动中国新闻评论不断向前发展。

我们认为，新闻评论应该是现代公民需要普遍掌握和提高的公民素质。在新媒体时代，传播由单向变为双向互动，新闻评论主体单一化的状况已经彻底改变，表达的场域被大幅拓宽。人们谈论民主政治、法治社会、公平正义、个人幸福、明星绯闻等各种话题，各种声音、多样化的观点相互碰撞、交锋，相同或不同的主张纠结在一起，形成此起彼伏的网络舆论。作为一种意见表达的具体形式，新闻评论发源于人类本性中压制不了的本能——人类普遍而持久地追求文明和进步的好奇心。因此，在新媒体时代，将新闻评论作为一种公民素质进行培育，已是不可回避的时代课题。时代的发展已经并将继续告诉我们，新闻评论已然成为全民的一项需要普及和提高的媒介素质，在这种形势下，新闻传播类高校难道不该更加重视新闻评论和改革传统教学模式吗？

搭建平台：促进人才培养与教学研究协同共进。为了更好地实现特色办学，更好地吸引国内高校和媒体有效资源，促进我国的新闻评论教育、实践和研究的发展，20年来，我们先后与媒体和高校联合举办了七届新闻评论高层论坛，分别以"中国新闻评论的现状与发展""城市党报的新闻评论研究""政治文明进程中的中国新闻评论""社会转型期新闻评论与舆论引导""党报评论与'走转改'活动""新媒体时代新闻评论后备力量的培养""自媒体新闻评论发展现状与问题"为主题，探讨新闻评论的当下形势、未来发展与人才培养。新闻评论高层论坛的举办，为新闻评论学界与业界提供了沟通的平台，为学生扩展视野与就业打开了窗口，也促进了新闻评论人才培养与教学成果的理论化。

我们还结合特色教育中的实践和理论问题，先后召开"新闻评论团三年会""首届新闻评论班教学研讨会""新闻评论特色教育十年会""新闻评论特色教育十五年会""湖北省新闻评论教学实践与人才培养研讨会""新闻评论开放教育建设会"等，对我国新闻评论教学进行研讨交流，对华中科技大学新闻评论特色教育进行总结与推广。

开展和加强新闻评论的教学和理论研究，有利于办学者对所从事的特色教育和当下形势有一个更加全面和更加深刻的认识；着眼于对学生的培养，更有利于提高他们接触和融入学界及社会的能力。据强月新、刘莲莲在《新世纪以来国内新闻评论研究的回顾与展望》一文中的调查，华中科技大学团队发表的新闻评论论文位居全国第一。[①]

3. 特色取胜，以事成"势"：新闻评论教育的创新实践

再好的理念，再宏伟的蓝图，如果不付诸实践也只能是一句空话。我们力图从以下四个方面来实现自己的目标。

第一，创新评论人才培养方式和课程设置。在全国 2000 多所高校只有大学生记者团的情况下，2001 年新闻学院发起与校党委宣传部共同组建"华中科技大学新闻评论团"活动，面向全校学生，此举开创了全国高校新闻评论教学改革的先河。评论团团员除新闻学院学生外，还有文科院系、理科、工科、医科院系的同学们，旨在为他们提供新闻评论业务学习、历练、交流的平台。2012 年评论团发展为"华中科技大学评论学社"，获得学校立项资助，成为"校园文化品牌建设"项目。2016 年获全

---

① 强月新、刘莲莲：《新世纪以来国内新闻评论研究的回顾与展望》，《武汉大学学报》2013 年第 6 期。

国高校校园文化建设优秀成果一等奖。

2005 年秋季，新闻学院将开办新闻评论方向班列入招生计划，成为全国首家。新闻评论方向班在大一下学期按教务处规定转专业时面向全校（包括新闻学院）学生进行招生。这一方面使新闻评论方向班根据学生兴趣组建而成，另一方面使新闻评论方向班学生拥有了不同的学科背景。评论班每期招收 20 人，借鉴研究生培养模式，采取导师制予以培养。

第二，拓展和完善新闻评论教学方式。我们除了完善课程体系，增加师资和课时外，还对新闻评论的教学做了改进。评论课每周安排两次学生参与互动的环节，一次是"每周时评荟"，介绍点评上周发生的重大新闻及评论，训练和提高学生对新闻事件的即时点评能力和对已发评论的鉴赏能力；一次是"学习与思考"，对已经发表的评论研究论文和著作进行不同观点、不同提法、不同论述的比较研究，从理论层面、宏观大局上帮助同学们把握新闻评论的现状和趋势，提高其研究新闻评论的能力。

在新闻评论经典作品案例数据库方面，已收集百年来有影响的评论作品 1000 多篇、26 届中国新闻奖大部分的获奖评论作品、普利策获奖评论作品 300 多篇，并能进行英汉对照阅读。我们还将建设和完善网络舆情实验室、案例数据库，建设新闻伦理案例数据库，配合课程设置，建立了课程网站，开通了微信公众号。网络舆情实验室设有 20 多部电话，可以组织学生对热点事件进行全国性的舆情调查。

第三，加强教材创新和师资队伍建设。教材是教学的基础。为了让学生拥有时代性、指导性较强的教材，结合多年的教学和实践经验，我先后出版了三部不同类型的新闻评论教材。2005 年出版了《现代新闻评论》（武汉大学出版社出版，2009 年该书经修订后的第二版被列为普通高等教育"十一五"国家级规划教材，2017 年第三版发行，2020 年第 4 次印刷）。在评论班的专题课阶段，选用了我于 2011 年由中国人民大学出版的研究生系列教材《新闻评论研究引论——功能、品格、思维、发现》，主要给同学们讲授科学精神、民主意识、独立品格、宽容胸怀和怎样讲好真话等内容。2014 年我在清华大学出版社出版了《新闻评论通论》，该书主要围绕新闻评论形势、新闻评论功能、新闻评论教育、新闻评论研究等问题进行专题研究，对目前媒体新闻评论实践和高校新闻评论教育中的经验和问题进行了思考和总结。2015 年我讲授的"社会进程中的公民表达"被列为教育部精品视频公开课。新闻学院开设的新闻评论系列课程包括一门主课加八门专题课程，除了新闻学院教师讲授外，还邀请马克思主义学院和文学院教师加盟，形成了由多学科 10 位教师（另有两位青年教师作为评论中心研究员举办评论讲座）组成的教学团队。一些没有业界工作经历的新闻评论课教师被派往媒体进行实训，如评论中心和评论学社负责人顾建明老师就在《光明日报》评论部担任一室主编，挂职一年。为适应新闻评论人才培养创新体系，我们先后邀请《人民日报》、《中国青年报》、《南方日报》、《光明日报》、《湖北日报》、湖北电视台、武汉电视台、《长江日报》等媒体的评论员来校进行了新闻评论业务讲座。2006年，我们邀请中国人民大学涂光晋教授、凤凰卫视评论员何亮亮、复旦大学黄芝晓教授、暨南大学曾建雄教授、武汉大学强月新教授、时任《湖北日报》副总编辑胡思勇担任兼职教授。后又邀请《光明日报》评论部主任包霄林、红网副总编辑杨国炜担任兼职教授。2014 年，16 位资深媒体人被聘为专业导师；2016 年，聘任中央电视台王石川、《经济日报》齐东向等 9 位评论员担任兼职教授；等等。

　　第四，努力为媒体服务，推动媒体评论生产。高校教育不仅需要培养学生熟悉社会、适应社会的能力，还要帮助同学们用所学知识服务于社会和时代，这是教师和学生们的共同任务。十多年来，学院师生通过调查研究、发表论文、会议座谈和现场参与等方式，与《人民日报》《中国青年报》《杂文报》《湖北日报》《长江日报》《武汉晚报》《新闻战线》《新闻与写作》《嘉兴日报》等媒体进行合作，或推出专栏专版，或对版面内容提出建议，或帮助组建新闻评论部。这些做法受到中宣部、国家新闻出版广电总局、中国记协、中国社会科学院新闻与传播研究所和高校、媒体的关注和好评。

　　同学们对《人民日报》（海外版）的评论调查，受到时任总编辑杨振武的批示，在报社《新闻传媒阅评》上发表；对新华社《新华时评》的调查受到领导好评，在《中国记者》上发表，在高层论坛大会上予以表扬；学生对《光明日报》《羊城晚报》《北京晚报》《检察日报》等媒体的评论调查，都受到好评并予以发表。

新闻评论的教师不仅要在课堂上传授新闻评论的基本知识和写作技巧，更要促使学生们关注媒体的评论实践，记录历史。从 2008 年开始至今，我们组织同学们参与调研，先后以《民主进程中的公民表达》《"评论权"推动评论新发展》《日趋多样化的新闻评论发展态势》《新闻评论引领"中国好声音"》《用睿智和激情，与时代一并前行》为题，撰写了对上一年度中国媒体评论的回眸与点评文章，并将其发表在《新闻战线》杂志上。此举不仅帮助同学们扩大视野、关注媒体，更能够使他们感知评论实践的变化与发展，梳理出规律性的东西来。

2007 年开始，我们帮助《嘉兴日报》组建新闻评论部，实施评论记者工作机制（第一时间发布新闻，第一时间发表评论）。时任中华全国新闻工作者协会书记处书记顾勇华，时任中国社会科学院新闻所所长尹韵公，时任新华社国内部副总编辑徐兆荣，中国人民大学高钢、涂光晋教授等认为，评论记者工作机制在评论领域独树一帜，非常值得学习。

新闻评论工作机制及队伍建设

一 积极探索建立"评论记者"工作机制

新闻评论受到媒体的普遍关注和重视——谁掌握了话语权，谁就占领了市场。在科学技术和信息传播迅速发展的形势下，新闻媒体优先获得独家新闻日益困难，而发表有影响的独家评论却成为可能。

随着网络媒体的迅速发展，随着中国加入世界贸易组织扩大与各国间的交往，中国的新闻事业也在蓬勃发展。与此同时，中国的新闻评论也在各种媒体上以繁荣兴旺之势铺开，这被人们普遍地认为是中国的第三次时评高潮。

从 20 世纪 90 年代开始，随着都市报的兴起，中央电视台《焦点访谈》栏目的开播与成功，报纸也不惜版面，开设了一个个形式各样的评论栏目，有的更是开设了评论专版。这里既有党报系统开设的栏目，如《人民日报》的"今日谈"、《湖北日报》的"三楚放谈"、《长江日报》的"长江论坛"；也有晚报、都市报开设的专栏，如《新民晚报》的"今日论语"、《齐鲁晚报》的"新闻时评"、《北京青年报》的"今日社评"等。还有一些报纸开设的评论专版，如《中国青年报》的"青年话题"、《工人日报》的"评论"、《南方日报》的"观点"、《新京报》和《南方都市报》的"社论"和"来论"等。还有《检察日报》等报纸推出了由"关注"、"法辩"、"时评"和"百姓"四个版面组成的法治评论专刊。

有的报纸不仅开设有时评专版，而且在其他版面也开设了评论栏目，如《中国青年报》除开设有"青年话题"专版外，"综合新闻"版开设有"求实篇"栏目，"经济"版开设有"经济时评"栏目，"国际"版开设有"观察"栏目，"法治"版开设有"法眼"栏目，"教育"版开设有"教育视点"栏目及"快评"栏目，体育版开设有"就事论事"栏目，"共青城"版开设有"青年时评"栏目，"汽车周刊"开设有"车市快评"栏目，创业周刊开设有"创业主张"栏目，等等。2006 年 7 月揭晓的第十六届中国新闻奖（2005 年度）评选中，第一次增加了网络新闻的评奖项目，共有 13 篇作品获奖，其中包括人民网发表的《我们怎样表达爱国热情》（一等奖）等四篇评论。在十个新闻名专栏中，"人民时评""新华时评""热门话题""焦点网谈"等四个专栏榜上有名。

华中科技大学新闻评论团曾对我国加入世界贸易组织后全国主要媒体的新闻评论做过调查后发现：新闻评论的分量更突出；新闻评论的时效性更强；新闻评论的论题更广泛；新闻评论的指向多元化；新闻评论监督的异地化；新闻评论形式的多样化；新闻评论队伍的专业化和学者化。

从 20 世纪 90 年代后半期开始，中国媒体的竞争，已从信息量竞争阶段进入"观点竞争"阶段。其中很重要的一个原因就是，"观点""思想"等已成为新闻本身。新闻已不仅仅是最近发生的"事实"，还包括人们最近提出的"观点"，人们最近产生的"思想"，以及被人们最近发现的新思想和新观念。"不光是从理论上，从现实发展来说，媒介竞争已经到了资讯的解释、资讯的解读、资讯的整合的层面上，因此像社评、时评这样的题材，在现代报纸竞争当中，实际地位越来越提升。"① 这就是我们今天面临的形势。

信息剧增，媒介迅速发展，对现代人提出了许多更新更高的要求，媒介素养就是其中之一。当今时代，人们运用信息，借助于媒体反映和评论世界已经成为现代公民的一种素质。

适应形势发展需要，积极探索建立"评论记者"工作机制——1995 年中央电视台"新闻评论部"建立，将新闻描述和新闻评论融为一体，

---

① 喻国明：《今日社评，以平民理解解读当日新闻》，《北京青年报》2002 年 7 月 15 日。

是我国新闻媒体生产的一个创新。10 多年过去了，在此基础上应有更大范围和更多形式上的新发展。

1995 年，中央电视台设立新闻评论部，这是我国新闻媒体生产的一个创新。2003 年，中央电视台新闻频道推出以央视命名的"央视论坛"，更为中国媒体特别是电视媒体的新闻评论带来了生机。但是，央视论坛在自己的实践中越来越背离了自己的宗旨，终于在 2006 年的新一轮节目改版中被取消了，这不得不说是我国新闻界的一件憾事（对此另有文章论述）。多少年来，我国的新闻媒体，特别是纸媒，大都有评论部或评论理论部或理论评论部，但从来都没有新闻评论部的机构设置。"社论是报纸的灵魂和旗帜"的说法除了表现为少数的单发社论、评论员文章外，大量的评论只是对重要的消息报道，如重大事件、重要人物、重要会议和重大节日报道后的配发评论——评论仅仅是在配发中体现它的重要性。新闻评论必须依赖于新闻事实，即先有事实而后有评论。但是，这样的表现并非意味着事实和评论是分家的，即由两个不同的部门的记者和评论员分别完成的。它们完全可以融为一体，即由评论记者完成对新闻事实的采制和新闻评论的写作。所以，在考虑设置"新闻评论部"的基础上，建立"评论记者"的工作机制是有必要的。

评论记者，首先应该是一名记者。他们不仅仅是配写评论，而是可以或应该在传播事实信息中传播观点信息。2006 年 4 月，在华中科技大学召开了"新世纪第二届新闻评论高层论坛"。大会上已经有不少代表围绕建立评论记者工作机制发表了很好的意见①。现在国内不少的媒体已经开始这样做，如新华时评的选稿标准是新闻性、时效性、思想性、针对性，不能坐而论道，必须有鲜活的新闻事实。他们认为，好言论是在采访中产生的，是有价值信息和有价值观点的结合体。新华时评有不少是各分社的记者撰写的。《人民日报》2006 年前 3 个月发表的 43 篇"人民时评"中，有 40 篇是《人民日报》记者、编辑所写。《河南日报》已经开始将评论员分派下基层，让他们写出采访式评论。《南方都市报》评论部提出，"一种

---

① 陈栋：《新闻评论：从"意见平台"到"公民素质"——"新世纪第二届新闻评论高层论坛"综述》，《今传媒》2006 年第 5 期，第 4~6 页。

更接近现代评论形态的操作模式是值得尝试的,那就是设立评论记者,以采访的方式获得选题的价值与内容,成为立论行文的背景"①。

提出建立"评论记者"工作机制基于以下的三点考虑。

第一,信息传播的快捷性要求媒体不仅在第一时间发布事实,同时也要求在第一时间发表对这个事实的判断和评价。评论记者可同时承担这一重任,提高评论的传播时效。在普利策新闻奖中,每年都有将揭露新闻事实和新闻评论融为一体的作品获奖。自然,将这种作品称为消息还是评论,可能会给组织中国新闻奖的同行提出一个难题。但我以为,在各种学科信息相互融合的今天,不必拘泥于传统的文体分类。这又是一个话题,另述。

第二,评论必须依赖于事实,评论记者到事实的源头采访调查,可以更全面更真实地把握事实,从而更深刻地领悟和揭示事实的本质,写出好评论。这种优势是其他非新闻从业人员无法比拟的,同时也提高了评论作品生产和发表的难度。从某种意义上说,也有利于遏制目前评论界"一部电脑一张网,一篇评论满天飞"的状况。

第三,将新闻事实和新闻评论融为一体,有利于培养记者深入实践、脚踏实地的作风并提高他们的理论和思辨素质,这对于提高记者整体素质是大有好处的。大凡从事过这样工作的记者都有深切的体会,在现代通信和交通工具发达的情况下,更需要到生活中去,到社会实践中去。到不到新闻事实的第一现场,对于评论的写作者来说,感受是不一样的。建立这样的工作机制,对于贯彻落实"三贴近"的原则也是具有积极意义的。

二 建立"评论记者"工作机制是时代需求

新闻评论作为一种观点信息越来越受到人们的关注,自然也得到媒体的重视;新闻评论作为舆论环境建设的一个重要组成部分,在促进民主政治建设中越来越发挥着积极作用;新闻评论作为一种理性认识的表现形式,有助于人们更全面更科学地认识世界。

---

① 李文凯:《南方都市报时评的理念与操作》,载南方都市报时评组编《热言时代:南方都市报时评精选》(第一辑),南方日报出版社,2006,第11页。

从 20 世纪 90 年代后半期开始，我国媒体的竞争已从信息量竞争阶段进入"观点竞争"阶段。新闻媒体优先获得独家新闻日益困难，而发表有影响的独家评论却成为可能。

信息传播的快捷性要求媒体不仅在第一时间发布事实，同时也要求在第一时间发表对这个事实的判断和评价。"评论记者"可承担这一重任，加快评论的传播时效。"评论记者"可以发表更多更好地代表本媒体实力和立场的评论，这无疑会使媒体的"思想竞争力"得到提升。除了纸质媒体，广播、电视上的评论也在增多，网络评论的数量更是急剧增长，2006年中国新闻奖第一次设立了"网络新闻"的奖项，其中就包括网络评论。

当下，时评写手数量庞大，既提供了大量的评论稿件，也出现了许多观点相似、写作模式雷同、一篇评论走遍多家媒体等现象，甚至出现严重事实错误。评论作者的事实来源是"据报载"，一旦事实来源错误，评论的观点自然就难有说服力。评论是以说理见长的，是需要知识、理论和独特的见解作为基础的。而当今的时评作品，很多是不符合这个要求的。大量不合要求的文字充斥版面，不是对人们的一种信息污染吗？"评论记者"增多，使媒体的社会责任和市场利益能够更好地统一，更好地代表先进文化，为受众提供良好的精神产品，这也是广大受众所需要的。

综观当下的时评，常常是时评写手写全国、全国写，减弱了媒体的地方特色。实施"评论记者"工作机制，写作由当地事实引发的评论，与当地域民众的生活联系更紧密，阐述的道理更有利于当地媒体受众接受。

通过采访调查写作评论，在评论中报道新闻事实，在美国等国家的报纸评论中已经有不少这样的评论和获奖作品。《人民日报》、新华社也有不少驻地记者撰写在采访中形成的新闻评论，据我对 2013 年至 2016 年《人民日报》新闻评论版的调查统计，发稿人为本报评论部评论员和本报记者的文章占比 38%，位列第一。驻地记者以当地事实作为新闻素材的评论，紧密地与当地民众的生活联系，表达的观点更能引发读者的共鸣。[1] 在《新闻联播》节目中，也能看到央视记者对新闻事实发表的现场

---

① 张心怡、赵振宇：《渐趋开放的公共空间——〈人民日报〉新创评论版特色研究》，《新闻大学》2017 年第 3 期，第 62～69、87、149 页。

评论。这是一个能够体现媒体独特风格的好方式。

设置"新闻评论部",建立"评论记者"工作机制,是循序渐进的探索过程。有条件的新闻单位,可以从少数人做起、从少数部门做起,采取灵活多样的不同部门人员交换的机制。同时,制定对"评论记者"的评价和考核机制,开辟新的专栏,鼓励"评论记者"将自己培养成采访和评论的高手。

三 《嘉兴日报》的实践和探索

2007年3月5日,《嘉兴日报》面向全国招聘组建成立新闻评论部,"嘉兴时评"栏目正式创办。与之相伴,"评论记者"工作机制开始运行。它以"第一时间发布新闻、第一时间发表评论"为工作方针,打破了以往新闻实地采访和新闻评论写作互相隔离的传统弊端。时至今日,"嘉兴时评"已走过10多年,效果究竟怎样?有哪些成功的地方?有哪些需改进的地方?

1. 探索建立"评论记者"工作制

持之以恒推进新闻评论工作机制。在形式上,"嘉兴时评"栏目设立之初,做了这样的安排:周一至周五,每周5期,在头版位置设置栏目图标刊发评论稿件,署名冠以"本报评论记者×××"。从2007年3月5日至2016年12月31日,《嘉兴日报》的"嘉兴时评"栏目共计刊发新闻评论文章2353篇,周均刊发约4.6篇。

"嘉兴时评"形成了"让评论走出办公室""先采访后评论""调查的深度成就评论的高度""追求有价值的独家观点""主流媒体引导主流舆论"的工作理念。该栏目强调评论记者紧扣嘉兴经济社会发展中的热点、难点问题,深入基层、深入群众、深入现场采写、调研、了解情况,以第一手采访到的材料为立论的依据和基础,务必使新闻评论言之有物、言之有理,以强烈的现实针对性和思想启迪性,增强党报新闻评论的舆论引导力。"嘉兴时评"栏目及其刊发的稿件有如下特点:一是以题材的本地化,谋求党报评论的针对性、接近性和亲和性;二是以调查深度成就评论高度,谋求党报评论"意见领袖"地位;三是以"第一时间"的时效性要求，谋求党报评论的"第一解释权"。

引进人才之后，为用好人才，《嘉兴日报》出台了一系列配套措施：首先，是版面保证。头版设立的"嘉兴时评"，除了重大时政活动外，一般情况下坚持优先发表评论。其次，考虑到"评论记者"工作机制的探索性，"评论记者"的月奖金相对于其他部门上浮 20%。最后，"评论记者"是一种岗位名称，并不是指评论部具体的某个人，其他部门记者通过深入采访写出的评论稿件，一样可以纳入评论记者名下，报酬与评论部成员相同。

在人才培养上，实施多岗位流动。"评论记者"首先应该是一名记者，并在传播事实信息中传播观点信息。更重要的是，由于"评论记者"不像其他采访部门那样有固定的行业、领域，必须工业、农业、教育、文化样样通、路路熟，因此要成为一名合格的"评论记者"，首先必须是一名优秀的新闻记者。为此，《嘉兴日报》通过每两年一次的职工、岗位"双向竞聘"，有效实现了"评论记者"多岗位轮换，以及新闻、评论写作"双培养"。

目前，"嘉兴时评"栏目已获得 2011 年度浙江新闻名专栏、2013 年度中国地市报新闻奖专栏一等奖等荣誉，多篇稿件获得浙江新闻奖、中国地市报新闻奖。为了探讨"评论记者"工作机制，听取业界和学界的意见和建议，《嘉兴日报》先后举办了"《嘉兴日报》评论记者工作机制研讨会""新世纪第三届新闻评论高层论坛"等活动。

2. 不断探索完善"评论记者"工作机制

新闻评论部没有固定的战线，特别需要解决新闻来源问题。《嘉兴日报》一方面要求"评论记者"努力建立自己的条线网络，另一方面着手建立部门联动机制。

一是热线联动。在每天的采前会上，对热线线索逐一分析，从中找出新闻价值比较大、适合评论的线索，然后安排"评论记者"深入实际采访。比如，2010 年 12 月 16 日，"嘉兴时评"发表的文章《"14 起投诉"羞了谁的脸？》，就是根据读者的投诉而采写的。读者反映，郎泉护肤品有限公司打着"免费美容"及赠送小礼品的幌子，诱骗顾客进店体验，实则是变相的强制消费。对此有关部门答复：证据不足，无法查处。由于评论建立在采访的基础之上，评论记者掌握了一个重要线索，涉及郎泉公司的投诉多达14起，投诉时间跨度比较长，对此，文章指出，"14起投诉"并非一日井喷而出，而是历经数月一件一件累积而来，面对第一次投诉，可以回答"证据不足"，当面对"14起投诉"时，还回答"证据不足"，表明没有人去现场认真调查，属于行政不作为。文章刊出后，有关部门震动很大，他们积极行动起来，使郎泉公司受到惩罚，消费者权益得到保护。

二是与其他采访部门联动。为了调动其他部门的联动积极性，报社规定，采访部门与新闻评论部联动的稿子，可以优先刊发，并在考核上适当加分。这样提高了其他采访部门记者的积极性，一方负责新闻稿件，一方负责评论稿件，互不冲突，又相互配合。比如，2011年3月，受谣言影响，嘉兴出现了一股"抢盐风潮"，针对这一突发事件，《嘉兴日报》综合新闻部与新闻评论部联手，针对事态进展情况，精心组织了一系列报道，其中题为《为什么没必要对"盐"恐慌》的评论，针对"抢盐风潮"产生的动机，有针对性地做了分析和解释，从而在很大程度上消除了读者的恐慌情绪。

这种联动，不仅保证了新闻来源新鲜，也建立起了立体化的舆论监督格局，影响力得到更大提升。此外，这种联动也打造出了一支人人都会写评论的记者队伍。

四 关于深化"评论记者"工作机制的思考

在实践中，"评论记者"工作机制还有许多问题需要研究和解决。

第一，如何处理"评论记者"和条线记者的关系？"评论记者"没有条线，宽松得很。但是，对于有条线的记者来说，这不是抢他们的饭碗吗？能够抢到吗？"评论记者"如何提高新闻敏感，多发现可以写评论的新闻？这些是"评论记者"面临的重要问题。

第二，如何处理新闻评论部和其他采编部门的关系？《嘉兴日报》"评论记者"的收入比其他部门记者高一些，在年终考核时要高出其他部门20%。"评论记者"没有固定的行业、领域，获取新闻线索就要少一些，有了线索还要选择那些能够给读者以启迪的值得写的新闻，有了新闻，在此基础上发表评论也不一件容易的事。所以，适当提高他们的收入是可以理解的。但是，部门之间的收入差距是否会影响该部门与其他部门的关系，这是政策制定者需要思考的问题。《嘉兴日报》的做法是，鼓励报社各部门记者都动脑筋，出好稿，有能力的可以动手写评论，凡是被采用的均给予奖励。既写报道，又写评论，对于提高整个报社采编人员的素质也是有好处的。

第三，如何处理"评论记者"与专家型评论员的关系？随着评论写手的增多，不少报纸都邀请了各方面的专家学者作为评论员。他们的加盟，使报纸的评论更具科学性和专业性，对提高受众的思想理论素质是大有好处的。但是，这一切均不能代替"评论记者"的功能。"评论记者"具有良好的新闻素养，熟悉当地的大政方针和实际情况，他们采写的评论一般来说针对性更强，与当地受众的联系更紧密。而专家型评论员却缺少这一点。既发挥专家型评论员的特长，又保证"评论记者"的新闻性和接近性，使其相得益彰，应是基本方针。

第四，如何处理消息报道和评论文章的关系？报纸自然要以新闻事件的报道为主，报社有很多人是从事这一工作的。要搞好新闻报道不是一件容易的事，需要不断提高记者的社会责任和业务素质。"评论记者"既然是记者，就应和其他记者一样具有新闻记者的基本素质。但是，"评论记者"的采访和调研不只是为了发表消息报道，而是要选择那些可以评论和值得评论的新闻事实。如何处理评论记者和一般记者在选择新闻事实上的区别，也是一个需要研究的课题。如何更好地实施"评论记者"工作机制，需要继续探索，希望有更多业界和学界的同仁关注，群策群力，使其走得更好。

五　建立一支可持续发展的评论队伍

新闻评论在现代新闻传播中，发挥着越来越重要的作用，这是毋庸置疑的。但是，现在不少的新闻单位却推不出有分量的，有足够多的栏目、版面（或时间）的新闻评论，其中一项重要原因就是缺少高素质的新闻评论队伍。所以，从某种意义上说，要想发展我国的新闻评论就必须首先加强我国新闻评论的队伍建设。只有人的问题解决了，其他方面的问题才可能迎刃而解。下面主要从新闻单位、业余作者和大学新闻教育等三个方面论及评论队伍的建设。

1. 加强专业评论员队伍建设

媒体的评论是否繁荣，关键在于是否有一支很强的评论员队伍。而队伍建设又是一个系统工程，涉及方方面面的问题，大体可包括部门设置、版面安排、工作环境、奖励报酬等。中国现在加强了与世界的交流和沟通，其中就包括新闻传播业。欧美国家的报纸已经有了几百年的发展历史，学习和借鉴他们的做法，或许会开阔我们的视野，促进我们做某些适宜中国国情的改革和调整。

加强人员配备和组织策划。欧美的报纸大都有两个言论版面，一个是社论版，专发本报评论员的文章；另一个是来论版，发表读者来信来稿。《纽约时报》是美国的一家大报，该报的社论版设主编1人（直接归发行人领导，并配行政助理1人）、副主编1人（配行政助理1人）、助理副主编2人、社论委员8人，共计14人。评论版归社论版主编领导，另设主编1人、来信编辑2人、国际事务评论家1人、其他专栏评论家5人、文化和社会专栏评论家1人、自由专栏评论家1人，共计11人。这样算来，该报从事社论和评论工作的总共有25人了。

在美国报纸媒体里，社论部是一个特殊的部门。这个部门的主编，从地位上讲与总编辑相当，他不受总编辑领导而直接归发行人领导。但从权力来看，他比总编辑小得多，仅管辖数十人和几个版。在《纽约时报》，总编辑不过问社论部的事，也不参加社论委员会的会议，而社论版主编也不参加新闻部门的编前会，更不会对新闻采访指手画脚。不过，两边的人员流动却是经常的，该报不少评论员就曾经是资深记者，获得过普利策奖的名记者也大有人在。总编辑雷恩斯在担任此职之前，就是社论版主编。由社论版主编调任总编辑的，雷恩斯并非第一人。美国著名报纸的社论和评论版还强调与各类利益集团划清界限，具体表现就是社论版和评论版绝不刊登任何广告。①

---

① 辜晓进：《走进美国大报》，南方日报出版社，2003，第52页。

报纸上没有版面，广播或电视没有时间安排，那说到评论的繁荣只能是一句空话。我国现行体制下，除中央和地方几家报纸设立评论部外（中央电视台设立的是"新闻评论部"），大部分媒体都是将评论与理论合在一起称之为评论理论部。评论部的人员编制大都不多，真正从事评论写作的，少则一两个人，多的也不过三五个人。现在，从中央媒体到地方媒体，大都开始重视加强评论队伍建设，取得一定成效。

《人民日报》评论部设立了 5 个处室：专栏室、要论室、政研室、新媒体评论室、版面室。评论部的编制为 30 人，这可能是全国媒体中最强大的阵容。每天要承担评论版 7000 字，今日谈、人民论坛、报眼评论员文章等近 1 万字及其他的评论写作、编辑任务。《人民日报》评论部现在把评论员按领域对口分配，要求有专业积累。在招人上，基本不要学新闻的，而是招收法律、政治学、哲学、国际关系、中文等专业，在学历上要求有交叉的、双学位的复合型人才。

《人民日报》在网络化生存和时评化锻炼中，不断提高评论员的"网商"和"舆商"。在评论员队伍建设上，他们采用干中学、传帮带，老带新、新促老的方式，用好"80 后"敏锐的新媒体触觉，用好"70 后"的良好知识结构的年富力强，用好"60 后"的采编经验、社会经验和理论积累，在"40 后""50 后"的领导下，教学相长，相得益彰，缩短了评论员成长的时间段。

中央电视台从 2009 年 7 月起建立评论员机制，专门成立评论员组，负责一支特约评论员队伍。当年 7 月 27 日，央视评论员队伍正式亮相《朝闻天下》，随后逐步出现在其他新闻节目中。2013 年 1 月 23 日，央视评论员首次以直播连线形式出现在《新闻联播》。央视评论员队伍管理实施由策划部评论员组统筹安排。经过近几年的发展，央视评论员队伍基本把自己的评论员定义为：一个拥有某项专业背景，擅长媒体表达，能准确把握新闻背后的客观规律和走向，能通过深度解读来掌握新闻舆论场中的话语权，能体现国家电视台的权威性、影响力和推动力的人。目前活跃在央视的最主要的特约评论员中，媒体出身的占到一半左右，其他的也都拥有媒体经验，有不少评论员之前已经以专家的身份活跃在屏幕上。目前央视有 20 多位最主要的特约评论员；另外拥有 400 人左右的专家库，其中有 50~60 位较为核心的专家。

在评论员管理上，央视实行评论员值班体制，策划部评论员组对特约评论员实施管理，负责其在央视新闻中心所属节目中的统筹安排、内容设计、电视表现等。不过还没有对特约评论员实行专属战略，有央视特约评论员身份的人还经常出现在不同的电视节目中，甚至不同的电视台中。尽快构建一套成熟、客观、标准化的评论员选拔、培养、薪酬激励和经营管理机制，也是央视评论员队伍建设面临的挑战之一。①

建立相对独立的写作机制，保障评论员的创造精神。评论写作是一种思想意识的表达，正如一百个人看哈姆雷特就有一百个不同的认识一样，对同一件事，不同评论员的看法和写作方式也不可能完全一样。新闻媒体应该保证评论员有思想和写作的自由度，为他们创造和提供较为宽松的创作环境。思想的自由是作为正常生活的人的一个重要权利，我们不能剥夺或轻视这种宝贵的人权。

西方媒体大都是将新闻与评论严格分开的，如《华盛顿邮报》《洛杉矶时报》等。据介绍，这样做的目的是使新闻更加客观公正，使评论更加独立自主。根据美国报纸通行的游戏规则，新闻是客观的，由客观世界决定，而社论是主观的，必须体现报纸的立场。将两者分开，有助于更好地划清客观与主观的界限。

自然，西方媒体也不都是完全能够做到这一点，但是，这种评论写作的相对独立性，却给了评论员的思想和写作极大自由度。中国的国情不同，不能也没有必要完全照搬西方的那一套。但评论与新闻报道的相对分离（某种程度和某种范围），社论和评论员文章能够单独发表，就这一点而言还是可实行的。现在的状况是，绝大部分社论和评论员文章为配合新闻报道而刊发，社论和评论员文章中很少有独立的新闻事实的披露。将评论置于一种被动地位，评论员文章仅仅承担配合的角色，这种状况是需要和可以改变的。评论员独立精神的培养，实际上是媒体自身特色品牌的铸造。正像英国《太阳报》专栏作家理查德一样，独立的思想和写作风格

① 新华社新闻研究所课题组：《新媒体环境下的评论报道创新——央视、人民日报等十一家媒体谈评论写作和改革》，《岭南传媒探索》2013 年第 6 期。

将会为自己的媒体争取一大批忠实的受众，这是一个媒体追求特色品牌的发展之路，我们可以学习和借鉴。

现在国内不少媒体的做法是，将评论作为一种配发言论（不少地方将消息、评论和照片的三位一体作为对报道事件重视的一种规格），有的确实评出了新意和具有理论的深度，但也有不少评论文章只是对消息报道的一种强调，有的还只是一种重复。不仅没有起到画龙点睛的作用，有的反而起到画蛇添足的作用。评论部作为一个独立的部门，它应有自己独立的采访对象和评论主题。如果能做到这一点或有一部分这样的职能，仅从扩大新闻源的角度来说，也是一种资源的开发。对于广大受众来说，实际上是花同样的钱获得了更多的信息，受众是会欢迎的。

在社论、评论的写作上，应反对公式化、一律化的写作模式，提倡更多的能体现评论员自己个人特色的写作风格。综观多年来中国新闻奖有关新闻评论的评选，大凡获奖作品的写作方式也大都相同或相似，偶有例外，也会引起评委们的反复争议。我们的时代是一个千变万化的时代，媒体的形式多样，受众的爱好和兴趣也是多样的。在这种情况下，我们有什么理由不允许最能展现自己风格的言论更开放一些呢？应该有这样的机制，应该有这样的环境。现在有的报纸已在着手这样的尝试，其他的报纸和媒体应有这样的紧迫感。

作为根植于南粤大地的《羊城晚报》，在写作方式上较为活泼、多元。当然也有一个尺度的问题。时评实际上有点杂文的色彩，在很大程度上是拼胆量的，在处理题材上和语言上都是这样。作为首席评论员，关键是要知道该怎么把握分寸，有的时候开放一点，有的时候保守一点。在表达观点上要常做话语转换和柔化处理，碰到敏感的或者感觉有问题的文章，不该直接就否定掉。有的只是个别语言上的敏感，在意思没有根本变化的情况下换一种表达可能就通过了。《羊城晚报》的很多评论作者也是可以接受这种柔化、脱敏处理的。这种方式需要和作者建立密切的、互信的关系。新媒体时代人人都是评论员，他们和正式的评论员风格是不一样的，网民是一吐为快，哪怕发个问号、感叹号也是一种意见表达。《羊城晚报》"围观"栏目一定要从中找出最精彩的评论，尽量保留网民评论的原汁原味。

创刊于 2003 年 11 月 11 日的《新京报》，提出评论的理念为：立于北京而怀远，彰显法治和人文，积极稳健有见地。核心理念是"法治人文"这四个字，这是恒定的价值观。他们的变化只是在机制、具体操作层面。第一，大大提高时效性。要求保证报道和评论必须同一天推出：不允许隔日再评论，以免滞后。《新京报》每天下午三点半开会研究热点，确定话题，由专业团队进行研究决策，而不再由一两个人拍脑袋做决定。第二，要求编辑记者随时跟踪网上新闻的变化，根据变化修订观点。很多政府部门的新闻发布会都在晚上召开，新闻报道在 24 小时不停地滚动播出，评论也是一样。否则，就是无效的。第三，从作者队伍来说，他们坚持开放式的理念，以前多是请专家学者写评论，现在增加了很多"业余写手"，如医生、教师、法官、律师等一线工作者，这个比例一直在增加。例如维 C 银翘片引发争议一事，他们就找了一位医生来写。过去遇到法律问题是找大学教授，现在会增加律师、法官。一线工作人员写的评论接地气，读者爱读。

《环球时报》的评论分量重、信息量大，强调多元化和开放性，注重所掌握知识的全面性，在文风上，要求说真话，直白。《环球时报》的社论是有立场的，其他的评论则采取开放态度。他们致力于提供一个开放平台，反映多元化声音，而不去预设立场和价值观，不能非黑即白。当然，他们对发表的评论也是有要求的：必须要有新的视角、新的观点、新的材料，要穷尽材料，穷尽之后才知道什么没有说、什么不该说，要通过自己的判断加以表述；同时，一定要站在维护国家利益、推动国家和社会进步的角度。在评论文风上，其强调要说实话、说人话，要直白，不说正确的废话。他们的评论坚持平衡性原则，尽可能做到各种观点之间的平衡，而不能完全由一种声音压倒其他。他们要求，报道多元世界，报道复杂中国。①

在融合媒体的大背景下，自媒体人的大量涌现，评论主体和评论标准日益多元化。微信公众号的如下特点受到评论员们的点赞：一是观点的深

---

① 新华社新闻研究所课题组：《新媒体环境下的评论报道创新——央视、〈人民日报〉等十一家媒体谈评论写作和改革》，《岭南传媒探索》2013 年第 6 期。

度——有见识、有料、犀利、深入；二是观点的稀缺性——原创、独特、有非主流见解；三是表达的时效性——及时、第一时间表达观点，热点抓得准；四是表达风格——语言调皮、有趣，写法上有创新；五是和自身的相关性——是自己所在部门主办的；六是传播的便捷性——适合微信朋友圈传播，文风贴合移动互联时代的阅读习惯，能在快速浏览中帮助人拓展思想维度。① 所有这些，都会对传统媒体新闻评论员的写稿方式有所影响和改变。

2. 加强业余评论作者队伍建设

随着媒体评论专栏和版面的增多，为其撰稿的业余评论作者也开始增多了，这是一件好事。但是，从总体上说，这个队伍还不强大，作者素质还须提高。另外，如何培养为本媒体服务，相对稳定的高水平作者队伍，也是一个艰巨的长期的工作，需要媒体认真对待。

培养和发展评论作者队伍的一个重要途径就是开展评论征文活动。如《人民日报》"今日谈"专栏开设的"从身边看变化"征文和《南方周末》评论版举办的"我和我的国家"征文。一次好的征文活动就是一次作者的动员和发现。每个人都有自己的故事。"从身边看变化""我和我的国家"征文的宗旨就是要让五湖四海的读者讲述自己的故事，从故事中论及自己与国家的关系。从地域上说，全国各省区市的作者都有，既有北京、上海、江苏、浙江、广东等省市和沿海发达地区的来稿，又有西藏、云南、内蒙古、宁夏、青海等西部边远地区的来稿；从作者身份来看，各行各业的作者都有，既有科学家、企业家、作家等，又有普通的工人、农民、市民、解放军战士；从年龄上说，既有年过七旬的退休老人，也有十几岁的中小学生。一些作者一次就来稿五六篇，如解放军上海某部专门为此还在内部搞了一次征文，精选出几十篇寄出。社会的变化无所不在，不同的地区有不同的情况，不同的身份有不同的经历，不同的年龄有不同的感受，作者的广泛性也决定了题材的广泛性。为什么一次征文能够吸引如此多的作者参与，因为"从身边看变化""我和我的国家"这样的选题大家都有话可说，大家都有道理可论。所以，要组织好言论征文就一

---

① 陈敏：《媒体融合背景下中国新闻评论之变》，《新闻记者》2015 年第 5 期。

定要策划好选题。

2015年3月，《人民日报》评论版在"大家谈"专栏中推出"践行核心价值观"专题，其目的就是希望"以更生动的形式更具体的方式把价值观传播给公众"，"让千千万万'沉默的大多数'感受到核心价值的魅力"。在2015年4月23日第二十个世界读书日之前，他们又推出"干部谈读书"专题，其目的就是希望各级领导干部把读书作为一种生活方式和工作方式，在治国理政中巩固立身之本、夯实从政之基。4月还在一版"今日谈"栏目中开展"'实起来'难在哪"征稿活动，请广大读者以所见所闻的故事、鲜活生动的事例，来为"落实难"曝曝光、把把脉，共同探讨"如何实起来"的问题。

3. 加强学校评论后备队伍的建设

媒体评论人才奇缺，一个重要原因就是新闻学院很少输送的合格新闻评论员。新闻学院是专门培养新闻人才的地方，自然也应承担培养新闻评论人才的责任。而现在的状况是，在大学里的评论教育还基本上是老一套，跟不上时代发展的需要。所以，在新闻学院加强新闻评论课的教学改革，加强在新闻学院对评论人才培养的重视，是从源头上解决评论人才奇缺的一个有效途径。

2003年10月，"新世纪首届新闻评论高层论坛"在华中科技大学召开。来自全国高校和媒体的50多位从事新闻评论教学和媒体评论写作的老师和评论员会聚一堂，其中就谈到大学的新闻评论教学改革。

华中科技大学赵振宇提出，要走出对新闻评论的狭隘理解，即把新闻评论仅仅理解为新闻评论写作、党报评论和纸质媒体上的表现形式。他认为，应该从世界发展的大势中看待中国的新闻评论，从人与社会关系中看待新闻评论的作用和特性，从中西文化差异中看待中国新闻评论的发展。中国人民大学涂光晋认为，评论教学应该教学生有自己的思想，而新闻学界缺乏比较好的评论教学方法，和文史哲领域有太大差距，和传播学界的教学研究方法也有差距。现在高校评论教育的文本分析、评论写作教育方法意义不大，还用的是二十多年前的研究成果。新闻评论教育应放在整体教学体系中，培养具有理论水平，全面客观地看待社会的可持续发展的新闻记者和新闻评论员。兰州大学冯渊源结合自己新闻评论教学实践，提出传统新闻评论教学中案例陈旧、重写作轻思考、教学手段单一化等缺陷，并提出评论教学重点应让学生用正确的逻辑模式去思考现实问题，锻炼客观、冷静分析事物的能力。另外，南京政治学院王传宝、广西大学漆亚林、新疆财经学院刘红和李讲席、郑州大学吕文凯、同济大学柳珊也在关于新闻评论教学的讨论中进行了积极发言，提出了许多有益的建议和意见。①

讨论和碰撞都是初步的，大学新闻评论的教学改革已经摆在教育者的面前。从国际传媒来看，新闻评论相对于通讯报道等而言独立性更强，分量更重，很多报纸言论都是整版，甚至用评论主打头条。从国内来讲，全国 700 多家新闻院系虽然一般都开设新闻评论课，但在本科和研究生阶段却均无新闻评论方向的教学，课程设置单一化，目前评论教学尚无法满足媒体需要，评论人才缺口很大。

加强新闻学院的评论教学改革是一项系统工程，需要各方面的通力合作。从一些学校成功的教学实践来看，可从以下四个方面进行加强和改革。

第一，加强和改革本科生新闻评论课教学。本科阶段是青年学子由一般教育到专业教育的新阶段，此时的教育对他们以后的专业方向的确定和素质的提高十分重要。现在大学的新闻评论教学很多还是陈旧的，既有教材的陈旧，也有教学方法的陈旧，大多沿用中文系教写作课的方式来教评论。教师未在新闻单位工作过或未写过新闻评论，新闻评论课主要是纸上谈兵，教授学生写作常识。对于新闻媒体面临的挑战和机遇，新闻单位体制发生了哪些变化，中西新闻评论有哪些差异，中国新闻评论发展的方向是什么，等等，学生都不清楚。教学也只是从书本到书本，考试只是背熟书本上的一些定义和解释就行了，就可得高分了，而学生一毕业，到了新闻单位仍然不敢或不会从事新闻评论的工作。

———————————

① 杨林：《新闻评论：旗帜的力量继续飘扬——"新世纪首届新闻评论高层论坛"综述》，《现代传播》（中国传媒大学学报）2013 年第 6 期。

根据这一现状，大学本科的教学必须在体制、教学内容和教学方法上都做一些改进和改革。

在教学方法上，要学习和借鉴 MBA，运用多媒体，搞好案例教学，讲清讲透每一个评论实例，用变化多端的新闻实践去阐释理论和理念；而不是用概念去串联案例，进行文字和逻辑的演绎。在师生关系上，要克服过去"你教我学""你问我答"的对立状况，实现师生的双向互动，将"要我学"的被动局面转变为"我要学"的主动状态，将"回答问题"注释论著，变成"共同研讨"探究现实。

扩大与媒体的相互交流，聘请更多的媒体资深评论家到新闻院系任教和兼职，同时提倡新闻院系的评论教师要熟悉新闻媒体，要熟悉评论写作，最好能写出较好的评论文章或制作出较好的评论节目。

在有可能的情况下，积极组织学生到新闻单位的评论部见习，以增加感性认识和实际动手能力。参加社会实践，不仅对学生有帮助，对教师的教学也是一个检验，听听他们的反映，检查自己的教学和组织，对自己也是有好处的。加强对学生实习环节的重视，组织教师和学生在实践中共同提高，这是一个新课题，需要认真研究。

第二，加强新闻评论的社团组织，进行广泛的评论素质培养。现在，大学里大都成立了学生记者团一类的组织，对于培养学生的新闻素质是有好处的。在可能的情况下，还可组织新闻评论团一类的组织，吸收更多学习工科、理科、医科、管理、法律、政治等多学科的学生参加培训。华中科技大学从 2001 年起，由新闻学院与学校党委宣传部共同组织成立了该校的新闻评论团。该校老校长、中国科学院院士杨叔子先生，宣传部部长，新闻学院院长等出任评论团顾问，新闻系教师担任教练。评论团借用新闻学院的有利资源、学校校报、人文讲座、宣传橱窗等有利阵地，做好以下一些工作：

通过新闻评论团把校内有志于且有能力从事新闻评论写作的师生组织起来，依托校内四大媒体，宣传校党委的建校决策，积极正确地引导舆论；

通过新闻评论团的写作，在全国各大新闻媒体宣传该校各方面工作的闪光点，扩大该校在全国的知名度；

组建、开展好新闻评论团的各项活动，这本身就是一个新闻亮点，可以引起全国新闻媒体的关注，不断予以报道，提高该校在全国的美誉度；

针对目前社会上新闻评论人才奇缺的现状，大力培养新闻评论人才，探索和改进新闻评论的写作与教学，在全国大学特别是新闻院校树立该校新闻评论的品牌优势，增强信誉度，有利于吸引生源和优势分配；

弘扬该校重视人文精神，注重文理交叉的优良传统，配合学校中心工作，适时开展学生间的对话交流活动，活跃校内人文思想，引导人们关心政治，关心社会，创造良好的学习氛围与校园社区环境。

2006 年"华中科技大学新闻评论研究中心"成立，邀请国内高校和媒体专家担任特邀研究员。

2012 年 3 月底，全国高校首个新闻评论报纸——《华中评论》在华中科技大学式创办。该期《华中评论》由该校新闻学院 2010 级新闻评论班学生在教师的指导下独立完成。①

第三，开展评论特长生教育。根据评论员素质要求高、培养周期相对较长的特点，可在大学阶段从有一定评论特长的本科生中挑选人才予以定向培养。特长生教育借用硕士生的培养方法，由具有一定教学和实践经验的教师指导，每位教师指导四至五名学生，教师的指导在院内计算工作量，予以考核。特长生除了撰写新闻评论作品外，还在教师的指导下，从事一定工作量的学术研究，这样有利于提高学生的理性思维和研究能力，以便更好地了解新闻评论的概况，从宏观上把握新闻评论的写作。从2005 年开始，华中科技大学新闻学院已经开设新闻评论班，实施单独的培养计划。

第四，加强研究生评论方向的培养。在研究生入校初就开始选择进行定向培养，由指导教师根据学生不同的学科背景和评论写作基础，与学生共同商定研究方向。经过几年的努力，已有硕士研究生完成了《新时期省级党报新闻评论研究》《"央视论坛"百期调查》《时评的复兴与公共领域的建构》《中美社论写作比较》等论文。有博士研究生完成了新闻评论中的科学精神、民主意识、独立品格和宽容胸怀等方面的博士论文。在新闻评论高层论坛上，不少学生参与会议，广泛拜师，采访知名评论家，

---

① 赵振宇：《新闻评论通论》，清华大学出版社，2014，第 176 页。

撰写了介绍他们的专访文章。这些活动对扩大学生的学术视野，提高他们对社会认识的深刻性都是大有好处的。

上面介绍的是一所大学十多年来的探索和努力，尽管也有成效，但是，在很大意义上，它仍然是碎片化和缺乏扎实根基的，因为目前我国的教育体制、课程体系和现有条件，决定了新闻评论教育具有难以撼动的时代局限性。

那么，有没有一种途径可以尽量避免这种时代局限性呢？有，那就是建立更加专业化和体系化的"中国新闻评论学院"。这当然是一个需要付出热情和耐心的系统工程，也是需要克服各种认知和体制障碍的艰巨工程，但立足现在，瞻之未来，我们可以说，在高校中建立新闻评论学院（与新闻媒体合作），已是大势所趋，是高校和媒体所需。当然，我们对困难也应有充分的估计，因为这种尝试，在世界上还没有先例，我们在做一项开创性的事业，只能摸着石头过河，排除万难、顽强前进，为中国新闻评论事业的进步，为中国社会的发展，而做出微薄却值得尊敬的贡献。①

4. 建立促使评论人才成长的激励机制

时下，不少企业和单位都推行"事业留人，感情留人，待遇留人"的激励机制，对于调动和稳定人才起到重要作用。人是社会中人，人们所奋斗的一切，都与他们得到的物质和精神利益相关。尽管在某些时候，对某些人来说，外部的利益刺激对他们无关紧要，但是，从长远来说，对大多数人来说，实行奖励，鼓励人们将自己的努力与其所从事的工作联系在一起，从中感受到一种物质和精神的享受，这总是很重要的。评论员工作，说起来是很重要的，但是，从事该项工作的人常常是不署名的，而且还要经常为领导机关和领导人撰写一些代表他们意见的"奉命"文章，有的单位评论员撰稿只算工作量而没有稿酬，等等。在一个媒体，评论员岗位物质和精神利益的相对"贫困"，很难吸引人们心甘情愿地从事新闻评论工作，即使已经从事该项工作的，也想离开它。此问题应引起媒体的高度重视。

---

① 赵振宇：《新闻评论通论》，清华大学出版社，2014，第220页。

　　美国《奥兰多前哨报》是一家有着100多年历史的老报，2000年该报第三次获普利策奖，得主是伯西亚长达一年半的系列评论，总标题为《佛罗里达雁过拔毛》。伯西亚获奖后，《奥兰多前哨报》给予了极大关注，不仅将此次获奖经历写入报史，更是对这次获奖大造声势，使整个报社都为之开心。当普利策奖公布后，整个编辑部立即为伯西亚举行了一个盛大的庆祝会，发行人、总裁、总编辑等领导悉数出席。报社还为这次获奖刊出了一个16页的特刊，封面是一个拳头提着一把钞票，在"正本清源"（Righting a Wrong）的大标题下是几行大字："《奥兰多前哨报》的一系列评论，直指那种将佛罗里达消费者变为牺牲品的贪婪商业。斗争是长期而艰巨的，但最终换来了公正变化、对消费者的保护，以及我们的普利策奖。"特刊的第二页，是一幅庆祝酒会的大照片，上面可见发行人正向伯西亚的酒杯里倒酒，后面是欢笑的采编人员。特刊的其他部分主要用来刊登伯西亚获奖作品的部分内容。封底又是一幅彩色照片，上面是当时的总编辑约翰·海勒咧开大嘴笑着向伯西亚鼓掌致贺，背景里数不清的同事们也在鼓掌欢笑。该版的大标题是《我们新闻的优秀传统在继续》，下面一个围框的提要里写道："《奥兰多前哨报》在12年内第三次获得了无上光荣的普利策奖。对于本报评论家伯西亚来说，这是他一年半的奉献以及100多篇激动人心的评论。"不仅如此，在2001年元旦的报纸上，该报再次回顾了这件盛事，还刊登了伯西亚与他的母亲在同事们的包围下相拥而泣的照片。①

　　报社如此隆重的奖励和表彰，极大地鼓励和鞭策着伯西亚和他的同事们。也正是在这样良好的写作氛围里，美国的评论员能够独立自主地撰写他们自己愿意写又写得好的评论。

　　欧美报纸的评论员大都开有自己的专栏，如美国《费城问询报》评论委员、国际事务专栏作家特鲁迪女士就有自己的专栏"世界情愫"。她不仅每周要为该专栏写稿，还要为评论版写其他文章和社论，工作量是很大的。自然，他们都有较高的地位，每个人都拥有自己的独立办公

---

① 辜晓进：《走进美国大报》，南方日报出版社，2003，第171页。

室，收入也比同资历的编辑记者高。[①] 英国《太阳报》主持社论评论专版的专栏作家理查德，2003 年与该报签订了 3 年的合同，报酬高达 100 万英镑。[②] 这种评论工作机制和激励机制，不仅鼓励着评论员写好稿，而且也促使评论员在长期的写作中可以形成自己的写作风格。这种风格对于形成报纸特色，吸引读者是大有好处的。如美国《芝加哥论坛报》的社论委员会委员、著名的专栏作家和评论家迈克，读者很喜欢读他的文章，他走到哪家报社，读者就改订哪家报纸。他原来在《芝加哥太阳时报》工作，后来该报被布莱克的美国出版集团收购后，迈克辞职进入《芝加哥论坛报》，带走了一批读者，使得该报的发行量进一步超过《芝加哥太阳时报》。[③]

对于中国的媒体如何建立激励机制，调动评论员的积极性，从事了 30 多年评论工作的《人民日报》前副总编辑米博华在回答《中国记者》专访时说了这样一段话，评论的质量取决于评论人才的水平。我们强调队伍专业化，评论工作者应有较高的评论智商。热爱评论工作的未必都适合写评论，而适合写评论的又未必喜欢这项工作。只有既热爱又适合，才算是较好的人才配置。

关于队伍建设，以下六点很重要：一是坚持不懈地进行党性锤炼，树立马克思主义新闻观，任何时候、任何情况下，都应维护党的事业和国家利益；二是理论联系实际，重在联系实际；三是学习和研究党的方针政策，深刻理解，熟练掌握；四是持续不断地加强文化建设，在工作中学习，把学习当作工作，形成浓厚的学习氛围和良好的读书习惯；五是提供实践舞台，尤其是给年轻同志提供写作重要评论的机会；六是形成崇学重才的用人导向，对那些热爱评论工作、钻研评论业务、做出评论业绩的同志给予鼓励和褒扬。

队伍建设主要靠领导做表率，耳濡目染，潜移默化，通过在工作实践中点点滴滴地体现出来，形成传统、形成文化、形成良好的环境和机制。

---

① 辜晓进：《走进美国大报》，南方日报出版社，2003，第 333 页。
② 唐亚明：《走进英国大报》，南方日报出版社，2004，第 224 页。
③ 辜晓进：《走进美国大报》，南方日报出版社，2003，第 222 页。

出作品、出人才是一个问题的两个方面，不可脱节。在实践中培训提高要比简单地开讲座、背条条来得更具体也更有效。①

参考文献

李文凯：《南方都市报时评的理念与操作》，载南方都市报主编《热言时代：南方都市报时评精选》（第一辑），南方日报出版社，2006。

陈栋：《"新世纪第二届新闻评论高层论坛"综述》，《今传媒》2006年第5期。

晋雅芬：《嘉兴日报打破传统模式先采访后评论》，《中国新闻出版报》2008年5月27日。

晋雅芬、赵新乐：《新闻时评人的创新、困惑与坚守》，《中国新闻出版报》2012年6月19日。

赵振宇、杨璇《"央视论坛"百期调查》，《电视研究》2004年第4期。

赵振宇、王黎丽：《是思想交流还是政策服务——"央视论坛"背离了自己的栏目宗旨》，《采写编》2007年第1期。

赵振宇、王婧：《电视评论该怎样做》，《中国广播电视学刊》2008年第3期。

喻国明：《今日社评，以平民理解解读当日新闻》，《北京青年报》2002年7月15日。

祝寿臣：《世界新闻媒体六大发展趋势》，《新闻记者》2007年第3期。

〔美〕康拉德·芬克：《冲击力——新闻评论写作教程》，新华出版社，2002。

《"嘉兴评论"开篇辞》，《嘉兴日报》2007年3月5日，第1版。

陈健：《评论记者工作机制答问》，《新闻前哨》2009年第1期。

张研农：《任仲平在路上》，《新闻战线》2009年第3期。

新华社新闻研究所课题组：《新媒体环境下的评论报道创新——央视、〈人民日报〉等十一家媒体谈评论写作和改革》，《岭南传媒探索》2013年第6期。

陈敏：《媒体融合背景下中国新闻评论之变》，《新闻记者》2015年第5期。

杨林：《新世纪首届新闻评论高层论坛会议综述》，《现代传播》2003年第6期。

赵振宇：《新闻评论通论》，清华大学出版社，2014。

唐亚明：《走进英国大报》，南方日报出版社，2004。

辜晓进：《走进美国大报》，南方日报出版社，2003。

《直面矛盾与热点，体现媒体责任担当——人民日报社副总编辑、资深评论人米博华就新形势下新闻评论的若干热点问题答本刊记者问》，《中国记者》2012年第8期。

赵振宇：《应用新闻论》，湖北人民出版社，1997。

---

① 《直面矛盾与热点，体现媒体责任担当——人民日报社副总编辑、资深评论人米博华就新形势下新闻评论的若干热点问题答本刊记者问》，《中国记者》2012年第8期。

附　录

附录一　我的新闻评论生涯
（1978~2021）

　　新闻媒体是抒真情、讲真话的重要场所。从我 1978 年考入大学（"七七级"）、1982 年分配到报社、2001 年调入大学至今，已有 40 多年的时间了。我阅读报刊文章、研究新闻、从事教学，从全国各地众多的报纸杂志中增长了知识，也借着这个阵地发表了许多反映那个时代人与人、人与社会、人与自然等诸多方面的感慨和思考。附录一分为十一个专题，分别摘录了我在中央和地方不同媒体发表的一些评论文章、理论文章。这些文字既是历史的记录，需要接受时间的检验，也对我们走向未来予以某些启示，使我们更加成熟一点、聪明一点。

1. 《人民日报》是我的良师益友

我是"文化大革命"结束后恢复高考的首届大学生，1982 年大学毕业后即分配到中共武汉市委机关报《长江日报》评论理论部工作，2001年调入华中科技大学新闻学院任教。近 40 年来，由于工作和兴趣使然，我便成了《人民日报》的老读者和老作者，先后写过评论、理论和副刊稿件 40 余篇。

《人民日报》评论是我国媒体的一面旗帜。1986 年，正值改革开放的探索之初，为了调动人们的积极性为国家的进步和发展建言献策，《人民日报》及时发表了《鼓励大家讲心里话》（1986 年 7 月 21 日）的评论员文章，鼓舞了全国人民的士气。当时，我在《长江日报》评论部工作，随即给《人民日报》写了一篇评论《多提供讲心里话的地方》（1986 年 8月 10 日在头版"每周论坛"刊发）。

鼓励大家讲心里话，就要多提供讲心里话的场所。这里有几个认识问题要解决。第一，党报的喉舌作用和桥梁作用应该是统一的。第二，充分发挥人民群众的监督和反馈作用。第三，读报观念和办报观念应该同步转变。第四，以切实措施保证讲话者的权益。鼓励大家讲心里话，就难免会出现片面、过头和牢骚话，报上也难免会出现某些失实之处，出现问题以至错误。对此，一是力求减少和避免出错，二是有错则及时纠正，但不能因发表一篇错误的或者仅仅是不同意见的文章，说了几句真心话，就把作者、编辑搞得灰溜溜的。不允许人家讲错话，不允许文章出差错，群众的心里话就不可能充分表达出来。

党中央机关报发表这篇评论至今 30 多年过去了，评论中强调要解决的问题，现在不仅存在，有的还更加突出了——讲真话仍是一项重要和艰巨的任务，新时代赋予它许多新内容。

文章发表后，引起了海内外媒体的关注，《光明日报》当即在头版转发了这篇评论。30 多年过去了，现在是网络和多媒体的新时代，但是，如何鼓励大家讲心里话、讲好心里话、倾听心里话仍然是个老生常谈的话题。于是，我又写了相关话题的评论如《多听老百姓的意见》（2002 年 5 月 8 日）、《今天，怎样讲好真话》（2011 年 8 月 26 日）、《怎样将群众装在心里》（2013 年 8 月 19 日）、《何妨自问"我有几个诤友"》（2015 年 10 月 22 日）、《开好群众点赞的民主生活会》（2015 年 12 月 25 日）、《让群众评议真正落地》（2018 年 1 月 31 日）等评论。我在评论中表达了这样的观点："如果说敢讲真话主要表现的是一种勇气，那么讲好真话则关键在于理性表达。我们不能'想到就说'，而是要'想好了再说'。意见深思熟虑，表达有理有序，才能真正看到问题，有利于进一步解决问题，话语的力量也才能化为社会进步的动力。"

在现实生活中，常常会发生一些因违反常识而产生的事故和灾难。于是我写了《让常识成为公众力量》（2009 年 8 月 14 日）。

> 常识是什么呢？它就是一个普通的、能为大众所了解和掌握的基本知识。在人们咿呀学语的时候，大人们就开始教会孩子们掌握常识：吃饭的常识、睡觉的常识、游戏的常识和运动的常识。到了社会，又要学会并掌握待人接物的常识、安全保卫的常识、医疗保健的常识，还有应付灾难和识别假货、坏人的常识。到了学校、进了单位，还要接受一般的和各门各类的学习和工作的基本常识，它是我们立身建业的基础，它是我们向着更高目标迈步的台阶。

《人民日报》不仅重视自身的评论队伍建设，组织策划一系列的重头好评论，同时也十分注意培养和提携评论作者，对他们的好评论同样给予"非常待遇"。1988 年底，中央提出要改进企业的思想政治工作，其中一项基本原则就是理解人、关心人、尊重人。当时，许多发达国家企业家提出"爱抚管理学"——"爱你的职工吧，他会百倍地爱你的企业"。据此，我写了一篇《学一点"爱抚管理学"》。我运用自己研究和撰写"奖励学"著作的知识，在评论中指出："要善于发现和鼓励职工的优点和长处，善于把职工身上的消极因素转化为积极因素；在运用奖励和惩罚时，一般来说，奖赏的次数宜多，处罚的次数宜少；奖赏的气氛宜浓，处罚的气氛宜淡；奖赏的场合宜大，处罚的场合宜小，等等。"文章既符合中央精神，又运用了当时最新的世界管理知识，受到报社领导的重视，被安排在 1989 年 1 月 2 日头版刊发（1 月 1 日刊发的是元旦社论），同事们戏称为"准元旦社论"。多年来，我还写过《思想工作中的微笑服务》（1986 年 6 月 29 日）、《能上能下好》（1991 年 9 月 8 日）、《比什么怎么比》（1992 年 5 月 9 日）、《快把"短木板"补长》（1993 年 1 月 28 日）、《从成就看成熟》（1999 年 10 月 15 日）。"今日谈"是《人民日报》在头版设置的名牌栏目，针对现实问题发表短小精悍的小评论。武汉市有一位 120 电话接线员，在危机时刻指导病人妻子抢救了家人的宝贵生命。为此，我写了《呼唤更多"生命接线员"》（2016 年 12 月 10 日）。针对怎样才能克服"不怕群众不满意，就怕领导不注意"的问题，我在《让群众评议真正落地》（2018 年 1 月 31 日）评论中尖锐提出，要解决这一问题，就是要让群众的评议能够转化为影响干部去留升降的"硬杠杠"。

理论研究是《人民日报》的又一个特色和强项。近年来，报社增加了理论版和学术版，为宣传和贯彻落实中央精神，精心组织策划编辑了大批高质量、高水准的理论文章。多年来，我也为该版撰写了《解放思想是一项长期和普遍的任务》（1988 年 9 月 23 日）、《程序公开大有益》（2002 年 10 月 26 日）、《设置不可行论证程序》（2004 年 5 月 25 日）、《提高同媒体打交道的能力》（2012 年 1 月 30 日）等文章。

我在《学术评价，别唯洋是举》中写道：

现在高校和一些科研机构在评价论文或其他科研成果时，相当普遍地存在"两个凡是"现象：凡是提交有外国人参加的"国际会议"和有外国人肯定、称赞的论文，水平就一定高；凡是引用了外国人的著作和语录的论文，水平就一定高。学术研究和创新是个痛苦的事情，交流当属必要，学习借鉴前人和他人的成果更是题中应有之义。但是当无意义的交流成为评价标准之时，当照抄照搬别人的文献成为时髦之时，它便会让交流成为形式，摘抄文献成为简单的体力劳动。如果创新仅靠发表一些外文论文，参加一些"国际会议"，引用一些外文"学术语录"，不但让学术蒙羞，而且让国家蒙受巨大损失，更让一些踏踏实实进行研究的人变得浮躁，急于求成，有的甚至步入歧途。

在《推进社会主义民主政治程序化》（2018年3月5日）一文中写道：

> 制度化、规范化、程序化是现代民主政治的基本特征，也是社会主义民主政治发展的必然要求。在当前推进国家治理现代化、全面依法治国进程中，加快推进社会主义民主政治程序化意义重大。为此，要把握以下三点：坚持科学性就是程序设置符合客观实际、符合规律，人们按此行事能够以较小投入获得较大收益；坚持公开性是指决策者要将决策制定过程向公众说明；坚持合法性是指程序设置符合和遵循国家有关法律，重大决策、重大改革的程序于法有据。

在《保障人民参与国家和社会治理》[①] 一文中写道：

> 人民参与国家和社会治理，彰显了中国特色。我们要通过加强制度建设，不断完善制度程序和参与实践，保证人民享有更广泛、持续、深入参与国家和社会治理的权利。

作为一个老报人，除了职务行为要时常撰写评论、理论文章外，工作之余我也为《人民日报》的副刊写稿，并得到编辑们的鼓励。在文艺演出中，有时掌声热烈，有时掌声稀落，其间也有为表现不佳甚至拙劣而鼓倒掌的，这些都是人们观看演出后的意愿表达。按照市场规律，鼓了倒掌，演员该早点下去才是，免得观众难受，耽误后面的演出。在演出中是这样，在生活中其他场合，如大而空的报告、厌而倦的发言等，是否也可作如是观呢？为此，我写了《鼓倒掌之我见》（1993年8月10日）。2001

---

① 刊于《人民日报》2020年1月15日"大家手笔"专栏，被2020年第6期《新华文摘》摘发。

年我在《长江日报》工作 19 年后调入大学工作，开始了我的新闻教育生涯。来到大学感受颇多，但感受最深的要数这里人们的相互称谓和由此反映出的人际关系。在大学校园里，少了"书记""院长""主任"和"处长""科长""经理"的喊声，在那里，喊得更多的还是"老师"。学校是传道、授业、解惑之地，我刚到校任教，同学们见到我仍然是甜甜地喊着"老师好"。这一声意味着什么，它不仅仅是一种对人的礼貌，它更意味着对受称者的一种期盼，它意味着我要担当起教书育人的重担。为此，我写了一篇随笔《当老师的感受》（2001 年 9 月 6 日），经蒋元明先生编辑刊发在《大地》副刊上。没想到，就是这样一篇小文竟然得了报社文艺部颁发的下半年杂文"金台奖"！

我在从大学毕业至今近 40 年的时间里，主要从事着新闻评论的撰写实践和教学研究工作。据武汉大学强月新教授统计，以我们学校名义发表的新闻评论研究论文居全国高校第一位。我写的《现代新闻评论》（第二版）、《新闻报道策划》（第二版）两部书均列入普通高等教育"十一五"国家级规划教材，讲授的"社会进程中的公民表达"课程入选教育部精品视频公开课，我本人也受聘担任中央马克思主义研究和建设工程重点教材《新闻评论》首席专家、中国故事创意传播研究院智库专家、察哈尔学会国际传播委员会委员，入选《中国新闻传播教育年鉴》（2021）"名师风采"。在这些成绩里面，《人民日报》的评论对我影响重大。调入大学走进课堂，才真正知道同学们在想什么，我们的教学应该给他们什么。在同学们眼中，中央的媒体特别是像《人民日报》这样的党中央机关报，一定是"高大上""敬而远之"的，有的甚至对它有着"莫名"的感觉。针对这种情况，在我的教材里，在同学们的课堂上，我常常选择、运用《人民日报》的评论作为范例与同学们交流。针对不敢讲真话、不会讲真话的情况，《人民日报》发表过多篇评论；针对群众路线教育中存在的民主生活会只向上级负责，没有群众参与的情况，我在评论版刊发《开好群众点赞的民主生活会》（2015 年 12 月 25 日）。我们常说，"事实胜于雄辩"，在所举大量《人民日报》的实例面前，同学们也开始转变观点，学习和应用《人民日报》的评论了。如针对党的十九大报告宣传中存在"照本宣科""枯燥乏味"的情况，党员论坛版刊发了《宣讲应当入脑入心》（2017 年 12 月 19 日）。《人民日报》刊发过很多好的评论，既获得中国新闻奖，又受到广大读者的欢迎，在媒体组织的年度中国好评论中获得奖励，如《倾听那些"沉没的声音"》（2011 年 5 月 26 日）、《公共辩论，求真比求胜更重要》（2014 年 7 月 28 日），等等。十多年来，在我们学院教师指导的本科生、硕士生和博士生中，有几十人选择了评论作为论文选题，其中有不少同学就是以《人民日报》的"今日谈""人民论坛""人民时评"和评论版、评论员文章、社论文章为研究对象。我们还在新闻学术刊物上发表过《任仲评文章新闻评论属性探析》、《新世纪中国新闻评论的发展与变化研究》和《人民日报新创评论版特色研究》等论文。

我除了为《人民日报》撰写评论、理论文章外，从 1988 年开始为报社主办的《新闻战线》写稿至今，累计 30 余篇。这些稿件大体关注以下两个方面。一是理论宣传方面，我先后写过《理论宣传的心理效应》（1988 年第 12 期）、《新闻宣传要增强建设意识》（1993 年第 1 期）、《近些、实些、再活些——关于提高理论宣传的思考》（1993 年第 6 期）、《加强理论宣传的战斗力和说服力》（2001 年第 12 期）、《优化价值前提，提高理论宣传的有效性》（2002 年第 8 期）、《现代传播视野下的互联网思维》（2015 年第 1 期）和《就事论势 据势行事 以事成势——学习习近平在党的新闻舆论工作座谈会上讲话》（2016 年第 5 期），等等。二是有关新闻评论方面的文章，如《新闻评论选题的几个关系》（1991 年第 5 期）、《在"三贴近"中抓好评论选题》（2005 年第 2 期）、《再接再厉，抓好新闻评论特色教育》（2006 年第 9 期）等论文和"新闻杂谭"专栏中的多篇小评论。近年来我又撰写了《怎样认识和做好新闻评论》（2018 年第 8 期）、《新闻评论：新时代的新气象和新思考》（2019 年第 3 期）、《新闻评论：回眸中的一份眷恋和期盼》（2019 年第 7 期）、《据"势"行事，打造"金课"》（2020 年第 2 期）等。从 2008 年开始，十多年来，杂志每年刊发一篇由华中科技大学新闻评论研究中心主持撰写的调查报告，对上一年度中国媒体的新闻评论予以回眸总结，为中国新闻史留下了宝贵的时代评论之声。

特别值得一提的是，我在《新闻战线》2006 年第 9 期上提出《积极探索建立"评论记者"工作机制》，促成了《嘉兴日报》开展新闻评论的改革实践。此项活动受到中宣部、中国记协、高校、研究所和媒体的广泛关注，《人民日报》（2007 年 6 月 18 日）发表评论，对他们人才招聘"四不问"的做法予以肯定。由《新闻战线》杂志社参与主办召开了新世纪第三届新闻评论高层论坛，在杂志上开辟为期一年的"加强城市党报评论改革"的讨论专栏。

　　《人民日报》是我的良师益友，永远伴我前行！

2. 《光明日报》吹响真理标准大讨论的号角

《光明日报》是中共中央主办，以知识分子为主要读者对象的思想文化大报，创刊于1949年6月16日。对于普通读者来说，1978年5月11日，《光明日报》发表特约评论员文章《实践是检验真理的唯一标准》，作为中国进入新时期的标志性事件，影响着我们改革开放40年的历程。1986年8月10日，我在《人民日报》头版写了篇评论《多提供讲心里话的地方》，引起了海内外众多媒体的关注，《光明日报》隔日即在头版转发了这篇评论，给我留下了深刻和良好的印象，我也因此成为它的忠实读者和作者。1987年7月5日，我以《提倡讲心里话》为题，在《光明日报》头版"每周评论"中对此话题做了进一步的阐述：

> 有些人不愿讲心里话，不是表现在一切时空、一切事物上。现在较为突出的是，心里话在私下多，在公开场少；议事多，谈大事少；赞扬的多，批评的少。这是一种不正常的现象。为了克服这一现象，有必要端正以几个认识：一是怕讲了心里话，讲错了被人抓辫子、戴帽子；二是怕讲了心里话，得罪了上级和同事，不好处理上下级或同志间的关系；三是怕讲了心里话，因为材料不全面而不科学，或被实践证明是错话或不正确意见，影响别人对自己的评价。

我在评论中指出，人们的知识和思维都是有限的，要一生一世、每时每刻都讲话科学、全面、正确是不可能的。当然，任何人都应本着实事求是的精神，在讲话时，尽量多掌握一些材料，尽量科学、全面、正确一些。那种随心所欲，不负责任地信口开河、无中生有的态度和做法是需要摒弃的。但是，因为怕犯错误，就明哲保身、紧口慢语，也是时代不允许的。

公民的意愿表达是民主政治中的一项重要内容，政府和有关方面听取民意也是常事。现在，全国不少城市都通过网络加强了与市民的沟通，方便群众在第一时间顺畅跟踪政府部门办事进度，进行满意度测评，促进了政府工作作风的转变，受到大众的好评。但是，在这项工作中还存在某种程度的官僚主义和形式主义问题。于是，我写了《对民众呼声，更要"有所为"》（2018 年 6 月 27 日）指出，"民有所呼"，不仅要求"我有所应"，更需要"我有所为"，只有把老百姓反映的问题真正解决了，解决好了，才是我们政府和其工作人员的职责所在。

从长江日报社调入大学后，教学、科研和社会服务，是我关注的话题，为此也在《光明日报》发表了一些意见。我在《学生是学校的名片》（2005 年 5 月 24 日）一文中指出：

> 大学是培养高级人才的地方。毕业生作为一种特殊的"产品"，走上社会是否能显现出与其他"产品"的不同和优秀，对一个人、一个家庭乃至社会都是有重要意义的。每个毕业生都是学校的名片，他们的整体表现都在为一所大学（对于一流大学来说更为重要）作生动形象的广告宣传。这种力量是广泛的也是长久的。教书育人要着眼于全体学生。一个学生对于一所大学来说可能只占几万分之一，但是，对他本人来说，对他的家庭来说，却是百分之百。我们只有将培养目标定位于我们的每一个同学，才有可能使他们中的大多数学成后能从总体上反映我们学校的良好形象。

后来，我又撰写了《教师也是学校的名片》（2011 年 6 月 22 日）指出：

> 我们的一切努力和投入，都要从有利于学生的培养和发展着眼，"以其昏昏，使人昭昭"万万不行。随着时代的发展，对从教者提出越来越多、越来越高的要求。到实践中去，向社会学习，向学生们学习，永远是教师们教学研究并行不悖的任务。

我在《重科研轻教学的办学模式亟待改变》（2015 年 3 月 26 日）中提出：

必须制定和完善有利于教学的教师考核和晋升制度。要让授课教师享受荣誉和物质上的丰厚奖励，只有这样，才能从根本上改变当下重科研、轻教学的办学模式，回归到"师者，所以传道授业解惑"的正道上来。

社会的发展和进步涉及方方面面，所以，我写的评论涉及广泛。比如，在20世纪80年代，针对知识分子利用业余时间著书立说或进行科学实验、咨询、兼课等劳动时常受到主管部门和社会的非议，写了《要奖励知识分子的业余劳动》（1986年10月26日），提出奖励不仅包括八小时以内的劳动贡献，同时也包括八小时以外的劳动创造。写了《改进社科成果评奖方法的一点建议》（1987年5月22日），指出要面向社会调动广大科研人员参与的积极性，改革评奖方式保证其科学性，公开获奖人员、成果、等级等名单，召开授奖大会予以奖励，等等。在《人事档案应向本人公开》（1988年7月8日）一文中指出向本人公开人事档案有以下三点好处：其一，可保证人事档案的真实准确性；其二，可以监督人事档案的管理者和撰写人事档案的领导者、有关人员忠于职守、不徇私情，更可防止某些别有用心的人借撰写档案材料（包括各种鉴定、评语、证明材料等）图报复、泄私愤，达到压抑、坑害人之目的；其三，可以帮助人反省、自励。这个话题说了这么多年，问题并没有彻底解决，隔不了多久，就会有一起因档案问题而出现的新闻。看来，改革人事档案管理也应摆到组织人事部门的议程上才是。

我在《完善学术争鸣程序》（2002年2月8日）一文中指出：

首先要改革会议程序，限制发言者的时间，设立评论者的位置。其次，要转变人们的开会观念。学术研究有一条规律，就是真理越辩越明，是非越争越清。真理不会因为谁的地位高、知名度高，谁先发制人，就扑向谁的怀抱；同样，错误也不会因为反批评者的出现而扩大和蔓延。批评者不一定都掌握了真理，反批评也未必都是坚持错误。只有既允许批评，又允许对批评的反批评，才可能产生"碰撞"，产生"共振"，繁荣社会科学。

我在《提倡通过大众媒体传播科学文化知识》（2006年10月18日）一文中写道：

> 利用大众媒体作一些普及教育，是当今时代对学问者提出的新的迫切要求，我们没有理由拒绝和排斥它。为让普及落到实处，提一个建议：国家在鼓励学者们做学术时给予的几万、几十万以至上百万上千万元资助时，可否对科学文化普及者予以同样的褒奖；在对学问人工作绩效和学问水平考核时，可否加上利用大众媒体传播的成果和效果。当今的学人，除了少数特殊人物外，大都该学习做一个传媒知识分子，这是有利于中华民族的大事，望有关方面予以关注。

在媒体上经常可以看到领导人、企业家的签名（各种广告上就更多了），一是保证新闻的真实性，有人签名为证；二是凸显签名者的个性，加强与大众的沟通。现在可好，我们经常可以发现有很多签名我们是辨认不清的。于是我写了《公开签名要让大众认得清》（2015年6月24日）。

> 签名也是一门学问，但其首要是字写得端正，保证看到它的人不费力就能一眼认得。请领导同志带一个好头，请企业家、教授、演员、明星、公众人士带个头。推而广之，凡是在大众媒体向大众传播时，不论是谁，都该把签名写好，将字写清楚。

这个评论已经写了7年多了，时至今日，那些让人无法认识的"龙飞凤舞"的签名和"匠心独运"的签名设计，仍然充斥我们的视线！不得不再次呼吁，请知识分子带个好头，把字写好，首先是公开签名时要让大众认得。近日，热播剧《理想之城》受到好评，孙俪不仅因在剧中的表演受到称赞，她写出的精美片头字更是让人们刮目相看。由此，我又写了一篇《演员明星要学会把签名写清楚》的评论，指出："公开签名事不大，但它却涉及一个人和时代的审美观与价值取向。歪歪扭扭的签名，真的很丑，写的人却不以为然。看来是需要提醒一下了。公开签名不仅是演员明星的事，还有领导同志、公务人员、公检司法人员、教师、医生、记者、作家等公众人物，在公开场合签名时，都力求将自己的名字写得清楚，让小学生能认识。这个要求不高。"

《光明日报》是一家面向知识分子的报纸，新思想、新理论、新观点常常受到它的重视。

2011 年，我随高校学术访问团到美国的东部城市和大学访问。所到之处，我发现所有的楼堂馆所和交通要道处的时钟或计时器都准确无误。但是，在我们参观波士顿大学里的中国孔子学院时，却发现墙上的时钟停了。我用行走的手表与停摆的时钟对比，拍了一组照片。回国后，我写了关于城市时钟要准的评论，没有什么反响。2014 年，我应邀参加武汉市政协会议与市长对话。此刻，我将在美国拍摄的照片和我参加政协会议时发现驻地、车辆时钟不准的问题，特别是大会所在地武汉剧院时钟停摆的照片在会场上展示，得到了武汉市市长的积极回应：要求市政府的钟都要调准、政府官员带头守时，对城市的时钟要检查维修好。随即，市政府办公厅发出《关于倡导"时间文明"活动的通知》，在全市开展倡导"时间文明"活动。对此，新华社发布通稿，中央及地方媒体跟进追踪调查报道，我也先后在《光明日报》等多家媒体发表评论和理论文章。我撰写了《倡导"时间文明"新理念》（2013年 3 月 13 日）、《中国时间和中国效率》（2013 年 8 月 15 日）和《倡导时间文明》（2016 年 1 月 17 日，"理论与实践"版）。在这些评论和理论文章里，我表达了如下一些观点。

时间文明讲的是在一定时间里对人们行为准则的要求。倡导"时间文明"，保障实现中国梦。所谓认识时间，就是掌握时间的本质和特性，在价值前提下把握时间的真谛。所谓珍惜时间，就是认识到时间的宝贵而珍视爱惜节省它。时间反映着物质运动过程的持续性、间隔性的矛盾统一和物质运动状态的顺序性。所谓恪守时间，就是遵守时间的规定性，即在一定的时间内到达、运动、完成某项规定性的工作或任务。实践是检验真理的唯一标准，而时间则最终评判人们认知和实践是非功过、真伪优劣。

3. 我与《工人日报》《中国青年报》的文字交往

《工人日报》是中华全国总工会主办的综合性报纸。20 世纪 80 年代所担负的任务是：通俗地宣传中共中央的方针、政策；为职工知政、议政、参政提供舆论阵地。宣传改革和开放中涌现出来的新事物、新成就、新经验和新问题。根据这一宗旨，我写了以下文章。

《"有问题"辩》（1986 年 5 月 2 日）发表在理论版的"沉思录"专栏中。文章中写道：

> 何谓"问题"？问题就是人们在实践过程中出现的矛盾、疑难、不足和失误。只要人们生活在世界上，要学习，要工作，就会遇到这样那样的矛盾、疑难，就会产生这样那样的失误和不足。人无完人，物也无完物。矛盾的存在是永恒的，"有问题"也不必大惊小怪了。人类社会正是在矛盾、问题中生存，在解决矛盾、问题中前进、发展。我们党在十一届三中全会以来提出的一系列方针政策就是最好的说明。我们的理论工作者应该照着这条路走下去，为探索和创造中国模式的社会主义做出自己积极贡献。

文章最后写道：

> 理论研究应该有科学严谨的态度，不允许搞资产阶级自由化，但在目前，似乎更应该提倡大胆探索、大胆创新的精神和勇气。要创造一个宽松的环境是不容易的，在这方面我们吃过不少苦头，有着极其深刻的教训，交过昂贵的"学费"。对此，我们可要慎重啊！

文章发表至今已过去 30 多年了，在理论研究中，"有问题"的提法与按"有问题"去看待和处理人的做法还不时地出现在我们学术研究和政治生活中，需要引起我们的高度警惕。

1988 年 9 月 9 日，我在理论版"每周论坛"上还写了一篇文章《"理论研究无禁区，理论宣传有纪律"辨析》。

　　不知从什么时候开始，在理论界、舆论界奉行这么一个宗旨——"理论研究无禁区、理论宣传有纪律"。这一口号似乎是作为一种思想解放的标志提出来的。它对于理论工作者来说，特别是在粉碎"四人帮"那阵子确实有过激励作用，大家起码可以多研究一些问题，多提几个为什么了。然而，时间证明，这一口号的提出是不科学至少是不全面的。它的执行并不能达到繁荣社会科学研究和宣传之目的，有时还可能起着压抑窒息理论的副作用。我以为，将前半句改为"理论研究唯真理"似乎更明确、可信。为了寻求真理，坚持真理（同时包括修正错误），理论工作者自身要加强理论素质和思想意识、品格的锻炼；意识形态管理体制也要做相应的改革，鼓励理论工作者并为他们创造大胆探索、开拓研究新领域的良好环境和条件。将后半句改为"理论宣传求科学"更全面、更准确，因为，科学是对自然、社会、思维等领域客观规律所做的综合反映和知识总汇。它不仅包括守纪律同时也包含了理论宣传的规律、艺术、道德和宣传工具、宣传手段的现代化等内容。这样，我们进行理论宣传的效果自然也会大大改观。

　　这篇文章发表至今也过去了30多年了，上述认识和表现仍然存在于理论学习和学术研究之中。习近平说："要提倡理论创新和知识创新，鼓励大胆探索，开展平等、健康、活泼和充分说理的学术争鸣，活跃学术空气。要坚持和发扬学术民主，尊重差异，包容多样，提倡不同学术观点、不同风格学派相互切磋、平等讨论。"① 这个讲话应该成为新时代哲学社会科学工作的行为准绳。

　　除此之外，我在《工人日报》还写过《不要忽视中间层》（1988年7月28日）、《"盲流"还是"智流"》（1989年3月31日）、《克服短期行为，纠正急于求成》（1990年1月4日）、《完善企业承包奖励兑现》

---

① 习近平：《在哲学社会科学工作座谈会上的讲话》（全文），人民网，2016年5月8日，http：//politics. people. com. cn/n1/2016/0518/c1024-28361421. html。

（1990 年 9 月 14 日）、《醒得早，更要起得早》（1992 年 1 月 2 日）、《升降之间求发展》（1997 年 4 月 30 日）、《问计于民大有学问》（2010 年 10 月 20 日）、《赵本山大可不必上春晚》（2010 年 12 月 23 日）等文章。

《中国青年报》创刊于 1951 年 4 月 27 日，是中国共产主义青年团中央机关报，作为中宣部直管的中央级大报，以"推动社会进步，服务青年成长"为己任，服务一代又一代的青年。20 世纪 80 年代以来，《中国青年报》加强对改革的宣传，报道了一批各行各业勇于开拓的青年改革者的先进事迹，在较深的层次上对改革中出现的一些新情况、新问题进行实事求是的分析。

我在党的十二届六中全会通过了《中共中央关于社会主义精神文明建设指导方针的决议》之后，写了《根本任务是提高民族的素质》（1986 年 11 月 6 日）。文章写道：

> 党的十一届三中全会特别是党的十二大以来，精神文明建设取得了很大成绩。但是，在精神文明建设中，有时只注意了改变"脏、乱、差"现象，增添文化设施和美化环境等（这些都是很重要的），却对提高人的素质认识不足。现在，明确提出这一根本任务是非常适时的。培养"四有"一代新人，提高全民族的思想道德素质和科学文化素质，不仅是精神文明建设的根本任务，也是一切经济活动，社会活动的根本任务和目的。

1984 年初，《中国青年报》在新闻版二版开设了一个杂文栏目"求实篇"。创办时正值中国进入改革开放和思想解放前所未有的活跃期，思想观念的碰撞激烈而尖锐。创办者陈小川、米博华、马立诚"都才 30 出头，正值血气方刚的年纪，觉得为改革开放、思想解放可以出一些应尽之力，于是酝酿创办一个杂文栏目"[①]。那时，我在《长江日报》评论理论部工作，喜欢读也学着写了一些这样的文章在该栏目发表。

1988 年 6 月 2 日我写了一篇《进言者的胆量和听言者的雅量》。我在文

---

① 陈小川：《求实篇精粹》，中国人民大学出版社，1998，第 4 页。

章中引用进言和纳言的典故后写道：

> 自古以来，进言者是要有胆量，听言者是要有雅量的。虽然不少朝代还制定了保证言路畅通的制度，但由于历史条件的限制，终不能得以彻底的执行，因进言而丢掉乌纱帽甚至脑袋者有之，因拒谏而误事丧国者也有之，造成了一桩又一桩历史的悲剧。新中国的建立，为人民广开言路、畅所欲言提供了良好的基础。多提供人们讲心里话的地方，创造好人们提批评、建议的社会氛围，不断提高对话双方的素质和艺术，这是民之所望，国之所需，也是梁漱溟一案给我们的启示。国家的大事，集体的大事，进言者、听言者该如此；同事之间，家庭成员、朋友邻里之间，进言者、听言者难道不也该如此么？

时代在发展进步，大家心里有话，无论对人对事，都最好讲出来，以便互相沟通，彼此增进了解。讲者心情舒畅，听者从中受益。有时候人们的心里话有讲得对的，有讲得不对的，有只讲对一部分的。讲对了固然好，讲对了一部分的也应欢迎，讲得不对的也应允许。如果缺乏这样一种气氛，心里话就难以听到。

1989 年 4 月 29 日，我写了一篇《狗咬人，新闻乎》参加了"求实篇"面向全国的杂文征文比赛，甲等奖有十篇，排在我前面的是冯英子、商子雍、李庚辰。

我在文章中写道：

> "狗咬人不是新闻，而人咬狗才是新闻。"有西方人士对"新闻"如此定义。我东方民族早有反其道而行之的光荣传统。要不，狗咬人的事为何常常见诸端。
>
> ……
>
> 早年，鲁迅先生就有过《论"费厄泼赖"应该缓行》的檄文。半个世纪过去了，当年那些没打死的狗，也不知如今又繁衍了多少代子孙和异化了多少个新品种。但先生说的"狗性总不大会改变的"，"咬人之狗，我觉得都在可打之列"总是对的。

2006 年是中国邢台地震 40 周年和唐山地震 30 周年，政府举办了一系列相关纪念活动，缅怀那些难忘的日子和因灾害而逝去的人们。在唐山地震中有 24.2 万多人死亡，重伤 16.4 万多人。邢台地震有 8064 人丧生，3.8万余人受伤。为此，我撰写了《请为逝去的同胞们下半旗》（2006 年 6 月23 日）的评论，建议在上述的各项纪念活动中，请有关部门考虑增加一项内容，即为曾经在那场灾难中逝去的同胞下半旗，以表达全国人民的缅怀之情。

> 各种自然灾害和社会灾难还不时地袭击着我们，每次风暴过后都会有一些或一大批骨肉同胞离我们而去。为了寄托我们的哀思，使整个人民团结起来，可以选择适当的时间，以适当的方式，按照《国旗法》的规定为他们下半旗。早些年就有人写文章呼吁过，但未能实行。希望以此为契机，形成一个制度，凡是达到"可以"下半旗的事件或时机，都举办这样的仪式。也希望我们新闻单位的记者们，创造性地工作，选择合适的事件和时机，促成和报道这样的仪式，以便更好地学习和落实《国旗法》。

1987 年 6 月 10 日，《中国青年报》开展的"我为精神文明献良策"征文评选揭晓，消息报道中写道："湖北《长江日报》理论部的赵振宇同志，近年致力于开拓理论研究的新领域，在奖励学方面进行了有益的探索。他应征写来的稿件《创立具有中国特色的奖励学》，结合我国国情从奖励对精神文明建设的促进作用入手，分析了奖励的积极意义和施行奖励中应避免的倾向，他指出，研究奖励学，搞好奖励，对提高人的思想道德素质无疑是十分重要的。"此文被评为征文一等奖第一名，获得了华北光学仪器厂生产的"华光"牌 SZ1 型 135 相机一台和奖金。在奖励学研究领域，我先后出版了《奖励的奥妙》（湖北人民出版社，1986）、《奖励的科学与艺术》（科学普及出版社，1989）、《激励论——发掘人力资源的奥秘》（华夏出版社，1994）、《神奇的杠杆——激励理论与方法》（湖北人民出版社，2000）等著作。《社会科学学科辞典》（张光忠主编，中国青年出版社，1990）以"奖励学"词条对本人的该项研究进行了介绍。

最近一段时间，教育部关于普通高等学校本科教学评估的工作正在一些高校紧张进行着。"教学评估"的目的是什么，就是要使我国高校"办出水平、办出特色，切实提高人才培养质量"。看来，"教学评估"是有意义的。但要真正将这项工作做好，还需要对当下中国高校存在的问题做一点梳理才是。

大学是干什么的，它是培养高素质人才的地方；教师是干什么的，教书育人是它责无旁贷的使命。但是，一个事实也摆在我们面前：除了上课，教师们还为上课做了些什么？只要我们走进大学稍做调查就可以发现，教师们除了上课，真正为了上课和教学而花费的时间其实很少。他们更多地在忙着做课题；他们更多地在忙着写论文和著作；他们更多地在忙着参加各种颁奖会、座谈会、咨询会等各种各样的社会活动。不能说上述活动不重要，问题在于，教师们都去干课堂以外的事情了，还有多少时间和精力去上课和上好课。（2014年12月18日《老师们为上好课做了些什么》）

网络时代发生了新变化，在"可用"的基础上构建"可信"的网络环境是未来发展的必然趋势。为了建立网络信任和安全，需要"讲真话"的精神和诚信的道德氛围的营造。我在"思想者"专版上发表了《网络时代讲好真话》（2015年3月23日）的理论文章。

　　首先，讲真话要掌握实情。其次，讲真话要合乎时宜。再次，讲真话应端正立场。最后，讲真话要坚持独立精神，培养宽容品格。在网络化日渐深入、民主化大潮势不可当的新形势下，讲真话不只是关于勇气、魄力，更需要相应的制度铺设。宽松的制度环境、开放的舆论口径，才会增益于说真话的常态化。而与此同时，坚持独立精神、培养宽容品格，也是保养真话"花瓣"的社会营养。当宽容的文化土壤肥沃了，独立思想不断萌芽，真话才会盛开，社会才能离和谐越来越近。

4. 我在《科技日报》《中国文化报》
《中国改革报》 等发表的评论文章

《科技日报》是党和国家在科技领域的重要舆论前沿，是广大读者依靠科技创造财富、提升文明、刷新生活的服务平台，是中国科技界面向社会、连接世界的明亮窗口。

20 世纪 80 年代中期，是我国改革突飞猛进的年代。政治体制改革再次被提到全党的议事日程上，而决策的科学化、民主化成为党内改革的一个切入点。我从那时就开始关注决策过程中的程序问题了，1995年 10 月 23 日在《科技日报》上发表的《也要重视程序科学化》一文获全国报纸理论宣传优秀奖。在以后的时间里我撰写了大量有关程序论的系列文章和论文，有的受到中央领导同志的批示。还主持了国家社会科学基金项目"政治文明进程中的程序化建设研究"，出版了《程序的监督与监督的程序》（社会科学文献出版社，2008）。先后在国内外的大学、媒体和企事业单位做有关程序论的学术报告，受到欢迎。

我在《也要重视程序科学化》一文中写道：

> 随着科学的发展特别是软科学知识的普及，随着领导者素质的提高特别是民主意识的增强，时下，大凡涉及一些民众关心的重大问题或议项，一般来说，领导者都能做到集体研究，民主决策，有的还通过法律手段予以公证，通过新闻媒体予以公示。这是时代的一大进步，无疑是值得肯定的。但是，在"集体研究""民主决策"中有时也包含着不民主、不科学的成分，首要就是程序不科学。

> 当今时代，如果程序设计不科学，越有权威人士参加，其欺骗性就越大；越是人们参与广泛，透明度高，其造成的不良影响就越广；越是动用了法制的力量，越有强制性的害处，因为不科学行为可以在法制的保护下大摇大摆地引导人们步入歧途。程序科学化是决策科学化的首要前提，这是摆在各级领导者和领导机关面前的一个新课题，望能引起人们的高度重视。

人们的一切努力和奋斗都在寻求一种程序，一种适应自然、社会和人的思维运动的程序；一切成功者的表现都在于不断地克服来自自身和外部的干扰或破坏，调适各种程序，使系统运动趋于一种整体上的和谐完美。在依法治国的改革开放和现代化建设进程中，要着重加强制度建设，特别是程序化的建设，这是当今时代建设和谐社会，实现"两个一百年"和中国梦的一个新课题，一项新任务。

1998年11月5日，我发表了《"提前完成计划"质疑》一文，写这篇评论是因为由北京西客站抢工期而引出的"蛀虫案"。北京西客站通车不久我曾到北京出差，走出列车，原想感受一下现代化新客站的气派，没想到地下通道阴暗，地面瓷砖已有破损，到售票处的大门玻璃已摔掉一块，当时就有一种说不出的感觉。后来才知道，这些都是为了提前完成计划，抢工期而造成的。

多少年来，国人形成了一种思维定势，把提前完成计划看成是一件大好事，提前得越多成绩越大，领导上表彰奖励，经济上也有不少实惠。于是，上上下下都为着超计划而忙着。对此，大家都习以为常了。但细细一想就会发现问题：既然计划如此大幅度提前完成，那么，当初在制订计划时是否水分太多？太多水分的计划还叫计划么？计划的背后是否还有什么交易？既然"提前完成计划"可以受到表彰和实惠，"超时完工"越多功劳越大，有谁还不会为了骗取荣誉和利益去铤而走险呢，这是一种什么样的行为导向？对此，"有关方面"和"有关方面"的领导该负怎样的责任？历史和现实已经告诉我们，大幅度地抢计划、抢工时的结果，最终受损的是国家和人民的利益！北京西客站质量案就是一个沉痛的教训。愿一切决定政策的人们，有权制订计划的人们，为"提前完工"鼓与呼的新闻传媒和民众们，都该从北京西客站的事件中明白一些，成熟一些；纪检部门和审计部门是否也该把对计划的制订和完成的检查、审计也作为自己的一项任务，这比查处一两个"蛀虫"更重要。

此文发表20多年了。今天，在实现中国梦的新时代，我们也应该对

"提前完成计划"持科学、审慎的态度。

《中国文化报》是中华人民共和国文化和旅游部主管的权威性文化综合类报纸，除了权威性的文化报道，理性评说社会文化热点，也是它的一个特色。

1995 年 5 月 12 日，我写了一篇《与人为善》的随笔。

> 忽然想起了人，想起了为人。因为自己的一时为人，而造成对方终生遗憾的事，在已经过去的时代并不少见。但是，即使在那种迫人就范或诱人而趋的政治运动中，也有一些人品高尚者不为风向所动，他们确实应该成为我们学习的楷模。在那种政治气候下，有的人不为权势所摄有意地或违心地加害于人，而是实事求是，与人为善，这是多么的不容易啊！有一首歌唱得好，叫作"让人人都献出一点爱"。爱来自何方，首先来自对人的善意善心，成人之美，有了此，何愁我们的社会不会少一份白眼，多一份笑脸，少一份冷遇，多一份热情，少一份忌妒，多一份帮助，少一份苦愁，多一份幸福？到那时，我们的社会该是多么的美好！

我在《思想的痕迹莫要改》（1995 年 6 月 24 日）一文中，对王元化先生编纂《思辨随笔》时修改旧作的想法谈了点不同意见。

> 以这种想法来编纂带有历史痕迹的传记式著作，我以为是有所偏颇的。历史是不容修改的，在某一时期写作的文章反映了一个人在当时形势下对这一问题的看法和思考，它既反映了写作者当时的思想和学识，也为后来者研究当时的历史提供了一定的史料佐证。这对于研究作者和历史都是大有好处的。为了让读者获得正确的知识（有些知识的正误需要几代人甚至更长的时间来鉴别），就以现在的认识去修改过去的记录，我以为是不妥当的：读者拿到书，不知道哪篇文章（每篇文章都标明了写作日期）是当时思想的反映，哪篇文章是今天的修改，尽管文章还是美的，哲理还是深的，但总有一种被淘洗了一遍的感觉，没有原汤原味的感觉好。由此，我倒生出一个遐想，先生此

书如果再版，不妨将原文照排，如有修改或发展的观点再作附录列于文后，那样或许更受欢迎。到时候我一定再买一本。由此及彼，凡与历史有关的书籍文稿都该如此处理为好，不知先生及诸公以为如何。

1988年1月2日改名的《新闻出版报》由中华人民共和国新闻出版署、中华全国新闻工作者协会、中国出版工作者协会联合主办，后改名为《中国新闻出版报》。2015年7月8日起更名为《中国新闻出版广电报》，由国家新闻出版广电总局主管、中国新闻出版传媒集团主办。作为一个媒体人，我从改名的《新闻出版报》开始至今，为这家报纸写了一些评论和报道。

我在《新闻媒介应展示领导工作的过程》（《新闻出版报》1988年11月30日）一文中写道：

> "提高领导机关活动的开放程度"是我党十三大提出的政治体制改革的重要内容，而增加领导事件过程的透明度，对领导工作的一些过程进行介绍、宣传，则是实现这一目标的重要举措。新闻媒介在这方向担负着重任。
>
> 利用新闻媒介，提高领导工作过程的透明度，并予以制度化，我以为至少有以下几点好处：其一，有利于广大人民了解、理解、执行党的方针政策；其二，有利于增强广大人民的参与感和责任感；其三，有利于监督领导工作，提高领导工作效率。增加领导工作过程的透明度，中央已经带了个好头。除了需要统一宣传口径的内容外，其他内容则应由参与者及新闻单位自行处理，不必追求绝对统一。

1989年5月3日我写了一篇《谁来判定有无新闻》，是因为文章发表的前几日，新华社播发了时任湖北省委书记关广富的讲话："我提议，今后省里领导人的活动有新闻就登，没有新闻价值就不登。要减少关于领导人活动的报道。"全国不少报刊都将这一消息安排在一版突出刊登，大概是新闻价值颇大的缘故吧。正当新闻界迫切希望加快新闻改革步伐之际，一个省委书记公开表态，支持新闻改革，讲了这番话，其用心当然是好的，也是受新闻界欢迎的。但细细一想，对这番讲话的新闻价值似乎可研究一番了。

我在评论中写道：

凡事按规律办事，办报当然也应如此。那么，谁更多更好地掌握新闻规律呢，当然是报社的记者、编辑和总编辑们。"越俎代庖"是搞不出美味佳肴的，办报（包括电视、广播等）也是如此。但是，几十年来，我们却是这么办着的。"下级服从上级""宣传有纪律"，总编辑自然得照办。否则，便是"党性不强""不是政治家办报"，重者，连乌纱也给弄丢了。结果呢，领导人的活动，领导人参加的会议，成了新闻，成了很有新闻价值的新闻，塞满了版面，读者不爱看，编辑有苦难言，有些开明的领导人自己也觉得不过意了。谁来掌握呢，领导同志大可放心让报社的记者、编辑和总编决定。他们会发挥自己的聪明才智，运用新闻规律，把对党负责和对人民负责相统一的精神很好地表现在版面上的。如不能做到这点，不仅上级机关不答应，读者也不答应呀！新闻改革步履艰难，方案众多，但我想，把发稿权还给总编辑当是题中之义吧。

此间，我还写过《会议报道何以减不下来》（《新闻出版报》1992年7月6日）、《寻找情与理的结合部》（《新闻出版报》1993年5月26日）、《电视新闻画面不可重复》（《新闻出版报》2001年9月17日）、《媒体勿滥用"零距离"》（《中国新闻出版报》2010年6月8日）、《党报评论改文风应先人一步》（《中国新闻出版报》2013年2月26日）等文章。我还在《中华新闻报》写过《宣传科学须旗帜鲜明》（1999年9月6日）、《报纸号外策划要略》（2003年11月26日）等文章。

我在《新华每日电讯》发表评论《如何让研讨会杜绝空谈更多实干》（2012年12月25日）。文中写道：

研讨会，不是报告会，不是宣讲会，也不是工作部署会，本义上，它是一个大家围聚在一起，就某些普遍性或紧迫性或矛盾复杂的问题，展开争锋却又不失理性和建设性的争鸣与探讨。其目的是更好地趋近真理和指导我们的工作，它是领导科学决策的首要前提。既如此，研讨会的程序设置，就应体现"问题"意识，而非"成绩"导向；应鼓励"多元"思维，而非"一律"思想；应营造"包容异质，打捞沉默声音"的氛围，而非修筑嗫嚅不言、趑趄不前的保守樊篱。除少数文件传达和领导讲话以外，这种精神应该贯穿研讨会的始终。

在《让群众参加民主生活会》（2014 年 12 月 17 日）一文中写道：

民主生活会是群众路线教育实践活动中的一个重要环节，之所以要安排和搞好这一环节，是因为只有通过这个形式对作风之弊、行为之垢进行认真而不是敷衍，深刻而不是肤浅，全面而不是片面，实事求是而不是哗众取宠的大排查、大检修、大扫除，方能取得实效并保证持久。目前仅在领导成员之间进行批评与自我批评，固然有好处，但是，绝对不如与自己管辖、领导的下属和一般群众面对面地交流更直接、更有效。

有了他们的热情参与和监督，帮助各级领导干部照镜子、正衣冠、洗洗澡、治治病，可以更好地保持党的先进性和纯洁性，巩固党的执政基础和执政地位具有更加广泛、深厚、可靠的群众基础。

《学习时报》于 1999 年 9 月创刊，中共中央党校主办，面向全国，服务全党，以各级党政干部和广大知识分子为主要对象，是国内外公开发行的全党唯一专门讲学习的报纸。

党的十八届四中全会《中共中央关于全面推进依法治国若干重大问题的决定》（以下简称《决定》）强调"制度化、规范化、程序化是社会主义民主政治的根本保障"。《决定》指出，要把公众参与、专家论证、风险评估、合法性审查、集体讨论决定确定为重大行政决策法定程序，确保决策制度科学、程序正当、过程公开、责任明确。这些程序的设置，保障了行政决策文件出台的科学性和法规性，但是，要真正让每一个环节落到实处，还需要对这些上位法定程序做出更加具体可行的下位操作程序

（也称保障程序），为此，我写了《为"集体讨论决定"设置科学程序》（2015年6月8日）。为"集体讨论决定"设置科学程序，大体包括以下五个内容。其一，将决策讨论件提前送达讨论者手中。这里强调的是时间程序。其二，应有两个以上可供讨论或有不同意见的决策方案。这里说的是空间上的程序。其三，对特殊领域或专业的问题，拟请相关专家到会解读。研究什么样的问题请什么样的专家（可根据情况适当放宽人选），这是保证讨论会科学高效的又一个程序。其四，记载参与讨论者的不同意见，以便根据档案资料追究责任或奖励功勋。以证据说话，实事求是，这样才能保证决策文件制定的科学性和参与讨论决定的领导者、与会者职责的严肃性。其五，设立监督反馈机制，随时调整和修改决策。

时下各地召开理论学术研讨会颇多，这对促进人们思想交流、学术相长是大有好处的。问题是这样的：会议该如何开？我们的传媒该如何报道？为此，我写了《"畅所欲言"与"一致认为"》（2002年4月15日）。

要改变此现状，首先要改革会议程序，限制发言者的时间，设立评论者的位置；其次，转变人们的开会观念。研讨理论学术问题与解决思想品德修养问题不同。在学术问题上要求人家"有则改之，无则加勉""一致认为，大家通过"只会堵塞言路，压抑人们探求真理的积极性，从而也就阻碍了人们对真理的发现和发展。学术研究有一条规律，就是真理越辩越明，是非越争越清。真理不会因为谁的地位高、知名度高，谁先发制人，就扑向谁的怀抱；同样，错误也不会因为反批评者的出现而使其扩大和蔓延。批评者不一定都掌握了真理，反批评也未必都是坚持错误。只有既允许批评，又允许对批评的反批评，才可能产生"碰撞"，产生"共振"：碰撞出新的思想或思想的火花，共振出新的信息或信息流，这对于发现真理、坚持真理、发展真理，对于认识错误、修正错误、繁荣科学是大有好处的。

文后，我还写到改革会议的报道是十分重要的。在很多会议上并不是"畅所欲言"，更没有"一致认为"，而且，即使有了"畅所欲言"也未必都是"一致认为"，这两者不是因果关系。究其原因大概也有几点：一是记者根本就没有到会议现场，只是根据会议组织者提供的材料凭着以往的经验编发稿件；二是以为"畅所欲言""一致认为"是会议的最高境界，这样写了就是对会议的高度重视；三是明知不符合事实也要或迫于压力这么写，既哄自己又骗大众。新闻记者是历史的记录者，应时时掂一掂手中的笔，让它真实地记录下时代的进程，让它有力地促进时代的进程。

《中国改革报》创刊于 1994 年 1 月，创刊之初由国务院经济体制改革办公室主管，后由国家发展和改革委员会主管，是国内唯一以报道改革与发展为主要内容的中央级日报，邓小平为该报创刊题写报名。在该报创办之初我也为其写过评论。

当计划经济体制向市场经济体制转变之时，政府的职能、社会团体的作用也相应发生着变化，国务院屡下通知，要求停止各种评比评优活动，就是为了减少行政干预，减轻企业负担。现在可好，大家都变着花样把手伸向了企业，这让企业如何走向市场，如何在市场上开展平等竞争？我在对各种各样新产品评优调查之后写了《评优，也是重在参与么？——产品评优现象忧思录》（1994 年 9 月 2 日）一文指出，社会团体是党和政府联系群众的纽带和桥梁，在市场经济的条件下，如何按照市场的规律，按照国际惯例在法制和道德的轨道上开展各项有益的活动，取信于民，服务于民，有益于民，所有这些都是有关方面在走向市场之路时应该认真研究和回答的问题。

1994 年 12 月 20 日，我写了篇《如今怎样当"婆婆"》的评论："一场官司打了 10 个月，其间该是经历了多少曲折和波澜！虽然当'媳妇'的最终讨回了一个'说法'，但在这 10 个月时间里，他们的精力耗费和经济损失绝对不止 7460 元！愿'有关方面'都从中悟出一点道道来，努力把我们各自的工作做得更好一点。"

1995 年 3 月 9 日，《长江日报》一版载文《"三泰"把算命当作科技产业经营执照堂而皇之，开店连而锁之，生意居然兴隆，岂非咄咄怪事?》。这篇报道受到中央领导的批示，获得第六届中国新闻奖二等奖。当时，我在《长江日报》评论部工作，于 1995 年 5 月 30 日写了评论《科学，不容迷信玷污》："搞市场经济离不开科学，赖有科学才能促使经济的发展。但是，科学和迷信，正义和邪恶绝不能同流，也不可能同流。

党中央一再强调，在抓经济建设的同时必须狠抓精神文明建设，抓法制建设，否则，我们所做的一切都会毁于一旦。这绝不是危言耸听，现实已经敲响了警钟。我们必须继续发扬'痛打落水狗'的精神，绝不容许迷信等丑恶的东西卷土重来，污染清新的空气，腐蚀健康的身躯，动荡稳定的社会，一切有正义感有责任感的中国人都应该有这样的紧迫感和危机感。科学，不容迷信玷污！"

　　时代在不断发展变化。回顾这些曾经发表的文字，既是对过往的回眸，更是对以后的期望：违反民主、违反科学的事情少一些，再少一些；反映社会进步的事情多一些，再多一些。

5.《民主与科学》《群言》《民主》
《中国政协》等杂志记载我的思绪

北京有影响的报纸多，有影响的杂志也不少，《民主与科学》就是一本我长期阅读，经常为其撰稿的杂志。该刊于 1989 年创刊，由九三学社中央委员会主办，是以政论为主的综合性期刊，以高、中级知识分子为主要服务对象。杂志坚持弘扬民主与科学精神，紧扣时代脉搏，为进一步改革开放、建设中国特色社会主义服务。该刊编辑部于 2009 年创刊 20 周年时选编出版了《民主与科学文集》（学苑出版社，2009），其中选登了我的三篇文章。

第一篇：《解放思想须继续防"左"》（原载《民主与科学》2008 年第 5 期）。

> 要警惕右，但主要是防止"左"。"左"的问题一直是困扰我们党的建设的一个严重问题。中国 28 年的革命和 58 年的建设中出现的"左"的错误给中国人民带来的灾难太大了，损失太惨重了。我们党敢于从失败中吸取教训，敢于面对挑战反复提出"主要是防止'左'"，这是我们党的伟大和力量所在。我们现在的任务是要把党的会议精神落实到行动中去，从干部制度、组织建设、奖惩机制和舆论宣传等方面确实解决这一问题。现在，我们严肃地提出这个问题，以期待更多的人去研究它、解决它，我想，这才是对我们党建立 80 多年来因受"左"错误思想政治路线而冤屈人们的最好的纪念，同时，它也是促进我们更好更全面地贯彻落实党的十七大文件精神，不断地排除各种错误思想的干扰，保持先进性，夺取全面建成小康社会新胜利的重要保证。

发表文章至今，十几年过去了，在改革开放 40 周年的时候，在中华人民共和国成立 70 周年的时候，党的十九大通过的《中国共产党章程》中再一次写上："反对一切'左'和右的倾向，要警惕右，但主要是防止

'左'"。那么，这句话是否还要长期写下去呢？面对反腐败世界性难题，2018年12月13日中央政治局会议指出："反腐败斗争取得压倒性胜利，全面从严治党取得重大成果。"按照这种表述，什么时候我们党领导的反对"左"错误倾向斗争，能够像反腐败一样"取得压倒性胜利""取得重大成果"——我们期望更相信这一天会早一点到来。为达此目标，我以为可从当下的反对形式主义、官僚主义入手，从当下开展的"不忘初心、牢记使命"主题教育开始。

第二篇：《反思：一种需要提及的纪念方式》（原载《民主与科学》2008年第6期）。

改革开放30年了，是个值得纪念的日子。时下，全国各地都在以各种规格、各种形式纪念它，讴歌它。这些都是十分重要的。但是，我以为更要利用这个时机，好好反思一下30年来还有哪些失败的教训没有总结，还有哪些理论问题仍在束缚我们的思想，还有哪些禁区我们没有突破——目的与讴歌一样，都是为了我们的国家进步得更快，走得更好，为了我们的社会更加和谐。

总结教训与讴歌成绩同样重要。我们经过了30年的风风雨雨，我们积累了许多丰富的成功经验，中央和各个地方正在总结。我们要用实践得出的正确经验，指导以后很长时间的社会发展，这是十分必需的。但是，我以为还有很多的问题或不成功或失败的教训需要认真探讨，从某种意义上来，它对我们以后的30年和更长的时间的发展或许更有益处。

今天，在总结成就和经验的同时，我们还应该认真地思考一下：那些假话空话套话能否少说不说？那些形象工程、形式主义能否少些再少些？一些腐败现象是否能得到有效的遏制？中华民族是一个有着很强韧性的民族，只要有足够的时间，那么，我们希望看到的好事将会越来越多，不希望看到的坏事将会越来越少。30年太久，只争朝夕！只有这样，才能与我们的发展目标更接近一些；只有这样，才能将国民的物质、精神生活质量提高快一些好一些。

第三篇：《今天，我们怎样讲好真话》（原载《民主与科学》2009 年第 4 期）。

今天，我们该如何讲好真话？

其一，利用大众传媒讲真话。其二，在岗位上讲好真话。其三，对当事人当面讲真话。其四，讲真话要合法规合情理。作为一种信息交流和传播，说话者不能不考虑说话的效果，想到就说，还没想好就说，想都不想就说，完全不考虑法规，不考虑情理，这也是不妥当的。讲假话、传谣言，蛊惑人心，那是绝对不许可的。但是，有好心，凭直觉，说真话违反了国家法规和人间情理，也是不能允许的。说真话虽是个体行为，但是，一旦到了大众场所和大众传媒，说话者就不能不考虑自己的责任了，特别是在当今网络系统迅猛发展的形势下。

讲真话好，讲真话难，唯有难才需要我们大家都去努力实践——要有新闻的敏锐和理论的深刻，能在发现问题或问题端倪时快说真话；要在人们趑趄不前、嗫嚅而言时敢说真话；要在人们能说真话时说好真话；要将真话时常挂在嘴边长说真话（谣言说了十次都成了真话，真话不长讲也可能会成为假话）；要在讲了真话后被实践证明是不正确或错误后认账改错。讲真话从我做起，从现在做起，从能够做的地方和时间做起，比如从我们时常看到和听到的社论、报告、演讲和主持人的最后一段空话套话删去开始，讲符合当时当地情况管用的真话来。

今天，我们进入了一个新时代。人们不仅对物质文化生活提出了更高的要求，而且在民主、法治、公平、正义等方面的要求也日益增长。满足了人们的这些要求，就能更好地推动人的全面发展、社会进步。为此，党的十九大报告指出："众人的事情由众人商量，是人民民主的真谛。"在这种时代背景下，我们有必要在全体民众中提倡和奖励讲真话，学习讲好真话，提高讲真话的表达艺术和技巧；反对讲假话，批评和惩罚讲假话——建立一种良好政治生态的舆论环境和管理体制。

除了以上被收入文集的文章外，我还在《民主与科学》中发表了《民主进程中公民权的保护和实施》（2007年第4期）、《当前新闻报道策划存在的问题》（2007年第5期）、《加强民主进程中的程序化建设：赵振宇与记者对话》（2008年第3期）、《问计于民大有学问》（2010年第4期）、《严格问责制，确保政府信息〈公开条例〉有效实施》（2010年第6期）、《参加"电视问政"后的思考》（2012年第4期）、《实现中国梦要把握好中国时间和中国效率》（2013年第3期）、《让评论提升节目力度》（2013年第4期）、《曼德拉远行，宽容和解永存》（2013年第6期）、《时刻将群众装在心里》（2014年第5期）、《回忆讲真话的文字岁月》（2019年第2期）等。

《群言》杂志是由中国民主同盟中央委员会主办，于1985年创刊的政治性与学术性相结合的综合性月刊。自创刊之日起，便恪守"要讲真话、实话，反对讲空话、大话、假话"的承诺，紧跟时代步伐，建言国是、推动中国的民主与法制建设，关注社会、关注民生，力求为知识界服务，为知识分子服务，并赢得了广大读者的充分肯定。20世纪90年代，我为该刊写过几篇评论。如《经得起历史的检验》（原载《群言》1996年3期）。

前不久江泽民总书记在接见电影工作者代表时，殷切希望广大电影工作者遵循为人民服务，为社会主义服务的方向和百花齐放、百家争鸣的方针，深入生活，吸取营养，大胆探索，努力创造出思想性、艺术性和观赏性高度统一，深受广大群众欢迎，并能经得起历史检验的优秀影片。

"经得起历史检验"，我想这不仅仅指电影事业，新闻出版、科学教育、文化体育、医疗卫生等一切服从和服务于人民的事业，都该如此。

干工作，办事情，只求哗众取宠，不求实效，表面上轰轰烈烈，实际上空空洞洞，对上级指示照抄照搬，对实际情况不甚了了，以其昏昏使人昭昭，这种人所干的事，必定是经不起历史检验的；只有锲而不舍，坚韧不拔，孜孜不倦，呕心沥血，才能在科学的道路上攀登永无止境的高峰；只有从长计议，从大局着眼，才能使个人或团体在社会运转的大系统中永保无限的活力；只有实事求是，从实际出发，说真话办实事，淡泊名利，才能为造福于人类的大厦添砖加瓦；只有解放思想，勇于创新，才能将自己的成功或失败昭示于天下，为后来者提供有益之鉴。

《拿什么奉献给世界》（原载《群言》1997 年 7 期）。

中国的电影、电视、文化艺术品能够走向世界，能够得奖或捧回金杯银杯，这是一件好事，为中国人争了光。但是，我们也应看到，文化艺术是带有很强的阶级性和政治色彩的。有些丑化中国形象的影片在国外获奖，不少是出于评奖者政治偏见或猎奇的心理，并非是因为影片有很高的艺术水平。创作这样的东西，将这样的东西送到国外去换取外国人的高兴，我以为，这不仅是物质上的浪费，更是对中国人的一种人格伤害，是不值得提倡、褒奖的，而是需要反对和批评的。把最能代表中华民族优秀品格的典型（而不是去寻找、去扶持、去集合、去放大一些落后的消极的已经或行将死亡的东西），用最有艺术性感染力的手法去表现它，从而赢得中国受众和世界受众的欢迎。用这样的作品走向世界，用这样的作品去捧回世界的金杯银杯，这才是中国人的骄傲，这才是中国艺术家的骄傲。

《民主》杂志是由民进中央主管、主办的面向海内外公开发行的综合性、时政类月刊。其前身是创办于 1945 年的《民主》周刊，是民进早期开展民主斗争的喉舌。长期以来，《民主》杂志"立足民进，面向社会，服务统战"，为把民进建设成为高素质的参政党，充分履行职能、发挥作用提供了有力的思想保证、精神动力和舆论支持，在统战系统具有广泛的影响力。

1994 年 5 月 23 日是长江日报社成立 45 周年社庆，我们到北京采访"世纪老人"、现代作家、翻译家、儿童文学作家、社会活动家、散文家、中国民主促进会会员冰心先生，并邀请她为社庆题词。后来，我在《民主》杂志（1994 年第 6 期）上写了一篇专访文章《握着冰心老人的手》。

　　三月，北京，白石桥。这是一座很平常的房子，和我到过的许多住所一样。随着一阵门铃声，冰心的女婿陈恕先生将我们引进了客厅。

　　房间不大，卧室兼工作间。猫，冰心老人的宠物卧在老人的床上打量着我们这些陌生人。老人身着过时的对襟布衣，胸前搭着一条白色的棉织毛巾坐在书桌前招着手欢迎我们远道而来。老人身后立着两个书柜，精致的丛书前陈放着吴文藻先生的遗像和各地朋友们送来的小小工艺品，琳琅满目，好是热闹。书桌上放着老朋新友送来的新著，想必是老人不负友人情又无法立马看完，时间久了便堆了起来。面前放着一本《民主》杂志，里面还夹着纸片，老人正看着哩。书桌中央的台式日历正翻着当天的一页——1994年3月9日。

　　我们送上了带着生气散着馨香的鲜花，送上了带着崇敬带着祝福的果篮，冰心老人接过鲜花看着果篮，握着我的手，笑了。世纪老人，她笑得那么甜，笑得那么慈祥。一脸温笑送走了一生的坎坷、曲折和艰辛，一声答谢缩短了半个世纪的历史空间，此刻，我们彼此就好像成了一家人，大家都笑了。伟人的力量，人格的力量，只有在此刻我们才深深地感受到了。

　　她，白皙的脸上泛着童稚般的红润，绵软的双手传递着老人的温暖，一时间，我竟忘了握着的这双手是世纪老人之手——她像我妈妈的手，像我奶奶的手。

　　应我们的请求，冰心老人戴上了老花眼镜，用她那双叱咤文坛的手，写下了"不尽长江滚滚来"的条幅。这既是为我们报纸社庆的题词，也是对我们后生的勉励，我们好高兴。可在落款处冰心老人却和我们开了一个小玩笑，引起大家一场虚惊。不知是老人的一时疏忽还是对去年的记忆太深，落款时就轻快地写下了"九三、三、九"——哎呀，应该是"九四"年，我们都心里一阵紧。老太太可一点也不着急。她重新握起了小楷毛笔，凝住神，在"三"字两边这么一下，那么一下，"三"就变成了"四"！大家相对而视，为着老人的沉着、敏捷和灵活应变，都笑了，笑得那么开心笑得那么得意。我们紧紧握住了冰心老人的那双绵软但是有力充满智慧的手。

面对一位又一位救人英雄不能被理解，不能受到社会褒奖，我写了《社会不能愧对英雄》（原载《民主》1996 年第 7 期）。

> 我们的社会还有邪恶，只有正义才能将其战胜；我们的社会还有歹徒，需要英雄们大量涌现——这一切都离不开正确的社会舆论和社会奖赏。赏罚机制是社会管理的一种重要方法和手段，奖励什么，提倡什么，惩罚什么，反对什么，直接规范、导向着人们的言行。虽然，从道德义务的要求来看，人们为社会为他人所做的一切，都是以或多或少地牺牲自己的利益为前提，而不是以向社会向他人索取或多或少的权利和报酬为筹码的，但是，社会对人们所尽义务给予积极、崇高的报酬和奖赏，对于强化人们这种不求回报的责任感却是十分重要的。只有大家都以奉献为己任，以救助他人为道德责任，整个社会风气才会得到根本好转。

《中国政协》杂志是政协全国委员会办公厅 2000 年主办的中央级机关刊物，现为半月刊。该刊依托全国政协上达中央、下通各界、广联海外、外交国际的独特优势，拥有强大的政治信息平台和广博的社会资源，主要面向 60 余万全国及省市县政协委员、社会各界和海内外著名人士。以前我没有接触和为该刊撰稿。2014 年 7 月我被聘为武汉市人民政府参事，8 月为参事室做"程序化：科学管理的首要前提"演讲报告，此后开始参加政协的一些活动。2015 年 5 月我应武汉市人民政协邀请，主持"加强人民政协协商民主程序化建设研究"课题，研究成果于当年 10 月在全国副省级城市政协理论研讨会上报告，《人民政协报》予以报道。也许是这个原因，2015 年 12 月 22 日，《中国政协》杂志社邀请我参加了在全国政协办公厅召开的为杂志评论专栏撰稿出谋划策的会议。从那个时候开始，在北京的杂志里，我又多了一个撰稿的媒体。

2016 年第 8 期《中国政协》杂志"对话"专栏中发表该刊记者李香钻对我的专访文章——《赵振宇：推进人民政协协商民主程序化建设》。

......

本刊：您觉得当前人民政协协商民主程序化建设还存在哪些问题？

赵振宇：人民政协协商民主的程序化建设还存在较多问题，主要表现在以下三方面：

一是协商民主程序意识不强。二是协商民主程序化制度薄弱。三是协商民主程序化法律欠缺。在实践中，人民政协没有刚性权力作保证，因而它通过的决议，提出的批评建议没有法律效力和行政执行力。政协作为非权力性组织，没有法律性质的举措加以制约和保障，这种程序化法律的欠缺，削弱了协商民主的实际效果。

本刊：那么，应如何构建"程序合理、环节完整的协商民主体系"？

赵振宇：谈具体建议之前，我先谈谈对程序设置原则的理解。我认为程序设置要遵循三原则：科学、公开和合法。

所谓科学性，就是要求程序的设置符合客观规律性，人们按此办理能够以最小的投入获得最大的收益；所谓程序公开性，说的一是对人民民主权利的维护和尊重；二是可以防止因暗箱操作带来的消极作用；三是程序公开化的过程，也是宣传党的大政方针，普及科学文化知识，体验法制的正义和崇高的过程；所谓程序合法性，说的是一切程序的设置都要符合和遵守国家的根本大法和有关法律，这些程序包括立法程序、执法程序和守法程序等。程序的合法性包括两方面内容：一是决策内容的合法，即一项决策是否在法律允许的权限范围内，是否违反法律的规定；二是决策程序的合法，即决策过程中是否履行了公示（广大公众评议或由他们的代表审议）、听证（允许利害关系人作合法性反对）、审查和批准程序。

本刊：在推进人民政协协商民主程序化建设上，您有什么具体建议？

赵振宇：具体建议有以下几点。

首先，要提升协商民主的程序化意识。当下，政协委员特别需要加强学习程序理论，从程序论的视野来认识协商民主的重要性。其次，加强协商民主运作的程序化建设，保障和促进协商民主的有效开展。最后，加快程序化法制建设。一要加快立法进程，赋予政协协商民主职能的法律效力。二要加大宣传力度，营造政协协商民主氛围。三要保障委员权益，发挥委员监督作用。

本刊：您曾经写过一本专著《程序的监督与监督的程序》（社会科学文献出版社，2008），里面提到程序不是万能的。那么，谁来监督程序的运行？

赵振宇：对程序的监督具有积极意义：一是可以事先预防，防止偏差，保证决策和行动的正确性；二是可以及时发现问题，及时纠正，把损失减少到最低程度，使程序更趋科学完善；三是可以通过监督过程的交流与沟通，融洽监督者与被监督者之间的相互关系，有利于决策和行动的良性运作；四是监督的过程也是一个公民接受教育、参与管理的过程。通过监督，可以不断促进和提高决策者和工作者的自身素质，从而设计出更适宜更优秀的决策和行动程序；一切决策者工作者都要严格按指定的程序办事，并根据实践中发现的问题，不断地调整和修正程序，使之更好地发挥作用。

全国政协从2015年11月19日举办的关于非物质文化遗产传承与保护"双周会"开始，在会议现场设置了"四方钟"，以此来约定和提示发言时间。据全国政协办公厅秘书局有关负责人介绍，这是为了让与会人士具有平等表达意见的权利，让协商效果和建言质量进一步提升，是涵养时间文明的具体体现。

为此，我写了《小时钟，大意义》（原载《中国政协》2016年第19期）的评论。

"四方钟"的设置体现了时间文明。时间文明讲的是在一定时间里对人们行为准则的要求，它需要有一定的条文和物件来提示。时间文明的观念是为当今中国最需要重视的发展素质之一，在现代社会提倡时间文明，有利于我们处理好人与人、人与社会、人与自然之间的关系。在制定、遵循、提升时间文明的进程中，它不仅有助于追求个人道德完善，同时也有利于维护公众利益和公共秩序。

为配合中心工作，为鼓舞员工士气，在城市、在乡村、在工地、在练场，提口号、挂标语、拉横幅是需要和可行的。但是，要注意克服以下两个方面的问题。我在评论《标语口号慎提为好》（原载《中国政协》2018年第2期）中写道：

一是标语口号不科学。不久前，南方某报以"七个武汉"为题，即国家战略聚焦的武汉、山水形胜的武汉、科教发达的武汉、九省通衢的武汉、工业重镇的武汉、人才荟萃的武汉、宜人居住的武汉，介绍武汉的历史、现实和未来。应该说，编辑策划的思路是积极的，用心是好的。但是，这种概括式的提法却是不科学、不完整，容易引起歧义的。武汉作为国家发展中的一个特大中心城市，它的功能是多样的，它的特性和优势也是丰富多彩的，很难从几个方面和用城市名片的方式来准确形容和概括。而且，随着城市的发展，这些描述还会与时俱进不断地发展和变化。除了几个武汉，还有几个济南、几个重庆和几个湖北等这样表述，如果将这些数字统计上升到国家层面，麻烦就更大了！

二是标语口号泛滥。神州大地，大江南北，我们时常可以看到这样的标语。春天来了，"全民植树，绿化祖国"；夏日到了，"大家齐动手，洁净美家园"；"三八"来了，为妇女而书；"五一"到了，为工人阶级而写；教师节、儿童节、建军节，更是有着明确的书写对象；遵守交通规则涉及人的生命安全，写几条标语立于街头理所当然；防火防盗，教育好孩子更是居委会常做常新的话题；"七一""十一"是党的生日、祖国的诞辰，那么，"大战三十天，向七一献礼""再创新成绩，迎接国庆节"等一类的标语口号悬挂于大街小巷、施工现场更是司空见惯的事了。到了年底，各种各样为提前完成任务的标语口号就更多了……可以这么说，在工厂、学校、机关、游乐场所，几乎有人活动的地方都有各种各样的口号。

这些无章无序、充满时空的标语、口号、横幅，表现在一个城市和一个地方的整体工作和定位宣传中，这是需要引起政府机关和领导同志注意的。对于新闻媒体来说，也要注意报道时的规范语言，不要将地方政府和领导人的不当用语直接搬到媒体报道中。

讲好中国故事是党的十八大以来以习近平同志为核心的党中央提出的重要任务。讲中国好故事，传中国好声音，从而提高中国国际话语权、增强中国国际传播能力、塑造中国国家美好形象。我在《让世界感受华夏之魅》（《中国政协》2017年第8期）中写道：

> 华夏五千年文明源远流长，炎黄子孙传承经典荡气回肠。在近代百年中国人民寻梦、追梦、圆梦的历史进程中，我们已经走过"雄关漫道真如铁"的昨天，正在经历"人间正道是沧桑"的今天，翘首展望"长风破浪会有时"的明天。读一篇好故事犹同品茗，酽香四溢，听一篇好故事宛如饮酒，心醉神往。用美好故事抖落浮躁的尘埃，用动人声音传续璀璨的文明，用文化之光照亮复兴之路，用软实力展现国家魅力。一个个独特的故事，经过作者的加工和传播，可以超越文化樊篱、摆脱偏见局限，在全世界热爱优秀文化的人们心中萌芽生长、孕育光明。而好故事不易得，能观得一纸好文是读者之喜，能闻得一席佳话则是听者之幸。那些用笔尖和声线纪录、传播文化的人，那些对好故事心怀执念的人，那些愿意在阳光和思想共同照耀之处挥洒才智的人，更是这个异彩纷呈、前途无限的时代构建者。无关学历、国籍、职业和经济能力，是思想的勃发造就了语言的丰满，是生命的炽热成全了表达的欲望，只要讲故事的人有勇气、有自信、讲科学，故事就有感染力和说服力。
>
> 让我们徜徉于好故事的河床之上，将中国最美好的故事通过现代化的科技平台传播出去，为世人所接受、感染和信服！

《瞭望新闻周刊》是中国大型时事政经新闻周刊，由新华通讯社主办，1981年4月创刊。该刊以"新闻性、权威性、思想性、可读性高度统一"为特色，在电视、互联网、报纸、杂志之间博采众长，将主要精力放在深入、详尽地将有关事件和新闻背景与来龙去脉告诉读者，进行分析、解释和评论，进而对其发展趋势做出预测，并对这种趋势所体现的更深更广的意义和影响进行估计、判断。我在 20 世纪 90 年代和 2000 年为该刊写过几篇评论：《文物保护与爱国主义》（1990 年第 22 期）、《107 项计划被否定之后的思考》（1990 年第 40 期）、《毛巾挂历受青睐的启示》（1991 年第 50 期）、《端正会风》（2000 年第 45 期）等。

6. 《解放日报》《文汇报》《新民晚报》《社会科学报》等上海报纸留下我对改革开放的思考

上海是我国的文化重镇，新闻媒体也办得多办得好，时时在全国起着引领作用。我在《长江日报》工作期间曾到上海多家报社编辑部拜访，学习他们的办报经验；到上海市社科院等单位请教专家学者，向他们邀约稿件，结识了一些老师和朋友。其间，也为上海的媒体撰写了一些适应时代需要，具有个人特点的思考文字。

《解放日报》最早创刊于 1941 年中国共产党延安时期，是我党早期的政治理论刊物，新中国成立后成为中共上海市委机关报。改革开放以来，《解放日报》全面及时准确地报道上海和全国的政治、经济、社会、文化新闻和国际新闻，刊发有影响力的新闻分析和新闻评论，并经常被国际国内各大媒体转载，是中国最具权威性和最具影响力的几大媒体之一，在中国政治、经济、文化等领域以及海外都具有很高的地位和声誉。

1989 年 1 月 2 日，是个极为普通的日子，但对我来说，却留下了深刻记忆。因为，在这一天，《人民日报》第一版"每周论坛"上发表了我写的《学一点"爱抚管理学"》，《解放日报》第二版的"解放论坛"上刊发的是《仅有反思是不够的——写在辞旧迎新时》，作者也是我。一般来说，党委机关报都会在 1 月 1 日发表"元旦社论"，我在 2 号发表的评论就被朋友们戏称为"准元旦社论"了，而且还是两篇不同题目的评论发表在中央和地方重要媒体上。自然，这只是一种玩笑，不可当真。

我在《解放日报》的这篇评论中写道：

> 理论研究者的责任，不仅在于反思过去，对历史实践（错误和教训、成绩和经验）进行总结，并将其升华为科学的理论，以说明历史发展的规律；而且还要对现实社会进行观察和研究，对现实中提出的问题进行论证、说明和总结，对现实的各项政策、措施进行宣传实施或修正调整，以促使人们更好地驾驭自己推动历史发展的进程；同时，还该对未来历史发展的方向进行探测、揭示，阐明未来历史发

展的动向和规律，以燃起和坚定人们的信心，积极创造条件迈向未来。

物质是在时空中运动的，历史是在无限螺旋上升中发展的。人们的思维也是这样一种不断的运动过程。割断历史去反思过去，孤立片面地看待现在，虚无缥缈地展望未来，都是不可能的。如果有谁硬要这么办，那就不仅得不到科学的结论，而且会自寻烦恼，增加自己不必要的心理负担。我们的事业是旷古未有的事业，又是走向未来的事业。为了加快它的发展，我们必须正确地反思历史，满腔热情地看待现在，研究现在，探索未来，展望未来。

不知从什么时候起，有人敢公开"伸手要官"了，慷慨陈词，一展宏图，出来竞选的有之；撕破脸皮，挖空心思，走歪门邪道的也有之。对于以上种种"伸手要官"，不可一概而论。于是我写了一篇《"要官"与"给官"》（1988 年 11 月 2 日）。

"要官"与"给官"是干部人事制度改革的重要内容。一旦"给官"有了透明度——张榜招聘，"要官"实行公开化，"要官"和"给官"程序做到科学化、民主化、制度化，那么，还有人敢以不正当手段伸手要官么？光明正大的要官者还会受到谴责么？

30 多年过去了，改革领导干部的管理体制，仍然是我国政治体制改革的重要内容。新华社在反对形式主义的调查中，曾指出干部中存在的"不怕群众不满意，就怕领导不注意"现象。[①] 为什么会这样呢，我以为，一个地区、一个部门的工作做得怎样，群众感受最深，他们最有发言权。现实中，为何有的干部"不怕群众不满意，就怕领导不注意"？除了权力观、政绩观出了问题，一个重要原因，就是群众评价没能转化为影响干部去留升迁的"硬杠杠"。在这个意义上，要让"群众意见"得到实质性尊重，既要

---

① 《纠正"四风"不能止步　作风建设永远在路上》，《人民日报》2017 年 12 月 12 日。

树立以人民为中心的观念，也有必要进一步用好群众的评议结果。① 党的十一届三中全会以来，我国在政治、经济、文化、教育等领域实行了一系列改革政策措施，这一切都在极大的范围和程度上振奋了民族精神，提高了人们的心理承受力。正因为如此，我国的改革开放和现代化建设才取得今天的巨大成就。但是，为了把改革引向深入，还须加快和加强提高人们的心理承受力。为此，理论版"新论"头条刊发我撰写的《在改革的深化中提高心理承受力》（1994 年 2 月 3 日），文章中提出了以下几个观点：

其一，树立正确的道德评价意识。"社会主义道德所要反对的，是一切损人利己、损公肥私、金钱至上、以权谋私、欺诈勒索的思想和行为，而绝不是否定按劳分配和商品经济，决不能把平均主义当作我们社会的道德准则"。我们应该加强这种正确道德准则的宣传，使它能积极地影响和调整人们的思想和行为。其二，调适人们的评价感觉。报酬是对人们实践的反映，它仅以实践的质和量为依据，其他的一切，包括潜能、关系、背景都无效。一个人，只有当他在理性认识上明白了道理，才能不断地克服和调适因倾斜的心理感觉而产生的心理不适，提高心理承受力。其三，实行参与管理，加强分配的科学性。小至部门、单位，大至地区、国家，对于人们参与劳动和获得报酬的各方面情况皆应进行科学的真实的全面的公布，使广大劳动者更清晰地了解他们想了解的"内幕"，大道畅通，小道也就会消失，由此而产生的非理性情感也会得到有效的纠正。其四，正确实施奖惩，加强赏罚的对应性。这样做既符合我国经济实际，也有利于调适和提高人们的心理承受力。其五，加强理论宣传的预见性和指导性。

《解放日报》的"杂文"是他们的一个品牌，我也学着写作，其中有两篇文章被《新华文摘》转载。一篇是《"狼来了"又何妨》（1990 年10 月 11 日刊发，1990 年第 12 期《新华文摘》转载）。

---

① 赵振宇：《让群众评议真正落地》，《人民日报》2018 年 1 月 31 日，第 1 版。

本届亚运会上，在我国某些传统获奖项目中出现了危机，如乒乓球比赛，男团失去了决赛的机会，女子双打又败于韩国拍下，金牌和奖牌被别人夺去了。于是乎，有人便做起文章，大呼"狼来了"。

自然界的狼来了，会夺走小羊羔；体育比赛中"狼来了"会夺走金牌、银牌、铜牌。作为牧羊人，作为运动员、教练，当然应该提高警惕，增强敌情观念，根据"狼来了"的特点采取各项有效措施，亡羊补牢为时还不晚。羊丢了，奖牌丢了，还高枕无忧或幸灾乐祸，便有马大哈甚至居心叵测之嫌，不足为取也。

然而。世界上的事很复杂，很多情况需从多方面看才是，"狼来了"便为一例。

"狼来了"好不好？其一，不好。由于"狼"先生的到来，把本来该我们夺取的奖牌夺去了或在我们摘取奖牌的征途中设下障碍。如果一路顺风，全部奖牌囊括，那该是多么风光的事呵。"狼来了"当然不好。其二，正是由于"狼"先生的到来，才使我们领教了"狼"的各种招数，在和强手的对峙中暴露出我们的不足和弱点，找出差距，迎头赶上。因"亡羊"才去"补牢"，这不正是我们常说的"交学费"么？从这个意义上说，则还是时而有"狼先生"光临才好。"狼来了"又好又不好，这似乎很矛盾。其实，世上的许多事都是这样对立的统一，这也是辩证法的实质和核心。

试想一下，如果有朝一日，中华儿女囊括了亚运会和世界奥运会全部奖牌（当然是一种不可思议的假设），那么还有必要举办亚运会和世界奥运会么？

"狼来了"需要提防，但没有了"狼"就好了么？

大千世界，纷纭繁复，既有许多复杂的问题，也有许多简单的问题。一般来说，复杂问题，由于其种类多，头绪杂，涉及面广，牵扯因素多，因而认识它、解决它也就较为吃力、费时；反之，简单问题，结构单纯，头绪少，涉及面窄，牵扯因素少，因而认识它，解决它也就容易、迅速一些。尽量使复杂的问题简单化，该简单的问题不复杂是可行也是必须的。但是，在现实生活中，特别是涉及人们利益或关系某项工作决策时，却总有那么一些人恰恰把应遵循的基本原则给忘记了（不一定都是无意的），屡屡出现把该复杂的问题简单化，该简单的问题复杂化的怪现象。为探究此怪现象，我撰写了《关于"简单的事情办不好，复杂的事情办得漂亮"之研究》（1991 年 9 月 15 日刊发，1991 年第 11 期《新华文摘》转载）。

时下，各地经常会举办一些诸如经验交流会、典型报告会、理论研讨会和决策咨询会等的会议。这些都是很重要的会议。大凡这样的会议，有关方面的领导也都是十分重视的：主席台上有他们的身影，会议日程上有他们的致辞，与代表合影的照片上有他们的形象。一般来说，会议的举办者和与会者对此也大都是欢迎的。但现实中的会议却不都是这样，为此，我写了一篇《前排就座的领导哪去了》（2005 年 8 月 29 日）。

领导人一般都很忙，这是大家都知道的。领导人很忙，平时就很难有时间坐下来系统学习、听取和思考一些问题。……凡事都讲效率，讲投入和产出之比，在学习和掌握实情方面我们也要提倡讲效率。有选择地参加一些高质量的会议，自始至终把会议开完，也是一种讲效率、求真务实的表现。我们应该提倡这种工作和学习方式。这里讲的是那些很重要的会议。对于那些只需要领导者上台剪剪彩、照照相的会议不在此评论之列。

《文汇报》由进步知识分子在 1938 年 1 月 25 日创刊于上海。它见证并记录了中国半个多世纪的历史进程，在中国当代社会和中国新闻史上产生了重大而深远的影响。"文化大革命"结束以后，在拨乱反正期间报纸宣传一些思想改革的总的方针，在报纸上发表了很多有影响的作品，提供权威资讯和深度新闻解读，是在国内外具有广泛影响的大型综合性日报。

急于求成是新中国成立 40 年来的一个常见病。为了有效地防止急于求成偏向，应做多方面的工作，其中建立科学的反馈监督系统是十分重要的一环。我写了《克服急于求成的重要一环》（1990 年 3 月 10 日）一文。改革开放至今已经走过 40 年，新中国也成立 70 多年了，急于求成的问题仍然没有彻底解决。除了健全完善反馈特别是负反馈监督系统外，我以为，必须牢牢树立"以人民为中心的发展思想"。在社会发展实践中，坚持人民当家作主，发展社会主义协商民主，健全民主制度，丰富民主形式，拓宽民主渠道，推行"重大情况向人民报告，重大问题由人民决定"的行政制度，保证人民当家作主落实到国家政治生活和社会生活之中。

科学越来越受到人们的重视，不仅表现在社会生产和日常生活中，也表现在人民的法律生活中，其中对涉及科学技术知识的诉讼案提出"建立科学家陪审团制度"便是一例。有了科学家陪审团，对于案件中涉及知识的真假优劣就有科学权威的甄别，这对于法官判案是大有好处的。人民陪审团，它体现人民的民主意识；科学家陪审团，它强调更多的是科学意识。两相结合，就可以促使我国的法制建设更完备，也可更好地为人民服务。有了科学家陪审团，可以在法庭上辨真假，析善恶，但同时也可能出现拉大旗作虎皮，沆瀣一气，为虎作伥的恶剧。为此，我写了《有了"科学家陪审团"之后》（1998 年 10 月 8 日）。

一般情况下，请科学家当陪审员，有利于案件技术性环节的论证和释疑，对法庭审判是有好处的；对于新的技术问题特别是还在探索之中的问题，仅靠请专家特别是某一门类的专家，未必是有用的。非但无用，还可能限制和阻碍案件的审理；对于涉及原、被告之间的道德伦理问题，请了那些心地本身就不正的学者和伪君子（这样的人外国有，中国也有，历史上有，现在也有），更会增加案件审理的难度。科学变得暗淡无光，正义受到亵渎损伤，这样的事在法庭上不是没有发生过。让我们都来思考一下，如何才能把"建立科学家陪审团"这件事做好做妥当。

在政治体制改革的进程中，要着重加强制度建设，特别是程序化的建设，这是党的十六大提出的一个新课题、一项新任务。要注意监督程序设置的科学性、公开性和合法性。与此同时，还必须建立和完善舆论监督自身的程序，即法律程序、道德程序、时间程序、空间程序、角色程序和审批程序。遵循这些程序对于我们搞好舆论监督、提高监督效果是大有好处的。

2003 年 7 月 14 日，中共湖北省委办公厅在《决策参考》刊发我撰写的《程序化：有效管理的首要前提》，文前有时任中央政治局委员、中共湖北省委书记俞正声同志的批示：此稿写得好，逻辑严密，思路清晰，切中时弊，很有意义。该期《决策参考》报省委书记、副书记、常委、副省长，发各市州县区党委、人民政府，省直各单位。同年10月19日，在"文汇·每周讲演"版刊发《从程序设置看过程和结果——赵振宇教授在华中科技大学的讲演（节选）》。文章用了一个整版的篇幅，从程序的重要性、程序设置的科学化、程序设置的公开化、程序设置的合法化等几个方面结合实践中存在的诸多问题进行了简要介绍和论述。文章发表后，受到领导和读者的好评。

2004年11月29日我在"文汇时评"中又发表了一篇《程序化：有效管理的首要前提》评论，对这一问题进一步予以阐述。2005年我主持了国家社科基金政治学课题"政治文明中的程序化建设"，2008年出版了该项课题成果《程序的监督与监督的程序》（社会科学文献出版社出版）。我先后在国内外的大学、媒体和企事业单位做有关程序论的学术报告，受到欢迎。如2012年5月22日应邀在华中科技大学党委中心组（扩大）学习会上做报告，"引起与会校领导和干部的极大兴趣"。2014年8月22日在武汉全市参事工作会议上做报告，2015年3月26日在武汉市委宣传部做报告。2015年5月30日，湖北省委书记李鸿忠批示以"参阅件"形式将《程序化：社会主义民主政治的根本保障》一文，送省人大常委会主任、副主任、秘书长及各专委会、研究会。2016年6月24日在湖北省人大干部讲坛做报告。

"文汇时评"是《文汇报》推出的一个有影响的评论专栏，曾获中国新闻名专栏奖。2003年4月21日我在"文汇时评"发表了《新闻报道要做到"三贴近"》。

最近，中央领导同志对搞好宣传思想工作提出了贴近实际、贴近生活、贴近群众的要求，受到广大人民群众的欢迎，也受到众多新闻媒体的重视。其实，这并不是什么新课题，而是一个老生常谈但始终没有很好解决的老问题。这次中央开始重视了，有望得到较好解决。

如何搞好会议报道，特别是对领导人的报道；如何搞好突发事件的报道，特别是对国内重大事故、灾难、疫情的报道；如何搞好舆论监督，特别是对各级领导干部行政过程的监督，等等，所有这一切都是受众关心，媒体关注的大问题，也是长期以来困扰新闻界的老问题。时代的发展，世界的变化，越来越明白地告诉我们：我们的一切工作都必须按规律办事，就像经济工作要按经济规律办事一样，新闻报道工作也必须新闻规律办事。

2014年2月10日《文汇报》刊发了我的《倡导时间文明可以"马上有"》。我在评论中写道：

> "两个一百年"是我们民族复兴的最大时间表，各地区、各部门、各单位，一切在为中华民族复兴而努力工作的人们都该牢牢记住这一时间，并严格按照这一时间表的要求规划和实施自己的工作。时间文明可从校准时钟开始：其一，检查城市历史上已有的各种时钟，该修的修，该拆的拆，使其装修如旧，恢复其历史原貌；其二，在城市的重要场所和人群聚集的地方，如机关、学校、医院、商场、公园、车站、码头、机场和交通要道，增设各具风格、与所在地特色相符的时钟或电子计时器，让穿行于这座城市的人们处处都感知时间的力量；其三，特别需要指出的是，对所有悬挂的时钟，一定要有专门机构和人员看管和维修，务求与北京时间保持一致。

《新民晚报》是中国出版时间最长的晚报，创办于1929年。现以"宣传政策，传播知识，移风易俗，丰富生活"为编辑方针，着眼于"飞入寻常百姓家"。在内容上，力求可亲性、可近性、可信性、可读性，为广大读者所喜闻乐见。

我曾为重庆大学新闻学院的研究生们讲授"社会进程中的公民表达"专题课。当我讲完科学精神、民主意识和独立品格后，开始了"宽容胸怀"的讲述：宽容，不仅仅是我们个人修养中为人处世、言行表达的一种品格，更是世界范围内地区与地区、国家与国家、人群与人群、民族与民族之间交往的国际关系准则。1995年，联合国通过了每年的11月16

日为"国际宽容日"提案。《新民晚报》"自由谭"在 2013 年 11 月 15 日（国际宽容日前一天）刊发了我写的《有宽容才有进步》。

> 宽容意味着各种相异的事物之间的多样化的共存。从微观上看，宽容是一个人行走于世的态度，一种度量，一种胸怀，它告诉我们以平等、互敬之心看待世间的人与事；从宏观上看，宽容是一个社会的价值理念，历史告诉我们宽容是和谐、发展的必要条件，是人类世界前行之翼。宽容要求容人；宽容不否认竞争；宽容不等于绝对地容忍。很多人的不宽容源于恐惧或绝对的自信或固执己见，心胸狭隘，不能明了善待异见的好处，更难以虚心学习他者的长处。

文章指出：

> 宽容意味着创新和进步。宽容是促进人们的实践和研究向着纵深发展。宽容意味着沟通与交流。今天，更需要用宽容来调节各种矛盾和关系，促进社会的和谐有序持续稳定地发展。

《我们该为早到人做点什么》（2015 年 1 月 9 日）。

> 现代化大城市的发展，少不了出行会遇到堵车。为了不让"堵车"成为迟到的理由，对于那些早到人，我们的学校、企业、机关、医院、窗口单位等，是否需要重新研究制定一下自己的作息时间和为早到人提供一些适宜最好是舒适的等候环境呢，我以为是需要的。这是大都市发展中遇到的新问题，也是当下创建文明城市中的题中应有之义。

《社会科学报》是上海社会科学院主办的社会科学综合性报纸，创刊于 1985 年 10 月 15 日。该报以科学性、思想性、问题性、前沿性、全局性为指导思想，直面中国及世界发展的新现象、新问题、新观点、新趋势，是一个学术对话、思想交流、理论争鸣的重要平台，我为该报写过几篇短文。

学术研究需要争鸣，需要流派纷呈，就像人需要空气和水一样，至少在理论上不会有怀疑。不过，做起来依然十分艰难，个中原委也十分复杂，我以为赏罚机制不明是一个被许多人忽略的重要因素，为此写了《学术争鸣与赏罚机制》（1992年7月9日）。文中指出，扭曲的赏罚机制主要表现在：其一，扭曲的评价机制；其二，扭曲的任用机制；其三，扭曲的利益机制。文章最后强调，正确的赏罚机制是保证社会大系统正常运转的一种有效手段，在社会科学研究领域同样适用。当前应建立和完善一种正确对待学派和学术争鸣的赏罚机制，保证参与争鸣的各种流派和观点都得到公正评价，得到公平待遇。该文关注学术研究中存在的现实问题，先后被《文摘周报》（1992年7月22日）、《文摘报》（1992年7月26日）和《新华文摘》（1992年第10期）转载。

20多多年过去了，学术研究中这种不公正的认识观念和赏罚机制仍然严重存在，它极大地影响着学术研究的科学发展和繁荣昌盛，也影响着知识分子恪守做人的良知和品格。

对于"畅所欲言、各抒己见"人们并不生疏，但真正实行起来做得好的却并不多。为什么呢？我写了《为学术争鸣设置必要程序》（2001年11月15日）。

每个人都有说话的权利，好的舆论环境使民众的言语与心愿得到畅通的表达与实现，舆论环境欠缺使民意表达不畅，同时影响社会结构中各要素的正常运作。在促进民主政治建设的进程中，建立和完善一个良好的舆论环境是十分重要的。为此，我写了《舆论环境建设三种声音不可少》（2005年3月3日）。

一是要保障弱势群体的说话权利；二是要关注群体中少数人的意见；三是要有保障不同意见发表的具体举措。需要为人们特别是不同意见者提供说真话的地方。只要我们的各级领导机关和领导者真正从法的角度认识了不同意见的重要性，又有了保障不同意见发表的具体举措，就一定会形成议论纷纷、畅所欲言的舆论环境。自然，不同意见者的意见也不一定都是正确的。一旦发现不同意见是错误的或不合时宜的，就要收回，就要改正，其他人也需要有允许他人犯错误和改正错误的宽容精种。

该文被 2005 年第 10 期《新华文摘》转载。

上海的报纸办得多，也办得好。在长期阅读学习的过程中，在不断写作投稿和思考中，我学习了不少新的理念和方法，它们是我在报社工作和调入大学后的良师益友。邓伟志、刘达临、李君如、陈燮君等学者为《长江日报》撰稿，让我们受益无穷；潘益大、黄京尧、凌河、高慎盈、周锦尉、周智强、范兵、李扬等媒体朋友为我们传经送宝，对我帮助甚大，至今不忘。

7. 我在《社会科学》《社会》等上海学术
杂志发表的论文

上海的新闻媒体办得好，理论研究也走在全国的前列。我在《长江日报》的工作部门先后叫过评论部、理论部和评论理论部，也就是说，我们既要撰写新闻评论，也要组织策划理论宣传文章。作为责任编辑，自己也在参加学术会议和组织策划稿件的过程中，根据自己的兴趣爱好，研究了一些理论问题，撰写了一些学术文章。上海社会科学院创建于1958年，是新中国最早建立的社会科学院，"文化大革命"期间被迫关闭，1978年5月正式复院。该院主办的《社会科学》是一本高层次、有深度，反映国内外社会科学最新成果的权威性综合理论期刊。在20世纪八九十年代，我在该刊上发表了几篇探讨社会现实问题的理论文章。

大力培养使用人才，是发展社会主义现代化建设事业的迫切需要。但有些人才却往往因被视作"骄傲"而得不到及时的培养和恰当的使用，为此，我写了《划清骄傲问题上的几种界限》（《社会科学》1984年第2期），主要观点如下。

在骄傲问题上有许多模糊不清的认识，其主要表现有以下几个方面。

第一，把自豪和骄傲混为一谈。"骄傲"一词除有贬义自满的意思外，还有另一层意思，即自豪。如为伟大祖国而骄傲，为取得伟大成绩而骄傲等。人是有感情的高级动物，喜、怒、哀、乐、愁是人的感情外露。人们在改造客观世界的实践活动中取得了成绩和胜利，受到大家的称赞和自我的肯定，由此产生一种自豪感，是无可非议的。如果在有了成绩、取得胜利时，还耷拉着脑袋，那倒是不正常的。

第二，把创新与骄傲混为一谈。创新者的路是不平整的，他们需得到鼓励和支持。但有些人却往往用"骄傲"的帽子去压他们，在他们失误时还用"骄者必败"的话加以讽刺，这是不应该的。因为"渴望找到真理就是功绩，即使在这条道路上会迷路"。

第三，把自信与骄傲混为一谈。自信者并非时时事事都正确，但是用"骄傲"二字揶揄他们却是有点片面。邓小平同志对使用"骄傲"二字就有过怀疑。他说："凡是有点干劲的，有点能力的，他总是相信自己，是有点主见的人。越有主见的人，越有自信。这个并不坏。真是有点骄傲，如果放到适当岗位，他自己就会谦虚起来的，要不然他就混不下去。"① 邓小平同志以战略家、政治家的眼光看待和培养接班人，是各级领导应该学习和效仿的。

第四，把急躁和骄傲混为一谈。要求人们戒骄戒躁是对的，但急躁的人并不一定都表现为骄傲，骄傲的人也不都是急躁的性格。如果把二者混同，那么这不仅是认识上的片面性，而且也是处理上的简单化。实际上，性格外向不等同于急躁，更不等同于骄傲。

第五，把青年等同于骄傲。"青年是整个社会力量中的一部分最积极最有生气的力量。他们最肯学习，最少保守思想"，而"老年人和成年人的保守思想是比较多的，他们往往压抑青年人的进步活动"。② 青年人由于阅历浅，难免会犯这样或那样的错误，这是不足为奇的。正因如此，毛泽东同志才说，青年人"要尽量争取在老年人和成年人同意之下去做各种有益的活动"③。但是，也正因为他们年轻，所以敢于创新、敢于实践，所以也最容易为人类做出贡献。青年是祖国的希望和未来，在开创社会主义建设新局面的今天，尤其显得重要。老年人和成年人要热情地帮助年轻人，让更多的后生"青出于蓝而胜于蓝"。

第六，把知识等同于骄傲。毛泽东同志曾经说过："工农分子，可以自己的光荣出身傲视知识分子；知识分子，又可以自己有某些知识傲视工农分子。"④ 这说明，知识分子和工农分子都可能产生骄傲。但人们却往往把骄傲与知识分子连在一起，特别是在知识分子出了差错的时候。其实，骄傲是一种无知的表现，真正有知识的人总是很谦虚的。当然，对于知识分子的某些缺点和错误，包括骄傲自满的思想

① 邓小平：《邓小平文选》（第二卷），人民出版社，1994，第386页。
② 毛泽东：《毛泽东文集》（第六卷），人民出版社，1999，第466页。
③ 毛泽东：《毛泽东文集》（第六卷），人民出版社，1999，第466页。
④ 毛泽东：《毛泽东选集》（第三卷），人民出版社，1991，第947页。

或情绪，是需要批评和帮助的，这正如工农分子有了缺点错误也需要批评帮助一样。

文章最后指出：

> 有骄傲缺点的人，往往有这样和那样的特长和兴趣，他们事业心强，聪明能干、有朝气、有魄力，敢于独立思考，富于创新精神。这是他们的长处，也是我们干事业所需要的品质和作风。但他们也有弱点和短处，即不正确地看高了自己和看低了别人，容易脱离群众。一个领导者的高明，在于他能把被领导者的积极性和创造力充分发挥出来。既不能因有些人才存在着一些骄傲情绪而弃之不用，也不能因他们有些才能而忽视思想教育。

文章发表至今 30 多年过去了，如何正确看待和使用干部、知识分子和青年，仍是一个重要课题。为此，2018 年 5 月，中共中央办公厅印发了《关于进一步激励广大干部新时代新担当新作为的意见》，并发出通知，要求各地区各部门结合实际大力选拔敢于负责、勇于担当、善于作为、实绩突出的干部，鲜明树立重实干重实绩的用人导向。宽容干部在工作中特别是改革创新中的失误错误，旗帜鲜明为敢于担当的干部撑腰鼓劲。

在 20 世纪 80 年代，为了更好地调动人们实现"四个现代化"的积极性，不少地方和单位开始施行对人们有成效劳动和工作予以奖励的政策，受到人们的拥护，颇有成效。但是，其间也存在不少问题需要研究，以对其进行改革和改进。对此课题，我做了专门研究，不到 5 年的时间在《社会科学》杂志上连续发表了 3 篇相关文章。在《论两种形式的奖励及其发展趋势》（1985 年第 9 期）一文中指出：

> 物质奖励和精神奖励都是思想政治工作和企业科学管理的重要手段和方法。深刻认识奖励的作用，正确运用奖励的原则，对于促进思想政治工作的不断科学化，提高企业管理水平，促进两个文明的建

设，均有重要的作用。

　　第一，物质奖励是贯彻"按劳分配"原则的具体表现，在现阶段仍必不可少。第二，精神奖励是更高层次的需求，是培养新人的必要手段。第三，要正确认识和处理两种奖励的关系，特别重视精神奖励的作用。物质奖励和精神奖励要不断发展；物质奖励和精神奖励相辅相成，缺一不可；物质奖励向着精神奖励转化。

文章最后指出：

　　社会主义社会是向着未来共产主义高级阶段前进的历史时期，在这个历史进程里，既不能超越历史阶段，搞单一的精神奖励，又不能不讲精神，只讲物质。为了加快社会主义建设步伐，特别要用共产主义思想要求共产党员、共青团员和一切先进分子，并且通过他们去教育影响广大群众。为此，必须特别重视精神奖励的作用。

　　此文由于针对社会实践中存在的问题予以研究，并提出了可供选择的管理思路，不仅对实际工作者有帮助，也具有一定的理论价值，因而受到学界的重视，1985年第10期《人大报刊复印资料》"劳动经济与人事管理"专辑和"思想政治教育"专辑同时予以转载。

　　培养、调动、发挥人们积极性的条件和方法很多，如政治形势安定、经济生活丰富、社会风貌良好、科学的思想政治工作和组织人事管理、教育培训等。积极性在驱动人们向目标努力奋斗的进程中起着重要作用。而奖励的最大作用则是能够调动人的积极性。那么，什么是奖励以及奖励的科学体系、功能和作用是什么，则需要系统地予以研究。两年后，《社会科学》1987年第9期发表了我对建立中国特色奖励学的系统思考文章《试论建立中国特色的奖励学》。我在文中提出，奖励是一门科学，在现实生活中，由于种种原因，奖励实践中出现了不少问题。

　　应当怎样制定科学的奖励标准；奖励先进和发挥最佳整体效益的关系如何处理；领导者该不该受奖以及如何考核评价领导者的成绩，

对他们实行奖励；还有奖励的时机问题，奖励中的美感问题，物质奖励和精神奖励的关系问题；等等。这些都是亟待理论上研究和解决的现实问题。

论文的第三部分和第四部分论述了建立中国特色奖励学的研究对象、特征和方法；奖励学的学科体系。

> 奖励学可以分为基础科学和实用技术两大类。基础科学：奖励史即中国奖励史、外国奖励史；基础理论，即奖励的含义和作用，奖励学的研究对象和特征，奖励学与其他学科的关系，心理学、教育学、伦理学、社会学、美学、管理科学理论在奖励中的运用等；奖励学的研究方法；根据不同年龄、区域、职业而形成的各种分类奖励学，如儿童奖励学、青年奖励学、特种人员奖励学、家庭奖励学、学校奖励学、企业奖励学、科研奖励学、军事奖励学、社会励奖学等。实用技术包括：奖励实施过程，即奖励标准的制定、方案的实施、效果的检查、机构的设置等；奖励原则，即民主公开原则、群众参与原则、物质奖励和精神奖励相结合原则等；不同奖励方法的运用；奖励艺术，即奖励的运用技巧、语言艺术等。

我国自从 1987 年恢复奖励制度以来，各地根据自己的实际情况制定和完善了不少奖励法规，取得了很大的成绩。但是，由于形势发展很快，特别是我们党提出建立社会主义市场经济体制以来，许多与之配套的东西都要做相应的调整，其后的 10 多年特别是近年来奖励实践中出现的问题和矛盾，需要从理论上予以认真的研究，在有关政策上做某些适当的调整，使我国的奖励机制沿着健康的方向发展，发挥积极的作用。为此，我在 1993 年第 3 期《社会科学》杂志上再次发表文章《建立奖励制度需要研究解决的几个问题》。

> 一是要充分发挥多种形式奖励的多种功能；二是要正确评价另一种功臣的贡献（即在奖励创造有效价值人员时，应同时奖励那些正

确的决策者和支持者）；三是物质奖励的原则应该是"谁评奖，谁出钱"；四是要把握正确的奖励导向；五是要尽快制定和完善奖励法规。

作为一本高规格的学术杂志，《社会科学》能在不长的时间里，连续就奖励问题发表 3 篇研究文章，这不仅是对我本人的赞同和支持，而且说明奖励在改革开放进程中调动人们积极性的重要作用，也说明了奖励实践中存在诸多问题需要研究解决。从文章发表开始至今，30 多年过去了。其间，我先后出版了《奖励的奥妙》、《奖励的科学与艺术》、《激励论》和《神奇的杠杆——激励理论与方法》等多部著作，《社会科学学科辞典》（中国青年出版社，1990）以"奖励学"词条对本人的此项研究给予介绍。

今天，我们已经进入中国特色社会主义新时代。党的十八大提出，"建立国家荣誉制度"，党的十八届四中全会决定要求，制定国家勋章和国家荣誉称号法，表彰有突出贡献的杰出人士。根据宪法，经全国人民代表大会常务委员会通过，《中华人民共和国国家勋章和国家荣誉称号法》自 2016 年 1 月 1 日起施行。国家勋章和国家荣誉称号为国家最高荣誉。2020 年 6 月 29 日，习近平在中央政治局第二十一次集体学习时强调，要深化干部制度改革，完善管思想、管工作、管作风、管纪律的从严管理机制，推动形成能者上、优者奖、庸者下、劣者汰的正确导向。中央以往提的多是能者上、庸者下、劣者汰，此次用人导向新增"优者奖"，透露了中央在用人方面的最新思考。所有这些举措均有利于褒奖在中国特色社会主义建设中做出突出贡献的杰出人士，弘扬民族精神和时代精神，激发全国各族人民建设富强、民主、文明、和谐的社会主义现代化国家的积极性，实现中华民族的伟大复兴。

上海的学术杂志多，由高校创办的有影响力的也不少，如创刊于 1981 年的《社会》杂志是由上海大学主办的全国性社会学专业期刊，2010 年，获"全国高校三十佳社科期刊"称号，并入选教育部第三批"名刊建设工程"名单。从长江日报社到调入大学，多少年来我都是社会学的爱好者、学习者。我为该刊写过一些文章，如 2003 年第 5 期"卷首语"《走出发牢骚的怪圈》。

> 说也难怪，人与人，人与社会，就是这样一个相互联系，相互矛盾的统一体，在其运动的过程中有些磕磕碰碰，烦闷、抱怨、不快、发点牢骚，也在所难免。问题是，如果时时处处，上上下下，人们一相聚就牢骚满腹，甚至怪话连篇，不说对别人，就是于我们自己，于个人的生活和事业也是没有好处的。

文章指出：

> 我们应该经过自己的努力，走出处处有牢骚，事事发牢骚，牢骚人人有，人人听牢骚的怪圈。可以从以下几个方面做起：一是用心做好自己的事。多琢磨事，少琢磨人，这是成功者的处世之道。减少烦恼和牢骚的良方，就是用工作和心力把空闲填满。二是和衷共济，与人为善。三是学会排遣，善于自慰。牢骚太盛，不仅不利于解决问题，而且还有损自己的身体。来一点换位思考，矛盾就可能不那么激烈了；心胸再宽广一点，问题也就不那么严重了。问问自己现在能够做些什么，能够做好什么才是最最重要的。
>
> 当然，发牢骚也有它积极的一面，它是人们压抑后自我宣泄的一种表现。不让人说话，让怨积于心，反而不利于矛盾的解决。从某种意义上说，听牢骚话也是上级了解下情，听取意见的一种方式，它对于改进工作，提高效率是会有好处的。人是有血有灵之物，喜怒哀乐乃人之常情，发发牢骚有时也在所难免。但发牢骚者要看时间、地点、事情，可不发牢骚的尽量不发，可发小一点的尽量不要大发；听牢骚者，气量则要放大，要知道，允许别人发牢骚，给别人发牢骚创造一点适宜的环境或许还能帮人治病哩。

关于人事档案已不是什么新鲜话题了。十年前我就写过文章，呼吁要给予清理，未能引起社会的高度重视。《文汇报》2003 年 5 月 7 日又报道了一起因档案问题而引发的人事纠纷。上海理工大学一位 2001 届的毕业生，一出校门便被一家展览公司录用。他在该公司工作半年后，与该公司达成解除劳动关系的协议，并办了退工手续。该学生"跳槽"后，找了许多新单位都遭遇挫折，他百思不得其解。于是他请来律师帮忙做了调查，结果发现在他本人的档案里装着展览公司塞进去的两份材料，一份记载着他受过的记过处分；一份是公司对他的除名决定。有了这样两份"黑记录"，哪个单位还敢要他呢？该同学将此公司告到法院。被告展览公司在应诉时说，记过和除名决定都告知过原告，但却拿不出该同学有违纪行为的事实证据，也无法证实其确实告知过该同学。于是，法院一审判决：撤销该同学档案里两份不实的材料；被告展览公司参照原告当初的月工资标准赔偿该同学在求职碰壁期间的经济损失7000元。据此，我写了《公民应有档案知情权》（《社会》2004年5期）：

> 自己做了什么事情，单位和他人如何评价，有什么理由不让本人知道呢？或许评价和记录与本人意见相左、有分歧，而且也不需完全按个人意见办事，但是，对个人档案本着实事求是、客观公正、对本人透明的原则办理，总是有好处的。人的一生要走很长很长的路，要做很多很多的事，时间长了也有忘记的。隔一段时间或升迁调动时，看看自己的档案，回顾自己走过的路，不论是经验还是教训，我以为都是大有好处的。现在不是有的地方党组织在进行重读入党申请书的活动么，其目的就是要不断地提醒党员同志不要忘了自己的入党誓词，以激励自己在新的征途上更上层楼。
>
> 党的十六大已将政治文明列为全面建设小康社会的重要目标，在实现这个目标的进程中，就包括重大事情让公民知晓，扩大公民的知情权。一个国家、一个地方的建设大事都能让公民知道，让公民参与了，那么涉及每个人自身利益的事档案为什么还不能向本人公开呢？
>
> 我们希望这一天早点到来。

文章发表至今，又过去十多年了。在新时代人们不断追求幸福生活的进程里，也需要更多的民主、法治、公平、正义，特别是在与自己个人切身利益相关的事务中，这种需求更广泛、更迫切。还是文章结尾的那句话

"我们希望这一天早点到来。"

20世纪80年代，小家庭是大时代的缩影。1982年，在长春电影制片厂根据作家谌容的同名小说拍摄的电影《人到中年》中，潘虹和达式常通过他们如涓涓细流的表演，演绎了中年知识分子的时代命运。这是一个曾经感动中国的电影故事，是一部融入中国人记忆的影片。十年后，上海远东出版社出版了《人到中年》双月刊杂志。30年前，我刚好进入不惑之年，也借这本杂志发表了几篇对人生的感悟。

我在《不惑的年轮　释惑的人生》（《人到中年》1995年第3期）写道：

> 中年人，恐怕是没有也不可能有绝对时间概念的——尽管人群总要分老中青。正是在这种模糊时间的旅程里，中年人才能发挥它的更大优势——在老者面前，我永远是年轻，年轻人的事我能干；在年轻者面前，我永远是老者，老者的作用我可发挥。于是乎，"年富力强""能者多劳"一类的桂冠就自然而然地戴到吾辈头上。有如此殊荣，我等还不该挽起臂膀大干一场么？
>
> ……
>
> 不惑的年轮，释惑的人生。在"惑"与"不惑"中生活（不是活着），我想这大概不是中年人的专利吧。人到中年，总有些往事值得回味，兴奋也罢，愤慨也罢，懊悔也罢，内疚也罢，自己酿的酒总得由自己喝下。只是醇液入肚，该品出点味来才是。人不能生活在回忆中，既不能陶醉于往日的美好和幸福之中，也不必被友人逝去的哀思和曾经遭遇或正在遭遇的所困扰。"一个人应当把心思放到需要自己去做点什么的事情上。"大哲学家罗素如是说。人到中年，虽不如"老马识途"，但说点想说可以说又说得好的话，干点想干允许干又干得好的事却是可行的。

我在《我是谁?》（《人到中年》1995年第3期）一文中写道：

> 我是谁，这是人猿相揖别以来的最初问题，也是人类发展的永恒

命题。我是我自己——衣食住行，有自己的意志；吃喝玩乐，有自己的爱好；喜怒哀乐，有自己的选择——完全不必随潮流而动，趋大势所行，依他人的评价而左右。当我感知到幸福或痛苦时，便感知到我的存在；当我学会追求幸福或避免痛苦时，便认识到我存在的力量。我是谁，我是我自己——摸摸脑袋是否在自己的脖子上。

我是人，而不是东西。时时注意把自己当人，把别人也当人。我是一个过程，就像希腊神话中谜语所说，什么东西早晨用四条腿走路，中午用两条腿走路，傍晚用三条腿走路——那就是人，那就是我！为着生长、发展、完善，我需要学习、实践和提高。人的一生都在这样的过程中度过。完成每一件事情是可行的，也是有限的，只有这样才能向着既定的目标趋近。我是一个目的，为着社会的发展，人类的繁衍。人的生命有始有终，但人类的事业却无穷尽。为着无穷尽的明天，人们难道不该过好每一个今天，完成自己应该也可能完成的每一个目标么？为着发展，我需要贡献自己的思想、智慧和聪明，创造人类所需要的一切。一个人，血都凉了，还称其为活生生的人么？一个人没有了思想，空空耗费营养，还有什么意思？为着满腔的热血，我们需要不停地运动，为着无穷的智慧，我们需要不停地思想。

在《少些烦恼，少些愁》（《人到中年》1995 年第 6 期）一文中我写了对烦恼和忧愁的解读。

过去既然已经过去，忧愁也是无法挽回的；未来既然还未到来，早早忧愁又有何用；今天当然是活生生的，但仅靠忧愁又能解决什么呢？回顾过去，展望未来，正视现在，看看已经和将要发生什么，问问我们该做些什么能够做些什么才是最最重要的。不幸既然来了，躲又躲不掉，愁又有何用。与其望着叼去的羊羔而哭泣、叹息，还不如早早动手把羊圈补牢，爱护新生——忧虑不能使我们得到什么，办法才能帮助我们解决问题。

烦恼和忧愁往往是有时间去思去想所致，如果没有了时间呢？丘吉尔战时可是一个大忙人，他每天要工作十几个小时。当别人问他是否为肩负着那么大的责任感到忧虑时，他说，我太忙，没有时间忧虑。萧伯纳的话说得更是精彩："让人愁的秘诀，就是有空闲的时间来想自己到底是不是快乐。"我们是否可以作这样的理解：减少忧虑的良方，就是用工作和心力把空闲填满。

在《为着什么和不为着什么》（《人到中年》1996 年第 5 期）写了以下文字：

> 人生活着，总要依据自己的主观愿望或外部社会的要求，干成和干好几件事，只要有心者大凡都是可行的。人生活在世上干什么，就是要实现自己生存的价值，就是要让社会承认自己生存的价值。天下无难事，只怕有心人，有心者，即持之以恒，锲而不舍，讲究战略战术之技巧也。
>
> 官位也罢，学位也罢，名声也罢，利欲也罢，一切皆为身外之物。有了未必都是好事，没有或失去了也未必不是幸事。孜孜以求不能触摸的海市蜃楼，苦苦追寻无价值或价值不大的虚位空名，确是苦煞了活脱脱的人生！这里或许需要一点板桥先生的"难得糊涂"——为的是人生更自由更快活。为着什么，又不为着什么，这也是件难办的事哟。

上面几篇文章都是我中年时在《人到中年》杂志上写的人生感悟。这些文字，不仅是对当时所思所想的记录，而且有些还是值得今天记取的。孔子曰：三十而立，四十而不惑，五十而知天命，六十而耳顺，七十而从心所欲，不逾矩。时间过得真快，转眼 20 多年过去了，而今已经走进"从心所欲，不逾矩"的行列。在以后的日子里，要做到"从心所欲，不逾矩"，还需要不断地学习和实践。

8.《南方日报》《羊城晚报》《广州日报》等广东报纸记载我关于解放思想的文字篇章

2018 年是我国改革开放 40 周年。40 年来，我国取得了举世瞩目的成就，发生了翻天覆地的变化。地处改革开放前沿的广东，变化尤为突出，奔腾不息的珠江潮，年复一年，以不可阻挡之势，向前奔流，创造了一个又一个奇迹。1979 年，蛇口炸响了中国对外开放的第一声"开山炮"，创建了中国第一个出口加工区。1980 年，深圳特区正式成立，各项建设日新月异，"时间就是金钱，效率就是生命"，迅速成为特区建设者们奉行的口号流传至今。与此同时，广东的新闻媒体也迅猛发展，为广东和中国的改革开放摇旗呐喊，造势助威。从那时开始，我便在这块热土上的《南方日报》《羊城晚报》《广州日报》《深圳特区报》《南方周末》等报纸上发表了一些评论文章和理论文章。

《南方日报》系中共广东省委机关报，1949 年 10 月 23 日创刊于广州。该报具有得天独厚的政治优势、权威优势和区位优势。政治优势来自主流新闻、权威报道和深度分析；权威优势来自政策宣传、主导舆论和舆论监督；区位优势来自地处改革开放最前沿的广东。该报发行立足于广东省，辐射华南地区，密集覆盖珠江三角洲城镇，并面向全国及海外 20 多个国家和地区发行，连续多年发行量创全国省级党报之首。我在该报写过以下一些理论文章和评论。

《理论要走在行动的前面》（《南方日报》2008 年 11 月 20 日）：

改革开放 30 年来，我们常常以"摸着石头过河"和"不管白猫黑猫，抓住老鼠就是好猫"（有人将其概括为"摸论"和"猫论"）来鼓励人们大胆地闯大胆地干。在改革开放的初期或许有它一定的可取性，但是，绝不能将其作为成功的经验总结到我们党和国家的执政理念中去。犹如闪电在雷鸣之前一样，理论的研究和探索也应该走在实践的前面，否则，再多的"学费"也是不够花的，花了也是冤枉的。早在 70 多年前的红军时期，毛泽东就讲过这样的话："我们不但要提出任务，而且要解决完成任务的方法问题。我们的任务是过河，但是没有桥或没有船就不能过。不解决桥或船的问题，过河就是一句空话。不解决方法问题，任务也只是瞎说一顿。"（《毛泽东选集》第一卷，第134页）只有满腔热情，不问河的深浅宽窄就贸然下河，轻者打湿衣裤，重者还会丢掉性命。更为严重的是，在30年中还有不少人就是扛着这样的"摸论"，以"交学费"为名，去谋一己之利或一地之利的。"过河"之前，我们为什么不研究一下"造桥"或"修船"的问题，让理论界的学者们讨论来争辩去，拿出几个方案让决策机关拍板呢？这样或许需要花一点茶水费，这样或许会需要一点时间，但是，只有科学的东西才是最终解决问题的。比起那些盲目的"过河"者来说，这样的"学费"会更少。"猫论"也是如此。能够抓住老鼠的的确是好猫，实践是检验真理的唯一标准嘛。问题是，我们的科学界理论界为什么不去研究一下到底是白猫抓老鼠，还是黑猫抓老鼠，或是根据需要实施基因工程让白猫或黑猫变成抓老鼠的好猫呢？这样的效果不是更好，效率不是更高么？

说到底，还是我们的理论准备不充分，对理论和知识分子的重视程度不够。改革开放40年过去了，我们面前还有许许多多的新问题等着我们去解决。我们是否应该变得更加聪明一些呢，对理论思想领域的管理应该更加科学更加宽松一些呢？大家都知道"头脑风暴法"很好，也都知道"万马齐暗究可哀"，那么，我们能否提倡一种真正的百花齐放、百家争鸣、议论纷纷、畅所欲言的舆论环境，让一切热爱关心我们事业的人都能够充分地接收信息，发表意见，哪怕这些意见是错误的或被人们认为是错误的，都无妨——时间是检验真理的最终标准。

2003年2月1日，美国"哥伦比亚"号航天飞机在返回地面时解体，机上7名宇航员全部遇难。这是继1986年挑战号航天飞机爆炸以来美国宇航局经历的最严重的一次事件。为此，我撰写了《培养民众的挫折意识》（2003年4月1日）：

"哥伦比亚"号的失事，不仅对美国人民是一个巨大的悲痛，对于包括中国在内的青年学生也是一个挫折。但是，正是这个挫折会坚定未来者的探索勇气和信心。推而广之，我们整个民族，都需要培养和增强在前进路上遭遇失败和挫折的意识。我们的媒介宣传报道在增强人们的挫折意识上应该发挥它的积极作用。"哥伦比亚"在太空中消失了，但"哥伦比亚"号上的宇航员义无反顾地步着"挑战者号"失败之路一往无前、不懈探索的精神将永存；这种精神通过媒介的宣传报道，将会不断地促使和增强中国人民在走向世界走向未来的道路上战胜一切困难的勇气和信心。我们希望这方面的宣传报道比以往做得更好。

2002年5月和7月，中央电视台举办了第十届全国青年歌手业余组和专业组大奖赛，引起了全国众多音乐爱好者的关注。此次大赛改变了过去场下统计场上只报一个总分的情况，将各位评委的头像和打分当场通过电视大屏幕告诉各位参赛选手和电视观众。同时，还设了一个监审组，对观众反映的比较集中的问题请评委当场解释和说明，在比赛中还请了公证员进行现场公证。这样做的好处就是将大赛的进展情况公布于众，力争做到每一个程序特别是重要程序让观众清楚，以体现公平和公正。据此，我写了《程序公开乃民心所向》（2002年8月15日）。

《今天，我们怎样说假话》（2009年7月30日）：

说假话不好，不提倡，要反对。但由于主客观的原因，在某种情况下，我们有时又不得不说假话，不论是普通百姓，还是知识精英、领袖人物，皆莫能外。这是真实情况，也算是真话。现在的问题是：

其一，说假话不能太真。既然是假话，它就不是真的，既然不是真的，也就不能把假话当成真话说，说得让别人听了都以为都是真的。把假话说得像真话，骗了人，这样会贻误事情，伤害情感，严重的有时还会伤及人的性命。那么，怎样说假话呢，就应该"心虚一点，不好意思一点"。为什么呢，因为是假话——说话者心虚（这样才有一点道德良心），听话者不信（这样才有利于大众），这样假话者不得已说了，听话者又能不信，目的就达到了。

其二，说假话不能太假。假话不能太假，是指说假话时，要给人以假的印象，同时也要有几分真情，真真假假，假假真真。基本上是假，偶尔也有点真，讲话时面子上是假，但讲话者心中有数是真。由于环境所迫，听话者也不能太真，否则，说假话者也就真的混不下去了。如果，说假话者都混不下去了改为说真话，那当然是件好事，问题是，这样的局面是很难的，在有的时空和问题上或许永远都会给说假话以生存的条件。既如此，听话者何不给点理解和宽容呢。

其三，说假话要认账要认错。不论是主动地或被动地说了假话，在可以讲真话的时候，我们都应该主动站出来承认是自己说的并承认自己的错误。说了假话，不要文过饰非，更不能张冠李戴或诬陷他人。自己做了事，说了的话，就要勇敢的承认，如果因此而伤害他人，还需要向别人赔礼道歉，这是做人的一个基本准则。我们可以允许讲假话，但是，绝不允许讲假话者永远正确，永远不认账不认错。否则，于我们个人、民族和国家是不利的。

笔者愿与诸位同仁一道，尽量不说假话，不主动说假话，假话当作假话说，说了假话要尽快认账认错。

提倡讲真话，反对讲假话，是我们做人的准则，也是我们事业发展的保障。在我的写作生涯中写得更多的是对有关讲真话的思考：1999 年我出版了《与灵魂对话》（长江文艺出版社），该书收录了我在《长江日报》工作期间发表于各种报纸、杂志和书籍中的评论、杂文和生活随笔。那是一位新闻人对自己过往时光的小结，有感悟、有体味、有思考，也有求知的探索。书的封面上写着这样几行字："我是一个过程，我是一个目的；我要求平等，我期望自由；我是热血之躯，我是理智之灵，一个人，血都凉了，还成其为活生生的人么？一个人，没有了思想，他的生活还有什么意义？为着满腔的热血，我需要不停地运动；为着无穷的智慧，我需要不停地思想。热血之躯，理智之灵，这就是我，真正的我，完整的我。"

2009 年我出版了《我们说了些什么——一个新闻学教授的历史回眸》（武汉大学出版社）。本人作为改革开放 30 年的参与者和见证人，以一个新闻学教授的责任感，用纪实的方式，在书中回眸了中国民主进程中发生的重大变革、包括我在内一代知识分子的思考、典型的新闻事件以及媒体对此的评论。书中讲了一些真话。

中国人民大学一级荣誉教授、中国新闻史学会首任会长方汉奇先生在给我的回信中写道："大作已经拜读，深感是一部密切联系社会实际、业界实际和作者个人工作实际的好书。颇多亮点颇见卓识，极为感佩。"

2019年更是一个值得大书特书的日子——中华人民共和国成立70周年，我们进入了一个寻梦、追梦、圆梦的新时代。"人民对美好生活的向往就是我们的奋斗目标"，① 马克思曾经说过："发表意见的自由是一切自由中最神圣的，因为它是一切的基础。"② 经过近十年的努力探索之后，我终于出版了《讲好真话》（华中科技大学出版社）一书。该书出版后受到广泛好评，人民网、光明网、学习强国、武汉电视台以及《中国纪检监察报》《中华读书报》《北京日报》《解放日报》《湖北日报》《长江日报》《领导科学论坛》《党员生活》等众多媒体予以报道和评述。该书入选"湖北省社会公益出版专项基金奖励项目"，列为"中共湖北省委宣传部与华中科技大学、中南财经政法大学新闻传播学科共建项目。"有单位将该书作为党建活动的辅导读物，邀作者交流互动。2021年4月该书的第四次印刷本面世。2022年2月，96岁高龄的方汉奇先生收到该书，为我挥毫泼墨题词："彻底的唯物主义者是无所畏惧的。"在迈向第二个百年奋斗目标的新时代征途中，我们有必要在全体民众中提倡和奖励讲真话，学习讲好真话，提高讲真话的表达艺术和技巧；反对讲假话，批评和惩罚讲假话——建立一种良好政治生态的舆论环境和管理体制。写作的过程，也是一个不断提升自己的过程。在以后的日子里，我将努力以积极审慎的态度，说一点自己能够说、说得好的话，做一点自己能够做、做好的事。

《南方周末》由南方报业传媒集团主办，创刊于1984年2月11日，

---

① 习近平：《人民对美好生活的向往就是我们的奋斗目标》，《人民日报》2012年11月16日。

② 陈力丹：《马克思主义新闻学词典》，中国广播电视出版社，2002，第24页。

以"反映社会，服务改革，贴近生活，激浊扬清"为特色；以"关注民生，彰显爱心，维护正义，坚守良知"为己责；将思想性、知识性和趣味性熔于一炉，寓思想教育于谈天说地之中。1997 年以来，《南方周末》受到国际著名新闻机构广泛关注。美、英、法、德、新加坡等国家和地区的 20 多家权威媒体对《南方周末》进行过专访或报道。

我在该报写过几篇文章，如《关于"人"的断想》（1992 年 5 月 22 日）、《清理一下个人档案如何》（1993 年 4 月 16 日）、《"淹"出了 7000 人》（1993 年 3 月 19 日）等。

在《今天，我们怎样开听证会》（2007 年 11 月 15 日）一文中，我列举了 2007 年北京举行轨道交通路网票制票价方案听证会和两年前全国人大常委会相关部门召开确定我国个人所得税的起征点应该是多少的一次听证会。新华社的报道都是予以肯定的。而我在评论中却提出了自己的思考："听证会是人民参与管理国家事务的一种形式，一个过程，它同时也应该表现出一种结果。人民的参与，只有以能够让他们看得见的形式表现出来，这才是真正的民主。也只有这样，才能最终保障和调动人民参与政务及一切社会活动的积极性。自然，参与的过程也是一个学习和体验的过程，在民众自觉参与和平等交流中，大家会在过程的体验中感悟到国家法律的尊严，建设的艰辛，管理的繁杂，社会的多样化。"通过学习和升华，对于提高整个民族的政治和科学文化素质是大有好处的。听证会是一件好事情，要办好它，还需要各个方面主持者和参与者的共同努力才是。

《羊城晚报》自 1957 年 10 月 1 日面世起，就一直以其鲜明独特、新鲜活泼的风格吸引着广大读者。1980 年复刊后遵循"反映生活、干预生活、引导生活、丰富生活"的方针重振报业雄风，《羊城晚报》为普通百姓所喜闻乐见。遵循这个办报方针，我为该报写了下面一些文章。

《老了怎么过?》（1992 年 6 月 12 日）：

> 人老了，要注意调节自己的心理、调人与人之间关系、调节自己的角色意识，等等，这些都是十分重要的。但我以为，与其到了老年以后做这些调节工作，还不如趁年轻时、壮年时多学一些知识，多掌握几门手艺，多培养一些兴趣爱好为上。当然，以工作为主，这些都

是毋庸置疑的。同时，为了使人们在老了以后过得更好些，我们的某些体制和制度作一些改革，人们的思想观念作某些更新难道不也是十分重要么？老了怎么过，请全社会都来关心才是。

《论脑袋》（1994年9月4日，海外版）：

　　脑袋长在别人身上，自己虽然很轻松，但行动却是盲目的；跟着别人干倒是很省力，看似很聪明，却是一种无能的表现。生活中、社会上出现的许多危机和麻烦就是因为盲动所致。聪明人快把脑袋长到自己的脖子上来。

　　脑袋长在自己的脖子上，想问题的方法就应和别人不一样——人不能两次走进同一条河流，嚼别人嚼过的馍没有味道——事物总是运动变化的，想问题就得随之变化而变化；是人就得有自己的个性，赖有创造才是人的价值的最高实现。诸君，请问一下自己：我的脑袋长在哪？

《说的和听的》（1995年8月19日，海外版）：

　　人有一张嘴，自然要讲许多话；人有一对耳，自然也要听许多话。但要做到说的听的都是真的可不容易。话是说给人听的，说话要说真话，听话也要听真话。说假话、大话、空话，是不对的。这里除了有说话者的责任外，很多情况与听话者爱听假话、大话、空话有关系。一个人特别是领导人老爱听恭维话、漂亮话、赞美话，说话者（特别是下属或有求者）还不会察言观色，锣鼓听音，投其所好？听话者的耳朵根子正得很，那些假话，大话、空话还能得逞于世么？

《家就是家》（1997年8月17日）：

　　说家就是家，自然有它的针对性，这就是有人没有把家当作家，或在观念中把家当成家，而实际上并没有把家当成家，至少在房屋装修上。家对于外人和社会一般来说是封闭的，也就是说，家庭的一切一般来说是仅供家人使用或欣赏的，而不是像宾馆、旅社的一切均为全社会所有。如果有人把家装修得像宾馆、旅社一样，络绎不绝的客人、朋友甚至客人的客人、朋友的朋友都来登门造访、参观取经，家庭的主人在一阵欣悦之后难道没有烦恼么？舒适方便——居家的第一原则，这个成立么？

在生活中我们经常能见到这样的情景：在看喜剧、相声和小品演出时，台上或电视上演得龇牙咧嘴，说得唾沫横飞，台下或电视前的观众只看到滑稽，却看不到幽默，笑的艺术却牵动不了一丝笑肌。曾经辉煌一时的笑的艺术为什么让人笑不起来？这是人们关心的话题。为此，《羊城晚报》推出了"笑的艺术不何不好笑"的征文，设一等奖一名，二等奖两名，三等奖三名。我写了一篇《追求深远长久的笑》（1997年9月25日），获了三等奖。

该笑的艺术却引不起人们的欢笑，原因当然是多方面的，但我以为，与其说是演员们的技巧功力不够，还不如说是编导们的理性思维浅薄以及表演者的理性修养欠佳所致。一个没有哲理的相声、小品是没有生命力的；一个没有生命力的笑声是不会长久的。任何轻松、快乐、诙谐、幽默的语言和动作，必须以深邃、透彻的理论为支撑。

在《羊城晚报》上我还写过《秋菊的说法说了什么》（1992年6月12日）、《假亦真来真亦假》（1994年10月13日）、《何时好读书》（1995年10月22日）、《为普通公民下半旗的几个理由》（2006年7月8日）、《问一下，我有几个净友》（2015年10月28日）等。

《广州日报》为广州市委机关报，创刊于1952年12月1日，是广东省发行量第一、订阅量第一、零售量第一和传阅率第一的报纸。广州日报报业集团成立于1996年1月15日，是全国首家报业集团，拥有12家子报、3家刊物、1家出版社和1个网站。我在该报写了以下一些文章。

《要得到艺术享受就得有艺术修养》（2000年6月5日）。

要满足人们的物质生活需要的内容和方式，除了不断发展生产外，还必须提高人的教育、科学、文化、知识和思想、政治、道德水平，审美情趣，其中包括提高人们享受各种物质资料的能力。怎样才算美，怎样才能称心如意，这里无不都有一个人的思想和文化素质高低的问题。所以，马克思说："如果你想得艺术的享受，那你就必须是一个有艺术修养的人"。要促进文明，必须首先提高人民的道德和智慧。思想政治工作是一个庞大的系统工程，它涉及方方面面、各个领域，让我们为着一个共同的目标，不断提高人的素质，促使人的全面发展而共同努力吧！

《警惕"伪科学"的干扰》（2004年3月7日）。

由于科学家作伪，科学变得暗淡无光，正义受到损伤，这样的事时有发生。追究违法者的责任，是司法部门的事。但是，对于科学家从事的科学事业，如何才能有效地为社会服务，有利于公民正常健康的生活和发展，这却是每个公民所应思考的问题——科学有助于我们的社会进步，人类发展；同时，我们也要时刻提防某些科学家有意或无意的差错或失误，更要警惕那些打着科学旗号的"伪科学家"，他们时时用神圣不可侵犯的"定律"和"权威"误导和干扰我们的正常生活。

现在，在社会科学领域里，在对社科工作者的劳动成果的评价中，确实存在不少问题。为此，从赏罚机制上找出阻碍社会科学发展的原因，排除学术成果中的非科学因素，建立科学的评价机制，促进理论创新，是社会科学管理部门的一项重要任务。为此，我撰写了《改进社科评价机制，不能"著书不立说"》（2004年4月6日）一文，从"非科学因素影响学术成果评价""应用环境影响社科成果的价值""学术价值与社会价值要统筹"三个方面进行了论述。

2007年1月9日理论版刊发了《新闻评论开拓者赵振宇》一文，对我的新闻评论实践和教学研究成果做了介绍，这也是媒体对我多年工作的肯定。

《深圳特区报》为深圳市委机关报，创刊于 1982 年 5 月 24 日，是深圳经济特区的权威媒体和第一大报。2018 年 3 月，获得第三届全国"百强报纸"。发行范围覆盖全国 30 多个主要省市，是机关部门、主流企业的长期订阅纸媒，传播效果强力辐射珠江三角洲、香港、澳门等经济发达地区。据称它是唯一进入中南海的地方媒体，政治影响力大。

在改革开放 20 年的时候我写过这样的文章《防"左"与开放的深入》（1998 年 6 月 30 日）。

今年是解放思想、改革开放 20 周年。在这纪念的日子里回顾一下我国思想战线上反右和反"左"的历史轨迹，更好地解放思想，抓住机遇，把改革开放推向深入是大有好处的。

党的十一届三中全会高度评价了关于真理标准问题的大讨论，果断地停止使用"以阶级斗争为纲"的提法，鲜明地提出以经济建设为中心，开始全面认真地纠正"文化大革命"中及其以前"左"倾的错误，使我们国家走上了改革开放之路。

当我们党完成工作重心的转移之后，"左"倾错误仍是阻碍事业发展的主要倾向。为此，党的十二大报告在注意反右的倾向的同时，10 多次提到反"左"倾错误。

回顾近 20 年的历史，我们可以发现党在自己的报告中对反右和反"左"提法的侧重点是不同的，当然都是针对当时的历史情况作出的正确判断。问题在于，改革开放 20 年了，为什么"左"一直是影响我们事业发展的主要障碍，以至于我们党不得不多次在党的报告中反复提出"主要是防止'左'"的问题呢？

中国 28 年的革命和近 50 年的建设中出现的"左"的错误给中国人民带来的灾难太大了，损失太惨重了。我们党敢于从失败中吸取教训，敢于面对挑战反复提出"主要是防止'左'"，这是我们党的伟大和力量所在。我们现在的任务是要把党的指示落实到行动中去，确实解决思想战线一手硬一手软的现状。现在，我们严肃地提出这个问题，以期待更多的人去研究它、解决它，我想，这才是对解放思想、改革开放 20 周年的最好纪念。

时间流逝得真快，转眼间改革开放 40 年过去了。在我们党的十八大和十九大通过的《中国共产党章程》里仍然写着"全面落实党的基本路线，反对一切'左'的和右的错误倾向，要警惕右，但主要是防止'左'。"这句话在长达 40 年的时间里都写进了党的报告或党章，说明了我们党坚持基本路线不动摇的态度是鲜明的坚决的；同时，也说明了我们党领导"主要是反'左'"斗争的艰巨性和长期性。2019 年 2 月 27 日，《中共中央关于加强党的政治建设的意见》发布，《意见》明确指出，"坚决防止和纠正一切偏离'两个维护'的错误言行，不得搞任何形式的'低级红'、'高级黑'，决不允许对党中央阳奉阴违做两面人、搞两面派、搞'伪忠诚'"。2019 年第 4 期《党建》杂志对此做了解读：所谓"低级红"就是有意或无意把党的信念和政治主张简单化、庸俗化；而"高级黑"往往包含着不可告人的目的，有的是把屁股坐在了"敌对分子"那一边，用一种看似合理的言行来攻击我们的党、国家和军队。① 时代在发展，"低级红"和"高级黑"可否理解为新形势下政治生活中"左"和右的新表现？除此，还有哪些新表现需要引起我们的注意？对此，我们是否也应该坚持"主要是防止'左'"的政治路线和干部考核任用标准？这些都是需要我们大家特别是各级领导机关和领导干部认真对待和思考的新问题。

《形式主义为何屡禁不衰》（1995 年 3 月 1 日）：

> 形式主义产生的原因是多方面的，除了人们主观认识上的问题或心怀叵测者外，大都与社会提倡什么、奖赏什么，反对什么、惩罚什么有关。试想一下，如果讲大话，讲空话，讲假话的人都得不到信任和重用，如果做表面文章好大喜功，搞形式主义弄虚作假者都要受到指责和处罚，有谁还敢如此胆大妄为？当然，用形式主义来糊弄自己，又用形式主义去欺骗别人的人自然不是什么普通人。所以，反对形式主义，讲究求实务实，重要的还是从领导者做起。建立有效的社会激励机制，对于真抓实干卓有成效者予以奖赏、表彰，对弄虚作假空谈误国者予以惩处、批评，难道不是杜绝形式主义的重要一环么？

---

① 桑林峰：《严防"低级红""高级黑"》，《党建》2019 年第 4 期。

党的十八大以来，中央一直坚持反对形式主义。党的十九大召开不久，习近平就新华社一篇《形式主义、官僚主义新表现值得警惕》的文章作出指示强调，纠正"四风"不能止步，作风建设永远在路上。在新华社调查的形式主义新表现中有一条就是"不怕群众不满意，就怕领导不注意"（《人民日报》2017年12月12日）。形成的原因和解决的出路在哪里？我在2018年1月31日《人民日报》头版"今日谈"评论中写道：

> 一个地区、一个部门的工作作风怎样，群众感受最深，也最有发言权。现实中，为何有的干部"不怕群众不满意，就怕领导不注意"？除了权力观、政绩观出了问题，一个重要原因，就是群众评价没能转化为影响干部去留升降的硬杠杆。在这个意义上，要让"群众意见"得到实质性尊重，既要树立以人民为中心的观念，也有必要进一步用好群众的评议结果。作风好不好，群众来监考。"什么是作秀，什么是真正联系群众，老百姓一眼就看出来了。"更好地让群众参与、受群众监督、请群众评判，才能以好作风成就新作为。

文章不长，讲的道理却是真切的。只要我们思想明确了，制度落实了，人民群众的意见能够确确实实决定干部的职位了，那么在全局上，在大势上，形式主义还不能有效地被遏制么？

党的十六大报告在讲到最广泛最充分地调动一切积极因素时，说要"努力形成全体人民各尽其能、各得其所而又和谐相处的局面"。为此，我写了《有序方能和谐》（2003年1月5日）。

> 所谓和谐，是指相互联系的诸要素配合默契、恰当和匀称，由此形成一个平稳、互助和共生的互动态势。和谐有利于消除隔阂和矛盾，减少不必要的碰撞和争斗，把损失减少到最轻和最低程度；和谐有利于系统诸要素相互配合，相互支持，产生最大和最佳的整体效益。
>
> 为了保证现代社会的全面可持续地发展，必须处理好人与自然、

人与社会、人与人、人与自我等诸多关系。在这些关系中，任何一种关系处理不好，都会影响社会的整体发展，造成社会的失调、失衡、失控，甚至失误，带来或大或小的震荡、动荡和缺损。和谐是一个永恒运动、变化、升华的过程。在这个过程中，要不断地克服旧矛盾，协调新关系，使和谐的诸多表现，如和缓、和衷、和气、和平、和顺、和善、和睦、汇合、联合、融合、合作、合好等，不断地进入一个新的层次、新的状态和新的境界。也只有这样，才能全面有效地推进人与社会、人与自然的全面进步和繁荣。这对于实现全面建设小康社会，开创中国特色社会主义事业新局面的伟大目标是至关重要的。

2001 年 9 月 16 日，《深圳特区报》"人文纵横"版以整版加"编者按"的形式刊发了我写的《社会科学研究需要与时俱进》一组稿件。文章从扭曲的奖罚机制、学术成果评价中的非科学因素、评价社科成果要注意的几个问题、繁荣学术的两个条件、立足当代与时俱进等五个部分进行了论述（编辑部出于组稿的需要，头条署了我的名字，其他几篇均用了化名）。

为了更好地贯彻落实《政府信息公开条例》，我在《严格问责制度推进信息公开》（2011 年 3 月 29 日）一文中对准确厘定政府信息公开职责、政府信息公开责任应具体到人、追究信息公开失职应强化异体问责等方面进行了论述。

2014 年 6 月 3 日，我在《深圳特区报》的《理论周刊》头条刊发《加快推进民主政治进程中的程序化建设》一文。文章包括三部分内容：一是调适程序，使系统运动趋于一种整体上的和谐完美；二是多数人的意志要通过程序才能表现和承认；三是程序规范方能保证民主政治过程科学。

多年来，我为《深圳特区报》的评论专栏和理论周刊写过一些短论，有的还配有作者头像和个人署名，以示尊重。如《台下更好唱大戏》（1993 年 4 月 17 日）、《拉开收入差距漫议》（1993 年 9 月 17 日）、《下到基层为了什么》（1997 年 2 月 21 日）、《"畅所欲言"与"一致认为"》（2001 年 8 月 12 日）、《走出发牢骚的怪圈》（2003 年 4 月 6 日）、《设立"学术欺骗罪"值得探讨》（2011 年 3 月 9 日）、《怎样把真话讲好》

（2011 年 9 月 6 日）、《盲目崇拜让学术蒙羞》（2011 年 10 月 18 日）、《署名要在过程中》（2011 年 11 月 15 日）、《讲好抗疫故事需要尊重科学》（2021 年 1 月 26 日）等。2010 年 12 月 31 日，我应邀与深圳大学传播学院院长吴予敏、暨南大学新闻学院常务副院长董天策一起，对《深圳特区报》过去一年的热点事件进行盘点评说。

9. 我在《长江日报》工作时的文字岁月

1982 年 2 月，我从武汉师范学院（后改为湖北大学）政治教育系毕业后被分配到《长江日报》，先后在评论部、出版部、下午版、周刊部、文化报和评论理论部工作，2001 年 2 月调入华中科技大学新闻学院任教。在报社工作的十九年时间，是我人生的重要时段。特别是在省市宣传部和报社领导下，在报社同仁的帮助和共同努力下，我从接触新闻起步并逐步形成较为完整的新闻理念，经受了锻炼，取得了一些成绩，为我调入大学从事新闻教学和研究工作奠定了良好和坚实的基础。

20 世纪 80 年代，改革开放的大潮汹涌澎湃，不仅引起社会经济的变化和发展，也促进人与社会关系的改善和进步，其间也出现一些新的问题和矛盾。1986 年 9 月，《中共中央关于社会主义精神文明建设指导方针的决议》公布，为贯彻中央精神，1987 年 1 月 23 日报社适时推出了"人与社会"周刊，宗旨是：关心人、研究人，提高人的素质，培养"四有"新人。该版以新闻的敏锐发现问题，以理论的深刻研究问题，以多样的手法表现问题，以平等交流的态度与读者探讨问题。在 1988 年的全国好新闻奖（后改为中国新闻奖）评选中，"社会中来"获全国唯一的好专栏一等奖。从社会中来，到社会中去，研究人与社会的关系，既是我的本职工作，也是我在工作之余从事评论写作的一个重要领域。我先后在《长江日报》上写了以下一些评论。

《把"直接对话"搞得更广泛一些》（1985 年 11 月 7 日刊登，11 月 17 日《文摘报》转载）。

目前直接对话的还不广，还需要拓宽。加强各个领域的思想政治工作，这是全党的事。不仅省市主要负责同志应该下去，各部、委、办、各区、县、局，甚至各厂矿的书记、厂长也应该下去；不仅应该到高等院校，也应该到工厂、农村、部队、商店、医院等单位去；不仅应该召开座谈会，还应该到校舍、车间、地头、营房、店堂、病房，采用各种方式，广泛地和群众直接对话。

《百家争鸣少不了反批评》（1986年7月7日刊登，7月24日《文摘报》转载）：

学术研究有一条规律，就是真理越辩越明，是非越辩越清。真理不会因为谁的地位高知名度高，谁先发制人，就扑向谁的怀抱，同样，错误也不会因为反批评者的出现而扩大和蔓延。要真正形成一种健康的批评和反批评的空气，有一个观念需要更新，就是对谦虚的认识。谦虚的真正含义应该是实事求是，服从真理。要求人家对批评意见不管正确与否，不管同意或不同意，一律无条件接受，是鼓励虚伪。

《民主是目的和手段的统一体》（1986年7月4日刊登，7月11日《工人日报》转载）：

民主作为手段和目的的统一体在人们的社会实践中不断发展和完善自身。那种以为社会主义制度的建立，社会主义民主作为目的就实现了，至善至美，不需要建设和发展了的观点，那种把民主仅仅理解为目的，或仅仅理解为手段，或此时为手段，彼时为目的的观点都是不正确的。

《稳定是为了发展》（1991年5月6日刊登，第7期《新华文摘》、1991年5月19日《文摘报》转载，获当年湖北省好新闻一等奖）。

政治、经济和社会稳定，这是我们办好一切事业的基础，大局之所系。要不折不扣地执行稳定方针，必须首先正确地理解它，在这方面来不得半点形而上学。如果把稳定当成静止，该革除的不去革除，该开拓的不去开拓，在治理整顿中不是进一步完善、发展改革措施，而是自觉不自觉地用行政命令的方法将以前一些行之有效的改革措施"整"掉了，将会妨碍我们事业的发展。稳定是发展中的稳定，绝不是一潭死水。要保证在稳定中发展宜从两方面入手：其一，继续解放思想，不断深化改革；其二，在改革的过程中不断提高人们的承受力。这些观点在发展中的今天看来仍不过时。

《数据作假是权力腐败》（1999年4月4日刊登，获全国副刊优秀奖）。

统计数字中暴露的问题，不仅是对科学的亵渎，有的就是一种权力腐败！一个部门、一个地方以至整个国家，连统计数字都是虚假的，由此而制订的那些计划、规划还有什么实际意义，按照这种计划、规划而作业还能有好的结果吗？基础都是虚假的，大厦还能不倒么？这绝不是危言耸听。问题已经暴露，当务之急是必须有一套切实可行的科学统计、检查方法；对作假者的整治措施；对揭发和纠风者的保障、奖掖法规。

2015年7月15日，全国人大常委会原委员长万里同志去世。7月23日，《长江日报》刊发的一篇报道，谈到33年前中央政治局委员、国务院副总理万里给我回信的有关情况。

本报讯（记者张维纳）昨日，万里遗体告别仪式在北京八宝山举行。"33年前，我给万里写过一封信，一周后就收到了他的回信。"在电视机前观看万里遗体告别仪式的华中科技大学教授赵振宇回忆。1982年10月13日，《人民日报》刊登了《环境保护》杂志扩大征订的广告，广告中称，这份杂志是9年前万里同志在北京市工作时指示创办的，并根据他的指示确定了办刊方针。当时在《长江日报》工作的赵振宇看到后，认为杂志借领导人招徕读者不妥当，"我当天就给时任国务院副总理万里写了一封信，表达了我的想法"。赵振宇回忆，收件地址写的是"北京中共中央办公厅"，收件人为"万里"。令赵振宇意外的是，一周后，他就收到了万里的回信。赵振宇至今还保留着这封回信。万里在信中说，"振宇同志，收到你十月十三日来信，得知了你对北京《环境保护》扩大征订广告的意见。你的意见是对的，我很赞成。所提问题，值得注意。已将你的来信转请北京市委核转该刊认真研究改正。专此致复。谢谢你的好意，并致敬礼!"落款为，"万里，十月十七日"。

"我那时刚参加工作，致信万里，仅是一家之言，没想到得到肯定回复，确实意外。"据武汉市图书馆馆藏的 1982 年 11 月 13 日《人民日报》显示，《环境保护》杂志再次刊登广告时，"根据万里指示创办"的表述已不见踪影。

30 多年过去了，捧读万里同志的签名回信和看到那家杂志的两份不同的征订广告，我在当年第 8 期《武汉宣传》上写了《万里回信告诉了我们什么?》："第一，怎样联系群众，如何回应群众? 第二，怎样将正确意见贯彻落实到位? 第三，媒体怎样宣传自己，如何接受批评意见? 万里同志以 99 岁高龄离开了我们，但他给我们留下的绝不只有这件事，也不只是讣告里写的那些丰功伟绩。他将以一个伟大传奇人物的形象留存于人民的心中，记载在中华民族璀璨不朽的史册上。"

"人民对美好生活的向往就是我们的奋斗目标。"这是一种追求，更是一种责任，它体现在一个城市的发展蓝图中，它体现在政府工作人员不懈努力的高效工作中。为此，我写过多篇评论，有的是担任市政府参事时应邀撰写的。

从 20 世纪 80 年代党的十三大提出"重大情况让人民知道，重大问题经人民讨论"以来，我国的民主监督有了根本性的变化。但严峻的现实告诉我们，仅此还不够，还必须做到"重大情况向人民报告，重大问题由人民决定"，这是我们国家性质所决定的。(《政府工作为了啥》，2012 年 12 月 24 日)

好的政策推进落实，怎么落实，谁说了算? 广大市民说了算。百姓脸上没有表情或很沮丧，你"自我感觉"再好也是白搭。(《多看看百姓脸上的表情》，2017 年 2 月 11 日)

"民有所求，我有所为"应是一种与时俱进的工作方式和工作目标。这种"所为"，应是积极、主动、及时、高效，而不是消极拖沓、应付交差、做一天和尚撞一天钟甚至像是撞钟却没有响声! 这种"所为"应是统一规划、统一管理。(《"我必有应"要见水准》，2019 年 2 月 26 日，3

月 1 日《人民日报》转载）

除此，我还写了《开会不等于"贯彻"》（2000 年 8 月 29 日）、《赞"老百姓说了算"》、（2002 年 2 月 11 日）、《每个人都是城市的名片》（2011 年 12 月 29 日）、《"方便"设在方便处》（2010 年 6 月 21 日）、《"爱心卡"不要读出声》（2011 年 2 月 13 日）、《请挂好和校准城市时钟》（2011 年 9 月 7 日）、《深入办好"十件实事"》（2016 年 11 月 4 日）、《更主动地寻找民之所呼》（2017 年 8 月 29 日）、《政府承诺 一诺千金》（2018 年 2 月 2 日），等等。

《电视问政》是武汉市多年来坚持的一个接受民众监督，促进政府工作改进的一档电视节目，受到国内外媒体的重视和广大受众的好评。从 2011 年起，我以"特邀评论员"的身份连续三年参加了这个节目，中央电视台也曾做过连续报道。我不仅被观众评为"最犀利的评论员"，还引起海外媒体关注，接受了英国 BBC 电台记者的采访。同时，我也从新闻传播和社会发展进步的角度撰写了一些评论。如 2012 年 7 月，我先后写了《政府不能为破坏者买单》《剪刀下的责任》《让"马上就办"成为常态》《怎样面对新闻媒体》等系列评论，2012 年 12 月 3 日写了《怎样认识和参加"电视问政"》。2013 年 7 月，我又写了《如何看待官员的应对"套路"》《如何看待现场观众表决》《如何看待"电视问政"》。除此，我还在《民主与科学》（2012 年第 4 期）和《新闻战线》（2013 年第 9 期）等媒体发表了对"电视问政"思考和研究的理论文章。

随着时代的进步，新闻传播越来越向着融媒体多元化的趋势发展。早在 20 世纪 90 年代，我们便开展了这种尝试并取得一定的成效。由《长江日报》周刊部（时任周刊部主任）、武汉电视台经济部、武汉电台新闻部联合主办的"热门话题纵横谈"专栏，于 1994 年 1 月 15 日推出第一期，武汉市三家新闻单位联成一体，发挥报纸、电视、广播的不同特点增强了报道的力度，整体优势非常明显，是一种成功的尝试。时任中宣部部长丁关根作了指示，表扬了这一专栏，并要求中宣部新闻局和中央电视台派人总结武汉三家新闻单位联办的经验，向全国新闻单位宣传推广，促使新闻报道形成合力。1994 年第 11 期《新闻记者》介绍了这一做法。

我们不仅开展了与本地多家媒体的合作，还组织了国内跨地区间的媒体合作。为了追寻武汉支边者 30 年的奋斗和业绩，《长江日报》派出记者分赴新疆和云南，探索一条内地与边疆多种媒体相互合作之路。1995年第 5 期《新闻界》以《寻访当年支边人——记长江日报与新疆云南报界的成功合作》为题进行了报道。武汉新闻工作者协会为这次活动召开报告会，对这种创新和探索表示肯定，对记者的深入作风予以赞赏。1996年第 12 期《中国记者》又在"新闻宣传　形成合力"专栏中做了介绍。

《长江日报》的理论宣传是它的一个强项和特色，在这种氛围中，我也学习和撰写了一些理论研究和探索的文章。我在《正确认识社科成果的创新价值》（1996 年 7 月 16 日刊登，8 月 12 日《解放军报》、9 月 7 日《人民日报》理论版转载）一文中指出：

> 社会科学工作者劳动的一个重要特征就是创新，评价其成果的重要标准也在于它的创新价值，为此，要处理好创新与阐释的关系、创新与综合的关系、创新与科学的关系、创新与实用的关系；社科成果，不论是基础理论还是应用科学，都是要为社会服务的。社会科学要指导实践，但它绝不是仅仅解决眼前的、局部的实际问题，它还必须揭示事物发展的方向和趋势，所以，应有超前研究意识。超前研究贵在先行，重在导向，它启迪人们的思路，开拓人们的视野，其创新的含义是十分明显的。

《加快推进社会主义民主政治程序化》（2015 年 5 月 15 日）写道：一要调适程序，使系统运动趋于一种整体上的和谐完美；二是多数人的意志要程序才能表现和承认；三是程序规范方能保证民主政治过程科学。我写作此稿时的署名身份是华中科技大学新闻评论中心主任、武汉人民政府参事。这篇文章曾在 2014 年 8 月 24 日参事室学习十八大报告会上被当作演讲内容。

《推进建设良好的网络精神家园》（2018 年 4 月 22 日）：

> 思想的自由，言论的自由，是网络媒体的最大优势。人们孜孜以求、不懈努力所争取的自由不仅是行动上的，更主要的是思想上的。

现在，科学技术的发展使这一理想变成了现实。同时也对网络传播的管理、网络文化的建设提出了新的课题。党的十九大报告指出，形成完整的制度程序和参与实践，扩大人民有序政治参与。所谓"有序"，即指应保障和扩大理性、合乎程序的政治参与，而对非理性的政治参与应该加以引导和管理。网络表达是政治参与的有效路径，因此，对其进行引导和秩序管理是题中应有之义。民众在通过网络表达自己意愿时须在科学精神、民主意识、独立品格和宽容胸怀的准则下进行。

2019 年 12 月 31 日，《长江日报》的《读+周刊》刊发该报记者肖畅对我出版《讲好真话》后的专访。导读指出："互联网时代，人人掌握麦克风，但如何说负责、理性的话，'技术门槛'不低。华中科技大学新闻与信息传播学院教授、中央马克思主义理论研究和建设工程首席专家赵振宇的新著《讲好真话》，近日由华中科技大学出版社出版。本书把握时代背景，以积极审慎的政治和理论视野，指出科学有效地进行意见表达，讲好真话，是积极参与管理国家事务、实现人际关系和谐的重要内容。书中从民主意识、科学精神、独立品格和宽容胸怀四个层面阐述了新媒体时代讲好真话的必要性和紧迫性，说明了培养与提升这些基本素质的意义和方法。"文章从三个方面对该书做了介绍：手持麦克风，也要克制"抢先发表"的冲动；协商对话，要对他人有"同情之理解"；在政治参与中，让自己成为善于表达意见的人。

《长江日报》的理论宣传遵循中央精神，坚持地方创新，受到好评。2001 年 1 月 8 日，《长江日报》在报眼位置刊发《增强说服力　提高战斗力　中宣部推介本报理论宣传经验》。报道指出，该报坚持正确舆论导向，加大理论宣传力度，探索新的内容和方法，既保证理论宣传的科学性和指导性，又增强针对性和实效性，使理论宣传为广大读者乐于接受。文章从三个方面总结了该报的经验。

一是开设"理论与我们同行"专栏，邀请专家学者、有关部门负责人及部分读者与该报理论编辑一起，就社会中出现的新事物、新问题进行调查研究、解剖典型、总结经验，通过服务实际、指导实际增强了党报理论宣传的说服力和战斗力。二是开设"大家出题大家谈"专栏，就社会生活中出现的各种实际问题，让读者出题，市民共同参与讨论，让读者与专家共同思考，使理论宣传既有专家学者深刻的思辨，又有普通市民质朴的道理，传播交流了思想理论信息，提高了理论宣传效果。三是推出了"理论随笔"专栏，每月请一位专家主持。2000年7月，我主持了"程序科学化系列谈"五篇。2001年10月，我主持了"社会科学功能系列谈"四篇。

随着时代的发展，媒体也随之进行着改革。1996年9月至1998年10月，我出任兼并后的《文化报》总编辑，这是我在《长江日报》工作期间的一段重要时光。《文化报》是从市文化局办的一张专业报转化而来的，进入长江日报集团后，我们给它确立了新的办报方针："以新闻敏感报道文化现象，以文化视角透视社会生活。"作为一个报人，办好报纸永远是第一位的。我除了参与记者们的采访报道外，更多的是撰写评论，与读者交流思想。1998年元旦开始，我开辟了一个与读者交流探讨的"总编茶座"专栏，每期一篇。在"茶座"里先后发表了以下一些小文：《感谢提醒，欢迎批评》《请君莫信邪》《集思广益把事情办好》《摘去几顶乌纱如何》《学术研究拒绝抄袭》《请说一声："向我看齐"》《莫叫英雄受屈》《追求栏目和宗旨的一致性——为"东方时空"进一言》《再谈文凭与水平》《进言、纳言及其他》《纳税人意识与公仆观念》《愿模拟检查到永远》，等等。《本报慎用"著名"》（1997年4月26日）被中宣部《内部通讯》第16期表扬；《少一点"老百姓"如何》（1998年5月21日）被收入第4期《杂文界》。

1997年7月1日，香港回归举国欢庆，各媒体都为这个值得纪念的日子"浓妆艳抹"，评论自然少不了。作为一份地方文化类的周刊，从时间和分量上都不足以与中央和地方的各大媒体比拼。于是，我们在6月26日周刊出版时写了一组三篇署名"本报评论员"的标题评论——《写在香港回归前：发展是硬道理——切记国强民富才能将颠倒的历史重写》；《写在香港回归时：今天全国放假——毋忘雪耻未绝金瓯一缺神州统一大业》；《写在香港回归后——且喜一国两制港人治港香港更加繁荣》。这组富有创意的标题评论获年度武汉好新闻奖。

1998年2月12日，针对大家议论纷纷的春节晚会，我在《文化报》上写了一篇《和谐之美》的评论，在63万观众来信中，本人作为10位嘉宾之一受到晚会节目组邀请，参加了3月21日中央电视台节目评选颁奖晚会"实话实说"现场，接受了主持人崔永元的采访。

报纸办得好坏，关系到每一个长江报人的生存和发展。关心它，爱护它，为它的发展出谋划策、积极建言，是我从大学毕业到报社工作后养成的习惯。1984年4月26日，由报社编办编辑出版的《长江报人》刊发我对报社边整边改四个方面的16条意见。"编者按"说："赵振宇同志对报社边整边改提出的几点意见，情深意切，值得一读。本报办得好坏，作为长江报人确是'匹夫有责'！希望大家像赵振宇同志一样，在这改革之年，关心本报，勇于思考，尽抒己见，多出主意，而且振奋精神，共同奋斗，这样，就一定会使我们的报纸别开生面！"

我热爱这份报纸并为之付出，在报社工作的日子也使我受益匪浅，对我以后工作也有很大的帮助。这里有一段插曲颇能说明问题。我调入大学后几年，学校开始了"华中科技大学教学名师"的评选。我来自媒体，在教学中不仅理论联系实际，还能帮助同学们形成和提升思想观念，受到学生们的欢迎和学校教学指导委员会老师的好评。学院对我的工作也十分肯定，多次推荐我参加学校的评审，但十分遗憾，屡屡因为我的高校教学工作年限太短而不能如愿。参加评选的老师多是十多年或二十年以上高校教龄的老教师，在他们面前我五六年的教龄显然太短。在回答评委的疑问时，我说过这样的话，"新闻课是一门理论联系实践很强的课，我的讲课受到学生们欢迎，与我在《长江日报》工作的十九年时间有关。在报社我学到不少的东西，在这期间我也时常到高校讲课，锻炼和提高了我的传授能力，评教学名师不能以教龄时间长短论英雄啊……"这番话得到了与会者的认可。2011年我被评为"华中科技大学第六届教学名师"，同年又被评为"宝钢奖优秀教师"，后来，还被评为"华中学者"和国务院政府特殊津贴专家、中央马克思主义理论研究和建设工程首席专家，被聘为武汉市人民政府参事。

10. 我在北京、天津、重庆、香港等地
报纸的文字记载

从 20 世纪 80 年代至今，我除了在中央、上海、广东和本地的媒体发表评论、杂文、理论文章和学术论文外（在前面的系列篇中已经介绍，杂文作为一个专题将列为本系列的最后一篇），在报社工作期间，我经常与兄弟省市媒体交流，也会阅读一些它们的报纸，在上面也写了不少文章，说出了当时自己的心里话。

在 20 世纪 80 年代我在《北京日报》写过《可贵的"自清"精神》（1989 年 8 月 7 日），获征文二等奖，9 月 1 日《杂文报》转载。

朱自清，不仅是一位伟大的学者，而且也是一位伟大的爱国主义者。为了支持反对蒋介石的学生运动，在拒绝购买"美援"平价面粉的宣言上签字时，他明知"此事每月须损失六百万法币"，会给家庭经济带来更大的困难，仍毅然决然地签了名。在他病逝前，义无反顾地嘱咐家人不要买国民党政府配售的"美援"面粉，宁死不受"嗟来之食"！毛泽东同志曾高度称赞他"表现了我们民族的英雄气概"。今天，我们的国家已发生了翻天覆地的变化，但还应大力提倡和坚持艰苦奋斗、艰苦创业的精神，还须颂扬和学习朱先生的"自清"精神。时下，国人牢骚怨气颇多，集中之点在于分配不公、物价上涨、官倒腐败。解决这些顽症自然要从宏观改革入手，要加强法治建设，要加强党的建设。但有一点我以为是应该引起注意的，即重提十年前的口号"从我做起，从现在做起"，保持自身的清廉，特别是共产党员和党的各级领导干部。古人曰"己不正，焉能正人"，己不清，何以清人。领导部门、领导同志带头"自清"，何愁腐败不能清除，国家不能繁荣，民族不能振兴？

在《"我"与"我们"》（《北京日报》1989 年 11 月 22 日）一文中写道：

在现实社会中，在泱泱人群里，常有人嘴边常挂着"我"，只有"我"最伟大，"我"高于一切。机关工作中的"一言堂""家长作风"；某些厂长经理出口不凡："是我救活了工厂！"还有那些出手打人，开口糊弄人，偷税漏税的"歌星""影星"们，都是目中只有"我"的典型。历史是由人民创造的，离开了集体，"我"将不复存在。集体是由"我"组成的，没有"我"便没有"我们"——承认"我"的价值，不要抹掉人的个性是十分重要的；但是，"我"又是集体中一员，离开了集体便没有"我"的存在，这是人的社会性所决定的——说"我"时，可千万莫忘了说"我们"。赖有良好的集体才有"我"的才能发挥；赖有"我"的素质的提高，才能使集体发挥出最佳效能。

进入 21 世纪，我在《北京日报》写了《我去过现场能说明什么》（2015 年 7 月 17 日）、《仅有"设身处地"还不够》（2015 年 7 月 31 日）、《在讲好故事中做好对外传播》（2017 年 4 月 7 日）等评论。在 2017 年 11 月 13 日理论版"点题点答"中配以作者头像发表了《用制度体系保证人民当家作主》一文，对当下的社会话题予以解读。

党的十九大报告重申，"有事好商量，众人的事情由众人商量，是人民民主的真谛"。为达此目的，必须加强民主制度建设，形成完整的制度程序和参与实践，保证人民在日常政治生活中有广泛持续深入参与的权利。在建立和发展完整的制度程序和参与实践中把握以下几点：第一，必须在一定的法律和规定的范围内进行，按照有序的原则进行；第二，应以有利于大众和社会为出发点和最终的检验标准，如有不到，则应接受批评并作出自省。公民参与的基本准则为"依法""有序""广泛"。

1986 年 7 月 15 日我在《天津日报》发表《理论研究要敢于涉及政治问题》（7 月 30 日《人民日报》海外版转载）。

有的同志写文章说，在党中央做出决定之前，为了广开言路，判明是非得失，可以进行理论研讨，好处很多。我以为这是很正确的。这也是我们党完成思想上拨乱反正后所带来的根本转变，应该继续保持下去。但是，仅此还是不够的。其一，决策以前的调查研究、预测分析、科学论证、参谋咨询，等等，不过是理论研究工作的一部分任务，而更为重要的一部分任务还在于对决策方案要执行追踪决策的探讨，检查原方案的正确与否或由于主客观条件、环境的变化采取修正措施。其二，从理论工作者的职责来看，作为智囊团的作用不仅表现在我们党决定政策之前，而且也应表现在政策的贯彻实行之中。对党对人民的负责精神应该表现在我们党领导人民进行伟大实践的全过程。理论工作者应该有这样的责任心和勇气，党和政府的各级机关和宣传部门应该提供方便，创造宽松的环境。这对繁荣我国社会科学是有好处的。

我在《奖励不是随意物》（《天津日报》1993年12月25日）中写道：

奖励是个好东西，但奖励不是随意物。我们要发挥奖励的积极作用，就必须给奖励以科学的界定，并进一步完善奖励法规，也就是说，要使奖励在科学的和法制的轨道上更好地发挥作用。

1987年5月2日，我在《重庆日报》发表《理论研究要搞好四个结合》（《人民日报》海外版等转载）一文中指出：

当前理论研究应搞好以下四个方面的结合：第一，把理论研究和工作研究结合起来；第二，把理论分析和实验调查结合起来；第三，把现实研究和超前研究结合起来；第四，把理论研究和政策的制定或修正结合起来。理论工作者应该向各级领导机关，政策的制定者积极推荐自己的研究成果，热情地提供有效的咨询服务。这是理论工作者的天职，我们应当把这项工作做好。

1986年9月6日，我还在《重庆日报》发表《学习马克思关于言论出版自由的论述》一文。我在文中最后写道：

> 实现言论出版自由不仅是我们繁荣社会科学（伟大意义不仅仅在此）的必要手段，而且也是我们孜孜以求的根本目的，赖有此，才可能实现人的真正意义上的自由。恩格斯说过："难道我们要求别人给自己以言论自由，仅仅是为了在我们自己队伍中又消灭言论自由吗？"（《马克思恩格斯选集》第四卷，第474页）这是十分正确的，必须牢记。

有报道说，兰州电机厂厂长李连维自摘"乌纱帽"，参加新厂长的公开竞选。以92%的选票当选后，他推出了一系列新措施：开展竞争意识的教育；加强基础文化教育；在各个岗位上展开竞赛活动，对贡献大的予以重奖……"为什么要这样干呢？"李连维说，就是要"培养能够超越我战胜我的竞争力量！"据此，我写了《培养超越我的竞争力量》（《贵州日报》1988年10月31日）。

作为人才成长的主体，则不仅要增强竞争意识，敢于在竞争中大显身手，以求一搏；还要增强超越自我的意识，敢于为他人创造超越自己的有利条件。特别是那些站在潮头的胜利者们，应有这样的气派。一枝红杏出墙来，虽也美丽，但总显孤独；春色满园关不住，浓郁芬芳，才显春天的气息！1988年9月25日和1993年5月30日我还在《贵州日报》分别写了《主人翁精神从何而来》《廉政要靠制度》等文章。

现在，有的同志联系群众仅是为了做做样子或是为了向上级汇报。他们走马观花，蜻蜓点水，搞形式主义。为此，我写了《联系群众为了什么》（《海南日报》1991年11月27日）：

> 联系群众，就是要做好群众的思想政治工作，把党的方针政策落到实处，就是为了保证决策和决策执行科学，符合人民的利益；联系群众，就是要加强调查研究，发现问题，分析或解决问题；联系群众，就是要把先进的生产技术和科学知识送下去。为达此目的，我们

的干部首先要学技术学文化，同时，注意下派干部的人员知识结构组成也是十分重要的；联系群众，就是要关心群众疾苦，为群众排忧解难。我们既要反对急于求成、急功近利的倾向，同时也应提倡雷厉风行，"马上就办"的工作作风；"联系群众为了什么"看似老话题，很简单。但深究起来，却不是一件容易的事。世上无难事，只怕有心人。只要我们各级领导机关，领导干部、机关干部都做有心人，相信此事是会办好的。

读书学习是现代人不可或缺的要事。但是，如何认识读书的重要性，如何面对新买或新受赠的新书，却有一番研究的必要。

我在《书要先读后藏》（《辽宁日报》1993年3月23日）一文中写道：

　　我的原则是，专业类的书，一般先看，详细一点看，哪怕时间紧加点夜班也力求看完，争取首批上架；新学科、新知识方面的书，翻翻目录、前言、后记，力求大致记住该书的体系、章节，用时能找到就行；理论类的书，却需慢慢读、细细啃，有时还需划上几笔，做上几张卡片（卡片分目录式和段落摘抄式）；通俗类的书翻翻即可，大致知道书中讲的什么就行了。有时也请家人先看，有好的章节推荐给我再看。既满足了大家的需要，得到他们的支持（这可是很重要的啊），又节省了我的时间，自感不错；词典、手册类的工具书，可不是一日两日能读完的，需要掌握一下该书的编排体例、收集的内容，以便尔后查找时清楚。此类书虽厚，但在案头上停放的时间却最短——当然，尔后用的却最多。

　　原则订了不少，都是为自己懒而想出来的。有时也觉自愧，想挽救一下自己，于是，一段时间里便抽出一两个晚上或假日，突击读书。此法效果还不错，一般一个战役下来，总能消灭桌上存放的几本书或全部读完上架。每当此刻，送书上架时，我才算舒了一口气。咳，谁叫人要读书，爱读书，想买书呢？书先读后藏，但愿能多坚持几日。

在《书中自有良方万千》（《吉林日报》1993年10月16日）一文中写道：

> 读书又是伴随着人的每时每刻的：成功时读书，不骄不矜，发扬成绩，再接再厉；失败时读书，不气不馁，总结教训，以利再战；兴奋时读书，可以保持心理的平静；潦倒时读书，能够扬起远航的风帆；穷困时读书，书中自有黄金屋——给你赚钱的方法和技术；失恋时读书，书中自有颜如玉——教你择偶的道理和诀窍；闲暇时读书，磨刀不误砍柴工，闲时备着急时用；繁忙时读书，像海绵里的水，挤出来的是谋略和韬术。哇！读书，是却老养生的法宝——这不是广告但胜似广告——用了都说好。

1992年3月，珠海奖励有突出贡献的科技人员小轿车、住宅、数万元奖金的举措，伴随邓小平南方谈话的春风迅速传遍中国，神州骤起重奖热。于是，我写了《重奖面面观》（《黑龙江日报》1992年6月30日），对奖励中存在的问题，从我研究多年的奖励学理论予以评说。我还写了《理智，行为的校准器》（《黑龙江日报》1993年10月19日）等文章。

除此，我还在以下省级报纸写过文章，如1986年8月28日在《湖南日报》发表《职位与脾气》；1988年4月28日在《广西日报》发表《社会协商对话制度具有科学意义》；1988年1月31日在《陕西日报》发表《激励——开发人才资源的有效方法》，获征文三等奖；1989年5月16日和1991年10月1日在《大众日报》发表《从"传闻"到"透明"》《提高对社会分配的心理承受力》，获三等奖；1989年8月4日和1993年3月10日在《四川日报》分别发表了《莫把微笑和服务分开》《按国际惯例想问题》；1994年1月11日和6月7日在《浙江日报》上先后发表《敢试 敢闯 敢干》《同心同德 共创伟业》；1993年8月30日在《江西日报》发表《着眼于人的全面发展完善》；1993年2月17日在《新华日报》发表《把握正确的奖励导向》等评论和理论文章。

1993年国家批准设立16个副省级城市：哈尔滨、长春、沈阳、大连、济南、青岛、南京、杭州、宁波、厦门、广州、深圳、武汉、成都、西安、重庆。为了加强这些城市的理论宣传，成立了"全国副省级城市党报理论宣传研究会"，1997 年重庆成为省级直辖市后退出这个研究会。由于研究会的成立，大家彼此交流学习的机会多了，在以前发表文章的基础上，我的评论和理论文章更多地光顾这些城市报纸了。

1986 年 7 月 18 日，我在《哈尔滨日报》发表《在实践中创造宽松的环境》：

> 创造一个宽松的理论研究、探讨、宣传的良好环境无疑是一个重要问题。良好的环境不是自然形成的，它要靠人在社会实践中创造。首先，理论工作者要挑起这副重担。我们不是高唱"英特纳雄耐尔一定要实现"嘛，在今天全面改革的时代，理论工作者尤应有这种精神和勇气！其次，主管理论工作的领导部门和反映理论工作者研究成果的报刊，要为理论工作者的探索和创新创造良好的条件。心理学知识告诉我们，人们在心理安全和心理相融的情况下，才能保持良好的精神状态，发挥其积极性、创造性和聪明才智。创造宽松、和谐的社会环境是达到这一目的的必要条件。我们应当共同为创造这一条件而努力。

1992 年 12 月 31 日，我在《大连日报》发表《反对者意见功不可没》：

> 兴建三峡工程，是几代人的夙愿，在全国人民代表大会上获得通过。但其表决结果却和其他决议的表决有很大不同：出席大会的 2633 名代表中，1767 票赞成，664 票弃权，25 人未按表决器，还有 177 票反对。为什么要投反对票呢？中央有关负责人多次表示，本届人大代表不论是投赞成票还是投反对票，都是爱国的，都是认真负责的，有积极意义。但有人对反对者的看法却不一定是公正的，有议论一下的必要。
>
> 反对意见在领导决策中作用重大：其一，决策过程中，不同意见多，反对意见多，才能提高决策的科学性、可靠性，产生最佳决策方案；其二，反对意见可使决策者更清醒，查找自己方案的不足和疏忽

之处，使其更加完善；其三，反对意见往往是实施方案出现差错时的补救措施。重视反对意见，就不致临渴掘井，措手不及；更重要的是，尊重反对意见是用行动鼓励广开言路，集思广益。只有这样，人们才敢于、才愿意畅所欲言各抒己见，破除"万马齐喑"的沉闷局面。只有这样，各项重大决策才能真正保证科学化、民主化。

自 20 世纪 80 年代以来，我先后在《沈阳日报》《西安晚报》《宁波日报》等开辟个人署名专栏。

1986 年 3 月，我在《沈阳日报》理论版开辟"奖励学漫谈"专栏，围绕奖励与需要、奖励与情感、奖励与创造力、奖励与道德品质、奖励与社会风气等理论，以及奖励对象、奖励原则等做些探索和介绍。理论版隔周一期，专栏共刊发"奖励学漫谈"25 篇，于 1987 年 4 月结束。

奖励是一个伴随人们而行的长久课题。2020 年 6 月 29 日，习近平在中央政治局第二十一次集体学习时强调，要深化干部制度改革，完善管思想、管工作、管作风、管纪律的从严管理机制，推动形成能者上、优者奖、庸者下、劣者汰的正确导向。中央以往提的最多是能者上、庸者下、劣者汰，此次用人导向新增"优者奖"，透露了中央在用人方面的最新思考。这也是新形势下，奖励学需要研究的新课题。

1997 年 3 月，我在《西安晚报》周末版"赵振宇专栏☆人生译码"中发表四篇随笔：《我的脑袋长在哪》《人有一张嘴》《屁股的位置》《我成名人啦》。

我在《宁波日报》"七日谈"先后开过四次专栏：1999 年 9 月写了《当官就要有官像》《下到基层为了啥》《制定计划要科学》《我们怎样开会》；2000 年 9 月就程序的重要性、科学性、公开性和艺术性写了四篇文章；2003 年 8 月刊发的四篇评论是《档案知情权》《走出发牢骚的怪圈》《多一些"中国创造"》《按新闻规律办事》；2004 年 3 月写了《值得称道的"四不决策"》《科学也是双面刃》《还需要作不可行论证》《关键在于提高人的素质》《更新观念 奖励健康》五篇文章。

2000 年 11 月 4 日、12 月 2 日在《济南日报》发表《田忌赛马为何赢》《三个和尚没水喝》；2001 年 6 月 30 日，在《青岛日报》刊发长篇理论文章《坚持不懈地高举解放思想实事求是的旗帜》；等等。

　　《湖北日报》是湖北地区的一份有影响的大报。"文化大革命"时曾与《长江日报》同在汉口红旗大楼办公，后来迁往武昌现址。在该报我结识了一些朋友，也写过多篇文稿。如1979年12月27日，我还在大学读书时，就写过《列德而尚贤》在"读史一得"栏目中刊发。后又写过《"人为财死"是利己主义观点》（1981年2月26日）、《要掌握好社会科学成果的评奖标准》（1986年1月30日）、《谈谈学术争论的激励功能》（1989年4月6日）、《让科技人才的价值得到实现》（1991年8月29日）、《要提倡创新意识》（1992年4月12日）、《谨防"权力经济"兴风作浪》（1993年8月11日）等。进入21世纪，我又在理论版写了《营造构建和谐社会的良好舆论环境》（2005年6月30日）、《敬导师更要重老师》（2005年11月2日）、《将关键词教学贯彻始终》（2005年11月16日）、《电视问政考验官员权力观》（2013年1月8日）、《着力提高领导干部媒介素养》（2013年6月3日）、《加强政协协商民主的程序化建设》（2016年3月15日）等文章。值得一提的是我对科研经费管理问题的意见和建议，受到报社的重视。

　　科研经费保障和调动科研人员积极性和创造性，但是通过深入研究，我认为目前国家和教育部对科研经费的管理和治理主导方向是不对的，这些做法是对知识和知识分子的不尊重，其效果是不好的。经费管理涉及对教师及研究人员的劳动、考核、评价、晋升等方面的问题，是一个系统工程。当前，主要存在以下问题：经费定义错误；经费划拨倒位；考核评价不科学；在研究过程中忽视了时间文明；对后期成果的资助，没有理由按现行经费政策去处理等。文稿涉及6个方面的问题约3000字。我将上述想法向《湖北日报》编辑部汇报后，他们立即安排与我商谈。2016年6月17日，我在参加完《重庆日报》"逐梦他乡重庆人"研讨会后返汉，时任报社经济新闻中心主任周芳、时任分管副总编辑胡汉昌派记者刘天纵赴机场接我到报社，当晚商量见报稿件的问题。

　　6月21日，《湖北日报》在头版头条的位置加上"编者按"，以《科研经费管理需要思想解放》为题，将我撰写的文章以"读者来信"的形式摘编刊发。

《湖北日报》编辑部：

科研经费的管理要与时俱进、改革完善。当前的科研经费管理存在一些问题。如对于来自企业、社会团体、个人等所谓横向课题经费和学校发放给老师个人奖金、津贴等费用，不能套用国家课题经费管理模式。

目前的做法，不仅增加了老师的精神负担和实际工作量，增加了学生们帮忙报账的辛苦，也增加了财务人员的编制和工作量。同时，也使老师们的科研积极性受到影响！

以前常有人说，不为五斗米而折腰，而今，老师为把该得的一点经费拿到手，却使出了如此对策，是焉，非焉？喜焉，悲焉？"上有政策下有对策"不好。但是，对策也是一面镜子，它可以帮助我们认识许多方面的问题。近年来，我先后在多个座谈会、调研会上发表上述意见，向新华社、《光明日报》等媒体反映此事。

我从1984年开始研究奖励问题，1986年至2000年出版《奖励的奥妙》《神奇的杠杆——激励理论与方法》等5部著作。奖励是社会对人们良好行为或成果的积极肯定的信息反馈——促使人们将这种行为或成果保持和增强，加快人的自我发展和完善，为社会创造更大的效益。我国现行的科学研究经费就有这种奖励性质，它对调动广大教师和科研人员的积极性和聪明才智大有好处，也是促进和提高我国科学研究水准的一项重要举措。我认为，有必要结合经费管理中存在的问题，再开展一次讨论。

马克思曾经说过："在科学上没有平坦的大道，只有不畏劳苦沿着陡峭山路攀登的人，才有希望达到光辉的顶点。"今年4月26日，党中央领导在知识分子、劳动模范、青年代表座谈会上的讲话中指出："要遵循知识分子工作特点和规律，减少对知识分子创造性劳动的干扰，让他们把更多精力集中于本职工作。"会议强调，知识分子"要实事求是、客观公允，重实情、看本质、建真言，多为推进党和人民事业发展献计出力"。当下，科研经费管理中出现一些问题，挫伤了知识分子的积极性。媒体应呼吁为他们松绑，创造更加宽松的环境，促进他们更有效地发挥聪明才智。

愿科研经费管理再来一次思想解放！

读者 赵振宇

文后还特别介绍了我当时的身份：华中科技大学新闻评论研究中心主任、教授、博士生导师，中央马克思主义理论研究与建设工程首席专家，国务院政府特殊津贴专家，武汉市人民政府参事。随后，该报又发表了评论员文章《让经费服务于人的创造性》。这样安排说明了报社的重视，但后来可能因某种外部原因而没有了下文。如今，改革开放40多年过去了，这些问题并没有从根本上得以解决。

作为大学老师，自然要关心学术研究和管理问题。除此，对发生在身边的社会问题，我也予以关注。从2014年7月起，我被武汉市人民政府聘任为参事。其间我根据参事室的安排，结合自己学术专长，为参事室做过"加快推进社会主义民主程序化建设"专题报告，主持市政协组织参加的全国城市政协招标课题，到基层调研有关政协参政议政中存在的问题，在中央和地方媒体发表多篇参政议政的文稿，促成武汉市政府发文在全市开展"时间文明"活动并跟进和推进城市文明建设。《武汉晚报》曾在头版头条刊发我写的读者来信，呼吁校准公共场所时钟，推出《城市"时间文明"绝非小事》的报道（2014年11月18日）。

《武汉晚报》编辑部：

现在，武汉正竭尽全力地创建全国文明城市，不放过任何一个不文明的角落。但似乎很少有人注意到，有关时间的文明。在武汉街头走一走，不难发现在公共场所经常有没校准的时钟；日常生活中，不乏被朋友"放鸽子"的情况；到机关办事等上两个小时却等来一句"资料不全，下次再来"……

今年4月9日，武汉市政府办公厅印发《关于开展倡导"时间文明"活动的通知》，要求各部门上下班准时，珍惜时间，校准公共场所时钟的工作须在6月1日前完成。现在已经过去5个月，偌大的武汉尚有部分公共场所的时钟与"北京时间"不一致。城市在一日千里地迅速发展，没了时钟的位置或是留下错误的记录，总给奋进的人们以某种缺失感，在创建文明城市中应该引起人们的注意。

读者 赵振宇

根据我的意见，记者对武汉城市时钟情况进行了调查报道，并发出启事，征集为武汉"时间文明"贡献好点子。第二天，《武汉晚报》发表了我写的《从"时间文明"看践行武汉精神》评论。我在文中写道：

> 在今年"两会"政协委员与市长的座谈会上，针对时钟不准问题我提出"时间文明"的概念，市长强调指出"城市管理要注重每一处细节"，要求政府抓紧发文，号召政府机关必须带头守时，公共场所必须做到时钟准确。为此，市政府于4月9日发文在我市开展倡导"时间文明"的活动。新华社在报道中说，在国内率先发文倡导"时间文明"活动，体现了武汉市"敢为人先，追求卓越"的城市精神。

> "时间文明"所包含的识时、守时、惜时意识，既是个人素质、涵养的综合体现，也是城市文明的重要组成部分，更是城市发展精神风貌的重要体现。不管它是不是现今创建文明的考核指标，它都应当是现代生活的文明标志。为达此目的，有必要提出设立科学有效的行动程序，做到有法可依，有法必依，执法必严，违法必究。创建文明城市，不仅要有满腔热情，而且要有严格到位的科学管理，加强程序化建设就是其中重要一环。

现实问题是一切研究的源头；关注社会、参与实践、与时俱进是一切研究者的职责。我担任政府参事是这样，在其他时间我也努力这样做。实践是检验真理的唯一标准，而时间则是评判人们认知和实践是非功过、正误优劣的最终标准。我将以锲而不舍的精神，以积极审慎的态度，说一点自己能够说，说得好的话；做一点自己能够做，做得好的事。

在多年的文字写作中，我除了投稿给内地大多数省市的媒体外，香港的报纸（主要是《文汇报》和《大公报》）也少不了。

2007年1月，我以访问学者身份应邀到香港中文大学做了"程序的监督与监督的程序：中国个案研究"的报告，1 月 25 日《文汇报》予以报道。1 月 10 日，我在该报发表了《加强程序建设，促进和谐社会》的理论文章，并指出：严谨的程序保证决策的科学性，是民主政治程序化的具体体现，民主的重要特征是按程序办事。2010 年 4 月 3 日我又发表了《加强问责制，落实信息公开条例》。

1998 年 10 月 4 日，我在香港《大公报》写了一篇记录 1998 年发生在湖北而影响全国的长江流域大洪水的纪实文章《夜访孟溪大垸堤》。写这篇文章时，我担任《文化报》总编辑，这是我和记者一起到重灾区写下的报道。

本篇系列文章里记载着我与全国一些省市媒体的交往，反映了我对当时社会上一些问题的思考。现在回过头来检阅，可以看到：有的问题解决了，有的问题仍然存在，有的则更加严重。历史总要向前发展，作为一个思想者总要与时俱进才是。但愿研究者的笔下总有一些新问题新思考——祝愿我们的明天更美好。

11. 我在杂文领域的写作回顾

这是本系列的最后一篇。

杂文作为将新闻与文艺融为一体的政论文体，长期以来受到人们的青睐，鲁迅先生就是一面旗帜。改革开放之初，杂文是人们最早"重拾"起来的"批判的武器"，随着改革开放的兴起，也带来了杂文"武器的批判"①。这里需要介绍的是中国第一份以杂文命名的报纸《杂文报》和《人民日报》举办的"风华杂文征文"。

《杂文报》创刊于 1983 年，由时任河北省省委书记高扬主持创办。1994 年，《杂文报》被中国新闻学会、北京工人集报协会评为"我们最喜爱的全国百家优秀报刊"之一。1985 年，《杂文报》组织召开了新中国成立以来规模最大的一次杂文研讨会——北戴河杂文研讨会，全国有 28 个省区市的 100 多名杂文作家、杂文编辑和杂文理论研究者前来参加研讨。该报先后与《解放军报》《中国青年报》《光明日报》等联合开展杂文征文活动，还在全国组建了 39 个通联站，初步形成了杂文的信息网络。该报曾在 2011 年改版，改版后的报纸每周发 2 期，分别在周二、周五发刊，版面为 8 版 4 开。《杂文报》于 2014 年 12 月 25 日刊发启事，2015 年 1 月 1 日起停刊。

1988 年 7 月至 9 月，《人民日报》"大地"副刊举办了一次"风华杂文征文"活动，不到 3 个月的时间就收到 7000 多篇来稿，编辑部选择了 61 篇刊出。12 月 15 日新华社记者郭玲春在《民主兴，杂文盛》的消息中称：此番征文举出"鲁迅精神是杂文高举的旗帜"。集于麾下的文化人自不必说，基层来者如干部、技术员、个体户中也大有精品之作，人数是一半对一半。于是，"以凤引凰"，《人民日报》的"大地"上一片唱和之声。究其故，是因为撰文者切近现实，由此激发情感，为改革开放、为民主科学鼓与呼。在今日，终于迎来了杂文的一次"无霜期"。有群众来

---

① 涂光晋：《时代之"声"——新时期中国新闻评论研究》，中国人民大学出版社，2011，第 136 页。

信称："专家学者、平民百姓平等参与，充分体现了我国言论自由和学术研究的和谐气氛。"柯灵赞："杂文繁兴是思想活跃、言路通畅的表征。"秦牧为此做一总结：民主兴，杂文盛。他说："蒸馏水般的社会既然永远不会有，那么，让杂文更兴盛起来吧！"《人民日报》1991年开办"金台随笔"专栏，将副刊杂文化、季度评奖与举办征文活动作为该栏目经常的运作方式。到90年代末期，"大地"副刊一度出至每周三期，几乎每期都有1篇以上的杂文见报，每年刊登的杂文多在百篇上下，有的在发表时还配发了漫画。漫画的巧妙配合，使杂文增加了可视性，而杂文与漫画的适当搭配，也成为"金台随笔"栏目的一个特色。2001年我调入大学，为该栏目写了一篇《当老师的感觉》（2001年9月6日），在文中写出了自己职业转行的感受，该文获得当年"金台奖"。

这就是当时媒体上杂文写作和刊发的形势。正是在这种文字环境里，我学习写作了一些杂文，感受到杂文世界里的另一种文字乐趣。

20世纪80年代，写杂文，生意兴隆，也颇叫座。全国性、地区性、联谊性的杂文大奖赛、小奖赛此起彼伏、连年不断。优胜者除了能获得精美奖状、丰厚奖金外，还有"二锅头""老白干"若干，以酒助兴，舞文弄墨，知识分子们自然悦乎！不过，酒醒过后，也有所虑，杂文能引人对号入座么？有君对号入座找上门来又该如何？这可不是闹着玩的事。为此我在《杂文报》上写了一篇《杂文：如何请人"对号入座"和有人"对号入座"咋办？——致A君书》（1989年7月7日）。

我不懂如何写杂文，但我想，凡事都得讲效益，写的文章没人看，看了不说好，也不说坏，大概不是好事吧。喜怒哀乐，褒奖贬黜，总要有人"伸出头来"才是。不然，何必投送报馆变成铅字见之于大众呢！但是，请人对号入座也未必是件容易的事。说某领导年已古稀还身兼数职，为革命操劳，说某官员出外视察，轻车简从，不包专列专机，说某局长为政清廉，说某主任自学成才……这样的好事，大概都有人出来认账。说不定什么时候委任你个科长副科长当当。倘若要说，某某食足了肥甘，消化不良拉肚子；某某唯书唯上，不唯实唯民；某某的公子组建皮包公司发了大财……那可不得了。打你两棍子或送你一双新型材料的可塑透明软鞋或牵你到公堂上见，那可够写杂文、编杂文、办杂文报的作者、编者、总编辑们受的。

不过，话又说回来，又要杂文似投枪、匕首、解剖刀，又要枪击不穿窟窿，刀砍不留痕迹（更不用说流血了），可苦煞了作者。但是我想，天无绝人之路，办法总是会有的——东北某省，写成江南某地（反正华夏地域广阔，名城甚多）；某先生，写成某女士（现在时兴提倡男女平等）；张三换成李四，王五改成赵六（一篇短文用不完百家姓），还可引进"外资（字）"，用 A 城 B 市代替；至于人物描写么，更可以嘴在浙江，脸在北京，衣服在山西，那都是先生的经验，放心大胆地用吧。而且，现在不是朔风冬日，不必蜷曲着身子，将大笔挂起。时下，正是"阳春布德泽，万物生光辉"之季，此时不作还待何时……

这里说的是那个时代杂文写作中存在的问题。收录此文，是对当年文化现象的一种回忆。

在现实生活中，我们经常可以看到一些打着"负责"旗号的不负责行为，混淆视听，害人误事，严重的还祸国殃民。比如说，因为外校组织师生外出活动发生车祸，为了对师生和家长"负责"，于是本校发出通令，取消一切组织师生外出旅游、开会、考察等活动。因为一处小煤矿、小砖厂、小作坊发生事故，为了对上级检查部门"负责"，当地政府或主管部门一纸命令，停开一切小企业（也不论这些企业是否合法，是否有效，是否对社会做贡献）。因为要迎接各种各样的节、庆、会，为了对各种形象工程和上级首长"负责"，停止或拖延了原本就很急迫的城市建设，以至给城市居民造成三年至五年的出行不便和由此带来的众多麻烦，行政首长解释，这是为了市民美好的明天……

针对这种现象，我写了一篇《警惕"负责"的不负责行为》（《杂文报》2008 年 8 月 9 日）。

正是这些貌似负责的行为却恰恰是一种很不负责的举动——正是因为他们的不负责行为，使师生们失去了走向社会，走向实践，感受大自然的机会，温室里能够培养出栋梁材么？正是因为他们的不负责行为，使那些守法的小企业倒闭，大量务工者丢掉了饭碗，煤、砖等商品价格猛涨，由此，是否又促成了许多新的腐败滋生？正是因为他们的不负责行为，城市居民承担了他们不该在那个时间、地域和程度承受的苦痛，决策失误难道不是最大的失职么？

为什么还有那么多的领导干部打着"负责"的旗帜，实际干着不负责任的事情，原因之一就是我们的干部考核和任用机制上还存在着严重问题。说假话，干假事，一切都是为了对上级领导负责，而有时候有的上级领导为了自己的利益也正需要这样的下级表现。"上有所喜，下必效焉"，扭曲的干部任用和社会赏罚机制才造成了当下的不负责任现象。至于社会上时常出现的以人头担保"负责"的，以党性原则"负责"的，以丢乌纱帽"负责"的，以巨资赔偿"负责"的，我们更不要相信他们。

今天我们进入了新时代，但是这种以"负责"姿态出现的不负责行为，仍然表现在我们的社会生活中。坚持党的十九届四中全会《中共中央关于坚持和完善中国特色社会主义制度　推进国家治理体系和治理能力现代化若干重大问题的决定》精神，不断完善国家治理体系和提高治理能力，使广大干部真正担当起为人民服务的职责来，仍然是一项艰巨的任务。

要把文章写得短些，短些，再短些，这在新闻界已不是什么新闻了，隔几年就会有位大人物出面强调一番；短新闻，短文章的竞赛要不了多久就会组织一次。人们见长不怪，好似一个顽疾谁也无法解决，对此，我写了《谁的文章长》（《杂文报》1995 年 5 月 19 日）。

提倡写短消息，反对写长文章（当然也不是一概而论）首先当从有条件有可能撰写者（领导、前辈、专家、名人等）入手。只要他们带头做到了，还怕新闻界的长风刹不下来？如果不是这样，而是一般地号召，或是开展几次活动，或是责怪编辑们把关不严（碰到有来头人的长文章，他们能下得了手么？），我想长风终究还会刮下去。

媒体报道的长风问题，到了今天，不仅没有解决，而且还有高涨的趋势——很长很长的通讯报道，很长很长的系列评论，很长很长的领导讲话、很长很长的会议文件，在中央"八项规定"之后并没有改观——可能又需要开很长很长的会议、讲很长很长的报告来解决，这个时间可能也会很长很长哟。

在电视里，在报纸上，我们经常可以看到这样的画面或文字："好激动哟，激动得我无法用语言表达！"我在《"无法用语言表达"》（《杂文报》2006年10月7日）里写道：

> 一个新闻人或采访对象，碰到别人激动，或是自己激动时，就"无法用语言来表达"，我们这个世界还会精彩么，还需要那么多的《新华字典》《新华词典》《辞海》《辞源》及大量的描写手册、作文读本么？如果当年李白杜甫也"无法用语言来表达"，我们今天能欣赏到如此美妙的千古绝唱么？中华民族有着丰富多彩的语言文化。让我们新闻人和大众都走出激动得"无法用语言表达"的怪圈，当大家高兴激动时，张开我们的口，说出此时此刻最能表达自己心情的话，挥起我们的笔，写出此时此刻最有个性色彩的文字来。

《杂文报》是刊登杂文最多的地方，也是我投杂文稿最多的媒体。多年来，该报先后刊发了我写的多篇杂文随笔，有的还获得了奖励。"民主兴，杂文盛"促使全国不少媒体纷纷开辟杂文、随笔专栏专版，那里也是我写作的广阔天地。

我先后在《福建日报》刊发《"要奖"与"给奖"》（1993年2月13日）、《婆婆也不是好当的》（1994年12月11日）、《谁是真正的上帝》（1990年5月26日）、《脑袋长在自己脖子上》（1996年7月3日）、《要廉政更要勤政》（1996年6月6日）等文章，前面两篇杂文还在征文中获了奖。前一篇文章写的是：当今时代竟有人公开大模大样要求奖励了，报刊上有人做文章，对伸手要表扬的人伸出一个指头刮脸皮，看来是持否定态度了。我在文章中写到，奖励是重要的，国家宪法和法令都有明确的规定："奖励劳动模范和先进工作者"，"奖励科学研究成果和技术发明创造"，"特别要办好若干种代表我们民族科学文化水平的，被视为崇高荣誉的奖励"。一个人仅为个人的名利而劳作，显然是微不足道的；但是，社会如果忘了对人们的奖励，那么社会正气将难以树立，社会生产也将难以迅速发展。谁对奖励轻视，必将受到轻视奖励的惩罚；同样，谁对奖励滥用，也必将受到滥用奖励的报复。为何有人敢于不要脸面要表扬，为何有人做出了卓越贡献却得不到应有的嘉奖，为何有人把奖励当成自己的私物可以随意赐人，这些难道不该引起奖励法规制定者、执行者们的深思么？后一篇文章是对行政管理中上级机关如何与下级管理部门处理好相互关系的问题发表了一些意见。

《解放日报》"朝花"副刊是一个颇有知名度和影响力的专版，上面也经常刊发杂文。如今，神州大地，节日骤起，举国欢腾，好不热闹！我在《"节"和"日"的对话》（1994 年 1 月 27 日）文中拟人化地设计了"节"和"日"的对话，来探讨各地举办节日中存在的诸多问题：

> 随着社会经济的繁荣发展，五彩缤纷的节日还会越来越多，"让世界认识中国，让中国走向世界"的步伐将会越来越快。对此，我们应以满腔的热情予以肯定和讴歌。但是，也有不少节日是牵强附会，弄虚作假，哗众取宠，劳民伤财。与办其他一切事情都要讲效益一样，举办各种节日也应该讲实效，莫搞花架子。没有节，不热闹，不丰富，日也过得乏味；天天过节，这节也没有多大意思，而且也过不起；没有日的创造和积累，节过得不宽裕；节不控制和计划，就是白白耗费日的劳作和心血！该过节时过节（总是少数），把节过好；该度日时度日（总是长久），把日度好，一切都纳入经济、法制和道德的轨道。如此善哉！

我在该报还写过《话说赵师爷》（1991 年 7 月 6 日）、《人有一张嘴》（1994 年 10 月 11 日）等。

《文汇报》也是刊发杂文的好地方，我在上面写过一篇题为《假如我又活了》（1990 年 9 月 14 日，《杂文家选刊》1990 年第 6 期转载）的杂文，因为我在前一年《武汉晚报》举办的"全国晚报杂文大赛"上曾写过《假如我死了》（1989 年 4 月 24 日）一文。在一年前论"死"的文章中我写道：

> 那天，我安卧在鲜花翠柏之中，沉浸在贝多芬《命运交响曲》简洁有力的乐曲里。突然耳边传来十分熟悉，带有地方色彩的铿锵声语——安息吧，我们的好同志！你要求入党十八年，是一位经得起组织考验，没有在组织上入党但在思想上已经入党的真正共产党员。现在，我宣布机关党委的正式决定——我太累了，没有听清后面的话……假如我死了，人们还像对活人那样待我，假如我还活着，人们像对待死人那样对我，那该有多好啊！

在一年后论"活"的文章中我写道：

> 现在首先宣布，撤销去年对你的悼词。你十八年始终不渝地要求入党，这种精神是值得肯定的。未能如愿，说明你还存在不少缺点、弱点、毛病。现在你又活了，再接着努力吧！副科级的任命虽然已经批下来了，因为你又活了，加上群众也有意见，暂缓宣布执行；准备调给你的两间总共 12.5 平方米的住房，因为你的死亡警报已经解除，改作他用；你用三年时间研究写出的那份学术论文已打出清样，原准备送出去发表，现在你又活了，咱们就慢慢来研究一下，好好推敲，不要忙于发表了。……接踵而来的人群，还在漫无边际地发表各种议论，重新"正确"认识我这死灰复燃的生灵。我听着听着，不禁长叹一声："假如我活了，人们还像对死人那样待我；假如我死去，人们像待活人那样对我，那才真是好啊！"

就生死话题，我还在《云南日报》写过《更新一下"死"的观念》（1991 年 1 月 18 日），《悼词外的颂歌》，[①]《遗嘱》和《豪华墓地为哪般》（分别载于 1994 年 8 月 20 日和 12 月 24 日《吉林日报》）等。

---

① 赵振宇：《与灵魂对话》，长江文艺出版社，1999，第 197 页

人生在世，总要做很多很多的事，也要听很多很多的话，如果所有这一切都和去世时人们的评价相一致该多好啊！人活在世界上，历经沧桑，砥砺前行，如果处处都能听到离去时的话语，那么对奋斗者来说该是多大的激励！假如我死了，那毕竟是"假如"，假如我活了，却是真实的存在。死亡只在一瞬间，生活却要付出很多。为了让"假如"更美好，为了让存在更真实，作为这个时空中的你、我、他，我们大家，不是更需和谐相融、互励共进么——这不是假如，而是真实的存在啊。

在有些情况下，随便说说，不仅可以，而且会收到好效果。但是，不能凡是讲话，都随便说说，那样不但有损领导形象，影响群众对领导的信赖，而且可能因讲话的随意性贻误工作。为此，我在《随便说说》一文（《经济日报》1991年8月5日）指出：

> 身为领导，出席重要会议，既要讲话，就应认真准备，有的还须集体研究、讨论。逢会必讲，逢人必讲，讲起来不受时间、范围、政策的限制，想到哪说到哪，怎么方便怎么说，这种"随便说说"的作风在某些时空里是不适宜的，在某些文字表述里也是不妥当的。"以其昏昏，使人昭昭"，历史留给我们的教训太多了。"随便说说"也并非领导者的专利，凡正常人开口讲话都会碰到，都该提醒一下自己才是。

此文获得该报举办的"王府井随笔征文奖"。

改革开放，新观念、新事物层出不穷，目不暇接。各地开展的"假如……"活动便是一例。为此，我在《假如没有"假如"》（《法制日报》1991年9月30日）一文中写道：

> 说"假如"活动好，是因为它确实可以促使人们转变态度改进工作，提高效率。在需要开展"假如"活动的地方和时间还是开展一些为好。但是，开展"假如"活动的基础是人们的情感，而情感的变化是不稳定的。即使"假如"那阵子做好工作，也难以保证"假如"以外的更多时间（这才是真正社会角色的时间）有好的表

现。搞好本职工作，这是岗位职责对每个岗位人的要求，这里不需要任何假定关系。为达此目的只有从理性的角度，在法治的轨道上，不折不扣地执行各项规章制度。假如各地区、各单位、各行各业都做到这点或都努力去这样做，那么，我们还需要开展"假如"活动或大力提倡开展"假如"活动吗？我们的新闻媒介还会有大量宣传"假如"活动的报道吗？当然，我这也是一个假如。

此文在该报"良言征文"中获奖。

我在《如此"干事变好事"》（《南京日报》1990年7月9日，获佳作奖）一文中写道：

> 在大力宣传"坏事变好事"时，也应该想一想这些"坏事"是怎么产生的？我们该吸取哪些教训？这样，我们才能比较地聪明起来，少犯或小犯一些错误，尤其是避免犯那些重复性的错误，从而把我们的事情办好一些。领导要走在"运动"的前面，随时掌握工作进程，把问题和乱子解决、消灭在萌芽状态，这是"坏事变好事"的前提；科学地总结错误和挫折，从中认识和把握事物发展的规律性，是少出乱子或出了乱子能迅速纠正、平息的重要保证；明确当事者的责任，对官僚主义对渎职、过失、消极怠工者（领导者和执行者）予以行政或刑事的追究，是促使"坏事变好事"并少产生坏事、多办一些好事的关键所在。有了这几招，还会左一次右一次地"交学费"吗？

为民众办事，兴利除害，没有谁会不欢迎，大家的叫好、称赞就是明证。不过，欢迎声中也含有不足之情——早该如此，为何非到今日？俗话说，不当家不知柴米贵。我在《"早该如此"和"马上就办"》（《成都晚报》1990年10月17日）一文中写了当家人的表白，或许能明白其中的道理。

> 古人曰，"欲速则不达，见小利则大事不成"。一本淫秽书刊收

了，一条疯狗打死了，一个摊点拆除了，这还不容易吗？可是，早如此，能取得今日这么大的成绩么？"见效微而治之"，获小利也，"待其著而后救之"方显出英雄本色。其理由之一。

毛主席教导过我们："政策和策略是党的生命，各级领导同志务必充分注意，万万不可粗心大意。"好书和坏书混在一起，好人和坏人混在一起，如何分辨清楚？现在好了，事态严重了，到了非动手不可的地步了，再干就不会犯政策错误了。其理由之二。

孔子先生说过"宽则得民心"。恕己之心恕人，做人之道，更何况本家公子还在皮包公司未撤退出来，关系户郝局长家的录像带还未清理，操之过急行么？凡事都要"因势利导，水到渠成"，不然，中央为何还要"三令五申"呢，就是考虑到我们基层领导的难处啊！其理由之三。

理由或许还有之四、之五、之六，不然，当家人为何今日才动手呢？但是，对于老百姓们来说，不知这能否说服他们。看来只有当家人心里明白……

1995 年，北京市府大院出了两位新闻人物：一位是 11 月 2 日因心脏病突发而以身殉职的副市长李润五，一个是当年春上因种种违法犯罪问题被揭露，而直奔怀柔崎峰茶乡畏罪自杀的副市长王宝森。为此，我写了《李润五对王宝森说了些什么》（《长江日报》1995 年 12 月 8 日）。

李润五、王宝森分别于 1993 年和 1991 年进入市府领导班子。在一个班子里工作，想必总有一些交谈。笔者没有也无法采访到当事人，但李润五以自己的行动已经对王宝森讲了许多许多：

——"不解决难题，要我这个副市长干什么？"在北京工业的各条战线，在企业改革的许多关键点上，在企业干部最需要帮助的时候，总能见到李润五的身影……

这一些王宝森根本不愿意听。

——"不关心群众疾苦，算什么共产党员？"竹竿胡同居民房子漏雨，李润五放下文件就去查看并派人修好；为了史家胡同小学的校舍改造，他骑车跑了100多趟，为老百姓解决了许许多多的难题……

这一些王宝森听了就心里烦。

——"我是副市长，也是老百姓。"李润五总是步行或骑自行车上班，他的孩子直到父亲去世才头一次也是唯一一次坐上父亲的车；他老家唐山的兄、姐由于生活困难，有时靠捡破烂度日，他也不找政府照顾……

这一些王宝森不屑一顾，装着没听见。

……

李润五、王宝森都是领导干部、副市长，他们手中都有很重很重的权力。但是，李润五视权力如生命，甚至比自己的生命还重，以自己有限的生命用好权力为人民，在人民的心中竖起了一座不灭的丰碑；王宝森则把权力当作私欲，用人民给予的权力去满足自己永远无法满足的私欲，结果把自己的丑恶永远地钉在历史的耻辱柱上。李润五以自己闪亮的人格告诉了人们许多许多，王宝森也以自绝于人民的罪恶提醒了人们许多许多。我想，从中受益的并不只是做市长的，当大官的，因为他们手中有很大很大的权力；作为每一个公民都会也应该从中领悟到许多许多，因为在一定的时空里我们每人手中都有一份可以造福于人或危害于人的权力。

此文发表后，先后被《文摘周报》《杂文报》转载，被评为武汉市年度好新闻二等奖。

一撇一捺，便写成个"人"字，着实简单。但人和人却不一样：有男人，有女人；有大人，有小人；有活人，有死人……我在《关于"人"的断想》（1992年5月22日《南方周末》）一文中写道：

有的人，虽然活着，却似死了一般。虽然当面有人向他献媚，奉承，但背地里却被人指着脊梁，诅咒他们早点去见上帝（不是去见马克思)！虽然他们衣锦食丰，但其精神早已极度空虚。他们与草木同腐，与醉梦同生，日夜操着坑人的勾当，反腐败斗争中可窥见他们的嘴脸。这些遭受人民唾弃的人，还配做一个真正的人么？

有的人，虽然死去，却"留取丹心照汗青"，十里长街永驻送行人。虽然他们的心脏已经停止跳动，但大众的脉搏仍和他们在一起跳动；虽然他们的身躯已化作尘埃，但大地永记他们的情愫！

有的人活着似一具腐尸散发着臭气，有的人死去，却似春蚕吐着缕缕绒丝；有的人活着，似一条蛀虫蛀食着共和国的大厦，有的人死去，却似烛光一盏照亮人们攀登之途；有的人活着，俨如一条叭儿狗奴性十足，俯拜于没落亡灵的脚下，有的人死去，却似苍松追求真理，挺拔向上，任尔东西南北风；有的人活着，好像一朵无果之花，有的人死去，却似黄牛仍然辛勤地耕耘在广袤的沃土上……

一撇一捺，便写成个"人"字，着实简单。但要做一个真正的人，却不那么容易，不是这样么？

20世纪八九十年代，不仅中国内地报刊上的杂文兴盛，香港地区的报纸也常常刊发此类文章。

大千世界，无奇不有，消费还有强迫的么？有，朋友碰到过，我也遇过。一次，朋友慕名到南方一城拜名楼。导游小姐递上一张登楼门票，朋友喜握。紧接着，导游小姐又递上一张欣赏音乐的门票，朋友纳闷了，音乐会哪儿没有，干吗跑这么老远来欣赏？虽说是当地出土古乐器演奏（其实只是放放录音磁带而已），听不听也得由游客自己决定呵，哪有强迫人"欣赏"之理？后来才知道，这些门票都是要掏钱的。就此，我写了《强迫也能促使"消费"么》（香港《大公报》1993年3月28日）。

早些年货物紧俏时，常有强迫搭配销售的现象。如今，形势好了，消费者持币待购，强迫搭配销售的现象没了或很少见了。随着人们消费水平的提高，参观、旅游、欣赏的机会渐渐增多了。如何满足人们日益增长的精神文化生活的需要，同时也促进社会经济的发展特别是第三产业的发展，这是一切从事经济、文化、服务等行业的同志应该认真研究的问题。但是，无论如何，"强迫消费"不能算是一种好办法。

我在《舌头的功能》（香港《文汇报》1993年10月4日）一文中写道：

> 舌头，除了有辨别滋味的作用外，它的最大功能就是发音说话。有人说讲好话容易，我看未必。成绩虽然都讲足了，但像开中药店样样都有面面俱到，以谁为纲，如何发扬才能使整体素质都有提高，榜样如何树立，经验如何介绍，把好话说好可得要动番脑筋才是；有人说批评人最容易，不讲情面就行了，不是有"良药苦口利于病，忠言逆耳利于行"么。话虽这么说，但想治病又想吃甜药的却不少，各种糖衣片不是应运而生么。看来，要想批评人有好效果，选择对话的时间、地点、谈话人和问题的切入点是十分重要的了。把好话讲好不易，把批评话讲好更难，这也是一门艺术哟。

把话说好是一个常识，它同时也是一个科学和技术问题，需要有一个良好的政治氛围和舆论环境。2019年11月我在华中科技大学出版社出版了《讲好真话》一书，2021年4月第四次印刷。这是一本有利于提高公民政治思想文化素养的普及读本。该书把握时代背景，以积极审慎的政治格局和理论视野，指出人们在不断追求丰富物质生活的同时，民主、法治、公平、正义等需求也日益高涨。提倡讲真话，鼓励讲真话，科学有效地进行意见表达，是人们积极参与管理国家事务、和谐人际关系的重要内容。全书从民主意识、科学精神、独立品格和宽容胸怀四个层面阐述了新媒体时代敢于讲真话、讲好真话的必要性和紧迫性，说明了培养与提升这些基本素质的意义和方法。书中指出，当下提倡讲真话和鼓励讲好真话，反对讲假话和惩治讲假话，建立良好的舆论环境和管理体制仍是一项艰巨的任务，需要整个社会、媒体和公民的共同努力。

附录二 人物专访

1. 新闻评论应成为一种公民传播素质

赵振宇，辽宁人，满族，资深评论人，华中科技大学新闻评论团团长、博士生导师。2001年从长江日报社调入华中科技大学。他是恢复高考制度后的第一届大学生。在大学时代，他就开始写一些言论、小品文、随笔等，发表在《湖北日报》《长江日报》等报刊上。同时，他也开始关注社会问题，调查青少年犯罪情况，撰写的学术论文发表后还被人大复印报刊资料转载；大学毕业后，他走进报社，后来，他走进高校，成为一名新闻评论教育工作者。不管他的身份如何变化，他的一种思维理念都从未改变，那就是以社会视角学习和研究新闻理论，以新闻理论说明和服务于社会。让我们一同走近赵振宇教授，一起去聆听和分享他思考、写作、研究的辛酸与快乐……

从评论员到大学教授

记者：赵老师，您好！您是从新闻媒体从业人员转型为新闻教育学者的代表之一。您觉得做好从媒体人士到大学教师转型的关键是什么？

赵振宇：经过这些年的学习和实践，我以为，做好转型应该把握好三点。第一，作为一个老师，要对老师的身份负责，对学生负责，把每一节课上好，让学生有所收获。第二，在科研方面，需要有一定社会科学的理论基础。我大学毕业后，大多数时间在理论评论部的岗位上，接触的学科和学者较多较广，这对我有很大的帮助。工作之余，我先后出版了 8 本奖励学和应用新闻学方面的书，并撰写了大量的学术论文和评论文章。对于一个新闻工作者来说，这些研究主要是一种兴趣使然。但进入大学后，这种研究更多的则是出于一种责任，一种对社会、对教育、对学生的责任。第三，重新自我定位。以前，更注重的是新闻业务上的成绩，比如多拿全国新闻奖、省市新闻奖，注重业务水平和能力的提高。现在则是以一个新闻教育者的身份定位自己，注重不断提高自己的教学和科研水平，并努力培养出更多的优秀学生。

记者：作为一名新闻评论研究者，您怎样看待新闻评论现状？能否对中国新闻评论未来趋势做一点预测？

赵振宇：有人说，当前中国新闻评论处于一种"模式化"的发展状态，无论新闻媒体评论人还是自由评论人，普遍存在一种跟风模仿的写作倾向。大家批这种现象，我也表示理解。但是，我们应该一分为二看待这种现状。

一方面，模式化的写作又何尝不可？刚开始的模仿，对于初学者而言是入评论之门的阶梯。在某个或某一批水平较高评论人员的带领下，大家都跟着写，甚至模仿着写，可以一起提高。因为事实在不断变化，话题也在不断变化，这样评论队伍的基数才能扩大，优秀的评论人才会更多。所以我说，既然是模式就可以反复使用，可以推广。另一方面，都这样写行吗？一旦模式化，就会僵化、死板，失去生机，不利于整体评论水平的提高，而且容易导致相互抄袭剽窃的歪风。

当然，只要有人写评论，评论的模式就会存在，只不过不同阶段写评论的人在变化，这种模式也会随之改变。这本身就是社会的进步，也是评论发展当中的问题，如此一来，评论沿着一种螺旋式的运动方式不断上升和进步，就可以发展壮大起来，各领风骚三五年是正常的，我们应该宽容。

对于中国新闻评论的未来趋势，我的理解很简单：虽然有曲折，但终究会向前发展。

新闻评论教育应走专业化特色化道路

记者：我们知道，新闻评论教育是当前新闻教育的一个薄弱环节。那么这个"薄弱"到底薄弱在哪里？您觉得该如何改变？

赵振宇：我国新闻评论教育起步较早，但发展缓慢，没有形成气候。20 世纪中期以来，在已开设新闻专业教育的高校，新闻评论教育没有得到足够重视，有的高校只是把新闻评论作为新闻写作课的一部分，有的高校甚至没有专职评论课教师，而有的老师没有从事新闻评论写作的经历，另外，新闻评论教育的教材、教法滞后，跟不上新闻单位对新闻评论人才的需求，等等。

我希望今后的新闻评论教育能注重以下几点：从事新闻评论教育的教师有新闻从业经验为好；新闻学院应主动和新闻媒体单位联合办学；新闻教育应向医学院学习，更多地注重实际操作能力的培养和提高，为新闻教育开创一个新的途径。

记者：您早在 2001 年创建了国内高校首个新闻评论组织——华中科技大学新闻评论团，能否透露一下当初建团的初衷？

赵振宇：我们都知道，全国各高校基本都有记者团，他们的主要任务是采写校园新闻，基本功能仅仅是客观地描述、反映校园事实。但是，我觉得仅仅描述是不够的，需要站在一定的立场上评论、说话。新闻评论不是新闻系学生的专利，要让其他院系、学校和社会人都知道新闻评论；同时，以工科为背景的华中科技大学，拥有了由杨叔子院士担任主任委员的全国高校大学生人文素质教育基地，这是一个优势，为华中科技大学人文氛围的营造提供了广阔的平台。再者，也是考虑到了我国新闻评论从业人员不足，整体素质不高，亟须补充专业的后备力量和扩大专业队伍的状况。

于是，2001 年 11 月，新闻学院与学校党委宣传部联合成立了华中科技大学新闻评论团，我出任团长和总教练。其间，我们从一个群众团体发展为得到认可和肯定的教学工作的一部分，培养出来的一些学生毕业直接被分配到了《中国青年报》《南方日报》《体育周报》等媒体从事评论写作与编辑工作。五年来，新闻评论团已初步形成了本科、硕士、博士一体化培养模式。

经过系、院、学校教学指导委员会三级部门的批准，去年秋季全国首个"新闻评论方向班"成功开班，经过考核，18名同学成为首批新闻评论方向班的新生。

记者：举办评论会议是一件复杂的事情，您在2003年策划、组织"全国首届新闻评论高层论坛"，最近又在策划组织第二届，您办会的目标是什么？

赵振宇：多年来，在高校很少有与媒体一同研究新闻评论理论与实践的高层论坛。我们办会是为了让从事新闻评论教学、研究的学者和新闻评论从业人员一起来研究新闻评论现状与走势。一直以来，媒体评论从业人员与新闻评论教育严重脱节。通过新闻评论高层论坛，把业界、学界朋友聚在一起，共同探讨"媒体需要什么样的评论人才，新闻教育该如何培养符合社会需要的评论人才"。这样一来，业界和学界才能够相互沟通、相互理解、相互促进。

评论应成为一种公民传播素质

记者：新闻评论写作对您人生的最大影响是什么？

赵振宇：写评论让我更冷静、更全面、更科学地认识世界、认清自己在这个时代的所处位置与责任，以及所应该采取的行动。评论写作的思考和经历对我今天的教学和研究仍然起着十分重要的作用。

记者：您认为新闻评论在公民生活中该处于一个什么样的地位？为什么？

赵振宇：我认为，评论应该成为公民传播的一种素质。评论不是新闻人特有的，它是人们的一种意见表达，大凡正常人都可以做到。通常，人们反映客观世界有两个层次，第一个层次是描述，即记录和描述周围发生的事实；第二个层次是评论，即对已发生事实的解读和述评，以及对事物未来发展趋势的预测，简言之，就是评述现在、预测未来。

我不要求也不可能要求全民都成为评论家，但是学习一点评论知识，会对身边的事发点儿意见、评论，这对认识客观、把握自身都是大有好处的。

记者： 新闻评论怎样才能成为公民传播素质呢？

赵振宇： 首先，要事实准确，正确的评论必须依赖于新闻事实的准确；其次，对事实的判断要准确。评论在相同事实前提下可以发出不同角度、不同层次的声音，引起人们对新闻的更深刻认识。在信息传播中，我们可以看到，不仅新闻的描述可以栩栩如生、丰富多彩，新闻评论所表达的观念信息也可以千变万化。一个对评论有更多了解或直接参与到评论当中的民众，可以从中体会到无穷的快乐。

对于评论人而言，要学会把握趋势和大局。现在有的同志对评论形势不满意，提出了许多好的意见和建议，但有关方面并未理会，怎么办，着急不行，还是得慢慢来。不管怎么说，现在的形势总比以前好得多，我相信以后比现在还会再好，哪怕其间可能会有曲折和反复。政治民主化、经济全球化、信息科学化，是保证我们社会一定向前进的基础，任何人都无法扭转。

最大设想是成立"中国新闻评论研究中心"

记者： 在新闻评论教育和研究上，您有何新规划？

赵振宇： 近几年来，华中科技大学的新闻评论教育在全国高校有了一定影响，但这只是处于造势阶段。现在，新闻评论方向班已经作为专业方向正式纳入招生计划，当前最近紧迫的事情是：如何设置科学的课程体系，如何教学，如何提高学生的动手能力，等等。

此外，我最大的一个设想是，联合相关媒体或企业成立"中国新闻评论研究中心"。成立这个中心主要有两方面的任务：一是为全国高校新闻评论教学老师、全国媒体新闻评论从业人员进行培训，并为高校新闻评论教师、媒体新闻评论人员彼此之间提供一个学习研究对话的平台；二是研究国内外新闻评论，形成一批新闻评论专业学术成果。最后能走出去，与欧美等高校新闻学院和新闻媒体，广泛进行新闻评论教学和实践的交流。

记者： 您对青年评论人有何建议和忠告？

赵振宇： 知识结构对新闻评论人尤其重要。新闻评论属于新闻，学习评论的人，第一，要把新闻知识学好，也就是说先学会描述，做一个好记者，掌握新闻的本质和基本规律；第二，社会科学知识应该广一点，博一点，对新闻评论人员特别强调这一点；第三，如果可能的话，选择自己熟悉的领域，确定自己的方向，专一点，深一点，努力成为某一方面的专门家。

最后，送一句话与青年朋友共勉：做一点自己能够做、做得好的事。既不要妄自尊大也不要妄自菲薄，客观准确地描述和评价自己；不要轻易使用全称概念和最高级别的形容词来评价自己和别人；以社会视角学习和研究新闻理论，以新闻理论说明和服务于社会。

记者：谢谢赵老师的深刻教诲！

2006 年 4 月 3 日访于华中科技大学新闻学院

本刊特约记者　陈栋　王丽明　柯根松

摘自《今传媒》2006 年第 4 期

2. 一位新闻学教授的历史回眸

编者按： 华中科技大学新闻学院教授、博士生导师赵振宇撰写的新著《我们说了些什么——一个新闻学教授的历史回眸》最近（2009 年 9 月）由武汉大学出版社出版。新书出版不久，记者有幸拜访了赵振宇教授，他推掉一些手中的事务，接受了记者的专访。

记者： 赵老师，您从事新闻实践和理论数十年，可谓著作等身。可是与以前您出版的著作不太一样的是，这本书并不是一本理论方面或者专业方面的著作，而是一本横跨中国改革开放 30 年涉及政治、经济、文化等诸多选题的新闻纪实书。您出版这本书的初衷是什么？

赵振宇： 改革开放 30 周年，是个值得纪念的日子，全国各地也都在以各种规格、各种形式纪念它、讴歌它。作为一个在新闻业界从事新闻实践近 20 年，在高校从教近 10 年的新闻人，我觉得自己有必要将自己几十年来的所思所想做一个整理，同时给大家交代这些思想的时代背景，真实全面地反映那个时代人们的思考，所以就有了这本书的出版。

30 年来，我们说了许多许多，但是，还有许多许多的话没有说。在这本书里，我认为在今后的日子里，应该和需要说的主要有两个方面。第一个方面是总结教训比讴歌成绩更重要。我们经过了 30 年的风风雨雨，积累了许多丰富的成功经验，中央和地方正在总结。我们要用实践得出正确的结论，指导以后很长时间的社会发展，这是十分需要的。但是，我认为还有许多的问题或不成功或失败的教训需要认真探讨，从某种意义上讲，它们对我们以后 30 年和更长时间的发展或许会有益处。第二个方面是理论要走在行动的前面。马克思在论述德国革命时说过一句话，"理论在一个国家的实现程度，决定于理论满足这个国家的需要的程度。"70 多年前，红军长征期间，毛泽东也说过这样的话，"我们不但要提出任务，而且要解决完成任务的方法问题。我们的任务是过河，但是没有桥或没有船就不能过。不解决桥或船的问题，过河就是一句空话。不解决方法问题，任务也只是瞎说一顿"。这些导师的语录在很长时间之内被人们广泛引用，但是，在实践当中却做得不够。如果说，在改革开放的初期我们还有必要提倡"摸着石头过河"和奉行"不论白猫黑猫，抓住老鼠就是好猫"的话，那么到了今天强调领导决策的科学化、规范化、程序化的时代，仍然这样做就是对科学的不尊重，对知识分子的不尊重。这样的危害性已经和正在严重地表现着，我们需要时刻警惕和防范。

记者：您的书中第一部分为"多提供讲心里话的地方"，这是否表明您很重视这一点呢？您在很多场合不断呼吁，要"少讲假话，讲好真话"，是否也和此相关？

赵振宇：你提的这个问题挺好，说明你看书非常仔细，我确实很重视这一点。其实，我上面讲的两点，总结教训比讴歌成绩更重要，理论要走在行动的前面。要实现这两点，一个非常重要的前提，就是要给大家提供一个畅所欲言的舆论环境，提供一些他们能够痛痛快快讲心里话的地方。否则，大家即使发现了问题也闭口不言，或者是想说也没有地方，正确的意见得不到重视，"一言堂"重现，什么总结教训，理论先行都会成为泡影。当然，如果有了讲心里话的地方，我希望国人好好利用这样的机会，在不得已的情况下，少讲假话；在更多的时候，争取讲好真话。

记者：您在书中鲜明地提出"数字掺假是权力腐败"，谈的是国人较为关注的腐败问题，可谓一针见血。您对消除权力腐败有什么好的建议吗？

赵振宇：在我国，腐败的一个常见表现是数字掺假。而数字掺假的恶果就是事故频发，众多生命的消逝，国家财产的损失。消除权力腐败的方法我在书中已经谈到了，那就是让政府相关机构公开信息，接受监督，让权力在阳光下运行。近些年来，我国政府不断进行相关的努力，2008年5月1日开始施行的《中华人民共和国政府信息公开条例》，以及2008年6月23日，新华社发布中共中央印发的《建立健全惩治和预防腐败体系2008—2012年工作规划》等法律文件就是这一努力的具体成果。

记者：您在书中提出，"为逝去的同胞下半旗""社会不能愧对英雄""人事档案应当向本人开放""着力培养公民意识"等，表现了您强烈的社会责任感和道德担当。您一直主张要"依法办事""以事促法"，这几点是否就是您主张的体现？

赵振宇：30年来，中国的公民权利和政治权利得到了充分的保障，但也存在不少矛盾和问题。国家法律的颁布体现了对普通公民生命的珍重，对普通公民合法权益的保护和维护。但是，在实际操作中却未能得到有效的落实，如公民的档案权、知情权、表达权、决定权等诸多权利，需要我们认真对待，尽快解决。它是我们国家民主政治进程中的一件大事，它反映了一个国家的民主法治文明程度以及对人权的法律保障水平。

下半旗是以国家的名义对公民最高的敬重和缅怀，很多国家都在重大伤亡事故之后通过包括下半旗之类的方式来哀悼死者。一个法律颁布了近20年未能好好实施，这本身说明了法律文本的某些不科学和不完善。为了更好地施行，我也呼吁全国人大尽快组织讨论修改和完善《国旗法》。

"依法办事"和"以事促法"是事物的两个方面，要正确认识并处理好两者关系。近年来我一直在强调要加强问责制，保障《信息公开条例》的落实；修改《国旗法》，为普通公民下半旗；以及建设良好舆论环境，保证大家能够讲真话，给大家提供一个讲真话的地方；修改游行示威相关条例，使得和平游行示威成为常态等。其中很多都涉及国家法律法规。有了法律法规，就要依法办事。我特别强调，现在要警惕那些打着过时法律旗号却保护着旧制度的落后条文："以事促法"在今天显得尤为重要。

记者：您的这本书出版之后，业界和学界给予此书很高的评价。如新华社高级编辑徐兆荣评价说："（该书）话题涉及经济、政治、心理、法律、新闻等理论与实践的多个方面，可见思考宽、涉猎广，且敢言说。这样的思考文字能够出版，表明社会的进步、民主的发展；作者的言说则表明他一直在思想、努力、行动……并再次证明了这个真理——我思，故我在。"杂文家鄢烈山认为：（本书）虽然写的不是严格的30年言论自由和社会变革编年史，由于融入了自己的经历和感悟，让人读来倍感真切；由于梳理了同代人及社会各界的求索轨迹，并上升到理论层面，对于"我们还要说些什么"来推动中国的进步颇有启迪价值。原华中理工大学校长、中国科学院院士杨叔子也对此书的出版表示衷心的祝贺，并指出，"反省是人类的最高智慧，而这种智慧在这本书中体现得淋漓尽致"。华中科技大学新闻学院副院长钟瑛谈及一次学生对老师的测评说，"赵振宇教授有着难得的智慧，进入学界不到十年取得了巨大的成就，是一位新闻业界与学界都非常认可的人才。30年的改革许多人都经历过，而用心积累的有心人却很少。"您如何看待这些评价?

赵振宇: 非常感谢这些前辈和专家对我的厚爱,我确实受之有愧。说起来,这本书是我 30 年来思考的一个回眸。不是很成体系,但总体来说是自己在这个时代的思考。我出这本书,其实是希望新闻工作者们能够积极、审慎、乐观地面对社会现实,共同来促进社会的改革和进步。

本刊记者 陈明

摘自《今传媒》2010 年第 8 期

3. 打通理论与实践，打造新闻评论特色教育

无论实践，还是教学、研究，都离不开理论的思考和积淀

英国作家萨克雷曾说过："播种行为，可以收获习惯；播种习惯，可以收获性格；播种性格，可以收获命运。"我国的老子也有句名言："天下大事必做于细节。"那么，当细节成为一种习惯，又折射出怎样的一番理念？在赵教授的房间，记者就看到很多剪报，整整齐齐，分类清晰。

问：这个习惯是您 2001 年到了学校工作后开始的吗？

答：实际上当年在媒体工作时就有这个习惯，那时会剪辑一些新颁布的政策和一些好的新闻理论文章，这些都对实践工作有很大益处。现在不同，更多的是剪辑一些好的新闻案例和学术论文，收集资料，书籍、报刊，包括网络的都会有。一些有里程碑性质的新闻事件是我们都该铭记的，比如孙志刚事件，比如"非典"，比如汶川地震，比如北京奥运会，等等，这些都是对中国社会进程有影响的大事。在这些历史的事件中，都有新闻工作者的卓越贡献，它们也是课堂教学的鲜活案例。

问：您当年以《长江日报》评论理论部主任身份调到华中科技大学新闻与信息传播学院，您做这一决定的最大动力是什么？

答：很多人喜欢问这个问题。在媒体工作了那么多年，很想对自己的实践做一个理论梳理。我在媒体工作时获得过全国好新闻奖（后改为中国好新闻奖）一等奖，湖北省好新闻一等奖、特别奖，还受到中宣部的表扬，有的策划活动还被总结后在全国推广。同时，也写了几本书，如《新闻策划》《应用新闻论》《新闻公关艺术》《与灵魂对话》等，对新闻实践以及一些社会实践进行思考。还出版一些奖励学的书籍。在媒体工作时，也应邀在大学讲过课，但是这些都不是系统的理论梳理。当然，转行也和当时华中科技大学新闻学院发展需要有新闻实践经验的老师有关。这

里我要感谢市委宣传部的支持和新闻学院的抬爱。

问：我看到，进入高校后，您不仅出版了两本"十一五"国家级规划教材（《新闻报道策划》、《现代新闻评论》第二版），还出版了专著《我们说了些什么——一个新闻学教授的历史回眸》《社会进程中的新闻学探寻》和多篇有影响的论文。同时我们了解到您的新闻评论课还被评为华中科技大学教学成果一等奖和教学质量一等奖，2011 年 6 月被评为"华中科技大学教学名师"，这在一个以工科为背景的学校里是很难的。从实践者到一名教育工作者、理论学者，您觉得这个转变中有障碍吗？如果有，是什么？

答：记者和教师肯定是两种不同的职业，虽然都属于新闻的大类。媒体工作者做的是大量的采访和报道工作，面对的是受众，遵循的是新闻传播规律。到了高校面对的是学生，要按照教学规律办事。但是理论的思考和积淀，无论你从事实践还是教育都是不能缺少的。刚才说过，当年在《长江日报》工作时，我就发表了一些社会学、管理学、心理学及新闻学的论文，1992 年还被评为全国心理学科普积极分子，这项奖励湖北省只有两个，另一个是精神病防治院的院长。获得这项奖励不是说我做得有多好，而是湖北省心理学界对我的心理学科普工作的肯定。到了高校工作后，我开始思索新闻教育的问题，写了比较多的关于教学包括新闻评论教学的论文。这些思考都来自教学实践中，同时又都为教学服务，我始终认为，作为一名老师，教出些优秀学生，远比发表几篇论文，出几本书，做几个课题更重要。

问：当年您在课堂上说的一句话，"新闻学博士生不会写消息"，引起了轩然大波，这种质疑和您曾是一个新闻实践工作者有关对吗？您觉得学术界赞同吗？

答：当年我的原话是"新闻学博士连最常见、最简单的消息、通讯、言论都不会写，我认为是不合格的毕业生，至少我会在论文答辩时提出质疑。"经新华社报道后，引起了业界和学界的热议，还入选了 2006 年《中国新闻年鉴》。这里面折射的是新闻理论和实践之间的矛盾问题，而热议则更好的说明了人们对其的关注程度。时至今日，我仍然认为中国的新闻学教育还没有解决好这个问题，我们需要培养什么样的新闻学生，业界需要什么样的新闻人才，这两者之间还是脱节的。其实，这个问题，不仅涉及新闻界，其他学科也有同样的问题，新闻学博士不会写消息，计算机博士不会做程序，医学博士不会看病的例子比比皆是。

如何解决这个问题，我曾提出过"三不问"原则，即"不要问我从哪里来""不要问我研究什么""不要问我毕业到哪里去"，即不论你读研或读博以前来自哪个学校和专业，不论你在校期间研究的是哪个方向，也不论你毕业以后从事什么工作，只要进了新闻学院的门，就要按学院培养新闻人才的要求进行学习和生活。如果以前学的不是新闻学专业，就要利用在校期间补上这一课，打好基础，积累就业资本就更是学生应该思考的问题。

而我们老师，无论你带的是本科生、硕士生还是博士生，除了提升学生的理论思维能力外，更多的是让学生深切地了解新闻是什么、新闻工作该怎么做这些最基本的问题，还是那句话：实践促进理论研究，理论更好地为实践服务，在新闻学中这点尤其突出和重要。

理论与实践相结合，是我们新闻评论教育的特色

施拉姆当年出任爱荷华大学新闻学院院长，构建学院发展蓝图时曾说过："我们所要造就的学生是整个大学中最适合于理解和谈论他们所处的那个世界的学生。"而现在华中科技大学的新闻评论特色班的同学们，正在赵教授和他的团队的带领下，谈论着我们身处的世界。

问：我去您评论特色班里上过一次课，同学们的思维异常活跃，我想知道，华中科技大学新闻评论特色教育的"特色"体现在哪里？

答：十年前，之所以想到在华中科技大学开展新闻评论特色教育，与我在媒体多年从事新闻评论写作和研究是分不开的，当时我已经在全国的一些报纸，诸如《人民日报》《光明日报》等发表过一些有影响的评论。我深感新闻评论在媒体报道中的重要性，新闻评论对于我国社会民主化进程的重要性，也感觉到了新闻评论兴起的发展趋势。而现在业界对新闻评

论的重视、时评的复兴正说明这点。凡事要掌握趋势，趋势背后是规律使然，规律的掌握靠智慧，智慧是从知识中来，知识来自学习，这个学习就包括理论学习和实践学习。

说到我们的特色主要体现在两个方面。一是在课程设置和教师资源配置上都与现行新闻学院不同。我们在大二提前开课，分为两个学期授课，第一学期开始讲《新闻评论概论》40 个课时，下学期有 80 个课时，分别是《新闻评论思想与思维》、《广播电视评论》、《中外新闻评论比较》、《新闻评论名家名作评析》和《社会认识发现专题》（邀请我校马克思主义学院教授授课），由五个老师分别授课，还有一门《深度报道》课。在两个学期之间我们安排学生进行一次暑期社会实践调研，培养学生观察和解读社会的能力。在课堂上安排媒体工作者为学生上课，同时和媒体合作，在《中国青年报》《杂文报》《长江日报》等媒体为学生开辟专版或专栏，与电视台合作办节目。二是将新闻评论的理念与媒体的实践相结合。从 2007 年开始，我们一直和《嘉兴日报》进行合作，帮助他们组建新闻评论部，在全国招聘新闻评论部人员，实施"评论记者"工作机制，受到新闻出版总署、中国记协和高校、媒体的关注和好评。为此，《嘉兴日报》还在我校从 2007 年至 2012 年设立"嘉兴日报奖学金"，奖励优秀新闻学子，受到学生们的欢迎，也促进了他们的成长。

问：十年了，您觉得华中科技大学新闻评论特色教育成功吗？成功在哪里？

答：这条路我们虽然走了十年，但是还不能说十分成功，这里有现行教育体制的问题，也有我们的能力和努力程度问题。对于一种教育、对于一个学校，它的成功和自豪在哪里？自然是学生。我们很高兴，这么多年培养出了一些优秀的学生，他们目前在中央电视台、新华社、经济日报、中国青年报、中国新闻出版报、南方日报、广州日报、长江日报、楚天都市报、嘉兴日报、东莞电视台等媒体工作。另外，我们还为一些高校培养了评论课老师。当然，我们的努力与很多新闻学院的业绩相比还有不小的差距，这也正是我们举办"华中科技大学新闻评论特色教育十年会"的一个重要考虑。

问：正如你所预料的那样，目前我国的媒体越来越重视新闻评论，各大媒体不断增加评论版面和评论栏目，您怎样看待这种现象？这对我们学校的教育又将产生什么影响？

答：进入 21 世纪以来，包括《人民日报》不断增加评论版面，中央电视台增加特约评论员，对新闻事件进行现场点评和解读，各个省级媒体、都市报、网站都是如此，中国新闻奖还加大了网络评论的奖项，这些都说明了新闻评论在媒体实践中的重要性。与此同时，媒体和高校又大量地缺少优秀评论实践和教学人才。高校应该从社会实践的需要出发，调整和加强我们的学科和专业，使之更好地为他们服务。我们办了这个新闻评论特色班以后，很多媒体和高校向我们要人，这也说明了，学校培养和媒体需要的缺口很大，无形中增加了我们的责任感和压力。我们希望有更多的新闻学院开办新闻评论特色班，以满足这个需求。

十年，对于人的一生也是一个不短的时间，对于一个付出心血的人来说，则更为珍惜；而对于一个依然展望下一个十年的人来说，又是如何的感慨和憧憬？

问：新闻评论特色教育会在华中科技大学一直办下去吗？

答：我希望它能够坚持下去！新闻评论特色教育是应时代的需要而生的，它也该顺应时代的发展而不断地完善和壮大起来。我想新闻学院的领导和同仁们会有这种境界和举措。

问：您做过那么久的媒体，您一定知道模仿的力量有多大，您认为华中科技大学的新闻评论特色教育如何才能坚持下去？

答：十年过去了，我们很庆幸在新闻评论教育上做出了一点成绩，在新闻评论教育和理论上做出了一点的探索。但是，更多的思考正是新闻评论教育特色该如何坚持下去。目前新闻评论教育方面，全国高校只有本科的教材，还没有关于新闻评论方面的研究生教材。今年（2011），我已经完成了研究生教材《新闻评论研究引论——功能、品格、思维、发现》，交由中国人民大学出版社出版。另外，我指导的博士生从新闻传播、社会发展和人的认识论三个方面做了新闻评论的博士论文，准备在此基础上出版一套"新闻评论学研究博士论丛"。这样，我们就有一套从本科到硕士和博士不同层次的教材和研究资料了。今年准备申请试办新闻评论方向的专业硕士班。

新闻评论人才的培养，仅靠一个学校办一个新闻评论班是远远不够的。所以，我最大的愿望就是创办"中国新闻评论学院"，使其成为专门培养评论员（含深度报道记者）和评论老师的"黄埔军校"。这个学院有两种培养模式，一种是依照用人单位的要求，实施订单式培养，从新闻单位招聘学生进行转岗式的教学培养。另一种则是哪里来哪里去，对现在媒体和高校从事评论的人员进行脱岗培训。我们将请国内最优秀的大学教师和媒体评论员担纲授课，学员到媒体和大学进行评论实践。有了这样高规格、专业化、实践性的强化训练，我想是可以缓解目前中国新闻评论人才奇缺现状的。我希望与有魅力有实力的媒体合作，共同开创这项新事业。

焦俊波，华中科技大学新闻评论研究中心研究员、博士生

摘自《新闻记者》2011 年第 4 期

4. 更新教育理念 多维解读评论

在华中科技大学新闻与信息传播学院的名师群像中，顶着一头白发的赵振宇教授，给学生留下了独特而深刻的印象。在一个阳光温暖的午后，刚刚出版了第三本新闻评论专著《新闻评论通论》（清华大学出版社，2014）的赵振宇教授，接受了我们的采访。

记者： 赵老师您好！在新闻学院，一头白发，已经形成了您鲜明的个人印记和独特的个人风范。我想其中更多浸透着您学术研究的艰辛，以及您一路走来的努力与付出。自您从长江日报社调入华中科技大学以来，您事业上最大的成功之处在哪里？还有没有遗憾？

赵振宇： 学术研究的确很辛苦，但也是一件苦中有乐的事情。2001年，我在长江日报社工作19年后调入华中科技大学新闻学院，主要从事新闻评论和新闻报道策划的教学，至今已经有13个年头了。2009年武汉大学出版的《现代新闻评论》（第二版）被列入普通高等教育"十一五"国家规划教材；2011年，我为研究生和新闻评论班讲授的《新闻评论研究引论——功能、品格、思维、发现》作为"21世纪新闻传播学研究生系列教材"由中国人民大学出版社出版。今年1月，我的第三本研究人才培养和教学改革的新闻评论著作《新闻评论通论》由清华大学出版社出版。这三本书形成了一个体系，也是我30多年新闻评论实践和教学生涯的理论总结。

"最大的成功之处"还谈不上，但可以说是我想干和干好了一点的事，就是在学校和学院的支持和帮助之下，我们创办了在全国首屈一指的新闻评论特长班以及成立新闻评论研究中心。2005年开办新闻评论特长班，至今已经办了8届，培养了优秀的新闻评论人才，得到社会的广泛好评。2006年成立华中科技大学新闻评论研究中心，8年来研究中心公开发表的新闻评论论文超过170篇，居于全国高校之首（据2013年6月26日《长江日报》报道）。

作为老师，最大的成功不在于发表了多少篇论文，也不在于出版了多少本专著，而是培养了多少对社会有用的人才。我很高兴，我们的新闻评论特色教育，从无到有，从小到大，摸索前进，逐步成熟，取得一些成果。

至于遗憾，就是我们的新闻评论特色教育，虽然走过十多年历程，但还不能说办得十分成功，这里有教育体制机制的问题，也有我们自身努力与能力欠缺的原因。我们取得的成绩与其他兄弟院校的成绩相比，与社会对新闻评论人才的需要相比，还存在不小的差距。

记者：赵老师，您已经出版了三本有关新闻评论的专著，这本刚刚出版的《新闻评论通论》与您此前出版的两本著作的区别在哪里？怎么理解"通论"？

赵振宇：2009年出版的《现代新闻评论》（第二版），在很大程度上是为新闻评论本科教学提供的一本教材。在这本书出版之后，尤其是成为"十一五"规划教材之后，我就计划再为研究生的新闻评论教学提供一本更具针对性的教材，《新闻评论研究引论——功能、品格、思维、发现》实现了这个计划。这本书探讨了新闻评论的功能、精神、品格、意识以及思维、发现等方面内容，符合研究生学习的特点与规律。

今年刚刚出版的《新闻评论通论》试图从一个更宏观的视角去解读新闻评论，立足于中国新闻评论的全球化和信息化土壤，把握当代新闻评论的时代特征与发展方向，全面梳理了当代新闻评论面临的形势、新闻评论的功能、新闻评论教育状况以及新闻评论研究的现状。所谓"通论"，就是不拘泥于某一个研究领域，而是全局性、俯瞰性的研究和论述。

在社会转型期，探讨如何科学、有效地表达自己，而又不拒绝、限制和损害他人的表达自由，最终促进人们相互交流、沟通并促进社会和谐发展，正是本书出版的初衷。

记者：华中科技大学开办新闻评论特色教育已经10多年了，那么您认为，在新媒体崛起的语境下，我们的新闻评论教育面临哪些挑战和机遇？

赵振宇：这是个很好的问题，也是一个亟待回答的理论课题，本书对此有专门的论述。在新媒体环境下，新闻评论教育可以说是挑战与机遇并存，关键还是在于教育者的努力。

首先，我认为新闻评论教育的理念更新是很重要的，我们不仅应从新闻学的视野去理解新闻评论，更应从社会发展的视野、从人的认识论的视野以及生产机制的视野去解读新闻评论。我们应该认识到新媒体不仅是一种媒体形式，它更意味着社会发展方式以及人的生活方式的全面转型。同时，它也意味着我们的新闻评论教育方式的深刻变化。

事实上，无论语境怎样变化，新闻评论教育的本质是不会变的，新闻评论的生产平台在改变，但生产的内容却始终没变，因此，新闻评论教育的本质仍然是一种思想型教学，而不仅仅是一种技术型教学。只是，我们仍然没有找到一个很完美的方式去进行新闻评论教育。

记者：您提出的"评论记者工作机制"在嘉兴日报践行多年，取得良好效果，而且其先进经验已经推广到全国多家媒体。您认为如何才能让"评论记者工作机制"在未来走得更快更好？

赵振宇：我很高兴看到评论记者工作机制在嘉兴日报取得了良好效果，而且还在全国多家媒体得到推广。建立评论记者工作机制，应该说是时代的要求。在网络媒体尤其是新媒体语境下，观点竞争比以往更加激烈。在微博、微信上，信息和观点的流转是以秒的速度进行的，一家媒体的微博账号或者微信账号的管理者，不仅应该是一个信息采集者和转发者，更应是一个负责任的评论者。只有评论记者才能胜任这种双重性质的工作。

从《嘉兴日报》的实践来看，作为先行者，他们以大胆的进取精神妥善处理了这四对关系，实践效果良好。未来，我希望更多的媒体加入评论记者工作机制的实验中来，我们群策群力，共同促进这项机制走得更好更快。

记者：我注意到，您刚刚出版的《新闻评论通论》有一个很特别的附录部分，就是您30年来所发表的部分新闻评论作品的一个目录，其中还有不少是您调入高校以来所写的。作为新闻学教授，在研究新闻评论的同时，支持您一直笔耕不辍、写作新闻评论的动力是什么？

赵振宇：我跟新闻评论打交道30多年，对新闻评论有一个很深的情结。在长江日报社时，我养成了写新闻评论的习惯，调入高校之后，这个习惯并没有丢掉，一直坚持到现在。当然，相对那个时代，少了许多。我以为，对于新闻评论教学者和研究者来说，仅仅作为一个观察者恐怕是远远不够的，还必须是一个参与者和实践者。只有真正进入新闻评论的情境中去，我们的教学和研究才是接地气的，也才能出好的成果。

另外，我看到现在很多公共事件发生之后，都是一些专业学科的精英在发言，好像很少有新闻传播学的知识分子发声。我想这也不太正常，对于新闻事件的解读，不能少了新闻学传播学教授和专家的身影。我们新闻传播学方面的知识分子也应有这种姿态自觉，主动介入新闻事件的判断和解读中去。

记者：在本书封三处还介绍了您出版的主要著作有十多部。我注意到您的著作学术视野宽阔，学科跨度很大，从奖励学到程序论，从新闻策划到新闻评论，从历史回眸到与灵魂对话，您的研究视野和学术热情，值得后辈学人学习。您能否为晚辈后学说点什么？

赵振宇：你过奖了。我是"文革"后恢复高考的首届大学生（77级），1982年参加工作至今已经30多年了。其间，我写了十几本书，关注视野比较广，虽然还不成体系，但总的来说是自己在这个时代的思考。

我经常向我的学生讲两句话：第一句是，学会说"因为……所以"和"例如……"，意思是要用自己特有的学科知识和理论思维说明并服务于我们的社会；第二句话是，说一点自己能够说，说得好的话；做一点自己能够做、做得好的事。也希望以这两句话，与各位朋友共勉！

记者：好的，谢谢赵老师接受我们的采访！

赵振宇：谢谢你们！

张强，华中科技大学新闻评论研究中心研究员、新闻学院博士生

摘自《新闻前哨》2010年第6期

5. 赵振宇与他的新闻评论理念

从媒体到高校 30 多年来，赵振宇在教学、研究以外始终坚持撰写评论，在很多评论作品中展示了其独特的视角和知识积淀，可谓从业界精英向新闻教育学者转型的成功典型。也是基于这些经验和不断的探索，赵教授的新闻评论理念和实践观有许多值得学习的地方。

赵振宇新闻评论理念

随着现代科技的进步和网络媒体的发展，新闻评论也在不断更新着它的定义。赵振宇认为，新闻评论是传者借用大众传播工具或载体，对新近发生或发现的新闻事实、问题、现象直接表达自己意愿的一种有理想、有思想、有知识的论说形式。[①] 赵振宇教授之所以能在业界、学界都有如此成就，与他对新闻评论的认识是分不开的。

新闻评论应成为一种民众传播素质

赵振宇认为，当前的新闻评论处于一种跟风模仿的状态，当然在学习评论时，模仿难以避免，它是学习、提高的必然过程。但是不能一味模仿，要随着社会进步、自身学习而不断发展。值得注意的是，我们总认为新闻评论是新闻人的评论，但评论本质上作为意见的一种表达方式，是广大民众都需要和可以做到的。虽然并非人人都可以成为评论家，但是民众可以努力学习并掌握评论相关知识，拥有评论的思维，敢于对事实发表意见，有客观的认识，这是新形势下特别是在网络媒体时代难得的一种传播品质和能力。在赵振宇看来，新闻评论要成为一项需要普及和提高的公民素质，首先要事实准确，正确的评论必须依赖于新闻事实的准确；其次对事实的判断要准确。评论在相同事实前提下可以发出不同角度、不同层次的声音，引起人们对新闻的更深刻认识。[②] 新闻评论在信息传播中是丰富

---

① 赵振宇：《现代新闻评论》（第二版），武汉大学出版社，2009，第 45 页。
② 木东、力著、柯根松：《新闻评论应成为一种民众传播素质——访华中科技大学新闻评论团团长、博士研究生导师赵振宇教授》，《今传媒》2006 年第 4 期。

多彩的，不同的人对不同事情的认识和表达可谓千变万化，尤其是在当今网络媒体时代，民众可以快速获得更多新闻信息，也有更多渠道去表达自己的意见，"通过民众的参与形成一个强大的舆论场，构建起一个社会生活中的公共空间。包括时评在内的新闻评论是构建公共空间的有力支点"①。新闻评论是构建公共空间的有力支点，与社会发展进步是紧密联系的，赵教授希望民众可以更多地了解、参与到新闻评论中，并从中体会到评论更深邃的力量和更多的快乐。

近几年，赵振宇作为特邀评论员参加了武汉和其他省市电视台的多场"电视问政"，被观众们誉为"最犀利的评论员"，多场节目被中央电视台选用。对"电视问政"这一新形式，他做了较为深入的研究，写过多篇评论和理论研究文章，还接受多家媒体包括英国广播公司（BBC）记者的专访。②

坚持不懈抓好新闻评论特色教育

华中科技大学在新闻教育界被称为新闻评论的"黄埔军校"，该校的新闻评论教育，在科研、教学和实践等方面创下多个全国第一，为业界培养了大量优秀人才。赵教授凭借其几十年的新闻评论工作研究和实践，也成为华中科技大学新闻特色评论教育的组织者和实践者。

第一，与时俱进，诠释概念。明确概念是学习的第一步，而概念因时代、社会和人而不同，赵振宇凭借其几十年的新闻实践和思考，对"新闻""第一时间""第一现场""独家新闻"等进行了全新的诠释，引起了关注。赵教授2009年在《新闻与传播研究》上发表了《新闻及其时空观辨析》，梳理了这些概念的发展过程，结合中国现实及媒体的发展情况对其进行重新定义。随着时代的发展，仅仅是记者的现场报道已难以满足受众的需求以及媒体市场的竞争，因此就需要新闻评论和深度报道的跟进。现在很多媒体都推出了评论版块也可谓大势所趋。其不仅要求专业评论员加盟，而且鼓励民众积极参与。学习评论，我们不仅要对其感兴趣，而且要知道社会对新闻评论的需求以及新闻评论对于社会实践的重要作用。

---

① 陈明：《激荡新闻智慧 坚守社会责任——专访赵振宇教授》，《媒体时代》2011年第2期。
② 赵振宇：《认识和参与电视问政》，《新闻战线》2013年第9期。

第二，新闻评论教育要以事成"势"。华中科技大学新闻学院经过十六年的探索和实践，在新闻评论人才培养上率先在国内建立组建新闻评论社团、开办新闻评论方向班、成立新闻评论研究中心、打造精品特色课程四位一体的新闻评论人才培养的创新体系。赵振宇自调入高校以来，一直在研究高校的新闻评论教育，从人才培养方式、课程设置、教学方法的创新到教材和师资的选定，每一步都渗透着赵振宇教授的心血，他曾撰文指出"学生是学校的名片"①和"教师也是学校的名片"②。评论教学中，赵振宇特别重视让学生拥有集时代性和指导性于一体的教材：2009 年他出版的《现代新闻评论》（第二版）被列入普通高等教育"十一五"国家级规划教材，2011 年由中国人民大学出版了研究生系列教材《新闻评论研究引论——功能、品格、思维、发现》，2014 年在清华大学出版社出版了《新闻评论通论》等著作。在这些著作中，赵振宇努力涵盖从新闻评论本身的概念、功能、教育、研究到科学精神、意识品格等方方面面的学习内容。因为他的不断努力和获得的成效，2011 年赵振宇教授入选中央马克思主义理论研究和建设工程重点教材《新闻评论》首席专家，2015 年其讲授的"社会进程中的公民表达"被列为教育部精品视频公开课。

第三，坚持学校教育为媒体实践服务。作为一位曾经的媒体人，赵振宇到大学后始终想着要将自己的教学和研究为媒体的实践服务，他认为，这应成为衡量一所大学、一个学科和一个老师成功、优秀的重要标志。多年来，赵振宇和他的团队带领同学们通过跟踪媒体报道和版面并发表论文、进行会议座谈和现场指导等方式，向其提出建议，或帮助其组建新闻评论部，这些做法受到中宣部、中国记协、中国社科院新闻所等的关注和好评。2007 年开始，他帮助嘉兴日报社组建新闻评论部，实施"评论记者"工作机制（第一时间发布新闻，第一时间发表评论），此举受到中国记协和媒体、高校同仁好评。③因此，也吸引到一些媒体和企业的资助办

---

① 赵振宇：《学生是学校的名片》，《光明日报》2005 年 5 月 24 日。
② 赵振宇：《教师也是学校的名片》，《光明日报》2011 年 6 月 24 日。
③ 参阅赵振宇：《积极探索建立"评论记者"工作机制》，载 2006 年第 11 期《新闻战线》；晋雅芬、赵新乐：《新闻时评人的创新、困惑与坚守》，2012 年 6 月 19 日《中国新闻出版报》。

学，设立奖学金，使同学们受益。

赵振宇的新闻评论理念为新闻评论教育和发展提供了更多的参考和方向，那么在赵教授看来，应该如何对新闻和事件进行评论呢？接下来结合他的评论作品和理念，从选题、立意、内容、意义四个方面总结其新闻评论实践观。

赵振宇新闻评论实践观

选题敏锐，知识是基础

选题，对于评论员是非常重要的，新闻评论的选题要有价值，而价值取决于新闻的观点是否值得评论，以及对其评论是否能产生社会影响力。赵振宇教授凭借自己的知识积累以及对时事和社会的密切关注，在选题上非常重视所评事件的时效性和与所研究领域的相关性。赵振宇一方面认为评论不是随便选一个报道就可以进行的，一定要有相关的知识做储备，知识积累是进行新闻评论的基础；另一方面认为新闻传播是一个非常广泛的学科，视野不能仅限于对"新闻""传播"传统意义上的理解，要通过接触更广泛的学科来拓宽视野。

例如在 20 世纪 90 年代中期，赵振宇就开始关注并研究程序问题。1995 年，他在《科技日报》上发表过《也要重视程序科学化》（曾获全国报纸理论宣传优秀短论奖）的文章，后来主持国家社会科学基金政治学科项目"政治文明进程中的程序化建设研究"。其间赵振宇也不断发表相关文章来阐述自己的观点，如 2003 年在《新闻与传播研究》上发表的《程序的监督与监督的程序》、2004 年在《国家行政学院学报》上发表的《程序化：有效管理的重要前提》、2008 年和 2016 年分别接受了《民主与科学》和《中国政协》记者的专访。2017 年 3 月在《中国井冈山干部学院学报》上发表一万多字的长篇论文《程序化：社会主义民主政治建设的关键环节》。这篇文章是赵振宇受到党的十八届四中全会通过的《中共中央关于全面推进依法治国若干重大问题的决定》首次提出的"制度化、规范化、程序化是社会主义民主政治的根本保障"的启发撰写的。他认为，新闻评论作为一种直接表达自己意愿的有理性有思想有知识的论说形式，不能仅仅局限于"新闻传播"相关方面的知识，而是与管理学、政治学、社会学、心理学等相关学科相结合，在为实践服务中提出自己的观点。选题敏锐，知识是基础，赵振宇一直在实践着自己对新闻评论的理解和认识。

立意新颖，就"势"论事

赵振宇认为，新闻媒体所担负的重要责任之一就是把握正确的舆论导向，结合中央和上级的目标要求，以舆论之力促进社会发展。把握时效，是新闻媒体的职业特性。事件的发生是一瞬间的，报道和评论是紧随其后的，若错过这一时间点，其意义和影响力便会大打折扣甚至毫无意义。2017年2月14日在《人民日报》上发表的《逐梦路上需倡导"时间文明"》，就是赵振宇观看央视新闻中习近平会见外国政要会议桌上摆放精致时钟画面后，受到启发而作。一个时钟，在我们看来是再普通不过的一件物品，甚至没有人会注意到这个时钟的存在，而赵振宇却不仅注意到它，还敏锐地将其与中国"两个一百年"的奋斗目标相联系。

论述有理，经历史检验

赵振宇对于新闻评论的发展、创新、改革一直有自己的独到见解。他经常告诉同学们，做学问要学会说两句话，一句是"因为……所以……"，说的是要会讲道理；一句是"例如……"，说的是要能够联系实际说明问题、解决问题。在他看来，所谓有理，即评论要有思想性和逻辑性。就评论的内容而言，其往往是以说理为主，要讲清被评论者想要体现的道理，同时要有新意，用好事实案例，因此逻辑性显得尤为重要。他曾在《新闻与写作》杂志开设的"评论互动场"专栏中谈到很多对新闻评论的看法，除了前文提到的善于发现、有时效性、就"势"论事等外，赵振宇还强调了对新闻评论的认识和改革意见，新闻评论作为表达意见、帮人们明辨是非、弘扬社会正能量的写作形式，一定要把握好新闻报道的本质，其内容也要经得起历史的检验①。

意义明确，为大众服务

新闻评论的功能主要有传递功能信息、促进社会进步、提高人们认识能力等，这些都离不开广大民众，这也是赵振宇一贯重视的问题。新闻评

① 赵振宇：《评论要经得起历史的检验》，《新闻与写作》2015年第4期。

论终其意义还是为大众服务，努力以自己的论述力量为大众做点什么。在赵振宇的评论中不乏站在大众的角度发表观点，为民众鼓掌打气的优秀作品。大到宏观上的民主进程、社会建设，小到与网友的互动，他都在努力遵循上述理念。2015 年 10 月 25 日，《人民日报》评论版刊发的《开好群众点赞的民主生活会》，就是针对十八大以来开展的群众路线教育实践活动中，民主生活会只向领导汇报而少了群众参与这一问题而作。他在评论中指出，民主生活会的整个过程都应按照中央的要求邀请群众参与其间，真正发挥群众参与监督、鞭策和集思广益的促进作用。今天我们做到了，做好了，群众就会认同，就会点赞！赵振宇在光明网发表过《年终总结请多听听群众的评议》的评论。单看文章标题就可以知道赵振宇对群众意见的重视，文章阐释了群众意见和群众监督对于政府工作、决策的重要意义。①

结　语

赵振宇教授凭借对新闻评论多年的探索实践和研究形成了自己独特的新闻评论理念和实践观，并且始终引导着新闻评论的特色教育和发展。在他看来，新闻评论不仅仅是自己的看法，更多的是一种思想和逻辑的建设性意见，要让评论方、被评论方以及广大民众共同参与。评论的力量就在于说清道理，要结合自己所学习的新知识和对这些知识及以往传统知识的新理解与新解读让受众获益。赵振宇认为"新闻评论是对已经发生事实的判断和评价，表达的是一种有形意见，肯定什么，否定什么，赞扬什么，批评什么必须旗帜鲜明，而这些意见要有新意、有创见、有深度"②。新闻评论还有很大的改革和发展空间，也值得我们不断研究和探索。

孙发友，华中科技大学新闻学院教授、博士生导师

张晓菲，华中科技大学新闻学院研究生

摘自《新闻前哨》2017 年第 7 期

---

① 赵振宇：《年终总结请多听听群众的评议》，光明网，2016 年 12 月 27 日，http://guancha.gmw.cn/2016-12/27/content_23349727.htm。

② 赵振宇：《现代新闻评论》第二版，武汉大学出版社，2009，第 342 页。

6.《讲好真话》：用好你手中的"麦克风"

我们都说这是一个"人人掌握麦克风"的时代。人人掌握麦克风，人人都是自媒体，但如何说出负责理性的话，"技术门槛"不低。

由华中科技大学出版社出版的赵振宇新著《讲好真话》近日出版，作者赵振宇是华中科技大学新闻学院教授、中央马克思主义理论研究和建设工程首席专家。该书凝聚他多年教学与传播实践，在书中他论述了网络意见表达如何应对突发事件、政治协商中如何追求最大公约数、领导干部如何面对媒体提高与媒体打交道的能力，以及学会运用现代传播工具和科学方法不断增强政治责任感和使命感，有效提高讲真话的表达艺术和技巧，讲好中国故事。

手持麦克风，也要克制"抢先发表"的冲动

《讲好真话》分析了网络信息"反转"，认为这是不法分子的刻意造谣、媒体的专业素养缺失、网民的刻板偏见、爆料人或当事人的主观遮掩、事件发酵的客观规律，在复杂的信息环境下形成的合力作用。

网民们在进行意见表达时，是否真的有能力去面对瞬息万变的世界？书中援引一项调查，其中显示近四成网民参与网络讨论的目的是"凑个热闹，无聊说说"，近三成表示发表评论是为了"发泄情绪，表达不满"。

在网络环境下，我们已习惯性地穿梭于真假之间，总以为真相离我们很远，但在每一次新闻的极速反转后，才意识到真相其实可以很近。在现实生活中，"新闻反转剧"时时在上演，在这些反转新闻背后，有公众对自我表达的急切，也有他们对信息膨胀的焦虑还有对社会剧变的潜在不适。

赵振宇认为，在网络意见表达中，广大网民既要保持自己独立的话语权，也必须增强自身在网络舆论中的自律，在正确的舆论导向下表达意见，促使事件和舆论向着好的方向发展。在"人人都有麦克风"的信息时代，人们能及时发表意见，假如这些意见大都是正确的，就能够有效地促使事物向着好的方向发展，有利于促进社会的安定和谐；如果

相反，在没有搞清事件的真相或事件的真相还未完全展现的情况下，抢先发表未经深思熟虑的意见，就会干扰事件的正常进展，就会扰乱人们的思考，给社会增添不必要的麻烦和不安定的因素，于己于人于社会都不利。

协商对话，要对他者谋有"同情之理解"

2018 年 8 月 24 日，《人民日报》在"记者调查"专版以《"最大公约数"这样求解》为题报道了这样一件事——山东省济南市绿园社区重新规划楼前空间，20 多棵老树是去还是留引发居民争议。多数同意清理，只有几位老人养护老树多年，有了感情。有人说少数服从多数，但为了不让老人们心里留了疙瘩，最后双方各退一步，留下一棵香椿树，让老人们有点念想。

像这样的难题消解，靠的是"有事好商量，众人的事情由众人商量"。以往很多人认为，对公共事务的讨论就是"少数服从多数"。《讲好真话》认为，协商之所以成为民主的重要内涵，是因为它使各种存在分歧的意见纳入讨论中，以保证公共议题得到合理解决。

在如何解决"少数人的意见"上，赵振宇写道："意见表达不应陷入对自我利益与自我情绪的深度迷恋，而应对他者的利益与情感谋有'同情之理解'，懂得妥协和折中的智慧，而不是陷入话语斗争的泥沼不能自拔。"

当然，妥协和折中不是无原则的退让，也不是"和事佬""和稀泥"，这是一种话语灵活性的体现。赵振宇说："在不违背原则的前提下，在妥协中追求理解和解决社会议题的最大公约数。"

协商民主能够最大限度地包容和吸纳各种利益诉求，既能反映多数人的普遍愿望，又能吸纳少数人的合理主张，最大限度实现广大人民的民主权利。通过协商，我们可以确立利益共同点和最大公约数，达成广泛共识。而对于每一个参与协商对话的人而言，在众说纷纭中，如何倾听彼此不同的理由，培养自身更加宽容的心态和更平等的沟通方式，则是一个关乎自身表达素养的问题。在这个过程中，过度自我情绪的迷恋，或者无原则的妥协退让，都不是有效的协商。

在政治参与中，让自己成为善于表达意见的人

如今的国家治理中，普通人的发声渠道越来越丰富、多元，各种诉求、意见可以直达政府各部门，但也有人困惑"有话说不出""不会表达"怎么办？

互联网时代争分夺秒，信息洪流湍急，更直接的信息、更简洁的表达，作为一种个人训练，也越来越重要。《讲好真话》从提高语言文字的表达修养和素质方面，提出了几点"入手"的建议。

用词简洁，指向精准。中国的语言是十分丰富而多变的，相同的词在不同的场合有不同的意思，不同的词在某种场合可能表达相同的意思；不同的人、不同文化背景的人，对某种相同的词可能产生不同的理解；等等。特别是在科学技术迅猛发展的时代，很多专业性的词语人们不懂，很多词语的使用有了新的内涵，在公民政治参与的许多场合，使用语言文字时必须让你的接受对象明白无误。

表达要有系统性。表达要做到前后呼应，形成一体。在语言文字的选择、运用的风格、语言的分量等方面都要注意它的系统性，使受众读完或听完一篇文案后能得到文字和思想的完美享受。

把握好"说者谁""对谁说"。把握好"说者谁""对谁说""说什么""怎么说"等问题。"说者谁"，说的是要弄清此时此刻自己的身份，如一位教授，在学校是老师，在家庭是父亲或丈夫，在小区是业主，在政府可能是官员或咨询委员，等等。身份不同，说话的内容和方式不一样。"对谁说"，要明晰受众职业、经历、现状等特点，注重表达意见的准确性和针对性，内容和方式也会不一样。

提倡讲真话，要把握原则，提高效率

《讲好真话》把握时代背景，以积极审慎的政治格局和理论视野，指出人们在不断追求丰富物质生活的同时，民主、法治、公平、正义等需求也日益高涨。科学有效地进行意见表达，讲好真话，是积极参与管理国家事务、和谐人际关系的重要内容。

赵振宇在《讲好真话》中从民主意识、科学精神、独立品格和宽容

胸怀四个层面阐述了新媒体时代讲好真话的必要性和紧迫性，说明了培养与提升这些基本素质的意义和方法。书中指出，当下提倡讲真话和鼓励讲好真话，反对讲假话和惩治讲假话，建立良好的舆论环境和管理体制仍是一项艰巨的任务，需要整个社会、媒体和公民的共同努力。

采访与对话

记者：您为什么想到写作《讲好真话》这部书？

赵振宇：现在中国的舆论生态正经历一个很剧烈的变化。尤其是新媒体时代，现在有这么多公众号，这么多网络意见，还有这么多真真假假的信息。你看现在各种自媒体铺天盖地的出现，大家都从上面获取信息，也"获取"了谣言、争议、"反转新闻"。这里面就存在一个如何讲真话、讲好真话的问题。我作为一个新闻传播学教授，一直想深入研究这个问题。

记者：听说《讲好真话》还有"前身"，能否介绍一下？

赵振宇：《讲好真话》的研究其实是一个递进的过程。20世纪80年代我在《长江日报》工作时，就在《人民日报》发表过《多提供讲心里话地方》，后来又在《光明日报》等媒体发表了《提倡讲心里话》《今天，怎样讲好真话》《网络时代讲真话》等评论文章。1999年，我将曾发表于各种媒体的评论、杂文等结集出版了《与灵魂对话》一书，算是对曾经新闻工作的一次总结。2009年，我出版了《我们说了些什么——一个新闻学教授的历史回眸》，回顾了中国改革开放以来的重大新闻事件，以及本人和媒体评论。在这些观察、研究的基础上，在讲授教育部视频精品公开课"社会进程中的公民表达"基础上，我完成了《讲好真话》这本书，对新媒体时代的公共表达做了进一步的思考。

记者：祝贺您的新书问世，现在有何感想？

赵振宇：谢谢。其实十年前你（时任《长江商报》记者）就采访过我，话题就是官员说话如何不"雷人"。今天《讲好真话》出版，它有利于提高民众政治思想文化素养，我也是其中一员。写作的过程也是一个不断提升自己的过程。讲真话是光明大道、是人间正道，这条道还很长很长，但是，只要我们上下齐心、共同努力、坚持不懈、遵循规律，就一定能够实现毛泽东提出的"一个又有集中又有民主，又有纪律又有自由，又有统一意志、又有个人心情舒畅、生动活泼，那样一种政治局面"。

本报记者　肖畅

摘自《长江日报》2019 年 12 月 31 日

7. 赵振宇：新闻评论的教育者、研究者与实践者

2021 年 4 月 29 日，赵振宇在湖北广播电视台举行题为"怎样认识和做好新闻评论"的讲座。5 月 8 日，赵振宇在武汉体育学院举行题为"掌握意识形态领导权，做好新时代舆论工作"的专题讲座。5 月 24 日，赵振宇接受华中科技大学出版社的邀请，就"新时代，怎样认识和做好新闻评论？"进行首次网络直播。5 月 31 日，赵振宇在新闻学院演播厅应学校宣传部邀请做了"倡导时间文明，保障实现中国梦"的演讲报告。6 月 4 日，赵振宇以《做勇于担当，善于传播的新闻人》为题，在东九教学楼与大一全年级新生进行了交流。6 月 8 日晚 7 时，赵振宇空降"BOOK 云上书屋"群，接受初学新闻评论网友的提问，辅导解答……此时的赵振宇，早已过了他 72 岁的生日。不过，但凡有"怎样认识和做好新闻评论"一类邀约，他都会欣然应允。在赵振宇看来，新闻评论关乎如何"讲好真话"，是一种需要普及的公民素质。2019 年底，赵振宇出版新书《讲好真话》，提倡不能一味鼓励"想到就说"，而要力求"想好了再说"，提倡"讲好真话"。一年多时间，《讲好真话》一书重印了四次，成为赵振宇的又一本畅销书。四十年来，在新闻评论的教育、研究与实践上，赵振宇一直这样乐此不疲。

赵振宇，作为"文化大革命"后恢复高考的首届大学生，1982 年毕业于湖北大学政治教育系。曾任《长江日报》评论理论部主任、《文化报》总编辑，高级编辑。在报社工作期间，有多篇作品获全国好新闻一等奖，湖北省好新闻一等奖、特别奖。1994 年、1996 年和 2000 年组织策划的报道，受到中宣部的表扬，有的被总结后在全国推广。2001 年调入大学后成立华中科技大学新闻评论团，2005 年秋季开办新闻评论方向班，2006 年成立华中科技大学新闻评论研究中心，均为全国首创。调入大学后荣获华中科技大学教学名师、华中学者、"宝钢教育奖"优秀教师奖；担任全国高校新闻评论学召集人；中央马克思主义理论研究和建设工程重点教材《新闻评论》首席专家、国务院政府特殊津贴专家。兼任中共湖北省委和武汉市委宣传部新闻阅评专家、中国故事创意传播研究院智库专

家。2018 年，赵振宇主持的教学成果《新闻评论人才培养创新体系的构建与实施》获得国家级教学成果奖二等奖。二十年的新闻评论教育，让赵振宇成为华中科技大学新闻教育乃至中国新闻评论教育的一张名片。现在，赵振宇虽然已经退休，但他对新闻评论教育的梦想，以及对新闻评论研究和实践的热爱，似乎仍未画上句号。

新闻评论的教育者

2001 年 2 月，52 岁的赵振宇调入华中科技大学新闻与信息传播学院，担任新闻系主任。2001 年 11 月，在原校长杨叔子院士、校党委副书记刘献君、校长助理欧阳康、宣传部部长李振文和院长吴廷俊等时任学院领导和同仁的帮助支持下，新闻学院与学校党委宣传部联合成立了华中科技大学新闻评论团，赵振宇出任团长和总教练。对于为什么要办新闻评论团，赵振宇有着清楚的认识。"全国的高校都有大学生记者团，都是写新闻，但是没有评论。他们的主要任务是采写校园新闻，基本功能仅仅是客观地描述、反映校园事实。但是，我觉得仅仅描述是不够的，需要站在一定的立场上评论、说话。"

以新闻评论为主要抓手，赵振宇开始了他的教授生涯。2006 年起，新闻学院先后邀请复旦大学黄芝晓、中国人民大学涂光晋、暨南大学曾建雄、武汉大学强月新、湖北日报胡思勇、凤凰卫视何亮亮、光明日报社包霄林等担任华中科技大学新闻评论的兼职研究员。新闻评论研究中心先后与兄弟高校和媒体举办了七届新闻评论高层论坛和多届新闻评论教育开放论坛，探讨新闻评论的当下形势、未来发展与人才培养。在赵振宇的主持下，华中科技大学的新闻评论特色教育从无到有，逐渐形成新闻评论教学与研究的协同推进。

长期的媒体工作经验，让赵振宇特别关注新闻理论与实践的结合，重视对学生素质和能力的培养。多年来，赵振宇和同事们一起组织学生在暑期深入社会进行调查研究，形成专题报告并发表评论，同时在媒体平台发表。在新闻评论课上，赵振宇会要求学生进行"每周时评荟"，点评上周发生的重大新闻及评论，训练和提高学生对新闻事件的即时点评能力和对已发评论的鉴赏能力。多年来，赵振宇坚持邀请媒体工作者进课堂，同时与媒体合作在《中国青年报》《杂文报》《长江日报》《武汉晚报》《华中科技大学校报》等媒体为学生开辟专栏或专版,还尝试带领学生与电视台合作办节目。

在赵振宇看来,新闻评论是一项需要普及的公民素质。因此,新闻评论不应仅仅成为新闻学院学生的专利,而应该面向全校进行人才培养与素质培养,因此,他在全校开设了"时评与论辩"公选课。经过几年的实践与思考,2007年赵振宇在《新闻大学》发表《一项需要普及和提高的公民素质——关于新闻评论的三点理性思考》一文,提出应该从信息传播、促进社会进步和提高人们的认识能力等三个方面,多角度地研究新闻评论,从公民素质的要求来解读新闻评论的时代功能。在赵振宇看来,从"公民素质"层面来进行新闻评论人才培养,注重锤炼和提升学生的思想境界,不仅能提升新闻评论教学的地位,也会提高新闻评论人才培养的水平。

在赵振宇的主持下,新闻评论方向班形成了多学科10位老师组成的课程与讲座团队,除新闻学院的授课老师外,还有马克思主义学院和中文系的老师参与。开设了"1+8"(一门新闻评论概论主课和八门专题评论课)的课程体系。新闻评论的"华科大模式"逐渐成形:一是将新闻评论打造成新闻学院的精品特色课,以提升学院本科生新闻评论素养的整体水平;二是率先并坚持开办新闻评论特色班,旨在为新闻单位培养新闻评论员、评论节目主持人和深度报道记者;三是在全国高校中成立第一个新闻评论社团,继而发展为"评论学社"面向全校招收学员,以提升学生的新闻评论素养。华中科技大学新闻学院原院长张昆教授认为,"华科大模式"有三个值得注意的亮点:一是理念引领改革,二是培养体系的整体性革新,三是人才培养体系与学术研究协同推进。

二十年来,华科大新闻学院为各类媒体输送了大量新闻评论人才,被媒体誉为中国"新闻评论的黄埔军校"。在人民日报社、新华社、中央电视台、经济日报社、中国青年报社、新京报社、湖北日报社、河南日报社、南方日报社、长江日报社、广州日报社、深圳特区报社都有该校培养的评论员。

2005年5月24日,赵振宇在《光明日报》发表了评论《学生是学校的名片》。文中写道，大学是培养高级人才的地方，教师的职责首先是教好书。即使是完成重大课题，撰写经典论文，也是要有利于提高教师自身的素质，最终有利于对学生的培养。其一，大学必须以学生为本，这是不容倒置的。其二，人事考核要有利于促使教师教好书。其三，教书育人要着眼于全体学生。2011 年 6 月 24 日，赵振宇又在《光明日报》发文《教师也是学校的名片》。文章说：教师也是学校的名片，反映的是学生对教师的期待和要求；教师也是学校的名片，应是从教者的一种自律和追求。正是循着这种理念，近二十年的新闻评论教育，让赵振宇成为华中科技大学乃至全国新闻评论教育的一张名片。2018 年，赵振宇主持的教学成果"新闻评论人才培养创新体系的构建与实施"获得国家级教学成果奖二等奖，这是对赵振宇和团队坚持新闻评论教育改革的认可。

新闻评论的研究者

关注社会、参与实践和与时俱进，是赵振宇学术研究的三个关键词。赵振宇认为，"现实问题是一切研究的源头；关注社会，参与实践，与时俱进是一切研究者的职责"。赵振宇的研究兴趣跨越新闻学、传播学和政治学等多个学科。1984 年，赵振宇开始研究"奖励学"，他是我国研究奖励学的第一人，在国内首先提出"建立中国特色奖励学"。他曾在上海《社会科学》杂志上连续发表三篇有关研究奖励学的长篇论文，有的被中国人民大学复印报刊资料转载。1987 年 6 月 10 日，中国青年报开展的"我为精神文明献良策"征文评选揭晓，消息报道中专门写道："《长江日报》理论部的赵振宇同志，近年致力于开拓理论研究的新领域，在奖励学方面进行了有益的探索。"他应征写的稿件《创立具有中国特色的奖励学》，获得了一等奖的第一名。赵振宇在全国较早提出激励理论，对效率与公平问题进行了科学探讨，出版了《奖励的科学与艺术》等多部论著。1995 年，在我国改革开放实行决策科学化的大背景下，赵振宇在《科技日报》头版发表评论《也要重视程序的科学化》，从此"程序化"也成为他的一个研究兴趣点。进入大学从事教育工作之后，赵振宇申请并完成了国家社科基金政治学项目和新闻传播学重点项目并出版《程序的监督与监督的程序》（社会科学文献出版社，2008）、《应对突发事件——舆论引导系统论》（中国社会科学出版社，2017）两部著作。在长江日报社工作时，赵振宇时常被邀请到高校演讲，这促使他对一些新闻实践进行理论思考。在进入华中科技大学工作之前，赵振宇就已出版了《新闻策划》《应用新闻论》《新闻公关艺术》《与灵魂对话》等著作，对新闻实践以及一些社会实践进行思考。这些著作都来自赵振宇社会与实践的思考，相关话题大多发表过评论，在思考成熟之后再进行著述。这些著作的出版，为赵振宇转入高校当教授，提供了坚实的基础。

当然，赵振宇最关心的现实问题无疑还是新闻评论。武汉大学新闻传播学院院长强月新教授曾对 2000 年以来的新闻评论论文进行统计，发现华中科技大学新闻评论相关论文排名第一。而在中国知网搜索可知，赵振宇发表的新闻评论相关论文超过了 130 篇。这些论文涉及新闻评论教育、研究和实践等各方面。赵振宇认为，新闻人应该"以新闻的敏锐和智慧发现故事，以新闻的视角和手段描述和评论故事，以新闻的威力和魅力促使故事在有利于大众和社会的轨道上完善和圆满"。这句话包含着赵振宇对新闻、评论以及新闻教育的理解和追求。

赵振宇认为，记者不仅应该能够第一时间发布新闻，也应该能够第一时间发表评论。在 2006 年和 2007 年两年间，赵振宇分别在《新闻与写作》《新闻战线》《国际新闻界》《今传媒》等学术期刊发表论文，在《人民日报》发表评论，提出并推进"评论记者"工作机制的建立。在媒体的热切期盼和配合下，赵振宇的设想很快变成了现实。2007 年 3 月 5 日，《嘉兴日报》的评论栏目"嘉兴时评"创办，"10 万年薪招聘评论记者"这一轰动全国的举措为《嘉兴日报》拉开了实施评论记者工作机制的大幕。经过多年的努力，"嘉兴时评"已被评为浙江省新闻名专栏，中国记协先后为此举办两次理论研讨会。中国记协书记处原书记顾勇华认为这一机制打破了以往新闻实地采访与新闻评论写作相互隔离的弊端，认为这"是一项观念领先、措施得法、效果明显的积极探索"。

十多年间，赵振宇出版的新闻评论教材就有三本。2009 年出版《现代新闻评论》（第二版）（武汉大学出版社），入选普通高等教育"十一五"国家级规划教材，2016 年出版该书第三版；2011 年出版了研究生教材《新闻评论研究引论——功能、品格、思维、发现》（中国人民大学出版社）；2014 年出版了关于评论教育和人才培养的《新闻评论通论》（清华大学出版社）。赵振宇撰写的《新闻报道策划》（武汉大学出版社，2008 年第一版，2019 年第二版）一书也入选普通高等教育"十一五"国家级规划教材；他讲授的"社会进程中的公民表达"2015 年入选了教育部精品视频公开课。

2011 年，赵振宇在接受媒体采访时曾说，他最大的愿望就是创办"中国新闻评论学院"，使其成为专门培养评论员（含深度报道记者）和评论老师的"黄埔军校"。他提出了这个学院的两种培养模式：一种是按照用人单位的要求，实施订单式培养，从新闻单位招收学生进行轮岗式的教学培养；另一种是对现有媒体和高校从事评论的人员进行脱岗培训。"我希望与有魅力、有实力的媒体合作，共同开创这项新事业。"十年过去了，办一所专门培养新闻评论人才的机构仍然只是存在于蓝图之中。但是，赵振宇还在努力，他还行进在追梦的路上。

赵振宇认为，"实践是检验真理的唯一标准，而时间则是评判人们认知和实践是非功过、真伪优劣的最终标准"。这些年，赵振宇先后在中央媒体理论版和学术杂志发表了除新闻传播学以外的多篇文章。《民主与科学》是一本有影响力的杂志，该刊编辑部于 2009 年创刊 20 周年时选编出版了《民主与科学文集》（学苑出版社，2009），其中选登了赵振宇的三篇文稿：《解放思想须继续防"左"》（2008 年第 5 期）、《反思：一种需要提及的纪念方式》（2008 年第 6 期）、《今天，我们如何讲真话》（2009 年第 4 期）。"时间文明"是赵振宇一直关注思考的课题。2021 年 5 月 31 日，赵振宇在华中科技大学做了题为"进入新时代，我们该如何把握机遇——倡导时间文明，保障实现中国梦"的讲座，新华社等媒体予以报道。在赵振宇的推动下，华中科技大学决定启动倡导"时间文明"活动。赵振宇心心念念的又一件事情，有望在大学校园里有序推进。

新闻评论的实践者

赵振宇是共和国的同龄人。1968 年 11 月，赵振宇作为武汉市第一批上山下乡的知识青年去了湖北省浠水县栗寺坳。下放两年以后通过招工，赵振宇进了武汉市阳新工业区武汉机床厂分厂。"在那里干了八年，下农

村和在工厂一共是十年。"1977 年赵振宇抓住了恢复高考的机遇，以 28
岁的年龄成为湖北大学的学生。1982 年 2 月，他大学毕业，被分配到长
江日报社评论部工作，从此开始他与新闻评论的缘分。而丰富的人生经
历，培养了赵振宇能言善道、能写会画的各种能力（《讲好真话》封底上
两枚篆刻"伟大祖国 欣欣向荣"的印章就出于他手），这为他的新闻评
论实践打下了坚实的基础。

彼时的《长江日报》出了不少的人才，赵振宇是其中的一位佼佼者。
在《长江日报》的近二十年，"我做评论还是写过一些不错的文章"。
1986 年，赵振宇在《人民日报》发表评论《多提供讲心里话的地方》，
这篇文章为日后赵振宇出版《讲好真话》一书埋下了种子。后来，赵振
宇又在《光明日报》《现代传播》等媒体发表《提倡讲心里话》《今天，
怎样讲好真话》《网络时代讲真话》《新形势下公民表达的路径探析》等
评论理论文章。"以锲而不舍的精神，以积极审慎的态度，说一点自己能
够说，说得好的话；做一点自己能够做，做得好的事。"这是赵振宇对自
己人生的感悟，也是他持续不断发表新闻评论的动力。

在二十年的教师生涯中，赵振宇在教学、科研和媒体实践等方面都不
放松。除了认真对待教学之外，他从未间断新闻评论的实践，不断有作品
在《人民日报》《光明日报》等主流媒体上发表。《让常识成为公众力
量》、《学术评价，别唯洋是举》（《人民日报》），《人事档案应向本人公
开》、《倡导"时间文明"》（《光明日报》），《用制度体系保证人民当家
作主》（《北京日报》），《把握"行事"与"形势"的辩证关系》（《学
习时报》）等。这些评论作品，都取得了良好的社会反响。

赵振宇认为，新闻评论不仅要"抢"，有时也需要"养"。他提出
"时间文明"的理念，就是他 2011 年出访美国参加学术会议所到之处均
发现时钟准确无误，而国内时钟多有不准，由此差异深入思考后而产生
的。几年后他参加市政协会议发现武汉"两会"会场多处多次时钟不准
问题，继而与市政府参事室共同策划，把握与市长对话的时机提出建议，
最终促成市长表态赞同、武汉市政府发文在全市开展"时间文明"活动
并引起新华社关注，向全国发通稿报道。

赵振宇在教学之余还曾担任武汉市人民政府参事，积累了较为丰富的

社会实践经验。他多次以"特邀评论员"身份参加武汉和外地"电视问政"直播节目。他认为:"一个有良知有责任感的知识人,应该是知识和文凭,关注和投入,批判和建设三者的完整统一。"即便是对一些所谓的敏感话题,赵振宇也会在深入思考之后发表观点,或给有关部门写信,或作为内参发表,或几经修改后在报刊发表。

赵振宇时时关注身边发生的时事,从未放弃通过媒体去发表观点。针对城市管理问题,他写了《多听老百姓的意见》(2002年5月8日);在现实生活中常常会发生一些因违反常识而产生的事故和灾难,他写了《让常识成为公众力量》(2009年8月14日);结合群众路线教育,他写了《怎样将群众装在心里》(2013年8月19日);针对民主生活会中存在的问题,他写了《开好群众点赞的民主生活会》(2015年12月25日),《让群众评议真正落地》(2018年1月31日)等。这些评论都发表于《人民日报》。

关注社会,用心思考,积极建议,著书立说,是他多年来养成的职业习惯,即使是在新冠肺炎疫情期间,赵振宇仍然是笔耕不辍。他在《半月谈评论》《行管学人》《南方日报》《河南日报》《青年记者》《决策与信息》等报刊发表《战"疫"英雄该怎么奖励?》《面对"不确定信息"领导干部要敢于担责》《面对疫情:鼓励讲真话、讲好真话》《谣言传播辨析及甄别建议》《新冠肺炎疫情四题》《加强和完善新闻发布的程序化建设》等评论和论文。

在媒体工作时,赵振宇就养成了剪报的习惯,在每天阅读大量报刊后,收集一些好的新闻案例和学术论文。这让他在发表观点、写作评论、撰写论文、上课讲座时,随手就能找到所需的案例或证据。敏捷的思维、流畅的文笔、鲜活的案例,使赵振宇的评论作品总能让人眼前一亮、掩卷沉思;坚定的嗓音、飘逸的白发、灵活的现场互动,使赵振宇的讲座总会让人津津乐道、念念不忘。

1999年,赵振宇将曾发表于各种媒体的评论、杂文等结集出版了《与灵魂对话》(长江文艺出版社)一书。2009年,又出版了《我们说了些什么——一个新闻学教授的历史回眸》(武汉大学出版社),回顾了中国改革开放以来的重大新闻事件及评述。2019年,《讲好真话》(华中科技大学出版社）一书在新中国成立 70 周年之际得以出版。这三本书都是以发表的新闻评论作品为基础，却又总能自成体系。从 2020 年开始，赵振宇又开始撰写专题"回忆讲真话的文字岁月"，回忆自己 40 年来在全国各大报刊发表新闻评论文稿的经历，迄今已有十篇。相信在不远的将来，《讲好真话》的姊妹篇就将会与读者见面。

　　《诗经》有言："高山仰止，景行行止。"虽不能至，然心向往之。在赵振宇四十年新闻评论的教育、研究和实践中，我们或许也能感受到这种境界。

刘义昆

摘自中国新闻史学会新闻传播教育史研究委员会编

《中国新闻传播教育年鉴（2021）》，武汉大学出版社，2021

后　记

　　《重思新闻评论和评论特色教育》是一本关于怎样重新认识新闻评论、怎样在新形势下讲好真话、怎样做好新闻评论特色教育的理论与实践相结合的学术普及著作。

　　新闻评论是传者借用大众传播工具或载体，对正在、新近发生或发现的有价值新闻事实、问题、现象直接表达自己意愿的一种有理性、有思想、有知识的论说形式。社会的发展进步不断促进人们的素质提高，如何在满足人们物质文化生活需求的同时，不断满足人们日益增长的民主、法治、公平、正义等方面的要求，是一个紧迫的重大现实问题。作为民意表达的新闻评论，如何认识它、怎样做好它，是本书研究的一个新时代课题。

　　民主是全人类的共同价值，是中国共产党和中国人民始终不渝坚持的重要理念。为发展全过程民主，坚持民主、科学、独立、宽容原则，进行负责任、高效率的理性表达，是一个有效实践。我们有必要在全体民众中提倡和奖励讲真话，学习提高讲好真话的表达艺术和技巧；反对讲假话，批评和惩罚讲假话，建立"又有集中又有民主，又有纪律又有自由，又有统一意志、又有个人心情舒畅、生动活泼"良好政治生态的舆论环境和管理体制。这是本书研究的又一项重要内容。

　　大学是培养高级人才的地方。大学教育应着力于将每个学生都培养成学校的名片，他们的整体表现是学校实力最有效的形象宣传。而特色教育则是实现这一目标的有效方法。如何坚持理论与实践相结合，实现学界与业界密切合作并服务于社会？如何建设开放的教学平台，促进专业教育与社团活动一体化？如何使学科建设与人才培养并进，走专业教育特色与校园文化品牌互生的发展之路？本书结合新闻评论特色教育的改革实践对这些问题予以探讨。

本书附录一中分十一个专题收录了我在媒体和高校工作期间发表于中央和地方媒体的数百篇新闻评论、杂文、随笔、理论文章和学术论文。这里记载着我们国家曾经发生的历史进程、我的观察和今天的回首再思考；附录二中收录了报纸、杂志的记者专访文章和人物通讯，这些文字报道，反映了当时媒体的关注所指和我对这些问题的解读，字里行间也充满了媒体对我本人工作的肯定和褒奖。40 年来我取得的一切成绩，都离不开媒体朋友的关注和支持，也离不开业界、学界同仁的理解和帮助。在本书出版之际，我要深深地向他们表示真诚的谢意。

我从 1982 年大学毕业分配到长江日报社从事新闻报道和评论工作，后于 2001 年调入华中科技大学新闻学院从事新闻策划和新闻评论教学工作，至今已有 40 年的时间了。不论在媒体，还是在高校，我都时刻关注社会的变革与发展，力求用新闻传播学、公共管理学和政治学等学科的视角去观察和认识社会，去思考和研究社会进程中存在的新问题和发展中涌现的新成就。形势的发展和变化对新闻人提出了更多、更新、更高的要求，我们需要培养他们具有这样的特质——以新闻的敏锐和智慧发现故事，以新闻的视角和手段描述并评论故事，以新闻的威力和魅力促使故事在有利于大众和社会的轨道上完善和圆满。

理论只有创新才有生命力，只有创新才能展示其科学价值。2022 年 2 月虎年新春，96 岁高龄的方汉奇先生在收到我赠予的《讲好真话》一书的第四次印刷本后，挥毫泼墨题词："彻底的唯物主义者是无所畏惧的。"这是鼓励和鞭策，我铭记在心。我以为，一个有良知有责任感的理论工作者，应该是知识和文凭，关注和投入，批判和建设三者的完整统一。真实是新闻的生命，同时，它也应该是历史的特征。真实与完美永远是一对矛盾，绝不能为了完美而放弃真实。其实，只有真实，才可能具有真正意义上的完美。本书记载的是我 40 年来的实践和思考，虽有亮点和可圈可点之处，但是，还有许许多多的领域没有涉及，许许多多的问题没有讲到讲好。实践是检验真理的唯一标准，而时间则能最终评判人们认知和实践的是非功过、真伪优劣。在以后的日子里，我将秉承锲而不舍的精神、积极审慎的态度，说一点自己能够说，说得好的话；做一点自己能够做，做得好的事。

十分感谢社会科学文献出版社的领导和编辑，为本书的顺利出版操心费力。本书在写作中选用了许多学人的经典案例和论述，除文内注明外，在此谨表谢意。写作的过程也是一个不断学习的过程，我希望阅读本书的朋友们多多提出宝贵意见。

赵振宇

2022 年 3 月于武汉

图书在版编目（CIP）数据

重思新闻评论和评论特色教育／赵振宇著. -- 北京：
社会科学文献出版社，2022.10
（喻园新闻传播学者论丛）
ISBN 978-7-5228-0880-2

Ⅰ.①重…　Ⅱ.①赵…　Ⅲ.①评论性新闻–研究
Ⅳ.①G210

中国版本图书馆 CIP 数据核字（2022）第 196017 号

喻园新闻传播学者论丛
重思新闻评论和评论特色教育

著　　者 / 赵振宇

出 版 人 / 王利民
责任编辑 / 周　琼
文稿编辑 / 张静阳
责任印制 / 王京美

出　　版 / 社会科学文献出版社 · 政法传媒分社（010）59367156
　　　　　　地址：北京市北三环中路甲 29 号院华龙大厦　邮编：100029
　　　　　　网址：www.ssap.com.cn
发　　行 / 社会科学文献出版社（010）59367028
印　　装 / 三河市东方印刷有限公司

规　　格 / 开　本：787mm×1092mm　1/16
　　　　　　印　张：24.5　字　数：385 千字
版　　次 / 2022 年 10 月第 1 版　2022 年 10 月第 1 次印刷
书　　号 / ISBN 978-7-5228-0880-2
定　　价 / 98.00 元

读者服务电话：4008918866